Nichts ist unmöglich!

Wolfgang Hars

Lexikon der Werbesprüche

500 bekannte
deutsche Werbeslogans
und ihre Geschichte

Eichborn.
Lexikon

Lektorat: Matthias Bischoff, Ulrich Callenberg
Umschlaggestaltung, Layout, Satz: Petra Wagner, Hamburg
Druck und Bindung: Werner Söderström OY, Finnland
ISBN 3-8218-1450-0

Verlagsverzeichnis schickt gern:
Eichborn Verlag, Kaiserstraße 66, D-60329 Frankfurt am Main
http://www.eichborn.de

Vorwort

»Wenn Sie kein Coca-Cola-Schild mehr sehen,
haben Sie die Grenzen der menschlichen Zivilisation erreicht.«

Coca Cola-Werbebroschüre, 60er Jahre.

Ein guter Freund des Autors ließ einmal zu später Stunde die Bemerkung fallen, daß es drei Dinge gäbe, über die man sich jederzeit und mit jedermann unterhalten könne: Wetter, Fußball und – Werbung. Eingängige Werbespots und -slogans gehören zum Alltagswissen der gesamten Bevölkerung. Teilweise in den Rang geflügelter Worte erhoben, werden sie zu allen möglichen und unmöglichen Gelegenheiten zitiert. Sie bieten sich an, weitreichende und mehr oder minder qualifizierte Betrachtungen über weltbewegende Themen wie: den Terror der Schönheitsideale, die mentalen Unterschiede zwischen den Völkern in bezug auf Scherz, Ironie und Satire, die Korrelation zwischen dem Hang der Deutschen zur Weißwäscherei und ihrer verdrängten Geschichte oder die signifikanten Änderungen der Geschlechterrollen am Beispiel der Darstellung der Frau in der Automobilwerbung anzustellen.

Um diesen so unverzichtbaren Bereich menschlicher Konversation zu stärken, den allgemeinen Kenntnisstand zu heben und dem meist nur oberflächlichen Wissen fundamentale Tiefe zu verleihen, bedarf es eines Kompendiums, das die bekanntesten Werbebotschaften versammelt, ihre Geschichten nacherzählt, den Ort und die Zeit ihrer Entstehung erhellt und die klugen, genialen, witzigen Urheber dieser Nachrichten aus der schönen Welt der Waren benennt. Da es ein solches Nachschlagewerk nicht gab, lag der Gedanke nicht fern, dann eben selbst eines zu verfassen. Und getreu dem Wort unseres allseits verehrten Altmeisters deutscher Sprache, Goethe: »Nur die Lumpe sind bescheiden, Brave freuen sich der Tat«, legt der Autor, nach einem tiefen Blick in die Kochtöpfe der Werbetexter und -agenturen, dieses »Lexikon der Werbeslogans« der geneigten Leserschaft vor.

Der Begriff »Slogan« stammt aus dem Gälischen und läßt sich mit dem Wort »Schlachtruf« übersetzen. Die Kämpfer putschen sich damit auf und schüchtern ihre Gegner ein. Das moderne Schlachtfeld heißt ›Markt‹, und gekämpft wird um Käufer und Marktanteile. Die ersten Slogans entstanden mit dem Aufkommen der Markenartikel am Ende des letzten Jahrhunderts. Markenartikelpioniere wie Fritz Henkel, Dr. August Oetker oder Karl-August Lingner versahen ihre Produkte mit einer Botschaft und verpaßten ihnen damit ein unverwechselbares Gesicht. Heute nennt man das fachmännisch »Image«. Einige dieser frühen Slogans, und natürlich auch die Produkte, sind noch heute im Gebrauch, wie etwa »**Odol gibt sympathischen Atem**«. Andere haben sich, obwohl sie seit Jahrzehnten nicht mehr als Werbung benutzt werden, derart in die Gehörgänge eingefressen, daß sie immer noch zeitgemäß klingen: »**Eßt mehr Früchte und Ihr bleibt gesund**« stammt zwar aus den zwanziger Jahren, als Mangelernährung auch hierzulande noch viele Menschen betraf, schwimmt aber problemlos und aktuell wie eh und je auf der Gesundheitswelle weiter.

Viele dieser Schlachtrufe hielten Einzug in die Umgangssprache. Einigen ganz wenigen gelang es, in den Rang eines Sprichworts aufzusteigen. Der Slogan für Clausthaler Bier »**Nicht immer, aber immer öfter**«, 1988 von einem inzwischen verstorbenen Texter kreiert, hat sich längst verselbständigt. Hier liegen die Wurzeln noch offen zutage. Bei der Parole: »**Der nächste Winter kommt bestimmt**«, wissen wahrscheinlich nur noch einige wenige Experten, daß sie ihre Karriere in den sechziger Jahren als Werbeslogan einer Braunkohlen-Fabrik startete. Als der amerikanische Präsident Bill Clinton während einer Veranstaltung in Berlin, den Satz »**Nichts ist unmöglich**« fallenließ, schallte es ihm aus dem Publikum entgegen: »**Tooyooota**«.

Eine der bekanntesten und ältesten deutschen Werbenachrichten lautet: »**Haribo macht Kinder froh**«. Der Legende nach erstand Firmengründer Hans Riegel diesen Slogan Anfang der dreißiger Jahre (der Zusatz »… **und Erwachsene ebenso**« kam erst 30 Jahre später hinzu) von einem umherziehenden Propagandisten für läppische 20 Märker. Traut man den Umfrageergebnissen, dann sind die Sprüche: »**McDonald's ist einfach gut**« und »**Nicht immer, aber immer öfter**« der Haribo-Botschaft dicht auf den Fersen, was den Bekanntheitsgrad angeht. »**Hoffentlich Allianz versichert**« ist man seit 1957, und schon seit 1913 heißt es: »**Persil bleibt Persil**«.

Viele dieser Sprüche verdanken ihre Entstehung dem Zufall. Manche mußten von ihren Urhebern gegen alle Widerstände mühsam durchgeboxt werden. »**Keine Experimente**«, die Generalformel für das Lebensgefühl der fünfziger Jahre, war ein Wahl-Slogan der CDU von 1956. Er wäre beinahe von den CDU-Parteitagsdelegierten abgeschossen worden, hätte nicht ein Machtwort Konrad Adenauers die Diskussion beendet. Vom gleichen Texter stammt übrigens auch die Aufforderung: »**Mach mal Pause – trink Coca-Cola**«. Damit gelang dem amerikanischen Nationalgetränk in den fünfziger Jahren der Durchbruch in Deutschland. Die Firmenjuristen waren zunächst gegen diese »flapsige Formulierung«. Mit einer List gelang es aber dem Erfinder des Slogans, Coca-Cola diesen Erfolgsspruch doch noch unterzujubeln. Einige Slogans waren so durchschlagend, daß nur ein einziger Auftritt genügte, um sie Generationen von Konsumenten einzuhämmern. Daß der VW-Käfer »**läuft und läuft und läuft …**«, wurde nur ein einziges Mal veröffentlicht, ebenso wie »**Alle reden vom Wetter. Wir nicht.**« Trotzdem kennt Sie noch heute jeder. Die Werbeexperten von Esso erstaunten die Fachwelt, als sie die erfolgreichste Werbekampagne in der Unternehmensgeschichte mit dem Motto: »**Pack den Tiger in den Tank**« nach nur 3 Jahren ohne jeden erkennbaren Grund sterben ließen und den Tiger wieder einpackten. 17 Jahre später waren es allerdings die Werbeprofis von Esso, die staunten. Als man eine Neuauflage der Tiger-Kampagne startete, hatten nämlich die meisten Autofahrer gar nicht bemerkt, daß der Tiger die ganze Zeit von der Bildfläche verschwunden war. Klammheimlich hatten sie einfach Firmeneigentum dem Volksvermögen einverleibt. Apropos Vermögen: Dem Urheber verhalf sein Spruch zu Karriere und Reichtum. Um das Copyright an der Wahrheit: »**Da weiß man, was man hat**« streiten sich bis heute der VW-Konzern und Henkel, der Hersteller von Persil. »**Nichts ist unmöglich**« hatte Toyota schon beinahe ein Jahrzehnt mehr oder weniger unbeachtet propagiert, bevor sprechende Affen dem Slogan zum Durchbruch verhalfen.

Die Recherche vieler Slogans erwies sich als überraschend schwierig. Anfangs dachte der Autor, die Unternehmen und Agenturen, die schließlich Millionen von Mark investieren, um ihre Botschaften unters Volk zu bringen, würden begeistert aufspringen und den Verfasser mit allen Informationen versorgen. Weit gefehlt. Viele Firmen rückten mit ihrem Wissen so spärlich heraus, daß es bestenfalls für eine mickrige Pressemappe getaugt hätte. Andere Unternehmen zogen es vor, ganz auf Tauchstation zu gehen und gar nicht erst zu antworten. Und dann hagelte es noch Absagen oder sogar »Verbote« einiger Firmen, über ihre Werbebotschaften, die täglich per Anzeige oder Werbespot verbreitet werden, zu berichten. Zu nennen wären da der Produzent eines braunen Erfrischungsgetränks, eine große amerikanische Hamburger-Bratstube, ein Hersteller braunen Likörs aus dem Niedersächsischen oder ein Milchbaron aus dem Allgäu. Gerade bei älteren Slogans kannten einige Unternehmen und Agenturen aber auch einfach die Ursprünge ihrer Werbung nicht mehr. Den weitaus meisten Agenturen und Firmen aber bin ich zu Dank verpflichtet für ihre Kooperation.

So mußte der Großteil der Angaben in diesem Lexikon in mühevoller Kleinarbeit aus der Fachliteratur von 100 Jahren Werbegeschichte, aus Firmenbroschüren, aus Zeitungs- und Zeitschriftenartikeln zusammengetragen werden. Einige Experten werden vielleicht manch subjektive Schlußfolgerung des Autors nur müde belächeln, andere werden sich vielleicht auf den Schlips getreten fühlen. Diese Fachleute möchten bitte berücksichtigen, daß dieses Lexikon sich an den ganz normalen Adressaten ihrer Werbebotschaften wendet und nicht die Fachliteratur bereichern soll.

Zum Schluß möchte ich den vielen Unternehmen, Pressestellen und Werbeagenturen danken, die mir bei meinen Recherchen geholfen haben. Stellvertretend für alle anderen seien hier die Agenturen Grey, Young & Rubicam und Kastner & Partner sowie die Pressestellen und Archive der Firmen Henkel, Seagram und Sinalco erwähnt. Alle anderen mögen mir nachsehen, daß der Platz für eine vollständige Aufzählung nicht ausreichen würde. Ein besonderer Dank gilt auch meinem tüchtigen Postboten, der ein Jahr lang ohne Murren kiloweise Informationsmaterial heranschleppte. Ebenso den Angestellten der Münchner Staatsbibliothek, die Hunderte von Zeitschriften aus ihren Archiven wühlten. Sowie dem Mitarbeiter der Deutschen Bibliothek in Frankfurt, der sich Ärger mit seinem Chef einhandelte, als er unvorsichtigerweise eine Bestellung über 25 Jahrgänge einer Fachzeitschrift entgegennahm, die eine Woche lang die Ausgabe blockierte. Mein Dank gilt ebenso meinem Lektor Matthias Bischoff, und – ganz besonders auch – seinem Kollegen Uwe Gruhle, beide vom Eichborn Verlag. Und dann natürlich all den Werbetextern, -beratern und -experten, deren Transpiration und Inspiration wir die Werbeslogans verdanken, die dieses Lexikon überhaupt erst ermöglichten.

A

Adios ist besser

Adios-Toilettenpapier

Als die Firma Feldmühle, deren Marke Servus bereits bestens auf allen stillen Örtchen eingeführt war, diesem beliebten und robusten Klopapier 1962 ein »zeitgemäßes Toilettenpapier, vollhygienisch, eingeschlagen, trennscharf perforiert, feingekreppt und pastellfarben«, an die Seite stellen wollte, gab es Ärger, daß es zum Himmel stank. Ermuntert durch den erweiterten touristischen Horizont der Bundesbürger, wählte man nämlich anstelle des österreichischen »Servus« das spanische »Adios« als Markennamen. Man hatte zuvor mit verschiedenen europäischen Abschiedsgrüßen experimentiert. Doch das französische »Au revoir« auf der Kreppapier-Rolle erschien den Werbemanagern zu frivol, »farewell« zu zweideutig und das russische »Do Swidanija« politisch nicht opportun. So ließ man das scheinbar unverfängliche Adios in das Markenregister eintragen und schaltete für eine halbe Million Mark Anzeigen unter dem Slogan **»Adios ist besser«**.

Was sofort die katholischen Sittenwächter auf den Plan rief. Sie rügten, »Adios« hieße doch »Gott befohlen«. Was ja, zumindest für analfixierte Menschen, kein schlechter Nachruf für das so unwiederbringlich Ausgeschiedene gewesen wäre. Die klerikale Ablehnung traf die Firma Feldmühle dennoch hart. Immerhin hatte man durchaus mit derartigen Einwänden gerechnet und sich bereits im Vorfeld mittels eines Universitätsgutachtens abzusichern versucht. Demzufolge mit einer Verletzung religiöser Gefühle nicht zu rechnen sei und überhaupt 90 Prozent der Befragten mit dem Wort »Adios« nichts anzufangen wüßten.

Rausgeschmissenes Geld! Feldmühle wollte sich nicht mit der höchsten Instanz anlegen, und so wurde der Name mit geringem Aufwand in Arios geändert. Doch auch der neuen Wortschöpfung wurde der kirchliche Segen verweigert. Im vierten Jahrhundert unserer Zeitrechnung hatte es nämlich die Glaubensrichtung der Arianer gegeben, welche die Trinität von Vater, Sohn und Heiligem Geist in Zweifel zogen. Auf dem Konzil von Nicäa wurde ihre Lehre verdammt. Die Kirche fürchtete offenbar, der unselige Glaubensstreit könne an den diskreten Orten intimer Geschäftsverrichtungen wieder aufflammen. Die Werbeleute gaben nach, tauschten einen Buchstaben aus und tauften die WC-Rolle auf den Namen Amios. Aber wen die Kirche einmal am Kanthaken hat, den läßt sie nimmer los. Auch Amios stand auf dem klerikalen Index. Der Name erinnere an den alttestamentarischen Propheten Amos, der einst vor dem inneren Verfall des Menschen in Zeiten wirtschaftlicher Hochblüte gewarnt hatte; damit gehöre auch dieser Name zur Nomenklatura der Heiligen Kirche und habe auf profanen Gegenständen nichts verloren.

Dieser Namensstreit zog damals weite Kreise und stürzte auch Laien in Gewissensnöte. Herr Fritz Jöckel aus Lauterbach in Hessen merkte dazu per Leserbrief an den »Spiegel«, an: »Ich bin durch Ihren Artikel in schwere innere Nöte geraten, da ich nicht weiß, ob das Papier in Bedürfnisanstalten gotteslästerliche Markennamen trägt – die Umhüllung ist meistens schon abgerissen oder benutzt worden. Zeitungspapier möchte ich nicht verwenden, da es religiöse Artikel enthalten könnte.« Frau Grete Gellendien aus Düsseldorf hatte schließlich die rettende Idee: »(...) die Neuschöpfung ›Wischnu‹ zu nennen. Bis die Inder darauf kommen, in ihren religiösen Gefühlen verletzt zu sein, dürfte sich das – mit Verlaub zu sagen – Geschäft schon lukrativ abgewickelt haben.«

Trotz aller Bedenken ließ sich Feldmühle den Markennamen »Amios« rechtlich schützen und vertrieb das Hygienezubehör einige Zeit unter diesem Namen. Ohne spektakulären Erfolg, wie zu vermuten steht, denn schon bald war von dieser Marke keine Rede mehr.

Quelle: Spiegel 11+13/62

Advocard ist Anwalts Liebling

Advocard-Rechtsschutzkarte

Wer danach aussieht, als ob er das in der Regel stattliche Juristenhonorar zahlen könne und darüber hinaus langwierigen Rechtsstreitereien aufgeschlossen gegenübersteht, ist natürlich ein gerngesehener Kunde in jeder Kanzlei. Aber wer sieht schon so aus. Und wer will das schon. Rechtliche Auseinandersetzungen zählen für viele zu den Plagen Gottes. Lassen sich aber manchmal nicht umgehen. Da hilft eine Rechtsschutzversicherung, zum Beispiel die Advocard, deren Kunden seit Beginn der neunziger Jahre mit einer gebührenverordnungskompatiblen Plastikkarte ausgestattet werden. Mit dem Slogan **»Advocard ist Anwalts Liebling«** soll dem in Rechtsnot geratenen Bürger die Schwellenangst vor dem Anwaltsbüro, vor allem aber vor der Rechtsschutzversicherung genommen werden. Um die unvergleichliche Wirksamkeit ihrer Karte zu demonstrieren, ließ die Versicherung deshalb allerlei Gestalten mit höchst zweifelhafter Bonität, wie eine Nonne oder eine Punkerin, eine Anwaltspraxis aufsuchen. Rechtsanwalt Manfred Krug, der, wie man aus dem Fernsehen weiß, ein exzellenter Vertreter seiner Zunft war, empfing sie dort mit den Worten: »Ob die sich einen guten Anwalt leisten kann?« Um gleich darauf beim Anblick der Advocard einen Freudenschrei auszustoßen: »Sie kann!« Der Anwalt freut sich, das ist natürlich, aber auch der Kunde kann zufrieden sein, wird er doch endlich mal von jemandem wirklich geschätzt. Liebling eines Anwalts zu sein ist schließlich besser als nichts.

Manfred Krug, dem viele Bundesbürger ihre Telekom-Aktie zu verdanken haben, ist seit Jahren ein gefragter Werbeträger für ganz unterschiedliche Produkte. Neben seinem Einsatz bei der Telekom für deren Wertpapiere und Mobiltelefone, machte er Werbung für die Fluggesellschaft PanAm, für Schultheiss-Bier und Malteserkreuz Aquavit. Noch in den achtziger Jahren hatte Krug sich als erklärten Gegner von Reklame bezeichnet. Aber: **»Man gönnt sich ja sonst nichts«**, außer eben Malteserkreuz. Dort war man übrigens aufgrund überheblicher Gagenforderungen und angeblicher Eskapaden nicht allzu begeistert von ihm. Da traf es sich gut, daß die Schultheiss-Agentur Connex durch Befragungen herausfand, daß Krug sowieso viel mehr ein Bier-Image habe.

Ahaa – auch Uhu-Line

Uhu-Line Kragensteife

Die Sitten sind lockerer geworden, die Bekleidungsstoffe leichter und fließender. Man gibt sich easy und leger. Steif ist out. Kein Wunder, daß Uhu-Line Kragensteife da nicht mehr allen präsent ist. Die Firma Fischer & Fischer, Hersteller auch des universell bekannten Allesklebers, sorgte in den fünfziger Jahren mit diesem Produkt ebenso äußerlich wie subtil beim aufstrebenden Mann der Wirtschaftswunderjahre für den dringend notwendigen charakterlichen Halt. Goldene Zeiten, in denen man mit einem steifen Kragen auch Rückgrat beweisen konnte. Unter dem Slogan »**Ahaa – auch Uhu-Line**«, präsentierte sich in den Anzeigen beispielsweise ein strenger Ordnungshüter als väterlicher Konsumwart, vor dem ein ängstlicher Jungspund immerhin dank seines gestärkten Hemdkragens bestehen kann:

> **»Ein Jüngling fährt zum Rendezvous,**
> **da stürzt ein Schutzmann auf ihn zu.**
> **Verängstigt stoppt der junge Mann,**
> **der Schutzmann aber lacht ihn an:**
> **»Ahaa – auch Uhu-Line!«**
> **Ihr Oberhemd ist faltenlos**
> **und glatt wie meins, es sitzt famos,**
> **das heißt, auf Uhu-Line-Art!**
> **Auf Wiedersehen, gute Fahrt!«**

Die Essenz der Geschichte:

> **»Man bügelt ... wie beflügelt«.**

Quelle: Horizont-Special, 41/89

Alberto kommt

Pizza Alberto

Alberto ist ein rasender italienischer Pizzabäcker. Mit seinem dreirädrigen roten Piaggio kreuzt er amphibisch durch den Canale Grande oder balanciert auf zwei Rädern über einen italienischen Wochenmarkt. Nur damit die nach ihm benannte Pizza Alberto direttamente aus Napoli knusprig frisch auf den Tisch des deutschen Verbrauchers kommt. In der profanen Wirklichkeit bekommt er sie natürlich nicht geliefert, sondern muß sie sich aus dem Tiefkühlregal seines Supermarktes angeln. Da liegen die Produkte aus der Berliner Pizzabäckerei der Firma Freiberger Lebensmittel GmbH neben vielen anderen.

Entstanden aus einer Versandpizzeria und zunächst ausschließlich Produzent und Lizenznehmer der Münchner Schlemmer-Marke Käfer, brachte die Freiberger GmbH 1995 mit Alberto ihre erste Eigenmarke ins Tiefkühlregal. Mit der Münchner Agentur Serviceplan hatte man geprüft, wie man sich vom Pizzamarkt ein großes und möglichst dick belegtes Stück abschneiden könne. Das erstaunliche Ergebnis der Prüfung war: Pizza verkauft sich am besten, wenn sie aus Italien kommt! Oder zu kommen scheint. Man nennt das dann: »italienische Positionierung«. Um die Geburt neapolitanischer Pizzen aus preußischen Öfen zu verschleiern, mußte also nur noch eine Brücke in den sonnigen Süden geschlagen werden. Der rote Piaggio, mit dem Alberto unterwegs ist, erwies sich in Tests als beste Eyecatcher-Variante und wurde zum »Keyvisual« (der optischen Botschaft) der Pizzawerbung.

Um Alberto und sein Gefährt herum entstanden amüsant erzählte, mittlerweile preisgekrönte Spots, die dem Verbraucher den italienischen Ursprung der Rezeptideen verdeutlichen sollen. Die Filmchen erzielen hohe Beliebtheitswerte und Marktforschungsergebnisse zeigen, daß das Alberto-Auto inzwischen im Kopf des Verbrauchers das Symbol schlechthin für Pizza geworden ist. Die Marke errang innerhalb von anderthalb Jahren einen Anteil von 7,5 Prozent. Die gleiche französische Stuntcrew, die auch für die spektakulären Szenen in den James Bond-Filmen verantwortlich war, hetzte das mit einem 150 PS starken Kawasaki-Motor aufgemotzte Dreirad über die Landstraßen.

Quelle: Horizont 15/98

Alle reden vom Wetter. Wir nicht.

Deutsche Bundesbahn

1968. Mythische Patina hat diese Jahreszahl mittlerweile angesetzt. Allen sagt sie etwas, jeder versteht etwas anderes darunter: Studentenrevolte, antiautoritäres Aufbegehren, Vietnam, Geburt des Terrorismus, Niedergang der Nachkriegsgeneration und Aufstieg einer neuen, der 68er.

Zweifellos ein Jahr des Umbruchs. Weltweit. Europaweit. In Deutschland (West). Und auch bei der Deutschen Bundesbahn. Der schuldengeplagte Staatskonzern mit dem muffigen Image vertraute damals mit McCann-Erickson erstmals einer Werbeagentur seinen Etat an. Bereits vier Jahre zuvor war ein anderer Bundesbahn-Klassiker entstanden, damals noch hausgemacht: **»Fahr lieber mit der Bundesbahn«**. Bieder, aber wirksam. Jetzt sollte die »Jugendfrische« der Bahn herausgestellt werden; mild provokativ wollte man den Vorteil der Schiene gegenüber der Straße preisen, wetterunabhängig zu sein. McCann mobilisierte den Nachwuchs. Der geniale Slogan **»Alle reden vom Wetter. Wir nicht.«** (eigentlich eine Schlagzeile, die nur ein einziges Mal erschien), stammt aus der Feder einer 23jährigen Frau, die gerade von der Sekretärin zur Texterin aufgestiegen war: Margot Müller. O wunderbare Margot Müller, welch subtile Ironie! In diesem ereignisreichen Jahr, da alle Welt, außer der Bundesbahn, von allem anderen sprach, nur nicht vom Wetter, genau das Gegenteil zu behaupten und die Welt damit vom Kopf auf die Füße zu stellen, das war kühn und frech.

Der Spruch zündete wie ein Brandsatz im Kaufhaus und gehört inzwischen zu den geflügelten Werbewörtern. Er wurde unter anderem von Kanzler Kiesinger zitiert, ging um die Welt, wurde unzählige Male kopiert, imitiert, übertragen. Der »Sozialistische Deutsche Studentenbund« bewies seismologisches Gespür und schrieb ihn sich ebenfalls auf die Fahne beziehungsweise die Plakate. Der Bahnkonkurrent und Autobauer Ford verbreitete 1988 **»Alle reden vom Mehrwert. Wir auch.«**

Ebenfalls von Margot Müller und aus dem Jahre 1968 stammt ein Slogan, der zwar die Elektrifizierung der Bahn begleitete, aber irgendwie auch die Gesundheitswelle weit voraus ahnte: **»Unsere Loks gewöhnen sich das Rauchen ab«**. Sie mußte also trotz ihres erstaunlichen Anfangserfolges weiterarbeiten. Dazu befragt, sagte sie später: »Es ist wahr, daß mir »Alle reden vom Wetter. Wir nicht.«

viel Popularität eingebracht hat. Unwahr ist, daß ich bis zum heutigen Tag von den Tantiemen leben kann ...«

Quellen: Stern 6/88; w&v 5/71, 22/86; Spiegel 6/67

Alles, bloß nicht langweilig

Volvo

Der typische Volvo-Fahrer hat ein Image-Problem. Er gilt als Biedermann mit Hut, sein Auto als »Kleinbürgerpanzer«. Der 60er Jahre-Slogan **»Sicherheit aus Schwedenstahl«** (siehe dort) festigte noch den Ruf der Schwedenkarosse als sicheres und zuverlässiges Auto, verstärkte damit aber eher das negative Image ihrer Besitzer, ängstliche Langweiler zu sein, denen passive Sicherheit über alles geht. Er mußte dynamischer werden.

Den ersten Versuch, ihm einen Schuß Esprit zu verpassen, unternahm man bereits in den siebziger Jahren. Im Mittelpunkt der damaligen Kampagne standen Männer »in konzentrierter Ausübung ihres Berufs oder Hobbys«, wie zum Beispiel ein Bogenschütze. Die Marketing-Strategen beschrieben die Aussage ihrer Werbung mit den schlichten Worten: »Das individuelle Erleben von Markenfaszination durch Individualisten. Die Kongruenz der Charaktereigenschaften zwischen Fahrer und Fahrzeug wurde zum Inhalt der Kampagne.« Die simple Botschaft selbst lautete: **»Er fährt Volvo«**. Er! »Sie fährt Volvo« hatte noch keine Chance, obwohl »darüber diskutiert wurde«.

Irgendwie hatte man damit immer noch nicht die richtige Zielgruppe erwischt. Also präsentierte die Agentur Grey 1996 den idealtypischen Volvo-Fahrer gleich als knallharten Macho. Die neue Botschaft verhieß: **»Alles, bloß nicht langweilig«**. Ein Mann fährt mit seinem Volvo in die Berge. Er verläßt das sichere Gefährt, packt seinen Bumerang aus, plaziert in Wilhelm-Tell-Manier einen Apfel auf seinem Kopf, und schleudert den Bumerang. Der kommt wunschgemäß zurück und zersäbelt den Apfel auf dem Kopf des Individualisten in zwei Hälften. »Alles, bloß nicht langweilig« oder: Man braucht ein sicheres Auto, um sich so richtig in Gefahr begeben zu können.

Quellen: w&v 21/71, 39/80, 49/95; Grey-Gruppe, *Wie man Marken Charakter gibt*, Stuttgart 1996

alles in obi

obi-Heimwerkermärkte

Do-it-yourself hieß es schon Ende der sechziger Jahre. Man hatte mehr freie Zeit, gute Handwerker waren ebenso teuer und schwer zu bekommen wie heute, Heimwerken hatte Konjunktur, trotz aller damit verbundenen Mühen. Denn noch mußte sich der ambitionierte Bossler in den verschiedensten Geschäften Werkzeuge und Materialien zusammensuchen. In diese Angebotslücke stieß Manfred Maus. Seine Idee war, daß der Kunde bei obi alles aus einer Hand bekommen sollte. Und so gründete er mit den obi-Heimwerkermärkten das erste deutsche Unternehmen, das nach dem amerikanischen Franchisesystem aufgebaut war. Den Namen obi hatte Maus in Frankreich entdeckt, wo er als Abkürzung für »organisation bricolage international« stand. 1970 öffnete der erste obi-Markt in Hamburg-Poppenbüttel seine Tore. 1993 kreierte Young & Rubicam den Slogan »... **oder bei obi**«, seit 1995 lautet die Botschaft an den Heimwerker: »**Bei Obi bekommen sie nicht nur alles zu kaufen, sondern auch alles erklärt**«; mit dem Schlußsatz »**alles in obi**«.

Quelle: horizont 43/95

Alles mit Ei

DDR-Werbefernsehen

Dieser Slogan, sicher nicht einer der aussagekräftigsten und einprägsamsten, ist nur deswegen von Bedeutung, weil er die Geburtsstunde des DDR-Werbefernsehens markiert.

Ost-Berlin 1959: Im Fernsehstudio Berlin-Adlershof offeriert ein Papphahn vor gemalten Eierstapeln die Haute-Cuisine der Hagestolze: Omelette Confiture, verlorene Eier und Eier in Remoulade. Diese Leckereien stehen unter dem Motto: »**Alles mit Ei**«. Soweit ist alles in Butter. Dann schwenkt die Kamera auf Anneliese Müller, eine rundliche Dame von zurückhaltender Haushaltsberaterinnen-Eleganz. Sie präsentiert entzückt ein Teeservice aus der Produktion der VEB Union Quedlinburg, das – schwer zu erkennen im Schwarzweißfernsehen – besonders farbenfroh geraten sein soll. Eine Kollegin wird herbeigebeten, die mit einem Brieföffner in eine Los-Urne sticht und ein Kärtchen herausangelt. Mühsam buchstabierend ermitteln beide »H. Leutner, Kreis Erbisdorf, Langenau 262 e«, als den künftigen stolzen Besitzer des Teegeschirrs.

Am 8. Juni 1959 lief die Reihe »Notizen für den Einkauf« an, die fortan einmal wöchentlich über den DDR-Bildschirm flimmerte und den ersten Versuch der Planwirtschaft in Sachen Verbraucheraufklärung darstellte. Auf der anderen Seite des Eisernen Vorhangs wurde die Werbesendung eher belächelt: »Filzlatschen-Reklame«, urteilte Fernsehkritiker »Sehbär« im Westberliner »Abend«. Das SED-Organ »Neues Deutschland« hingegen verkündete: »In der sozialistischen Werbung erfahrene Fachleute (...) werden der Industrie helfen, wirksame Streifen in Real-, Zeichen-, Sach- und Puppentrickfilm zu gestalten.«

Das Ergebnis dieser Bemühungen war die neue Sendereihe »Tausend Tele-Tips«, die ab 1960 ausgestrahlt wurde und wirklich nützliche Hinweise für die Meisterung des realsozialistischen Alltags gab. So wurde beispielsweise gezeigt, wie man an der Tankstelle rascher zu Benzin kommen konnte, wenn man sich nur des »VEB-Minol-Schnelltankens« bediente. Dabei handelte es sich allerdings nicht um eine technologische Revolutionierung der Tankprozedur, sondern eher um einen organisatorischen Trick, um eine Vereinfachung der auch im Sozialismus, wo doch allen alles gehörte, notwendigen Zahlungsmodalitäten: Benzin wurde nur zu runden Summen abgegeben, so daß man nicht auf Wechselgeld zu warten brauchte.

Quelle: Spiegel 20/60

Alte Schuhe wirken ärmlich!

Deutsches Schuh-Institut

1968 war wirklich ein Jahr der radikalen Erneuerung. Nicht nur politisch, nicht nur in Studentenkreisen, wo ›alte Zöpfe‹ abgeschnitten wurden. Nein, auch der Schuhhandel konnte sich in diesem Jahr dem Zeitgeist nicht verschließen, zumal der Schuhabsatz gerade durch eine Talsohle schlurfte. Die im »Deutschen Schuhinstitut« organisierten Schuhgeschäfte mußten dringend ihren Umsatz forcieren. Also beauftragte man die Agentur Special Team damit, einen zündenden Slogan zu kreieren. Die machten sich sogleich an die Arbeit und ließen die Hirne glühen. Das Brainstorming wehte dem Art Director besagten Satz aus dem Mund. Nach den Worten des Texters Thomas Mang, der daraus dann den endgültigen Slogan feilte, im schrecklichsten Dialekt der Welt, in Schwyzerdütsch. Für die Damen gab es eine geschlechtsspezifische Variante, die nicht so sehr auf Prestigewerte, sondern mehr auf weibliche Eitelkeit setzte: **»Alte Schuhe machen alt!«**.

Mang: »Das war's, dachten wir, das war der Slogan für Männerschuhe. Jetzt können sie ihre alten Treter nur noch auf den Müll schmeißen. Gut, Männer lieben ihre alten Schuhe und tragen sie, bis sie ihnen von den Füßen fallen. Heute würden wir sagen: Der Slogan provoziert Abwehrmechanismen. (...) Da kriegt der aufgeklärte Konsument, der mündige Bürger, die emanzipierte Frau von heute seelische Hühneraugen. Damals hatten wir einen Heidenspaß.«

Quelle: w&v 22/86

Am 31. März ist Wüstenrot-Tag

Bausparkasse Wüstenrot

»Jeder Tag hat seine Plage« heißt es schon beim Evangelisten Matthäus, und nur wenige Tage haben auch ihre Freude. Einer davon ist der Stichtag, jedenfalls im Leben eines jeden Bausparers. Da gibt es die fetten Prämien vom Staat. Die Bausparkasse Wüstenrot (**»Man kommt zu was durch Wüstenrot«**), beschlagnahmte 1973 in einer kühnen Aktion diesen Tag, es war genau der 31. März, und machte ihn zum »Wüstenrot-Tag«. Die Verantwortung dafür hat Rolf Mayer von der Ludwigsburger Agentur CfW zu tragen. Dem Vernehmen nach tut er es gern.

Viel bewegen konnte Mayer mit seinem Slogan damals nicht. Der Branchenprimus schlitterte geradewegs in eine Krise, bis 1976 war man beim Neugeschäft erstmals auf den dritten Platz abgerutscht. Man erhoffte sich Hilfe von den Star-Werbern von Young & Rubicam. Die setzten weiter auf Mayers Slogan, entwarfen aber eine neue Strategie der rasanten Beschleunigung: Trägen Menschen und langsamen Fahrzeugen sollte in der Wüstenrot-Werbung der Stichtag regelrecht Feuer unter dem Hintern machen.

Im ersten Spot der neuen Kampagne raste ein Bauer (**»Gib Gas, Gustav«**) auf seinem Trecker zum Termin. Das war natürlich völlig unkorrekt und trug der Bausparkasse sogleich die harsche Kritik des »Bundesverbandes der landwirtschaftlichen Berufsgenossenschaften« ein. Die Standesfunktionäre bemängelten, »daß der abgebildete Zweiachsschlepper wahrscheinlich zu schnell fährt«. Und wiesen auf die zulässige Höchstgeschwindigkeit von 25 km/h hin. Sie vermißten zudem pflichtbewußt einen »Beifahrersitz« und eine »Umweltschutzvorrichtung«.

Der Konkurrenz stank der Erfolg der Wüstenrot-Werbung so sehr, daß sie intensiv nach einer faulen Stelle suchte und sie auch fand. In einer Anzeige aus dem gleichen Jahr hatte eine beleibte Dame einen hageren Mann zum Wüstenrot-Termin geschleppt (Slogan: **»Gemeinsam doppelt und dreifach kassieren«**). Ein dicker Hund, wie die Recherchen ergaben. Die Dame hieß Ursula Reit, arbeitete in München als Schauspielerin, und war doch tatsächlich – man glaubt es kaum – Kundin bei der Leonberger Bausparkasse! Deren Landesdirektor Erich Ledermann knittelte daraufhin in seiner Hauspostille: »Die Dame, die den Mann hier zieht/scheint sehr begeistert nicht zu sein/ Es sträubt das Haar sich und das Bein/und das ist ziemlich leicht erklärt/ Die Dame, die sich deutlich wehrt/spart nämlich ohne Zwang und Ärger/ seit Jahren bei der Leonberger.« Da fragt man sich: Wer zieht denn jetzt wen?

Die erschreckenden Auswirkungen der Wüstenrot-Werbung waren dem »Spiegel« einen Bericht wert. Am 18.4.1977 konnte man lesen, daß in den Büros der Bausparkasse ständig angebliche Kunden aufkreuzten, die ein Wüstenrot-Plakat mit einem Goggomobil als Souvenir verlangten. Der »Spiegel« dazu: »Die Wüstenrot-Werber (...) haben sich diesen kostspieligen Poster-Service selbst zuzuschreiben. Seit Monaten versuchen sie, ihre Konkurrenten mit ungewöhnlichen Werbeeinfällen auszustechen.« Auslöser dieser Postermanie war ein Werbespot, in dem eine Stimme aus dem Off fordert: **»Jetzt aber los, Ludwig«**. Dann heult ein Motor auf, Reifen quietschen, hinter einer Bergkuppe taucht in rasender Fahrt ein Goggomobil auf und vollführt einen 15 Meter langen Luftsprung. Das fliegende Gefährt sollte bei den Bausparern »nachhaltige Zeitdruckgefühle« erwecken. Die Verbraucherzentrale Nordrhein-Westfalen beschwerte sich beim Deutschen Werberat daraufhin, daß in dem Spot »ein Autofahrer wie ein Verrückter eine Landstraße entlangfährt, ohne auf Mensch und Tier zu achten, was offenbar als empfehlenswert erscheinen soll.«

Für die spektakulären Aufnahmen liehen sich die Werber von der 22jährigen Friseuse Mariele Bachinger aus Ampermoching bei München ein 14 Jahre altes Goggo-Coupé, das mit verstärkter Hinterachse über einen toskanischen Sprunghügel gejagt wurde. Das Auto überstand diese Torturen heil, aber nicht ohne Kritik. Die Filmemacher waren unzufrieden mit seinen schmalbrüstigen Motorgeräuschen. Deshalb unterlegten sie den Film mit dem Dröhnen eines landenden Flugzeugs. Ein paar weitere Textproben aus mittlerweile über 80 Stichtagen: **»Schnell, schnell, Isabell«**, **»Zisch los, Zenzi!«**, **»Ab durch die Mitte, Gitte!«**, **»Flink, flink, Frau Fink!«**, **»Auf die Beene, Marlene!«**, **»Volle Kanne, Anne!«**, **»Saus, Klaus!«**, **»Flitz, Fischers Fritz!«**, **»Achtung, Ferdi, los!«**, **»Spute dich, Ute!«**

Die Kampagne wurde mehrfach ausgezeichnet. Unter anderem 1976 mit dem Clio-Award-Worldwide, einer ADC-Silbermedaille und einer aus Bronze (1977); sie wurde zur Anzeige des Jahres 1979 erkoren und errang 1989 den Pegasus-Award in Silber. Die kölsche Rockband »BAP« verwendete das Goggo-Motiv im Lied »Frau, ich freu mich«: »Ich stell mich op et Jaaspedal als wöör hück Wüstenrot-Naach«. Sogar die »FAZ« erwies am 15.8.78 der Bauspar-Werbung ihre Referenz: »Diese Anzeigen sind Teil einer nunmehr schon zwei Jahre laufenden Kampagne, die das bisher vorzugsweise benutzte Motiv der Branche, eine glücklich lächelnde Bilderbuchfamilie vor dem soeben neu bezogenen Eigenheim durch wirklichkeitsnah ersetzte Darstellung der Vorzüge eigener vier Wände eingelöst hat (...) Das Ziel, ein eigener Stil, der die Bausparkasse deutlich von anderen abhebt, ist wohl erreicht worden.«

Quellen: *20 Jahre Wüstenrot-Werbung*, Firmenpublikation; Spiegel 17/77; FAZ 15.8.78

Ariel wäscht nicht nur sauber, sondern rein

Ariel

Basierend auf deutschen Patenten hatte der amerikanische Seifenkonzern und der Welt größter Saubermacher Procter & Gamble (Dash, Meister Proper, Pampers ...), in den Jahren 1933 und 1934 sein erstes Waschpulver entwickelt. Nach dem Krieg engagierte der Seifen-Multi die besten Werbemänner Amerikas und belegte die Hausfrauen zwischen New York und San Francisco mit einem Reklame-Trommelfeuer. Dazu zeigten die Fernsehstationen eine sogenannte »soap opera«. Die zu Tränen rührende Geschichte eines innerhalb weniger Tage verliebten, verlobten und verheirateten Paares. Bevor sich in zahlreichen Fortsetzungen die Frage klärte, ob das nach siebenmonatiger Traumehe geborene Baby tatsächlich eine Frühgeburt war oder gar von einem anderen Vater stammte, hatten sich die Vorzüge des Waschmittels tief in das Gemüt der US-Hausfrau eingeprägt. Die »Seifenoper« war geboren. Sie schaffte ebenso den Sprung über den Atlantik wie die Waschmittel des Konzerns.

1967 wurde Ariel auf den deutschen Markt geworfen und als Vorwaschmittel »positioniert«: **»Zum Vorwaschen gibt's doch was Besonderes. Denn Ariel kann reinweichen«**. Damit hatte Procter & Gamble Marktführer Persil in die Zange genommen. Drei Jahre zuvor hatte der US-Konzern die Attacke auf Henkels Flaggschiff mit dem Vollwaschmittel Dash (**»Wäscht so weiß – weißer geht's nicht!«**) eingeleitet. Klammheimlich sollte nun Ariel bei der 40-Grad-Wäsche weiteres Terrain erobern. Der Slogan **»Wäscht nicht nur sauber, sondern rein«**, machte allen klar, daß sauber zu sein nicht reicht, ja eigentlich noch ziemlich schmutzig ist.

»Porentief rein« muß es schon sein. Aber dieses Nonplusultra ist nur mit der Kombination von Ariel und Dash zu schaffen. Ein Jahr später war Ariel bereits die Nummer 1 unter den Einweichern. Henkel konterte mit »Abwehrmarken« (Fakt, Weißer Riese), einem verbesserten Persil und konnte seine Spitzenstellung in den Waschbottichen behaupten.

Bei ihrer Kampagne für Ariel griff die Agentur Compton auf das Seifenopern-Rezept aus den vierziger Jahren zurück (inzwischen fachmännisch als »slice-of-life«-Werbung bezeichnet) und konzipierte Werbespots mit Szenen, in denen kleine Alltagsprobleme einer Hausfrau durch das Seifenpulver gelöst werden. Dafür brauchte man eine Figur, die als Sprachrohr fungieren konnte und gleichzeitig »einen Platz im Herzen der Menschen« fand. Die Wahl fiel auf die Schauspielerin Johanna König. Die in der Folgezeit als Inbegriff aller Waschfrauen bekannt gewordene ›Klementine‹ trug stets, ganz undamenhaft, einwandfrei reine Latzhosen und karierte Hemden. Und immer wußte sie Rat:

Klementine: »Was, mit der Bluse wollen Sie zum Reitturnier?« Reiterin: »Wieso?« Klementine: »Da – noch Spuren von Kakaoflecken!« Reiterin: »Dabei hab ich auch noch vorgewaschen.« Klementine: »Mit einem Kochwaschmittel, was?« Reiterin: »Ja!« Klementine: »Zum Vorwaschen gibt's doch was besonderes: Ariel!« Off-Sprecher: »Denn Ariel kann reinweichen. Darum wäscht Ariel nicht nur sauber, sondern rein.« Reiterin: »Phantastisch rein.« Klementine: »Ja, Ariel nimmt auch die schwierigsten Hürden.« Alle: Befreites Lachen. Off: **»Ariel zum Vorwaschen. Denn Ariel wäscht nicht nur sauber, sondern rein.«**

Johanna König war eine bekannte Bühnen- und Filmschauspielerin, bevor aus ihr Klementine wurde. Mit sechs Jahren tanzte sie im Kinderballett der Dresdner Staatsoper. Sie war Mitglied von Willy Schaeffers »Kabarett der Komiker«, drehte mit dem legendären Alpenveteranen Luis Trenker und erhielt bei den Filmfestspielen in Locarno den Internationalen Kritikerpreis für den Film »Jane bleibt Jane«. Sechzehn Jahre lang blieb sie die personifizierte Reinheitskraft von Ariel, bevor sie 1983 aufs Altenteil geschickt wurde. Zehn Jahre später durfte die mittlerweile 72jährige noch einmal für ein kurzes Intermezzo zurückkehren. Der Slogan war nur geringfügig abgewandelt worden: **»Soll's wirklich rein sein, muß es Ariel sein«**. Ariel selbst wurde in den Jahren vom reinen Vorwaschmittel (**»Reinweichen mit Ariel«**) zum 60 Grad-Vollwaschmittel (**»Schon bei 40 Grad und natürlich auch im Hauptwaschgang«**) befördert.

Quellen: Joachim Kellner (Hrsg.), *Werbefiguren, Geschöpfe der Werbewelt,* Düsseldorf 1992; w&v 38/73; Spiegel 42/55

Auf diese Steine können Sie bauen

Bausparkasse Schwäbisch-Hall

Der Klassiker unter den deutschen Bauspar-Slogans entstand bereits in den fünfziger Jahren. Geheimnisvolles muß sich damals im Ländle zugetragen haben. Bei Schwäbisch-Hall (»**Bausparen bei Schwäbisch Hall ist Schlausparen!**«) ist man nämlich genauso mißtrauisch wie bodenständig. In diversen Telefonaten und Fax-Anfragen wollte man nicht verraten, in welchem Jahr genau der Slogan geboren wurde. Seine Botschaft teilt er mit allen anderen Bausparkassen »und mit der Schlange Ka aus dem Dschungelbuch: Vertraue mir! Ganz besonders, wenn es um den Traum vom eigenen Heim geht.

Auf in die Zukunft – aber nicht auf roten Socken

CDU

Die Wiedervereinigung lag schon fünf Jahre zurück, die CDU hatte sich, getragen von den Hoffnungen der Ossis, bestens in den neuen Ländern breitgemacht. Auf einigen Industriebrachen waren schon wieder, wie versprochen, blühende Landschaften entstanden. Die PDS, eine kryptosozialistische Erblast, deren Wähler nur Nostalgiker, unbelehrbare Altkommunisten, Stasileute, Ex-Funktionäre und unverständige Protestwähler sein konnten, stellte keine wirkliche Gefahr für die Christdemokraten dar. Aber sie bot sich an, um die SPD beim Wähler in Mißkredit zu bringen. Da hatte es nämlich auf kommunaler und auf Länderebene schon mal hier und da lokale Koalitionen und Tolerierungsabkommen gegeben. Von denen – hier und da – freilich auch die CDU profitierte, aber so genau wollte man das 1994 auch wieder nicht wissen, oder man hatte es vergessen. Nicht ohne eine gewisse Häme formulierten also die Schwarzen ihren Slogan zur Bundestagswahl: »**Auf in die Zukunft – aber nicht auf roten Socken**«.

Die Parole avancierte zum Shootingstar des Werbejahres – was noch keinem Wahlslogan zuvor gelungen war – aber der Schuß ging teilweise nach hinten los. Statt den Bundesbürger zu verschrecken (»**Zukunft statt Linksfront**«) wurde der Slogan zum Lacherfolg und SPD-Wahlhelfer. Die reagierte nämlich mit kluger Ironie und einer Flugblattaktion, die den Kanzler einträchtig mit seinem Staatsgast Erich Honecker im Jahr 1987 zeigte. Hinzu kam der auf Spaß getrimmte Spruch »**Da waren wir aber von den Socken, Herr Kohl**«. Und frei nach dem Motto: »Für uns soll's rote Socken regnen, uns sollen sämtliche Wunder begegnen!« drehte der politische Gegner den Spieß kurzerhand um und holte zum Gegenschlag aus. Er verschenkte rote Socken und Söckchen zum Anstecken, wo immer er nur konnte. Andere Gründe müssen ausschlaggebend dafür gewesen sein, daß die SPD die Wahl dennoch verlor.

Quellen: Spiegel 30/94; Max 1/95

Aurora mit dem Sonnenstern

Aurora-Mehl

»**Ja, Au-ror-a, Au-ro-ra, nimmt fast jeder gern. Au-ro-ra mit dem Son-nen-stern.**« Mehr gibt es dazu eigentlich nicht zu sagen. Und mehr war auch nicht in Erfahrung zu bringen. Aurora-Mehl gibt es seit 1951, auf der Verpackung prangt eine Sonne, Verweis auf die von den Römern als Göttin der Morgenröte verehrte Aurora. Der Slogan lag also auf der Hand. Die Melodie ist schlicht und eingängig. Jedes Kind konnte sich den Text und die Tonfolge merken. Da wundert es keinen, daß in den Fünfzigern jedes Kind das Aurora-Lied sang.

Aus deutschen Landen frisch auf den Tisch

Gesellschaft für Absatzförderung (GAL)

»**Frau Antje bringt Käse aus Holland.**« Frechheit! Seit 1961 hatte die Gemeinschaftswerbung der holländischen Käseproduzenten den einheimischen Landwirten die Kundschaft massenhaft abspenstig gemacht. Das holländische »Kaasmeisje« war zudem nicht die einzige, die in deutschen Landen wilderte. Besonders intensiv warben, neben den Holländern, die Franzosen, die Dänen und die Italiener für ihre Agrargüter, die bei der deutschen Hausfrau inzwischen beliebter waren als deutsche Bauernware. **»Aus deutschen Landen frisch auf den Tisch«** war der Konter der deutschen Bauern. Der Slogan sollte wieder für mehr nationales Verbraucherbewußtsein sorgen.

Bis zu diesem Zeitpunkt hatten Deutschlands Landwirte die längst überfällige Gemeinschaftswerbung noch nicht zustande gebracht. Das kreative Highlight der heimischen Käsewerbung war das »Allgäuer Käsbüble« gewesen, das ein Emmentaler Käserad rollte und stemmte. Wie dankenswerterweise die Zeitschrift »werben & verkaufen« 1963 unter der Schlagzeile »Unruhe am Käsemarkt« der Nachwelt überlieferte. Einen ersten Versuch, die Bauern zu einem gemeinsamen Vorgehen zu bewegen, hatte der Werbefachmann Hanns Brose 1954 unternommen. Er arbeitete einen Vier-Stufen-Plan aus, dessen Ziel es war, »das tief eingewurzelte Mißtrauen der städtischen gegenüber der ländlichen Bevölkerung« zu beseitigen. Zwar war Minister Lübke von Broses Plan angetan, die hauptamtlichen Funktionäre lehnten das Vorhaben jedoch wegen zu hoher Kosten ab. Brose: »Die haben das leider nicht begriffen.«

Erst als die Ausländer immer aggressiver ihren Käse und ihre Eier, ihr Gemüse und Geflügel und sogar ihren Wein bewarben, bliesen die über 100 konkurrierenden Agrarorganisationen zur Attacke. 1966 gründeten sie die »Gesellschaft für Absatzförderung (GAL)«. Unter dem Motto **»Aus deutschen Landen frisch auf den Tisch«** (einige Quellen datieren den Slogan ins Jahr 1961, aber da wäre er als Konter zu früh gekommen), ließen sie dralle Bauernmaiden als Propagandistinnen ausschwärmen und erwiesen sich auch sonst nicht als ausgedörrte Moralapostel: Auf einem ihrer Plakate wurde eine nackte Schönheit zur Schau gestellt, die mit Brötchen, Eiern, Würstchen und Salat aus deutschen Landen garniert war. Die Ergebnisse dieses landwirtschaftlichen Enthusiasmus waren indes bescheiden. Und es gab Streit. Da alle zahlen mußten, wollte jeder für sein Geld am meisten. Werbung für Rindfleisch ärgerte den Schweinezüchter, Absatzförderung für Milch verärgerte die Weinbauern.

1969 ergriff der Gesetzgeber die Initiative und erzwang mit dem »Gesetz über die Einrichtung eines Zentralen Fonds zur Absatzförderung der deutschen Land-, Forst- und Ernährungswirtschaft« ein professionelles Marketing. Darum kümmern sollte sich die CMA (Centrale Marketinggesellschaft der deutschen Agrarwirtschaft). Die Kriegskasse mußten die Landwirte füllen. Für jedes verkaufte Stück Vieh war ein Obolus zu entrichten. Für eine Kuh 3,30 Mark, für ein Schwein eine Mark und für ein Schaf 30 Pfennig. Für 100 Küken waren sechs Mark fällig.

Die Etats der CMA in zweistelliger Millionenhöhe gehören seitdem zu den Lieblingsbeutestücken der bundesdeutschen Werbewirtschaft. Aber die Landwirte hatten auch was davon und die Slogans bekamen Klassiker-Charakter: **»Fleisch ist ein Stück Lebenskraft«**, 1967 (noch zu GAL-Zeiten); **»Beim Fleischer schneidet man am besten ab«**, 1971; **»Essen aus Deutschland: Qualität, die von der Frische kommt«**, 1974; **»Essen aus Deutschland: Die reiche Tafel guter Wurst«**, 1976; **»Die Fitmacher aus Deutschen Landen«**, 1979; **»Ohne Blumen fehlt dir was. / Blumen. Und der Mensch blüht auf.«**, 1985; **»Milch macht müde Männer munter«** (Aber Bier schmeckt besser), 1991.

Quellen: w&v 9/72; Spiegel 14/59, 39/69

Aus dieser Quelle trinkt die Welt

Apollinaris

1852 wunderte sich der Winzer Georg Kreuzberg aus Bad Neuenahr, daß die Reben auf seinem Weinberg einfach nicht wachsen wollten. Die Ursache dafür war rasch geklärt: Auf dem Grundstück entsprang eine mineralische Quelle. Der schlaue Weinbauer erkannte die Goldgrube, sattelte um und verkaufte fortan Mineralwasser in Tonkrügen. Ein Name für die Quelle war schnell gefunden: Apollinaris nannte er sie nach dem Bildstock eines Heiligen, dessen Statue sich direkt neben der Quelle befand. Am 2. Juli 1853 erhielt die »CommanditGesellschaft Georg Kreuzberg & Cie.« von der königlich-preußischen Regierung in Koblenz die Verkaufslizenz.

Zwei Jahrzehnte später wurde Apollinaris international. Die 1873 gegründete »The Apollinaris Company Limited London« machte die Marke weithin bekannt. Als dann Produkte von besonderer Qualität seit 1892 in England mit einem roten Dreieck ausgezeichnet wurden, bekam auch die Apollinaris-Flasche einen solchen Stempel aufgedrückt. 1894 wurde das Dreieck beim Kaiserlichen Patentamt als Warenzeichen angemeldet, in Kombination mit dem Slogan **»The Queen of Table Waters«**. Vorsichtshalber ließ man für die

Wassertrinker deutscher Zunge den Slogan **»König der Tafelwässer«** gleich mitschützen. Am 20. April 1895 erhielt Apollinaris unter der Warenzeichennummer 5460 die offizielle Bestätigung für die Eintragung.

Zu den berühmtesten Apollinaris-Liebhabern der damaligen Zeit zählte der »Eiserne Kanzler« Fürst Otto von Bismarck. Am 21. April 1879 schrieb die »Nationalzeitung«: »Einer der ersten und treuesten Pioniere der Apollinaris ist übrigens niemand anders als der Reichskanzler, den es auf allen seinen Fahrten begleitet.«

Man operierte weiterhin international und hatte damit Erfolg. Apollinaris ist das einzige deutsche Mineralwasser mit »Weltgeltung«. An diesem Triumph wollte man auch die deutschen Sprudeltrinker teilhaben lassen, was zu dem Slogan führte: **»Aus dieser Quelle trinkt die Welt«**. Heute kennen neun von zehn Bundesbürgern Apollinaris und den Werbeslogan. Den höchsten Pro-Kopf-Verbrauch an Mineralwasser weltweit haben übrigens, einer unbestätigten Quelle zufolge, die Einwohner der Karibik-Insel Curaçao.

Quellen: Jörg Krichbaum, *Made in Germany*, München 1997; Horizont 44/93

Aus Erfahrung Gut

AEG

Selten konnte aus einem doch eigentlich recht nichtssagenden Firmenkürzel soviel Imagekapital geschlagen werden wie aus dem Namen der AEG, der 1883 von Walter Rathenau, dem Vater des späteren Außenministers der Weimarer Republik, gegründeten »Allgemeinen Elektrizitätsgesellschaft«. In den sechziger Jahren übersetzte die Werbung die griffige Buchstabenkombination mit dem bis heute nachwirkenden Dreiklang **»Aus Erfahrung Gut«**. In Anspielung auf gelegentliche, besonders im Bereich Haushaltsmaschinen auftretende Produktmängel, kursierten auch weitere Übersetzungsvarianten wie: »Auspakken, Einpacken, Gutschrift«.

Quelle: w&v 32/93

Aus gutem Grund ist Juno rund

Juno

Philip Reemtsma persönlich beauftragte die William Heumann Werbegesellschaft zu Beginn der fünfziger Jahre, der vor dem Kriege so erfolgreichen Zigarette Juno neues Leben einzuhauchen. Schon damals hatte Heumann die Juno beworben und dabei immer wieder die »Rundheit« der Juno betont. Unterschwellig, so Heumann-Werber Horst Slesina, sollte damit auf die rundlichen Proportionen der Göttermutter angespielt werden. Aus diesem Gedankengang, wollen wir es einmal so nennen, entwickelte Slesina den Slogan: **»Aus gutem Grund ist Juno rund«**. Wobei wohl nie ganz zu ergründen ist, was das Besondere daran sein soll. Schließlich ist der Querschnitt der meisten Zigaretten rund und lediglich ein paar oval geformte heben sich davon ab. Wie auch immer. Der Spruch tat seine Wirkung und prägte neben der schlichten Aufforderung: **»Juno bitte«**, für die nächsten Jahrzehnte die Juno-Werbung.

Quelle: Horst Slesina, *Die Fährte des Löwen,* München 1993

Außen Toppits, innen Geschmack

Toppits-Gefrierbeutel

Jeder bessere Markenartikel hat für den Verbraucher eine besondere Verheißung parat. Von den Marketing-Experten wird das fachmännisch »Produktversprechen« genannt. Die Frischhaltebeutel Toppits von Melitta geloben: »Kein Gefrierbrand« – eingängig umgesetzt in die Werbebotschaft: **»Außen Toppits, innen Geschmack«**.

Die schreckliche Tiefkühlkrankheit namens Gefrierbrand wurde ganz offensichtlich lange Zeit völlig unterschätzt. Arglose Gemüter sind heute noch der Ansicht, daß Gefrorenes gar nicht verbrennen kann. Hier wirkt die Werbung im besten Sinne aufklärend. In den TV-Spots wird dieses Problem weitsichtiger Vorratshaltung skurril und unterhaltsam dargestellt und die Lösung gleich mitgeliefert. Auf die Schrecksekunde (Anruf des Gatten, der Chef kommt überraschend zum Essen) folgt das Entsetzen der Hausfrau, als die eilends aus der Gefriertruhe geholten Steaks deutliche Spuren von Gefrierbrand aufweisen. Der Besten aller Frauen stehen dabei die Haare gefrierbrandmäßig zu Berge. Alles ist dahin. Wohlstand, Karriere, Ehe. Aber kein Schrecken ohne Erlösung. Toppits sei Dank, finden sich doch noch Steaks ohne Brandzeichen. Dem Chef schmeckt's, womit auch die Karriere seines beflissenen Angestellten gerettet ist.

Diese aufschlußreichen Einblicke in die Befindlichkeiten des deutschen Mittelstandes entstanden 1990 unter Federführung der Agentur Wensauer-DDB Needham.

Quelle: w&v 25/91

Autos lieben Shell

Shell

In den fünfziger Jahren artete die Qualitätskonkurrenz unter den Mineralölgesellschaften zu einem regelrechten Benzinkrieg aus, der bisweilen geradezu komische Züge annahm. Als Shell 1954 mit dem Kraftstoffzusatz ICA (Ignition Control Additive), dem »größten Fortschritt auf dem Kraftstoffgebiet seit 32 Jahren«, aufwartete und technische Argumente in den Vordergrund rückte, da reagierte die Konkurrenz schlagfertig mit Sprüchen wie **»Einen Eskimo impft man nicht gegen Tropenkrankheiten«** (Aral) oder **»Runder als rund kann man eine Kugel nicht machen«** (Rheinpreußen). Shell schlug unbarmherzig zurück und konterte: **»Wir tanken Shell und welchen schnell«**. Was irgendwie auf eine äußerst flexible Strategie hinzudeuten schien. Der Slogan: **»Autos lieben Shell«** markiert daher schon wieder ein Abflauen der Kampftätigkeit. Nicht ungeschickt erhebt er das Fortbewegungsmittel in den Rang eines liebesfähigen Subjektes und trägt damit dem Umstand Rechnung, daß es sich bei dem umworbenen Gegenstand ja um des Autofahrers liebstes Kind handelt. Die ebenso eingängige wie schlichte Aussage entstand 1959 und war bis 1962 in Gebrauch.

Quelle: Willy Bongard, *Fetische des Konsums*, Düsseldorf 1964

B

Backen macht Freude

Dr. Oetker

Der Slogan: »**Backen macht Freude**« war ursprünglich der Titel eines um die Jahrhundertwende erschienenen Rezeptbuches. Sein Verleger, der Apotheker Dr. August Oetker hatte schnell begriffen, daß er das Kuchenbacken fördern muß, soll der Absatz seiner Backzutaten florieren. Daher hatte er vom ersten Tage an Rezeptideen zu seinen Produkten mitgeliefert. Das Rezeptbuch »Backen macht Freude« hat – nächst der Bibel – die höchste Auflagenziffer aller deutschsprachigen Publikationen erreicht, über 20 Millionen Stück. Der Buchtitel wurde zum Werbeslogan und blieb bis in die sechziger Jahre aktuell. Das »Dr.-Oetker-Schulkochbuch« späterer Jahre war mit einer Auflage von über 11 Millionen Exemplaren ebenfalls ein Renner.

Quelle: Info Pressestelle Dr. Oetker GmbH

bade der, bade die, bade das

badedas

1957 entwickelte der Uhu-Produzent Fischer & Fischer ein wegweisendes Produkt, das nur auf den ersten Blick nicht das geringste mit Klebstoff zu tun hatte: badedas. Auf den zweiten Blick leuchtet die Idee ein: Wer mit Uhu arbeitet, will hinterher auch wieder sauber sein. So entstand das erste Markenschaumbad der Welt. Wie der Name badedas entstanden ist, war nicht mehr zu eruieren. Jedenfalls ist er geschickt gewählt. Mit seinen Anklängen an

Kinderlallen lädt er dazu ein, im Wannenschaumbad zu regredieren und zu entspannen. Die Slogans nahmen diesen Ton kindlicher Alliterations- und Reimlust auf:

»bade der, bade die, badedas«
»Hatten Sie heut' schon Ihr badedas?«
»Hier badet was … mit badedas«
»Für das Bad das badedas«
»Bade besser – badedas«
»bade so, bade froh, badedas«
»Badespaß mit badedas«

Das gemütliche Baden ist heute zu zeitaufwendig geworden, Duschen ist angesagt. Die aktuelle Werbebotschaft berücksichtigt das. Sie lautet: **»badedas – Das Bade-As«**. Ein etwas einfältig dreinblickender dynamischer Erfolgsmensch ist bereits morgens unter der Dusche voller Tatkraft und nimmt, erfrischt durch sein Markenduschgel, den Schwung mit in den Job.

Bauknecht weiß, was Frauen wünschen

Bauknecht

»Solange ich Wirtschaftsminister bin, wird es keine Krise in Deutschland geben. Ich werde 50 Millionen Verbraucher mobilisieren.« Diese großen Worte sprach Wirtschaftsminister Ludwig Erhard 1954 während einer Fachtagung in Köln gelassen aus. Produzenten und Händler klatschten stürmisch Beifall. Die von Erhard propagierte »Konsumgüterwelle« sollte jene langlebigen Wirtschaftsgüter in die Haushalte spülen, die bisher von den Konsumenten nur zögernd gekauft wurden: Kühlschränke, Wasch- und Küchenmaschinen. Beste Voraussetzungen also für Bauknecht (**»Im Dienst der Hausfrau«**) und den berühmten Slogan **»Bauknecht weiß, was Frauen wünschen«**, dessen leichte Anzüglichkeit sicher zu seinem Erfolg beigetragen hat.

Die Ursprünge des Slogans liegen im dunkeln. Im Unternehmen ist nur noch bekannt, daß er intern, im Haus kreiert, erstmals 1954 in der Bauknecht-Werbung eingesetzt wurde, und bis in die siebziger Jahre aktuell war. Einer unbestätigten Quelle zufolge hatte eine erste Version des Slogans unter dem Zwang des Stabreims noch geheißen: »Bauknecht weiß, was Weiber wünschen«. Die anrüchigen »Weiber« wurden schnell durch die neutraleren »Frauen« ersetzt. Der Bauknecht-Konkurrent Bosch warb in jenen Jahren mit einem fast identischen Slogan: **»Bosch macht Frauenwünsche wahr«**. Er ist mittlerweile völlig in der Versenkung verschwunden. Auch eine dem Bauknecht-Slogan 1963 zur Seite gestellte Werbebotschaft: **»Mit Bauknecht ist Mutti besser dran«** hat den Wandel der Zeiten nicht überdauert. Der Originalspruch hingegen besitzt noch heute einen Bekanntheitsgrad von über 90 Prozent.

Quellen: Info Pressestelle Bauknecht Hausgeräte GmbH; Spiegel 30/55

Beck's Bier löscht Männerdurst

Beck's Bier

Im 15. Jahrhundert entstand in Bremen mit der Bremer Brauer-Societät die erste Brauzunft im deutschen Raum. 1553 war das Gründungsjahr der Bremer Bierbrauerei Beck & Co., deren Bierflaschen seitdem den Bremer Stadtschlüssel im roten Emblem führen. Der Slogan **»Beck's Bier löscht Männerdurst«** entstand 1948, war einer der bekanntesten Werbesprüche der 50er Jahre und steht bis heute für das Bier. Die ungebrochene Popularität dieser Aussage macht die Brauerei aus verständlichen Gründen nicht so richtig glücklich, läßt sie doch die biertrinkenden Frauen außen vor. Man hätte lieber das Prädikat **»Spitzen-Pilsener von Welt«** in den Mittelpunkt gestellt. Ein Bier also für Spitzen-Biertrinker. Und für den Weltmarkt. Als Beweis für diese Internationalität gilt das Urlaubsfoto eines Beck's-Trinkers aus dem Jahre 1975, der seinen Schnappschuß zusammen mit den Hinweis »Es gibt doch Bier auf Hawaii« an die Brauerei geschickt hatte.

Seit 1982 kreuzt ein von der Agentur DDB Needham als »Key Visual« auf große Fahrt geschicktes grünes Segelschiff für Beck's Bier durch die Weltmeere und transportiert die ›Anmutung‹ der Marke an den Biertrinker. So sollen die bewußt intensiven Farben die ganze Welt des Pilsgeschmacks vermitteln. Mit den Eigenschaften: »frisch, herb, natürlich« ist auch ein psychologischer Nutzen für den Trinker verbunden: »Freiheit, Exklusivität und Prestige«. So steht es jedenfalls in der Marketing-Konzeption. Die natürlich diese erstaunlichen Einsichten auch begründet: »Beck's Bier kommt aus dem Norden und ist eines der wenigen Biere, die weltweit eingeschenkt werden. Die maritime Welt beinhaltet beide Facetten und steht außerdem für Abenteuer und Erlebnis. Die grünen Segel fallen auf, provozieren und sind wie die grüne Flasche das Erkennungszeichen für die Marke.« Joe Cocker setzt mittlerweile die ganze Welt des Bieres musikalisch um. Es wäre sicher interessant zu erfahren, was in ihm und seiner Stimme bierpsychologisch so alles drin steckt.

Quellen: *Jahrbuch der Werbung 1969,* Düsseldorf 1969; *Jahrbuch der Werbung 1976,* Düsseldorf 1976; w&v annual 1993

Bei 60 km/h ist das lauteste Geräusch in diesem Rolls Royce das Ticken der Uhr

Rolls Royce

Der zweifellos hochnäsigste aller Autoslogans, mit dem die sprichwörtliche Laufruhe der englischen Nobelkarossen betont werden soll, kann nur von einem Grandseigneur der Werbung stammen: David Ogilvy. In den sechziger Jahren prägte er diesen Spruch. Die amerikanische Originalversion erschien, äußerst zurückhaltend und diskret, lediglich in zwei Zeitungen und Zeitschriften und kostete die Kleinigkeit von 25.000 Dollar. Dafür bekommt man bei Rolls Royce nicht einmal ein Klopapiermützchen aus Connolly-Leder.

Die Behauptung wurmte einige Hersteller von Butter- und Brot-Autos sehr. Ein Jahr später ließ es sich Ford mehr als eine Million Dollar kosten, zu verkünden, daß ein Ford noch leiser liefe als ein Rolls Royce. Für den Fiat Panda wurde der Spruch später frech abgekupfert: **»Das lauteste Geräusch bei 100 km/h war das Schnarchen von Omas Kanarienvogel.«**

Quelle: David Ogilvy, *David Ogilvy über Werbung,* Düsseldorf 1984

Bei ARD und ZDF sitzen Sie in der ersten Reihe

Gemeinschaftswerbung ARD und ZDF

1989 war ein bitteres Jahr für ARD und ZDF. Damals hatten UFA und RTL plus sich die Übertragungsrechte für die erste Bundesliga vom Deutschen Fußballbund gesichert und die öffentlich-rechtlichen Sendeanstalten ins Abseits laufen lassen. Diese Schlappe mußte schleunigst ausgebügelt, der Image- und Vertrauensverlust beim Zuschauer und damit auch beim Werbekunden in Grenzen gehalten werden. Man wollte dafür sorgen, »ARD und ZDF mit dem Image der besten Programmanbieter zu belegen«. Die Agentur Young & Rubicam klebte also in ihrem Auftrag Großplakate, die eine Fußball-Szene zeigen und den Hinweis tragen: **»Bei ARD und ZDF sitzen Sie in der 1. Reihe«**. Zugegebenermaßen ein bißchen dreist, hatte man doch gerade die überaus lukrativen Fußballrechte verloren. Die Werbebranche sah das ebenso und forderte zu kritischer Prüfung auf: Ob der Slogan »die nackte Verarsche zahlender Zuschauer sein sollte oder bloß blanke Dummheit gewesen ist, mögen Fußball-Fans selbst entscheiden«. Und lästerte weiter über: »Sendeanstalten, die unser Geld lieber in die Verwaltung stecken statt in die Gestaltung der Programme. Fazit: Wer zuviel Gebühren hat, kann davon auch Plakate kleben.«

Ihre Häme war nicht unberechtigt. Bei ARD und ZDF saß jedenfalls die Werbung nicht in der ersten Reihe, sondern im Vorabendprogramm. Als die Empörung sich gelegt hatte, übernahm genau 41 Hefte später die Zeitschrift »werben & verkaufen« den Slogan dann selbst: »Bei Film und Fernsehen sitzt die Werbung bald in der 1. Reihe.«

Sie werden sich noch weiter beharken, die Privaten und die Öffentlich-Rechtlichen. Deren Slogan: **»Abschalten können Sie woanders«**, ist überaus mehrdeutig und kann sich auch als Bumerang erweisen.

Quelle: w&v 3/89

Benutzt von Männern, die in der Welt Beachtung finden

Brylcreem-Frisiercreme

Frauen verheißt der Kauf des richtigen Creme-Topfes vor allem Schönheit und Pflege. Männern dagegen Erfolg und Karriere. Zu Beginn der 60er Jahre war es einfach für sie, sich Anerkennung und Respekt zu verschaffen; sie mußten nur die Frisiercreme Brylcreem benutzen. Brylcreem war damals die meistgekaufte Frisiercreme der Welt. Pro Jahr wurden in 120 Ländern mehr als 100 Millionen Tuben abgesetzt. Immerhin war das in der Brylcreem-Werbung transportierte Männerbild vergleichsweise modern und zeitgemäß. Das »Jahrbuch der Werbung« honorierte 1964 diesen Wandel so: »Die Furcht vor der Gegenwart haben die Deutschen nur zum Teil überwunden. Der Sog zurück zur guten alten Zeit (war sie so gut?) spiegelt sich auch in der Werbung: Noch immer sind es (…) Grafen und Barone (…) mit Frack und Schärpe, die dem Verbraucher flüstern: »Sei doch wie ich!«, »Tue, was ich tue!« (…) Aber auch der Mut zur Gegenwart und Zukunft setzt sich durch. (…) Zum Beispiel in der Brylcreem-Werbung: Erkennbar ist es ein Kennedy-Typ, ein Mann der »neuen Grenzen«, der hier vor den Mikrophonen steht und wohltuend die Courths-Mahler-Ära in der Werbung zum Ende bringen wird.«

Quelle: *Jahrbuch der Werbung 1964*, Düsseldorf 1964

Bezahlen Sie einfach mit Ihrem guten Namen

American Express

»Das Schöne am Erfolg ist die Karte« – beschreibt American Express selbst die Botschaft hinter dem Werbeslogan. Gegründet 1850, erfand Amex (so die moderne, kraftsparende Kurzform) 1891 den Travellers Cheque als international einsetzbares Zahlungsmittel. 1918 wurde die American Express Bank gegründet, deren Hauptgeschäftszweig die Kreditkarte ist. In den sechziger und siebziger Jahren wurde die Karte ebenso wie die Travellerschecks als ein praktisches und sicheres Reisezahlungsmittel beworben. Die Zeit war noch nicht reif und die Konkurrenz nicht stark genug, um sie als Statussymbol positionieren zu müssen. So lautete 1969 die Botschaft: »**Das einzige Geld, das ein Reisender braucht**«, und mit dem Slogan »**The Businessman's Passport**«, bot sich die Karte als Zahlungsmittel für Geschäftsreisende an.

Der private Durchschnittskonsument wußte mit dem Plastikgeld zu dieser Zeit noch wenig anzufangen. 1978, der Kreditkarten-Boom nahm langsam Formen an, war die Amex »**Weltweit auf Ihrer Seite**«. Werbeträger wie der Formel-I-Pilot Jochen Mass oder der Schauspieler Horst Frank sollten den »first-class-Anspruch« demonstrieren.

In den achtziger Jahren boomte der Markt, die Konkurrenz schoß ins Kraut, Zielgruppen mußten neu definiert werden, machte man die American Express Card zur Visitenkarte des Karriere-Menschen. Oder ausgedrückt in der schlichten Sprache der Werber: Man zielte auf den »anspruchsvollen und lebensstilbewußten Trendsetter mit seinen besonderen Reise- und Dienstleistungspräferenzen«, der mit den hohen Kartengebühren kein Problem hatte. Michaela Mustermann durfte sich woanders bedienen. Um den Karteninhabern ihren hohen Status glaubhaft vor Augen zu führen, ersann die Agentur Ogilvy & Mather den Slogan »**Bezahlen Sie einfach mit Ihrem guten Namen**«. Da hatte der wunderbar einfache Pfandbrief-Slogan aus den 60ern: »**Hast Du was – bist Du was!**« aber eine schöne Pirouette gedreht.

Ganz auf die gleiche Schiene setzte auch die Porträt-Kampagne. Sie präsentierte Personen und Persönlichkeiten, die »auf ihrem Gebiet ebenfalls Spitze« sind. 1987 erschienen in den USA die ersten Promi-Bilder, seit 1989 dürfen auch deutsche Amex-Besitzer sich in ihrem Erfolg sonnen: Prof. Justus Frantz paradierte mit Halbschuhen und Konzertflügel im Watt, Marianne Sägebrecht wurde als Botticelli-Venus auf einer Muschel im Alpsee vor Schloß Neuschwanstein gezeigt, Hanna Schygulla posierte im Mantel und sexy Strümpfen und der vielgereiste Golfprofi Bernhard Langer saß in der Bauernstube unterm Kruzifix. Für die Aufnahmen hatte man die weltbekannte Fotografin Annie Leibowitz gewonnen. Die Motiv-Ideen entwickelte sie in Interviews mit den Auserwählten. Für ein Tageshonorar von 10.000 Mark inszenierte sie die Promis, die dafür mit 20.000 Mark entschädigt wurden.

Die Marketing-Strategie: »Prominente American Express Mitglieder sollen als Leitbilder den international ausgerichteten, weltoffenen und kulturbewußten Lebensgenuß symbolisieren. Sie verkörpern Leistung, individuellen Lebensausdruck, Exklusivität und Prestige als Merkmale, die mit der American Express Card verbunden sind. Damit sind Sie ein Identifikationsangebot für das Mitglied, der sich damit den Zugang zu einer exklusiven Erlebniswelt eröffnet.« Die Porträt-Kampagne erhielt begehrte Auszeichnungen wie den Stephen Kelly Award oder in Deutschland Gold und Silber des Art Directors Club.

In den letzten Jahren wurde das zuvor verpönte Mengengeschäft auch für Amex immer interessanter. Man reagierte und wechselte die Marketing-Strategie. Die nun ganz und gar unelitäre Botschaft lautet **»Einfach sicher reisen«**. In den TV-Spots sitzt ein stinknormaler (!) Urlauber irgendwo in der Südsee (!) im Liegestuhl, schlürft seinen Fruchtcocktail und freut sich darüber, daß sein Gepäck gestohlen wurde; er hat nämlich eine Amex. Sein kartenloser – und ebenfalls bestohlener – Zeitgenosse dagegen macht einen völlig aufgelösten Eindruck. Das Hotel, in dem die beiden sich aufhalten, ist jedenfalls keine Empfehlung wert. Zu viele Diebe.

Quellen: Peter Rademacher, *Highlights der Werbung*, Landshut 1992; Max 12/91; *Jahrbuch der Werbung 1970*, Düsseldorf 1970; w&v 6/90, 42/91

Bier ist mehr wert, es hat Nährwert

Gemeinschaftswerbung Brauereien

Der in vielen Werbeschlachten erprobte Hanns Brose, ein ehemaliger Journalist und Kachelofenfabrikant, griff voller Freude zu, als die Bierwirtschaft 1931 während der Weltwirtschaftskrise bei ihm anfragte, ob er ihnen mit einem zugkräftigen Slogan aus dem Absatzschwund heraushelfen könne. Als solider Handwerker seines Fachs beschäftigte Brose sich erst einmal gründlich mit dem flüssigen Stoff. In einer langen Nacht und »unterstützt von zahllosen Salven klaren Feuerwassers aus Steinhagen«, fand Brose schließlich die erlösende Formel und notierte sie sogleich auf einem Bierfilz: **»Bier ist mehr wert, es hat Nährwert«**. Angeblich bezog er sich dabei auf einen gewissen Geheimrat Norden, der in seinem »Handbuch der Ernährungslehre« nachgewiesen hatte, daß Bier tatsächlich Nährwert besitzt. Aber ein einfacher Blick auf so manchen Bierbauch hätte ihn von der Wahrheit seines Slogans mindestens genauso überzeugen können.

Quellen: Hanns Brose, *Die Entdeckung des Verbrauchers*, Düsseldorf 1958; w&v 19/66

Bi-Fi muß mit!

Bi-Fi Minisalami

1972 konnte der Durchschnittsdeutsche mit dem Wort »Snack« noch wenig anfangen, da brachten die Schafft Fleischwerke aus Ansbach ein handliches Taschen-Würstchen auf den Markt: Bi-Fi. Damit das kleine Ding die Jackentaschen nicht einfettete, hatte man es in Cellophan verpackt. Den ersten Slogan für die Mini-Salami ersann die Agentur Lintas: »**Die Mini-Büffel kommen**«. Er war so erfolgreich, daß nicht nur die angepeilten Kinder Appetit bekamen, sondern auch die Erwachsenen. Man erhob die einfache Handhabung (Convenience) des Würstchens zur zentralen Botschaft der Kommunikation und führte diese in diversen TV-Spots immer wieder vor: »**Aufreißen – rausschieben – reinbeißen**«. Ob in der Schule oder beim Sport, drinnen oder draußen, das Würstchen durfte nicht fehlen: »**Bi-Fi muß mit!**« Der Imperativ zeigte Wirkung. 1976 konnte man bereits 20 Millionen Stück absetzen, Tendenz: steigend.

Der neueste Schlager der Firma ist eine tragbare Mini-Pizza: »**Carazza. Die Mini-Pizza in der Hosentasche**«. Ein glutäugiger Werbeitaliener bringt das schreiende Baby einer jungen Mutter im Waschsalon zur Ruhe, indem er den Kinderkorb auf die rüttelnde Waschmaschine stellt. Dafür belohnt er sich selbst und schiebt sich eine Mini-Pizza rein. Das zeigt: Er ist in jeder Hinsicht autonom und souverän. Ein klassischer Selbstversorger also.

Quelle: Horizont 36/94

BILD Dir Deine Meinung

Bild-Zeitung

Die Hamburger Agentur JungvonMatt versuchte 1996 das scheinbar Unmögliche. Sie wollte das Ansehen der Bild-Zeitung heben.

Die Zeitung hat bekanntlich nicht den besten Leumund. Ganz besonders außerhalb der Stammleserschaft. Aber auch bei treuen Kunden. Das sollte sich ändern. Die Vorgabe lautete: Das neue Image muß die anhänglichen Leser bestätigen, aber auch die Kritiker des Blattes nachdenklich machen. Es lag nahe, die Zeitung als »Anwalt des kleinen Mannes« zu präsentieren. Doch hätte man damit sicher die Leserschaft verprellt, die es nicht mag, als ›kleiner Mann‹ tituliert zu werden. Und man wollte das Gegenteil erreichen: Der Bild-Leser sollte sich durch die Kampagne in seiner Entscheidung für Bild bestätigt fühlen. Agentur-Inhaber Jean Remy von Matt persönlich formulierte den vielseitig deutbaren Slogan **»Bild Dir Deine Meinung«**. Indem er die Schlüsselworte »Bild« und »Meinung« zusammenzwingt, versichert er einerseits dem Leser, daß es auf eine eigene Meinung sehr wohl ankomme, suggeriert aber gleichzeitig, ganz subkutan nur über das Wörtchen ›Bild‹, daß man bei seiner Meinungsbildung mit Bild eben gut bedient sei.

Eine schöne Schlagzeile aus dem Jahr 1998 belegt, wie sehr Bild diesem Anspruch gerecht wird: »Ist Drafi wirklich Deutscher? Der deutsche Schlager ist wieder da. Die neue große Serie. Bild Dir Deine Meinung.«

Quelle: w&v 46/96

Bitte ein Bit

Bitburger Bier

Einer der am schlechtesten bezahlten Werbetexter aller Zeiten ist ein unbekannter Kellner. Er plauderte einen Slogan aus, den inzwischen fast jeder kennt und der genial eingängig ist. Sein Lohn: ein mageres Trinkgeld.

Gehen wir ein paar Jahre zurück: 1955 bedient unser Kellner in einem kleinen Gartenlokal zufällig den Geschäftsführer der Bitburger Brauerei, Bertrand

Simon. Der bestellt natürlich ein Pils aus eigener Herstellung, und schon gibt der Kellner die Bestellung an den Wirt weiter: **»Bitte ein Bit!«**

Ein Klassiker war geboren, dessen lyrische Schönheit und aphoristische Prägnanz seither Generationen von Germanisten mehr über den Stabreim lehrt als jede Vorlesung.

Zurück aus der Sommerfrische machte der Spruch im Kreise der Brauer-Familie die Runde. Theobald Simon, der Vertriebsleiter des Familienunternehmens, erkannte rasch seine Werbewirksamkeit und beförderte ihn zum hauseigenen Slogan. Von seiner Hand geschrieben schmückt er noch heute die Anzeigen und Etiketten der Firma, und immerhin 86 Prozent der Biertrinker kennen den Ausspruch (Warum ihn vierzehn Prozent nicht kennen, bleibt ein Rätsel).

Nicht ganz ernst gemeint war wohl ein Fünfziger-Jahre-Slogan: **»Abends Bit – morgens fit«**. 1966 hieß es: **»Das Bier, das beim Einschenken seinen Namen sagt«**. Blubb, blubb, blubb?

Quelle: Bit-Magazin 2/95

Brot von echtem Schrot und Korn

Knäcke

In den dreißiger Jahren produzierten die »Deutschen Knäckebrotwerke Kraft« in Magdeburg das erste deutsche Knäckebrot. Der Firmengründer Dr. Wilhelm Kraft hatte allerdings versäumt, sich das Wort »Knäckebrot« schützen zu lassen. Und so durften auch die später hinzugekommenen Knäckebrothersteller diese Bezeichnung ebenfalls benutzen. Um der dauernden Verwechslung mit anderen Herstellern zu entgehen, engagierte Dr. Kraft den Werbeberater Otto Friedrich Döbbelin, der einen spleenigen Grundsatz hatte und dem es dennoch nicht an Aufträgen mangelte. Er beriet nur Firmen, deren Namen mit einem K begann. Döbbelin beschritt den klassischen Weg des ›pars pro toto‹ und empfahl, das Wort »Knäcke« als Produktbezeichnung registrieren zu lassen.

Aber noch fehlte ein zugkräftiger Slogan. Bei der Herstellung von Knäcke wird das volle Korn vermahlen, so daß dieser Auftrag dem vielbeschäftigten Werbeberater Hanns Brose also nicht allzuviel Kopfzerbrechen bereitete. 1939 textete er: »**Brot von echtem Schrot und Korn**«.

In den Kriegsjahren wurden Reichsbrotkarten ausgegeben, die in verschiedene Abschnitte unterteilt waren. Da gab es die nahrhafteren R-Abschnitte (Roggenbrot) und die beliebteren W-Abschnitte (Weichbrot). Der Verbraucher konnte für jeden Abschnitt unter verschiedenen Brotsorten wählen. Trotz seiner knackharten Konsistenz wurde das Knäckebrot dem Weichbrotabschnitt zugeordnet.

Nach dem Krieg wurde aus den Knäckewerken Kraft die »VEB Knäckewerke Magdeburg«.

Quelle: Hanns Brose, *Die Entdeckung des Verbrauchers,* Düsseldorf 1958

C

Camelia gibt allen Frauen Sicherheit und Selbstvertrauen

Camelia-Binden

Zum Reich des Gustav Schickedanz gehörte neben dem Quelle-Versand auch der Hersteller der traditionsreichen Camelia-Binden in Nürnberg. 1930 warb man dafür mit dem lyrischen Satz: »**Die volle Blüte weiblicher Reize zeigt nur der streng hygienisch gepflegte Frauenkörper**«. Ja, eine gewisse Strenge war da schon spürbar.

Die Deutschen bekamen ihren Hitler und die ganze Welt ihren Krieg. Die Luftwaffenhelferinnen dienten dem Reich, dem deutschen, aber auch ein ganz kleines bißchen und sehr diskret dem Imperium des Gustav Schickedanz. Auf Anordnung der Sanitätsbeamten mußten sie nämlich alle seine Camelia-Binden verwenden, womit sie diesem Produkt zu Markenartikel-Ruhm verhalfen.

1948 waren die Zeiten von Befehl und Gehorsam vorbei. Die Menschen mußten wieder selbständig denken und handeln. Und man mußte die Kundschaft wieder umwerben, die Vorzüge seiner Produkte für den Käufer preisen, auch wenn es um so etwas Heikles wie ›die gewissen Tage‹ ging. Direkt benennen durfte man das Thema nicht, Diskretion und Dezenz waren entscheidend. Und so entstand der Camelia-Slogan. Was er den Frauen verspricht, war doch für alle Menschen gedacht: Sicherheit und Selbstvertrauen.

Quelle: Hanns Brose, *Die Entdeckung des Verbrauchers,* Düsseldorf 1958

Campari. Was sonst.

Campari

In Italien trinkt jeder Campari, nicht ausschließlich, aber immer mal. In Deutschland sah man für den Aperitif (60er Jahre: »**Die Welt kennt – die Welt liebt – trinkt – Campari**«) bessere Chancen, indem man ihn zum Nobel-Getränk hochstilisierte: »Campari als internationale Spirituose, die Intelligenz, Stil und Niveau verrät«.

Gaspare Campari hatte in den 60er Jahren des letzten Jahrhunderts wahrscheinlich wichtigere Dinge im Kopf, als er in seiner Bar in Mailand hochprozentige Drinks komponierte. Seine vortrefflichen alkoholischen Mischungen gelangten schnell zu lokaler Berühmtheit, und speziell eine herbe und leuchtend rote Mixtur, die er unter eigenem Namen verkaufte, erfreute sich größter Beliebtheit. Sein Sohn Davide, der die Bar vom Vater geerbt hatte, erweiterte das Geschäft und verkaufte das Getränk auch an andere Lokale; schließlich gründete er eine Fabrik zur Herstellung des Aperitifs. Erst in den 50er Jahren dieses Jahrhunderts überschritt Campari dann die Alpen in Richtung Deutschland.

Der endgültige Markterfolg wurde 1980 durch die Frankfurter Werbeagentur J. W. Thompson eingeleitet, die aus dem roten Stoff einen Aperitif mit Stil und Niveau machte (das Rezept war freilich das gleiche geblieben). Da die meisten Getränke sich durch Prestige, vordergründige Fröhlichkeit oder durch Sex zu profilieren versuchen, suchte man nach einer unbesetzten Imagenische für Campari. Man wurde fündig und entdeckte »internationales Flair« (kommt schließlich von jenseits der Alpen) und »Mystik« (seine rote Farbe und die Wirkung) in dem Getränk und machte das Ganze zum Ausgangspunkt für die neue Verkaufsstrategie. J. W. Thompson erfand dazu das Campari-Paar, eine coole Frau und einen coolen Mann. Sie signalisieren Abstand und Überlegenheit, beanspruchen Aufmerksamkeit, sind arrogant, aber mit Stil. Mit diesen Imageattributen sollen die Campari-Trinker sich also identifizieren. George Black, Chef-Kreativer bei J. W. Thompson: »Unser Campari-Paar ist weder lustig noch sucht es nach einer Sicherheit, die es nicht gibt. Sie sind selbstsicher. Sie wissen, was sie wollen und was sie nicht wollen.«

Der starken Betonung aufs Bild entspricht der knappe Text: »**Campari. Was sonst.**« Das erste Campari-Paar hat sich zwar bereits vor einigen Jahren in sein Reihenhäuschen zurückgezogen, die neuen Campari-Figuren füllen die Lücke aber ideal. Und Spaß macht die Werbung auch, denkt man an die durchgestylte blonde Rachegöttin, die mit dem Messer hinter dem Rücken anstelle des treulosen Lovers doch lieber die Apfelsine abmurkst.

Quellen: w&v 36/81; Info Pressestelle Campari

Come together and learn to live as friends

Peter Stuyvesant

1990 wurde die Peter Stuyvesant multikulti. Weil sich die Bundesbürger den **»Duft der großen weiten Welt«** (siehe dort) nicht länger im Raucherabteil, sondern im Fernurlaub um die Nase wehen ließen, war es mit dem Status-Symbol einer seßhafteren Generation bergab gegangen. Die Agentur Scholz & Friends setzte, dem Zeitgeist entsprechend, mit **»Come together and learn to live as friends«** auf Humanität und Völkerverständigung. Menschen der unterschiedlichsten Hautfarben und Nationalitäten lächelten gemeinsam von den Plakatwänden. Die Macher zur Kampagnen-Idee: »Weltoffenheit und Internationalität standen wieder im Mittelpunkt. Nur war es nicht mehr die touristische, sondern die tolerante, menschliche Sicht der Welt. ›Come together‹ meinte die Begegnung von Menschen aus aller Welt, bei der die Hautfarbe, Herkunft und Rasse keine Rolle spielten.«

Der »Spiegel« (34/90) war von den edlen Motiven der Tabak-Werber nicht ganz so überzeugt: »Mit Hilfe von Schwarzen wollen Zigarettenhersteller Weltläufigkeit vermitteln. Die Herren reden, als säßen sie im Amnesty-Büro oder im evangelischen Kirchentreff. Ganz selbstverständlich fallen Worte wie ›Völkerverständigung‹, ›Solidarität‹ und ›Weltbrüderschaft‹. Das dicht mit Werbefotos bestückte Firmenbüro paßt allerdings nicht recht zum hehren Vokabular, und die Menschenfreunde selbst wirken reichlich dynamisch und wettbewerbsorientiert. Es geht auch bloß um Zigaretten. Was sie jubeln läßt, ist ein Pappkarton.« Der »Spiegel« merkte weiterhin an: »Real existierende Türken, Polen oder Tamilen kommen in der Werbung nicht vor.«

Immerhin hatte man auf der Suche nach dem positiven Raucherimage Wege beschritten, die dem deutschen Verbraucher noch kein Werbetreibender zuvor zugemutet hatte. Der Fremde, wenn er denn in der Reklame vorkam, hatte immer eine klar definierte Funktion als Fachmann für ein exotisches Produkt gehabt. Der Werbefranzose hackte in der Küche Kräuter. Der Italiener belegte die Pizza, der Russe soff Krimsekt und Wodka und der rotbackige Ire sprach auf grünen Wiesen dem Whiskey zu.

Die Kampagne lief bis 1992 und verhalf der Peter Stuyvesant zu einem eindrucksvollen Comeback. Der erfolgsorientierte Dynamiker der Neunziger konnte so wenigstens mit der Wahl seiner Zigarettenmarke ein Stück soziales Bewußtsein demonstrieren. Von 1993 bis 1995 hieß es dann »**Come together – Share the taste**«. Die »stark politisch und moralisch geprägten Forderungen« von »**Come together and learn to live as friends**«, waren wohl doch zu starker Tobak und wurden durch ein »gefühlsbetontes Positioning« in Richtung eines »unbeschwerten Rauch- und Lebensgenusses« ausgetauscht.

Ganz zeitgemäß ging 1996 der Stuyvesant-Raucher dann auf den Ego-Trip; dabei unterstützte ihn die neue Kampagne »**Find your world**«. Die Botschaft der Zigarette an ihre Raucher: »Ich gestalte mein Leben nach meinen Wünschen, Sehnsüchten und Talenten und habe Spaß dabei.« Peter Stuyvesant ist eine Marke für junge, leistungsorientierte Menschen, die sich selbst verwirklichen wollen und für die Freizeit eine wichtige Rolle spielt.

Der Geschmack der Zigarette hatte sich zwar nicht verändert, aber die Marke wurde im Laufe der verschiedenen Kampagnen immer wieder geschickt aktualisiert und den Bedürfnissen ihrer Kunden angepaßt. »**Find your world**« setzte fort, was mit dem »**Duft der großen weiten Welt**« – angefangen hatte und in der Begegnung mit fremden Menschen und Kulturen – »**Come together and learn to live as friends**« – mündete.

Quellen: Spiegel 34/90; *Jahrbuch der Werbung 1990*, Düsseldorf 1990; Info Pressestelle Reemtsma

D

Dahinter steckt immer ein kluger Kopf

Frankfurter Allgemeine Zeitung

Seit dem Ende der fünfziger Jahre wirbt die größte deutsche Tageszeitung mit einem unbekannten Leser, der, die Beine bequem übereinandergeschlagen, sein Gesicht hinter der Zeitung verbirgt. Das genaue Geburtsdatum des Slogans ist nicht bekannt. 1957 war die 1949 gegründete FAZ auf der Suche nach einem Werbespruch, der »allenthalben die Leser ansprach«. Den ersten Anhaltspunkt lieferte eine Fotografie, die einen – unbekannten – Mann zeigte, der eine FAZ ausgebreitet vor sich hielt. Man ließ dieses Sujet zeichnen und setzte die Zeile darunter: »**Wes Geistes Kind er ist, das zeigt die Zeitung, die er liest.**« Der Slogan löste zwiespältige Reaktionen aus. Einige Leser glaubten, einen falschen Genitiv entdeckt zu haben, anderen mißfiel die Metrik. Aber das Interesse bewies, daß man auf dem richtigen Weg war. Konnte man es nicht einfacher und prägnanter sagen? Jawoll, man konnte. Der Slogan: »**Dahinter steckt immer ein kluger Kopf**« wurde beim Patentamt in München als Warenzeichen eingetragen.

Vierzig Jahre später machte die Hamburger Werbeagentur Scholz & Friends aus dem unbekannten FAZ-Leser auf dem Foto ganz viele sehr bekannte. 1996 überredete sie angesehene Persönlichkeiten, für die FAZ Modell zu stehen. Ignatz Bubis, Jörg Immendorf, Kurt Masur, Billy Wilder und Yehudi Menuhin waren darunter. Dem 90jährigen legendären Regisseur Billy Wilder (»Sunset Boulevard«, »Manche mögen's heiß«) legte Fotograf Alfred Seiland gar Hollywood zu Füßen. Ein Kamerakran hob ihn inmitten des »Hollywood«-Schriftzuges auf den Hügeln von Beverly Hills in zehn Meter Höhe, wo er mit übereinandergeschlagenen Beinen auf einem – natürlich sicher – befestigten Stuhl thronte und eine Ausgabe der FAZ vor sich hielt. Plaziert in die Buchstaben-Kombination »ILLY W«, passend zu (B)ILLY W(ilder).

Die FAZ-Kampagne wurde mehrfach ausgezeichnet: Mit Goldmedaillen vom Art Directors Club, beim Werbefestival in Montreux sowie als Kampagne des Jahres im »Jahrbuch der Werbung 1997«.

Quellen: Selbstdarstellung F.A.Z.; Max 8/97; *Jahrbuch der Werbung 1997*, Düsseldorf 1997

Damit Sie auch morgen noch kraftvoll zubeißen können

blend-a-med

Die Blendax-Werke wurden 1932 von Rudolf und Hermann Schneider in Mainz mit dem Ziel gegründet, eine Zahncreme herzustellen, die für jedermann erschwinglich war. Zahnpasta wurde damals ausschließlich über Apotheken und Drogerien verkauft und war für den Großteil der Bevölkerung zu teuer. Der Schachzug, Zahncreme über den Lebensmittelhandel zu vertreiben, brachte den Durchbruch. 1939 war Blendax mit 43 Millionen verkaufter Tuben größter Produzent Europas. Seit 1952 macht sich die blend-a-med-Forschung um Deutschlands Zähne verdient. Ihre bekannteste Entwicklung ist die blend-a-med-Zahncreme. In den fünfziger Jahren noch als »medizinische Zahncreme« verkauft, boomte die blend-a-med erst ein Jahrzehnt später richtig, als man den trockenen Apothekertouch aufgab und aus dem Mittel »gegen« Zahnfleischbluten ein Präparat »für« kerngesundes Zahnfleisch machte.

1966 flimmerte erstmals der berühmte Apfel-Biß über die Bildschirme. Eine gewisse Frau Sowieso machte sich gleich zweimal über das Obststück her. Das Fruchtfleisch blieb genauso weiß wie ihre Zähne. Keine Spur von Parodontose oder, drastischer ausgedrückt, Zahnfleischbluten. Der Biß bewies es, der Slogan **»Damit Sie auch morgen noch kraftvoll zubeißen können«** versprach es auch für die Zukunft. Später machte ein rotwangiger Bub den Test und begeisterte vor allem die Mütter. Schließlich gingen durch krankes Zahnfleisch (Paradontose) mehr Zähne verloren als durch Karies. Nicht weniger als 25 Tonnen Gold wurden damals jährlich in deutschen Mündern zu Kronen verarbeitet.

Der zweite bekannte Slogan für die blend-a-med entstand zeitgleich: **»Die gibt der Zahnarzt seiner Familie«**. In den Spots wurde ein Horrorszenario aufgeführt. Zahnarzt: »Alle Ihre Zähne sind in Ordnung.« Frau: »Ja, gute Pflege,

Herr Doktor.« Zahnarzt: »Trotzdem, Ihr Zahnfleisch geht zurück.« Sprecher: »Alarmsignal! Das ist Parodontose. Mit Zahnfleischbluten fängt es an. Dann geht das Zahnfleisch mehr und mehr zurück. Das Ende ist Zahnausfall.« Präsenter: »Lassen Sie es nicht soweit kommen! Nehmen Sie blend-a-med. Denn blend-a-med schützt das Zahnfleisch vor Parodontose.« Sprecher: »Damit Sie auch morgen noch kraftvoll zubeißen können.« (Kameraschwenk auf besagten Jungen, der kraftvoll in sein Obst beißt) »Die meisten Zahnärzte geben ihrer Familie blend-a-med.«

Quellen: *Jahrbuch der Werbung 1967*, Düsseldorf 1967; Jörg Krichbaum, *Made in Germany*, München 1993; Horizont 13/90

Dann klappt's auch mit dem Nachbarn

Calgonit 2-Phasen-Tabs

Nach »**Haribo macht Kinder froh**« und »**McDonald's ist einfach gut**« ist das aktuell der bekannteste deutsche Werbeslogan. Er ist eigentlich mehr ein Nebenprodukt, das sich verselbständigt und zu ungeahnten Höhen aufgeschwungen hat. Der offizielle Slogan für die Calgonit 2-Phasen-Tabs lautet nämlich: »**2 Phasen braucht der Glanz**«. Er entstand 1995 und preist ein zweifarbiges Geschirreinigungsprodukt an, dessen einer Teil seine Wirksamkeit in der Reinigungsphase entfaltet, dessen andere Seite Kalkflecken bekämpft. Da jammert eine junge Frau darüber, daß es mit dem neuen Nachbarn nicht klappe, weil ihre Weingläser immer Kalkrückstände hätten. Bis der Nachbar, ein gewisser Martin, ihr die Calgonit 2-Phasen-Tabs empfiehlt: »**Dann klappt's auch mit dem Nachbarn**«. Über den Erfolg des Spruches war man beim Hersteller Benckiser und der Agentur New York Communications selbst überrascht. Inzwischen ziert er sogar einen Buchtitel.

... darauf einen Dujardin

Dujardin

Wenn man der Legende Glauben schenken darf, entstand dieses beinahe schon geflügelte Wort 1952 in einer feuchtfröhlichen Kneipenrunde mit Dujardin-Werbeleiter Karl A. Schmitz und dem Werbeberater Achim Aschke. In jenen Tagen, als der Aufkleber »Großglocknerhochalpenstraße« im Heckfenster des Borgward jedermann zeigte, daß man hoch hinausgekommen war, zielte der zufriedene Schnalzer »... **darauf einen Dujardin**« eindeutig auf das »Wir haben es geschafft«-Gefühl. Damit dieser Halbsatz nicht so alleine war, stellte man ihm launige Knittelverse voran. Das klang dann so: »**Was täglich in der Welt passiert, wird überall gern kommentiert ... darauf einen Dujardin.**« Oder: »**Manches Mal hilft froh und heiter nur ein Lächeln weiter. Häufiger hilft der Refrain ... darauf einen Dujardin.**«

Anzeigen mit den Witzzeichnungen von Gerhard Brinkmann und anderen Künstlern waren nach dem Ohne-Worte-Schema gestaltet. Beispiel: Gerupfte Gänse laufen einem federgeschmückten Indianer hinterher. Oder: Ein Elefant war aus Angst vor einer Maus auf einen Laternenpfahl geklettert. Oder: Zwecks Arbeitserleichterung hatte ein Klapperstorch ein Baby an ein Flugzeug der Lufthansa gehängt. Die Pointe bestand stets in dem Slogan: »... **darauf einen Dujardin**«.

Der Werbeetat war gewaltig und betrug die für die damalige Zeit enorme Summe von 8,5 Millionen DM. Aschke wurde 1952 mit 1500 Mark Monatshonorar entlohnt. Drei Jahre später zerstritt er sich mit seinem Auftraggeber und verlor den Etat.

Heute ist der Slogan bekannter als der Weinbrand. Mit den guten, alten Marken hat der Lifestyle-Mensch der Neunziger wenig im Sinn; ihre Marktanteile sind seit Jahren rückläufig. Den Slogan aber, den kennt man.

Quellen: Pascal Morché, *Die Bar* 4/96; w&v 25/96

Das Arsenal für Männer aus Stahl

007-Herrenkosmetik

In seiner Achselhöhle trägt Agent 007 die Pistole. Deutsche Männer konnten 1965 dort »007« tragen. »**Das Arsenal für Männer aus Stahl**« war eine Serie von Duftwassern und Cremes, mit der Colgate-Palmolive die Zugkraft des Filmhelden James Bond nutzte. Schon »007«-Herrenanzüge, -Oberhemden und -Krawatten hatten reißenden Absatz gefunden. Ein 45-Sekunden-Spot, der vor dem Bond-Film »Feuerball« gezeigt wurde, läßt nervige Finger an einem schwarzen Agentenkoffer herumhantieren, bis schließlich Geheimfächer aufspringen. Der Inhalt: »007«-Kosmetik. Eine Bond-Blondine fleht: »**Wenn Sie 007 nehmen – seien Sie lieb.**«

Nicht einmal vor der Fußball-Bundesliga machte die Bond-Manie halt. 1965 lief die Mannschaft der Frankfurter Eintracht zum Spiel gegen Tasmania Berlin mit einheitlicher James Bond-Frisur auf das Spielfeld. Der Frankfurter Star-Friseur Wilfried Heinzel hatte sie entworfen und »007« getauft.

Quelle: w&v 25/65

Das Beste am Norden

NDR

Mit skurrilen Radio-Spots versuchte der Norddeutsche Rundfunk (Agentur: MWI) zu Beginn der neunziger Jahre, die Vorzüge seines Programms gegen die neuen privaten Stationen Radio Schleswig-Holstein und Radio Hamburg hervorzuheben. Man bezeichnete sich einfach als »**Das Beste am Norden**« und sorgte dafür, daß das jeder Blödian verstand. Zur Darstellung genuiner Blödheit konnte man natürlich nicht auf die sonst so beliebten Ostfriesen zurückgreifen. Die waren ja leider im eigenen Sendebereich ansässig. Also bediente man sich im ebenso reichhaltigen Arsenal süddeutscher Demenz. So wunderte sich ein bayerischer Naturbursche, daß er, zurück auf der heimischen Alm, mit dem im Norden gekauften Radiogerät die »pfundige Musi« von NDR 2 nicht empfangen kann: »Wo is die Musi …?« – »Hams di reing'legt, die Preiß'n?« – »Sakra, der Saupreiß. Den wenn i derwisch, der wos ma den Radio verkauft hat, mein Liaba …«

Das beste Persil, das es je gab

Persil

Persil gibt es seit 1908, und seit 1913 heißt es so nachdrücklich: »**Persil bleibt Persil**« (siehe dort). Nach dem Krieg kam Persil 1950 zurück in die Regale und immer noch galt der fast vierzig Jahre alte Slogan. Die »Weiße Persildame« aus den zwanziger Jahren dominierte die Werbung, bis sie 1955 dann langsam in die Wechseljahre kam. Unilever brachte mit Sunil ein Waschmittel auf den Markt, das erhebliche Vorzüge gegenüber dem Henkel-Produkt hatte. Während bei einer Persilwäsche alter Art die Wäsche zuvor mit Henko eingeweicht und anschließend mit Sil gespült werden mußte, konnte man mit Sunil auf diese aufwendige und teure Prozedur verzichten. Bis 1958 schmolz der Marktanteil von Persil auf 20 Prozent zusammen. Sunil kam dagegen auf bis zu 40 Prozent. Erst 1959 holte Henkel wieder auf. Mit Hilfe der Düsseldorfer Werbeagentur Troost und einem bis dahin noch nicht dagewesenen Etat von zwölf Millionen Mark wurde das neue Persil 59 in die Regale gedrückt. Der Slogan »**Das beste Persil, das es je gab**«, ließ die Hausfrauen in Scharen zu Henkel überlaufen. Konkurrent Sunil verlor die Hälfte seines Absatzes, und Persil war wieder Marktführer.

Der erste Werbespot der deutschen Fernsehgeschichte war – natürlich – von Persil. Am 3. November 1956 um 19.30 Uhr spukte im Bayerischen Rundfunk unter einem persilweißen Laken ein Schloßgespenst herum. Darsteller waren die Volksschauspieler Beppo Brem und Liesl Karlstadt. Werbefilme haben bei Persil eine lange Tradition. Nicht nur kurze Spots, sondern auch monumentale Werke. Zwischen 1927 und 1939 wurden zehn Persil-Filme in Spielfilm-Länge gedreht. 1929 erstmals ein Tonfilm mit dem Titel: »O Pauline«. Bekannte Schauspieler spielten mit. 1932 hatte im Berliner UFA-Palast der Streifen »Wäsche, Waschen, Wohlergehen« Premiere. Ein Film, der über die richtige Art zu waschen informierte. In den Hauptrollen: Paul Henckels und Ida Wüst. Der Film dauerte zwei Stunden. Über 30 Millionen Zuschauer stürmten die Kino-Kassen. In den vierziger Jahren hielten Lehrfilme wie »Das Ei des Columbus – ein Film vom Einweichen« die Erinnerung an die nicht lieferbare Marke wach.

Heute hat man für Persil-Megaperls den Superlativ des Slogans noch einmal abgewandelt: »**Das beste Persil aller Zeiten**«. Viele Steigerungsmöglichkeiten gibt es nicht mehr. Und irgendwann kommt einer auf die bescheidene Idee und behauptet einfach, sein Waschmittel sei das beste im Regal. Was dann?

Quellen: *Alle mögen's weiß, Schätze aus der Henkel-Plakatwerbung,* Firmenpublikation; *90 Jahre Persil, Die Geschichte einer Marke,* Firmenpublikation; Spiegel 11/65

Das einzig Wahre. Warsteiner.

Warsteiner-Bier

1972 stagnierte der jährliche Gerstensaftausstoß unterhalb der magischen Marge von 100 Millionen Hektolitern bei 92 Millionen. Hatte der deutsche Biertrinker den Hals etwa voll? Dieses Schreckensszenario wurde noch verschärft durch die zunehmende Konkurrenz aus dem Ausland. Die deutschen Brauer zitterten. Nicht alle. So mancher ging mannhaft zum Angriff über. Zum Beispiel Warsteiner. Kühn setzten die Warsteiner voll auf Expansion, gleichzeitig positionierten sie ihr Bier auf der sogenannten »Champagner-Ebene«, als Edelgetränk also. Mit dem Slogan **»Das einzig Wahre. Warsteiner.«** holte man den edlen Saft aus der Gattung der profanen Pilsener heraus und schuf einen ganz »eigenständigen Biertyp«. Der Werbeerfolg: positive Ausstoßentwicklung. Die Agentur: B/W, Düsseldorf. Der Slogan blieb bis heute aktuell und ist jedem Fußball-Fan geläufig, wenn bei den UEFA-Cup-Übertragungen das Warsteiner-Logo im Bild erscheint.

Quelle: w&v 43/91

Das größte Wäschestück der Welt

Weißer Riese

»Das größte Wäschestück der Welt« war eine Werbeidee der Firma Henkel für ihr Waschmittel Weißer Riese. Ein 600 qm großes Bettlaken wurde 1970 am Stuttgarter Fernsehturm zum Trocknen aufgehängt, um so nachdrücklich und weithin sichtbar die »Riesen-Waschkraft« zu demonstrieren. Schon 1966 hieß es: **»Riesen-Waschkraft – sogar ohne Kochen«** (siehe dort). 1969 dann:

»Riesenweiß durch Riesenwaschkraft« und von 1970 bis 1976: **»Das größte Wäschestück der Welt«**.

Das überdimensionale Wäschestück wurde deutschlandweit an berüchtigten Schmutzecken eingesaut: auf einem Schulhof von einem Schwarm tobender Schulkinder, bei den Schweinen auf einem Bauernhof, auf einem Fußballfeld, einem Fabrikhof und auf einer Straßenkreuzung. Ein Härtetest für das Waschmittel. War es erst richtig verdreckt, wurde das Laken in einem Riesen-Swimmingpool gründlich vor- und hauptgewaschen. Ihre Klimax erreichte die Werbung, wenn das nun wieder strahlend weiße Tuch von einem Hubschrauber unter dem Jubel der begeisterten Menge aus seinem Riesenbottich gezogen und anschließend am Fernsehturm zum Trocknen aufgehängt wurde. Die Begeisterung war allerdings nicht überall gleich groß. Ein »Spiegel«-Kritiker schrieb 1972: »Schon zieht ein Hubschrauber das Wäschestück, das größte der Welt, schneeweiß aus der phosphathaltigen Brühe, um die sich niemand mehr kümmert.«

Dabei blieb es nicht. Unaufhaltsam ging der Fortschritt auf dem Waschsektor voran. Die Fernsehnation konnte sich an einem allseits beliebten »Riesenkalkstopper-Gewinnspiel« erfreuen; im Jahr darauf wurde die 4,5 Kilo-Packung für die »Profi-Hausfrau« eingeführt.

1976 wanderte das **»Größte Wäschestück der Welt«** in die Altkleidersammlung und mußte einer neuen Werbeidee weichen: **»Die lange Wäscheleine«**. Der 250-Meter-Strick hing vollbehängt und völlig unvorschriftsmäßig quer über einen Feldweg. Ein unschuldiger Postzusteller hätte sich durch das Verkehrshindernis denn auch beinahe die Schlinge um den Hals gelegt. Und, als ob der brave Beamte nicht schon gestraft genug gewesen wäre, schwärmte ihm anschließend eine freundliche Hausfrau (mit einem 4,5 Kilo-Profi-Paket unter dem Arm) etwas von »ergiebiger Waschkraft« vor.

Von 1989 bis 1992 hieß der kernige Werbespruch **»Auch wenn die Wäsche 1000x schmutzig wird, der Weiße Riese macht sie 1000x wieder sauber!«** und 1990 grub man einen Slogan wieder aus, der bereits von 1976 bis 1978 geworben hatte: **»Seine Waschkraft macht ihn so ergiebig«**. Aktuell, die Mega-Perls lassen grüßen, heißt es **»Der starke Freund gegen starke Flecken«**. In den neuen TV-Spots sind auch die Waschmaschinen überdimensional groß, und Kinder waschen um die Wette. Man kommt eben vom Riesen nicht mehr los.

Quellen: *Jahrbuch der Werbung 1973*, Düsseldorf 1973; *Der Weiße Riese, Entwicklungsgeschichte eines Markenartikels*, Diplomarbeit von Pascal Neujean

Das grüne Band der Sympathie

Dresdner Bank

Der Dresdner Bank-Slogan entstand Mitte der siebziger Jahre in der völlig zutreffenden Annahme, daß schiere Größe auf den normalen Kunden eher abschreckend wirkt und daher nicht der Schlüssel zum »Mengengeschäft« sein kann. Er bezog sich auf den vom Design-Papst Otl Aicher entwickelten neuen Schriftzug der Bank, der den Firmennamen in ein grünes Band stellte. Der Slogan stammt von der nicht mehr existierenden Agentur Intermarketing, Bad Homburg und löste den alten Slogan »**Die sympathische Bank**« ab.

Die Dresdner Bank war die erste Großbank, die TV-Werbung einsetzte. Bis in die sechziger Jahre galten in der Finanzbranche bunte Anzeigen und Werbefilmchen schlechthin als unfein. Dann ließen sie aber jede Zurückhaltung fahren und gingen zur Sache. Geld spielte ja keine Rolle. Knapp 170 Millionen Mark war es den Banken und Sparkassen Ende der siebziger Jahre wert, sich in einem positiven Licht zu zeigen.

Quellen: Spiegel 35/82; Info Pressestelle Dresdner Bank

Das Gute daran, ist das Gute darin

Erasco-Fertiggerichte

So ein Fertiggericht hat es nicht leicht. Die Qualitätslatte hängt hoch, die Maßstäbe sind oft von verklärender Nostalgie getrübt. »Wie bei Muttern«, soll es angeblich schmecken, aber gemeint ist meist nicht ihre durchaus zweifelhafte Kochkunst, sondern einfach der Geschmack der Kindheit. Und damit kann es ein Fertiggericht in der Single-Küche nur schwer aufnehmen. Stets muß beispielsweise der am häuslichen Herd erwärmte Linseneintopf gegen das Image von Einsamkeit und Verwahrlosung ankämpfen. Kein Wunder also, daß Erasco in seinen Konserven »Garanten für Modernität und hohen Lebensstil« sehen möchte. Und mit besonderem Nachdruck auf die guten Zutaten verweist. Die Werbebotschaft wurde 1990 von der Hamburger Agentur MWI ersonnen.

Ein weiterer Schritt auf dem Weg, der heimischen Kochplatte (»... denn dort schmeckt's uns am besten«) den Ruch der Armseligkeit zu nehmen und sie auf das Niveau weltläufiger Gastlichkeit zu heben, ist das von Erasco ersonnene »**Erascorant**«. An den Verhältnissen wird sich dadurch nichts ändern. Aber vielleicht am Absatz von Linseneintopf. Und das reicht ja auch völlig.

Quelle: w&v 44/90

Das Huhn, das goldene Eier legt

Werbeverbund Pfandbriefe und Kommunalobligationen

In den 50er Jahren hatte der Werbeverbund »Pfandbriefe und Kommunalobligationen« mit dem Slogan »**Hast Du was – bist Du was!**« (siehe dort) geworben. 1968 waren derartig schlichte Aussagen nicht mehr opportun. Man brauchte ein treffendes Symbol, mit dem man den Leuten ohne viele Erklärungen und Bankchinesisch das Traditions-Wertpapier Pfandbrief schmackhaft machen konnte. Und landete beim Huhn.

Hühner sind nun nicht gerade große Sympathieträger. Dennoch erhielt ein Huhn den Zuschlag, noch vor den eigentlich näherliegenden Gestalten des Goldesels oder des Dukatenscheißerle. Huhn und Pfandbrief teilen sich nämlich tiefe Wesenszüge. Ein Huhn legt Eier, aus diesen Eiern kommen wieder neue Hühner, die ihrerseits auch wieder Eier legen. Und wenn ein Huhn keine Eier mehr legt, dann wird es geschlachtet und taugt immer noch für die Suppe. Treffender ließ sich der Mechanismus von Verzinsung, Wiederanlage und Verkauf bei Pfandbriefen nicht darstellen. Damit es besser aussah, wurden die Eier schnell noch vergoldet und der Slogan konnte schlüpfen: »**Das Huhn, das goldene Eier legt**«. Das Ganze wurde hübsch und appetitlich fotografiert, und fertig war eine Kampagne (»Wenn Sie beim Finanzamt weniger Federn lassen wollen – warum haben Sie noch kein Huhn, das goldene Eier legt?«), mit der sich selbst das sonst so zurückhaltende Bankgewerbe rückhaltlos identifizierte. Die Kampagne lief bis 1993 mit großem Erfolg.

Quellen: Horst Slesina, *Die Fährte des Löwen,* München 1993; *Jahrbuch der Werbung 1969,* Düsseldorf 1969

Das ist kein Jim Beam

Jim Beam-Whiskey

Eigentlich handelt es sich hierbei um einen massiv erhobenen Betrugsvorwurf. Um den Vorwurf der Whiskeypanscherei möglicherweise. Und um, hierzulande noch immer verpönte, Vergleichswerbung.

Der Spot, der 1994 für Jim Beam Brands, Illinois, in Neuseeland gedreht wurde, geht so: Da kommt ein kerniger Mann in eine Bar, schenkt der Wirtshausschönheit am anderen Ende des Tresens einen coolen Blick und bestellt sich einen Jim Beam-Whiskey. Schon vor dem ersten Schluck erkennt er am Bouquet, daß im Glas nicht der gewünschte Markenwhiskey kreist. Mit den Worten »**Das ist kein Jim Beam**« kippt er die Brühe auf die Theke, schenkt der Dame ein bedauerndes Achselzucken und verläßt cool lächelnd die Bar. All die anderen süffelnden Penner glotzen konsterniert in ihre Gläser. Wer weiß, was der Wirt ihnen angedreht hat.

Nun, was heißt das? Doch wohl, daß alle anderen Whiskeys billiger Mist sind, ungenießbarer Schrott, gerade gut genug, um ein paar abgehalfterte Halunken hinters Licht zu führen. Glücklicherweise nehmen die Leute Werbung nicht wirklich ernst. Die Kampagne ist weltweit, mit Ausnahme von Nordamerika, gelaufen. Der Darsteller wurde durch den Spot weltbekannt.

Quellen: Info Seagram Deutschland; w&v 16/95

Das jüngste Gericht

Pfanni-Kartoffelpuffer

Im Februar 1975 kamen die Leute von Pfanni aus München zur GGK nach Düsseldorf und baten: »Jeder kennt uns als Anbieter von Kartoffelbrei und Kartoffelknödeln. Daß wir auch wunderbare Kartoffelpuffer machen, weiß kaum jemand. Macht uns doch bitte zum größten Kartoffelpuffer-Hersteller im ganzen Land.« Gefolgt von dem Nachsatz: »Aber begnügt euch doch bitte mit einem kleinen Werbeetat.«

Mit den 800.000 DM, die zur Verfügung standen, konnte GGK keine großen Sprünge machen. Anzeigen und Fernsehspots fielen flach, Reichweite und Wirkung wären zu gering gewesen. Man machte aus der Not eine Tugend. Und war wirklich mal kreativ. Um groß rauszukommen, brauchte man große Werbeflächen: Plakate. Klar. Und die Kartoffelpuffer mußten so groß wie möglich abgebildet werden. Unübersehbar groß. Zwei Meter groß ist auch ein Kartoffelpuffer ein eindrucksvolles Produkt. Außerdem wußte man, daß ein großes Bild dem Publikum auch große Kompetenz des Herstellers suggeriert. Der würde sich doch sonst nicht so weit raushängen mit seinem Produkt.

Mit dem bißchen Geld hätte nur ein einziges Plakatmotiv gedruckt werden können. Nicht genug für eine eindrucksvolle Kampagne. GGK hatte eine Idee. Und ließ fünfzehn verschiedene Plakatmotive drucken. Der Trick war einfach genial. Genial einfach. Man druckte ein- und dasselbe Bild mit ständig wechselnden Überschriften.

Um die Kampagne noch größer erscheinen zu lassen, plakatierte man nicht wie üblich zehn Tage lang nur ein Motiv, sondern fünf gleichzeitig.

Die Sprüche für die Pfanni-Plakate hatte der Texter Bertel Schmitt sich im Speisewagen nach Hannover aus dem kreativen Schädel gekratzt:

»Das jüngste Gericht«
»12 Uhr Mittags« (In Anspielung auf High Noon)
»Alle mögen ihn heiß« (Marilyn Monroe läßt grüßen.)
»In aller Munde«
»Knusper, Knusper, Pfanni« (Frei nach Hänsel und Gretel)
»Haste keinen, back dir einen«
»Mit Kohldampf voraus«
»Backe, backe, Puffer«
»Keine Reiberei«
»Haut mich in die Pfanne«
»Statt Kotelett«
»Bitte wenden«
»Achtung Puffer«
»Heiße Liebe«
»Pfanni Puffer«

Die Klebeaktion brachte die Pfanni-Umsätze so weit nach vorne, daß die Firma im folgenden Jahr auch ihre Erbsenpüree-Werbung auf Großfläche umstellte.

Quellen: Michael Schirner, *Werbung ist Kunst,* München 1991; Spiegel 8/78; w&v 40/75

Das Leben hat wieder ein kleines bißchen an Härte verloren

Hakle-Toilettenpapier

Eine Umfrage ermittelte 1966, daß acht Prozent der Hamburger kein Toilettenpapier benutzten. In Nordrhein-Westfalen verzichteten sogar 14 Prozent auf die perforierte Papierrolle, und die Bayern zeigten mit 20 Prozent Nichtbenutzern deutlich, daß es noch alternative Säuberungsmethoden gab.

Doch die waren nun vom Aussterben bedroht. Schon zwei Jahre später konnte der Inhaber der Hakle-Werke in Mainz, Generalkonsul Hans Klenk, stolz berichten, daß immer mehr Käufer die Vorteile seines Toilettenpapiers erkannt hätten und zu seinen Produkten griffen. Man habe es geschafft, das Erzeugnis Toilettenpapier von seinem primitiven Zwecknutzen zu emanzipieren und auf das richtige Niveau zu bringen. Nun könnten die Krepp-Rollen »mit Freude eingekauft« und »offen nach Hause getragen« werden.

Es war aber auch höchste Zeit gewesen. Der Markt stagnierte, der Steigerung des Verbrauchs von Klopapier waren und sind natürliche Grenzen gesetzt, die Mehrfachnutzung ihrer Morgenlektüre hatte man den Zeitungslesern bereits ausgetrieben. Marktanteile mußten her. Man mußte besser sein als die anderen, vor allem: Edler. Das klang dann so:

»Verlangen Sie Hakle und nicht Toilettenpapier.« – »Für einen Pfennig können Sie das älteste Geschäft der Welt abschließen.« – »Ein neues Papier für ein altes Bedürfnis« sowie: **»Eine der wenigen Erfindungen, für die jeder ein Bedürfnis hat.«**

Die Agentur DDB betreute die Hakle-Offensive, obwohl deren deutschstämmiger Boß, der Amerikaner George Merklein, gleich im ersten Briefinggespräch mit Klenk junior aneinandergeraten war. Bei Hakle sprach man nämlich deutsch, und das beherrschte Merklein trotz schwäbischer Großmutter nicht.

In den siebziger Jahren sicherte man sich bei Hakle die Dienste der Agentur GGK und des Kreativ-Gurus Michael Schirner. Dem unter anderem folgendes einfiel: **»Ich traute meinen Augen nicht: Sein Toilettenpapier hatte drei Lagen. Es war einfach wunderbar. Später hörte ich, es sei von Hakle.«**

Die ARD verweigerte 1983 die Ausstrahlung des Hakle-TV-Spots. Ein ARD-Sprecher: »So was kann man keinem zum Abendessen zumuten.« Beim ZDF gab es diese Verdauungsprobleme nicht.

Quellen: w&v 24/66, 7/83

Das unmögliche Möbelhaus aus Schweden

Ikea

Seinen ersten Laden eröffnete Ikea im Oktober 1974 in Eching bei München. Vieles war dort anders als sonst. Die Verkäufer trugen selbstgestrickte Pullover und Clogs an den Füßen. Der Service war auch nicht der Rede wert, es gab nämlich keinen. Ein merkwürdig grinsender Elch verwies auf die skandinavische Abstammung der Selbstbau-Möbel und das Möbelhaus lag zu allem Überfluß auch noch direkt an der berüchtigten Autobahn Nürnberg-München.

Die Möbelbranche erholte sich damals gerade erst von einem schweren Schlag. Die sogenannte »vierte Einrichtungs- und Luxuswelle« war infolge des Ölschocks und der Wirtschaftsflaute zusammengebrochen, und die Umsätze gingen zurück. Mit Slogans wie **»Richte deine Wohnung ein, laß das Autofahren sein«** versuchten die Möbelfabrikanten, der Krise Vorteile abzugewinnen. Man zielte weiter eindeutig auf die gediegene, stilvolle, hochpreisige Wohnungseinrichtung, hatte aber auch inzwischen schon mal vereinzelt einen Selbstbausessel ins Sortiment aufgenommen.

Die Entstehungsgeschichte des Slogans **»Das unmögliche Möbelhaus«** bekräftigt anekdotisch die Wahrheit dieser Aussage. Knapp vier Wochen vor Eröffnung des ersten Ikea-Möbelmarktes in Eching betrat eine merkwürdige Gestalt die Geschäftsräume der Münchner Agentur Herrwerth & Partner. Der Typ trug Jeans und Holzfällerhemd und stellte sich als Jan Aulin, Geschäftsführer des schwedischen Möbelhauses Ikea, vor. Dem Agenturinhaber Werner Herrwerth war diese Firma allerdings völlig unbekannt. Außerdem fühlte er sich durch Aulins Auftritt anfangs »leicht provoziert«. Erst als Aulin mit einer Empfehlung des Unternehmensberaters Roland Berger aufwarten konnte, war er bereit, mit dem Besucher, diesem »unmöglichen Menschen«, zu sprechen.

Noch am selben Tag wurde der Vertrag mit Handschlag besiegelt, und die Kreativen gingen ans Werk. Mit dem ersten Eindruck von Aulin im Kopf war die Werbebotschaft schnell gefunden. Ausgefallene Sprüche wie **»Watt ihr Volt«**, **»Büromöbel fürs Mänätschment«**, **»Bei uns gibt's was unter den Popo«** und **»Nur Stehen ist billiger«** lockten die Kundschaft in Scharen zur Eröffnung nach Eching.

Das Umsatzziel wurde gleich um 300 Prozent übertroffen – nach 72 Stunden klingelten 304.000 Mark in den Ikea-Kassen. 30.000 Neugierige waren durch Werbesprüche wie »**Wer jung ist, hat mehr Geschmack als Geld**« oder »**Das Einzige worauf wir sitzen bleiben, sind unsere Preise**« angelockt worden.

Kurze Zeit später setzte Ikea eigenmächtig das damals noch real existierende Ladenschlußgesetz außer Kraft und legte sich mit der weiß-blauen Ordnungsmacht an. Pfiffig nutzten sie den Streit um die Einführung der neuen Sommerzeit und die Rechtmäßigkeit dieser Maßnahme aus und kündigten an, ihr Haus werde fortan bis 19:30 Uhr geöffnet bleiben. Pünktlich um halb sieben wurde der Ikea-Markt von einer Hundertschaft der bayerischen Polizei abgeriegelt und geschlossen. Das Management reagierte gelassen und lud alle Anwesenden, auch die uniformierten Ladenschlußhüter ins Ikea-Restaurant ein, das, ganz offiziell, bis 22 Uhr offen bleiben durfte.

Auch den christlichen Festkalender handhabte Ikea gelegentlich eher großzügig. Weihnachten, im Handel ohnehin nur als umsatzstärkste Jahreszeit bekannt, wurde von ihnen dann einfach »wegen des großen Erfolges« verlängert, was die Konkurrenz, die darauf noch nicht gekommen war, zur Weißglut trieb.

Bis 1985 war Ikea »**das unmögliche Möbelhaus**«. Inzwischen ist man in die Jahre gekommen und seriöser geworden und will sich eher als »kompetenter Einrichtungsanbieter« verstanden wissen. Der aktuelle Slogan lautet denn auch: »**Entdecke die Möglichkeiten**«.

Quellen: w&v 10/75, 25/98

Da weiß man, was man hat

Persil/VW-Käfer

Wer war zuerst? Der Käfer oder das Waschmittel? Natürlich war der Käfer der erste, bei dem man wußte, was man hatte. Doch bekannter wurde der Slogan durch Henkels Persil, dessen Werbeleiter den Spruch einfach stibitzt hatte.

Bei Persil standen die Zeichen 1975 auf Sturm, denn dem Traditions-Waschmittel lief langsam die Kundschaft davon. Ariel, Dash und Omo machten dem Marktführer die Kundschaft abspenstig, und zu allem Überfluß zweifelten auch noch 65 von 100 befragten Hausfrauen an der überragenden

Qualität von Persil. Zwei Strategien standen zur Auswahl. Eine »emotionale Sympathie-Strategie« und eine »Qualitäts-Offensive«. Man entschied sich für beides und schickte den Persil-Mann ins Rennen. In Schlips und Kragen, das vermittelt sympathische Autorität, erklärte der studierte Landwirt Jan-Gert Hagemeyer von 1975 bis 1986 in mehr als 100 Fernsehspots die Vorzüge seines Produkts und schloß stets mit dem Satz: **»Persil – da weiß man, was man hat«**. Bei einem Casting für Henkel war Hagemeyer 1974 unter 40 Bewerbern ausgesucht worden. Er war aus Spaß zu dem Termin gegangen – eine Freundin hatte ihn darauf aufmerksam gemacht.

Die Presenter-Kampagne verlief außergewöhnlich erfolgreich. Der Marktanteil stieg wieder, Persil wurde von so vielen Hausfrauen wie nie zuvor als »ausgezeichnet« oder »sehr gut« eingestuft. Hagemeyer war so populär, daß er Kranken Trost spenden durfte, Heiratsanträge freundlich ablehnte und Autogrammkarten verschicken ließ.

Ende 1984 mußte dieses Präsentationsmodell modifiziert werden. Hagemeyer stand nämlich so sehr für das Produkt, daß die Verbraucherinnen nicht mehr auf die Werbebotschaften achteten und geistig abschalteten. In sogenannten »Treffpunkt-Spots« wurden ihm also Frauen zugesellt. Zudem wurde ab 1985 die Umweltverträglichkeit zum Hauptwerbeargument erhoben. Man versprach: **»Beste Persil-Qualität jetzt phosphatfrei«** und **»Das beste Persil für Wäsche und Umwelt«**. 1987 disponierte man noch einmal um und schuf die »Moderatoren-Kampagne«. Ein Mann, immer noch Hagemeyer, verbreitete zusammen mit einer Frau die Persil-Botschaften im Nachrichtenstil, während außerhalb der Werbeblocks Nachrichten im Persil-Stil präsentiert wurden. Diese Kampagne lief von 1987 bis 1990.

Quellen: *Alle mögen's weiß, Schätze aus der Henkel-Plakatwerbung,* Schriften des Werksarchivs; *90 Jahre Persil, Die Geschichte einer Marke,* Firmenpublikation; Stern 49/97

Dein Sekt sei Deinhard

Deinhard-Sekt

Über ein halbes Jahrhundert prägten der Slogan **»Dein Sekt sei Deinhard«** und das berühmte Deinhard-Mädchen die Werbung der Sektkellerei. Erstmals 1925 waren auf einer Kinobühne sogenannte Deinhard-Serviererinnen aufgetreten.

Ihre weißen Schürzen trugen die Aufschrift: »Dein Sekt sei Deinhard«, ihre Häubchen den Buchstaben »d«. Den Sprung vom Live-Auftritt in die Printmedien schafften beide dann 1929. In den fünfziger Jahren, als der Sekt mit dem Slogan: »**Das Beste was Deiner am Rhein harrt ist Deinhard**« beworben wurde, verkörperte die Filmschauspielerin Dorit Kreysler das Deinhard Mädchen. Nette Frauen und ein zurückhaltend, weniger als Forderung denn als Wunsch formulierter Slogan, das entsprach sehr schön der gepflegten Geselligkeit der zwanziger Jahre. Erstaunlich eigentlich, daß er sich bis 1988 hielt. Dann aber brachen die Dämme. Aus dem bescheidenen Deinhard-Mädchen wurde ein krakeelendes, trommelfellzerfetzendes Deinhard-Girl, das mit der Forderung »**Wo ist der Deinhard!**« seinen unaufhaltsamen Zug zur Flasche offenbarte.

Ein weiter Weg für die Wein- und Sektkellerei Deinhard, die bereits 1888 mit ihrem Deinhard Kabinett einen Markenartikel präsentieren konnte. Koblenz war Residenzstadt und bevorzugter Sommersitz der Kaiserin, und so ergab es sich, daß Ihre Majestät Kaiserin Augusta am 18. November 1875 die neu gebaute große Kellerei einweihte. Ihre »huldvolle Eintragung« im Deinhard'schen Besucherbuch nutzte man gerne zur Werbung. Ebenso wie die Beziehungen der Firma zum Hause der Hohenzollern, die offensichtlich enger waren als die zur deutschen Sprache: »**Auf Kaiser Wilhelm und sein Haus geleert wird manche Flasche aus.**« Und daß Sektproduzenten friedfertige Leute sind, zeigte der Spruch: »**Statt des Pulvers Schall tönt hier der Pfropfenknall.**« Aber da sollte der Kaiser was dagegen haben.

Quellen: *Vom Stil der Werbung,* Schriftenreihe der Österreichischen Werbewissenschaftlichen Gesellschaft, Wien 1979; Info Pressestelle Deinhard AG

Delial bräunt ideal

Delial-Sonnenmilch

So manche Erfindung steht zu den Zeitläuften in einem merkwürdig ironischen, beinahe kommentierenden Verhältnis. Wissenschaftler der Bayer AG ließen 1933 den ersten anwendbaren Lichtschutzfilter patentieren. Fördert die Bräunung, verhindert Rötung. Die Bayer-Tochter Drugofa brachte im Jahr darauf mit Delial die erste Sonnencreme der Welt heraus. Man würde sie brauchen.

Im Krieg hatte so mancher Deutsche fremde Völker zu sehen bekommen, zuerst auf deren, später auf heimischem Territorium. Nach dem Krieg wurde man dann Tourist. Diesen reichhaltigen Erfahrungsschatz nutzte der Slogan: »**Braun wie ein Neger und ohne Sonnenbrand durch Delial**« aus den fünfziger Jahren, in dem noch die schöne Arglosigkeit des weißen Herrenmenschen mitklingt. 1973 machte die Firma dann wieder einen gewaltigen Schritt vorwärts auf dem Gebiet der kosmetischen Bräune und erfand den Sonnenschutzfaktor. Eine Zahl, die angibt, um wieviel länger man mit Sonnenschutz in der Sonne bleiben kann, ohne sich zu verbrennen. Der Werbeslogan heißt seit dieser Zeit: »**Delial bräunt ideal**«.

Quellen: Stern 28/52; Jörg Krichbaum, *Made in Germany*, München 1997

Der Duft der Frauen provoziert

Axe-Deodorant

Die Zielgruppe für Deodorants ist eigentlich klar: alle, die auch unter der Achselhöhle nicht riechen wollen. Da gibt es viele, und es gibt sie schon lange. Doch Männer sind Duftmuffel, und so waren Anfang der Achtziger Parfümdeodorants für Männer, die nicht nur nicht stinken, sondern zudem auch noch ›gut‹ riechen, also duften wollen, eine neue Sache. »**Axe – der Duft der Frauen provoziert**« wurde 1983 in Frankreich ins Leben gerufen und wehte 1985 nach Deutschland herüber. Duften allein reicht nicht. Der Duft muß Wirkung haben. Auf Frauen natürlich, handelt es sich doch bei der angepeilten Zielgruppe um den ›nicht domestizierbaren, welterfahrenen, erfolgreichen und charmanten Mann von Welt‹, wie Deodorant-Produzent Elida Fabergé und die Werbeagentur Lintas präzisierten. Und wie wirken männlicher Charme, Erfolg und Wildheit auf attraktive, starke, unbekannte Frauen? Es macht sie wild, und sie werden hemmungslos.

Oder anders ausgedrückt: »Die Einzigartigkeit von Axe liegt im Duft, der Frauen provoziert und den Mann so attraktiv macht, daß sie mehr von ihm haben wollen.« Und genau das zeigen die Spots. Anfangs waren die Männer männlich und die Damen ladylike. Um seine Aufmerksamkeit zu erheischen, ließ die Frau schicklich ihr Taschentuch fallen; der Kerl nahm das Taschentuch auf, alles weitere durfte man sich denken.

In den neunziger Jahren mußte diese Aussage zeitgemäßer, das heißt: krasser, übertriebener formuliert werden. Der aktuelle Axe-Protagonist ist nun weniger attraktiv und betont damit die erstaunliche Wirkung des Deodorants um so deutlicher; dafür aber gehen die Damen rabiater zur Sache. So vernascht im Fahrstuhl eine attraktive junge Frau ein unscheinbares Bübchen zwischen zwei Stockwerken, indem sie einfach den Notschalter umlegt und dem Axe-bedufteten Milchgesicht die Klamotten runterzerrt. In einem anderen Spot wird eine junge Frau ständig von Frauen umworben, nur weil sie das Deo ihres Freundes benutzt hat. Und dem Eunuchen Abdul verhilft der Gebrauch von Axe zu steigender Anerkennung bei den Haremsdamen.

Quellen: Horizont 4/91; Info Elida Fabergé

Der Duft der großen weiten Welt

Peter Stuyvesant

Der »**Duft der großen weiten Welt**« wurde 1958 von dem Schweizer Fritz Bühler für die »Peter Stuyvesant« konzipiert. Die Zigarette kam zunächst nur in Norddeutschland auf den Markt und erreichte in kürzester Zeit einen sensationellen Marktanteil von 10 Prozent. Die Händler der Stuyvesant-Diaspora forderten in wütenden Briefen die Einführung der Marke auch bei ihnen und feierten in Anzeigen, wenn die Zigaretten in ihren Geschäften und Automaten endlich zu haben waren. Zum Vergleich: Von insgesamt 207 der zwischen 1959 und 1970 neu eingeführten Marken erreichten nur neun die Traumgrenze von hundert Millionen verkaufter Stück pro Monat.

Am Tag »x minus eins«, dem Tag vor der Markteinführung, hatte man mit dem Hinweis: »**Diese Woche soll etwas ganz Neues eintreffen … aus der weiten Welt!**« die Verbraucher neugierig gemacht. Neben dem Text lockte eine flotte Reisetasche, voll bepappt mit internationalen Hotelaufklebern. Das nächste Inserat zeigte die Leitwerke großer Passagierflugzeuge und daneben die Vorderansicht der Packung, auf der nicht ein einziges deutsches Wort zu lesen war.

Mit dem »**Duft der großen weiten Welt**« war Fritz Bühler ein Meisterstück gelungen. Erstmals in Deutschland wurde mit ideellen Werten wie Weltoffenheit, Internationalität und Erfolg geworben. Was davon zu halten war, erläuterte nüchtern ein Reemtsma-Mann: »Der Mensch raucht immer noch seine Träume. Wir verkauften ein Stück Illusion.«

Für den Erfolg der Peter Stuyvesant gab es einige Gründe: Geschickt hatte man an den Geltungstrieb und die verborgenen Sehnsüchte der Raucher appelliert. Auch der rätselhafte Name verfehlte seine Wirkung nicht. Es war Reemtsma klargewesen, daß die Mehrzahl der Käufer die Aussprache des Namens schwierig finden würden. Doch die Rechnung ging auf. Der Reiz der Weltläufigkeit war größer als die Scheu, sich durch falsche Aussprache zu blamieren.

Die Stuyvesant wurde zum Markenzeichen der jungen, weltoffenen Deutschen. Der Personalberater Dr. Maximilian Schubart typisierte 1967 den leitenden Mitarbeiter einer Werbeagentur so: kurzer Bürstenhaarschnitt, enge Hosen und Kleidung im englischen Schnitt, Citroën- oder Sportwagenfahrer und Stuyvesant-Raucher. Der »Zeit«-Redakteur Dr. Hellmuth Karasek schrieb: »Raucher, selbst in der tristesten Sozialbauwohnung, wurden mit jedem Zug an große Fluggesellschaften angeschlossen.«

Als sich immer mehr Bundesbürger dank »**Neckermann macht's möglich**« den Trip in die Ferne leisten konnten, hatte die Zigarette als Fernwehsurrogat ausgedient. Der Marktanteil sank. Reemtsma versuchte erfolglos mit wechselnden Kampagnen, Agenturen und Slogans, den Niedergang der Marke zu stoppen. »**Mehr erleben**« blieb 1971 der Erfolg genauso versagt wie kurze Zeit später dem Slogan »**Höher, schneller, weiter**«. Auch die Slogans »**Der Duft**« und »**Leicht genießen in der Welt der Peter Stuyvesant**« zogen nicht mehr. Erst in den neunziger Jahren gelang der Marke mit »**Come together**« ein Comeback (siehe dort).

Quellen: Martin Merkel, *Die Geschichte der Anzeige*; *Jahrbuch der Werbung1974*, Düsseldorf 1974; *Jahrbuch der Werbung 1987*, Düsseldorf 1987; Info Pressestelle Reemtsma; w&v 21/71; Spiegel 18/59

Der eine hat's – der andere nicht

D2-Mobilfunk

Das Tamtam (»Volle Kostenkontrolle! – Null Grundgebühr! – Telefonieren kostenlos?«) um die Tarife und Grundgebühren im Mobilfunkmarkt begann, als im Dezember 1989 der damalige Bundespostminister Dr. Christian Schwarz-Schilling die erste private Betreiberlizenz an Mannesmann vergab. Die Telekom war mit D1 bereits präsent, und so war der Name für das neue Netz schnell gefunden: D2 Privat.

Der Slogan »**Typisch Privat**« beschwor vor allem die alten Vorurteile gegen den kundenfernen und schwerfälligen Staatsbetrieb. D2 dagegen gab sich dynamisch, innovativ und kundenorientiert. Die Kunden glaubten das auch und machten D2 binnen eines Jahres zum Marktführer. Der aktuelle Slogan lautet »**Der eine hat's – der andere nicht**« und zielt weiter massiv auf die Abschaffung handyfreier Ruhezonen.

Quelle: w&v annual 93

Der ... einmal ... zweimal ... Pausensnack

Twix

Der »... **einmal** ... **zweimal** ... **Pausensnack**« von Mars hieß zuerst Raider. Im Rahmen einer globalen Werbestrategie und um deutlicher darauf abzuheben, daß in der Twix-Packung zwei Schokoriegel stecken, wurde 1985 in aufwendigen Kampagnen der Kundschaft der neue Name eingehämmert. Rund zehn Millionen Mark standen zur Verfügung, um Twix als Streßbremse zu positionieren: »**Wenn du doppelt genervt bist, brauchst du auch den doppelten Genuß**« hieß es. Man hatte herausgefunden, daß Teens in Pausen gerne zu Schokoriegeln greifen und erweiterte dieses Anwendungsgebiet auf alle möglichen nervigen Situationen. Nimm dir eine Auszeit, lautet die Botschaft, und verlängere sie mit dem zweiten Riegel in der Packung.

Quelle: w&v 1-2/97

Der frische Franzose

Le Tartare

Seit 1966 konnte dieser Kräuter-Frischkäse an der Käsetheke käuflich erworben werden, und die Deutschen nutzten das Angebot auch, allerdings in völliger Verkennung seiner wahren Käseheimat. Eine Untersuchung ergab, daß die Kunden mit dem Namen eher den kriegerischen Volksstamm der Tartaren assoziierten als das gewünschte französische Gourmet-Image.

Das konnte so nicht bleiben. 1977 bekam die Agentur Ogilvy & Mather den Auftrag, allen klarzumachen, daß Le Tartare im Périgord hergestellt wird, in Frankreich, auf dem alleridyllischsten Lande und so gut wie mit der Hand. Sie zeigten also einen typischen Franzosen mit Baskenmütze in der Küche beim Hacken der Kräuter, beim Würzen und Abschmecken, und verpaßten dem Frischkäse damit das gewünschte Ambiente: **»Der frische Franzose«**. Um das Ganze so authentisch wie möglich aussehen zu lassen, ließ man den Käsespezialisten in seiner Sprache parlieren und versah die Bilder mit deutschen Untertiteln. Was 1977 in der TV-Werbung noch ziemlich unüblich und entsprechend auffällig war. Der Erfolg: Heute kennen 73 Prozent der Bundesbürger den Frischkäse.

Quelle: Joachim Kellner (Hrsg.), *Werbefiguren, Geschöpfe der Werbewelt,* Düsseldorf 1992

Der Geschmack, der einen Genießer lächeln läßt

Mariacron

In den siebziger Jahren war der Markt der Weinbrandtrinker heftig umkämpft. Dujardin, Jacobi, Asbach, Scharlachberg und Chantré umwarben Schluckspechte und Genießer. Die Firma Eckes AG wollte sich für ihre Marke Mariacron (**»Eines Tages begegnen Sie ihm und schließen Freundschaft«**) ein großes Faß von diesem Segen sichern und beauftragte die Agentur Grey, für Marktanteile zu sorgen. In der klaren Erkenntnis, daß nicht so sehr der Geschmack, sondern die ›Anmutung‹ über den Erfolg der Spirituose entscheiden würde, machten

die Werber einen Test: Sie füllten ein und denselben Weinbrand in fünf Flaschen, auf denen Etiketten der Konkurrenzmarken klebten. Weinbrandkenner verkosteten dann den Flascheninhalt. Der Asbach-Aufkleber, ein in den zwanziger Jahren geschaffenes Etikett, das aussah wie handgeschöpftes Büttenpapier mit gotischen Schriftzügen, überzeugte die Experten.

Wenn die Marke also Erfolg haben sollte, so der Rückschluß, mußte Mariacron »Asbach plus« sein. Die Agentur entwarf einen Mariacron-Aufkleber, der einer mittelalterlichen Bibel nachempfunden war und wie von Mönchen geschrieben wirkte. Anzeigen und TV-Spots präsentierten den Weinbrand dann als etwas unvergleichlich Kostbares. Etwas, das man wegschließt, wenn ungebetene Gäste kommen.

Mit diesem Weinbrand-Image hatte man sich nicht verkalkuliert. Nach wenigen Jahren waren 60 Prozent der regelmäßigen Weinbrandtrinker in Deutschland zu Mariacron übergelaufen. Jetzt brauchte man nur noch einen idealen Weinbrandtrinker zur Präsentation (Stufe 2). Die Kundschaft selbst traf diese Wahl. In Befragungen und Tests hatten sie einen Favoriten gekürt: Einen älteren Herrn mit genießerischem Lächeln. Der Slogan selbst schwamm damit bereits im Schwenker: **»Der Geschmack, der einen Genießer lächeln läßt«**.

Quelle: Grey-Gruppe, *Wie man Marken Charakter gibt,* Düsseldorf 1993

Der große Klare aus dem Norden

Bommerlunder

Anno 1760 schleppte sich ein verwundeter Reitersmann zum Gasthof »Bommerlund Kro« an der deutsch-dänischen Grenze; man gewährte ihm Pflege, Speis und Trank. Nach seiner Genesung beglich er, in Ermangelung ausreichender Barschaft, seine Schuld, indem er dem Wirt einen vergilbten Zettel überreichte: das Aquavit-Rezept. Gastwirt Peter Schwennesen destillierte fortan den wohlschmeckenden Klaren. Kurze Zeit später verlieh Friedrich V., König von Dänemark, dem Gastwirt das Privileg zur Aquavit-Herstellung. Was hier wie ein Märchen klingt, ist aber eine wahre Geschichte.

Mittlerweile von der Flensburger Schnapsbrennerei Dethleffsen unter dem Namen Bommerlunder hergestellt, vertrieb man den Klaren hauptsächlich im Norden. Seit 1956 mit Unterstützung der Hamburger Werbeagentur Herbert Hecht, deren Texter vor allem norddeutsche Trinksitten im Auge hatten: **»Vor dem Bier und nach dem Essen, Bommerlunder nicht vergessen«**. Oder **»Aus reiner Freude am klaren Genuß«**. Doch bald wurde dem Schnaps Norddeutschland zu eng. Es zog ihn gen Süden. Eine »intensive Marktuntersuchung« machte ihm Mut: die Verbindung »Norden – klarer Schnaps« würde »außerordentlich positive Assoziationen« auslösen, hieß es da. Die Konsequenz war sofort klar und führte zu dem berühmten Slogan **»Der große Klare aus dem Norden«**. Eine Anzeige aus dem Jahre 1967 enthüllte dann schonungslos das Innenleben von markenbewußten Schnapstrinkern: »Das Meer formte auch die Menschen. Es machte sie gerade, ehrlich, etwas wortkarg, aber ohne jedes Künstliche. Und diese Menschen schufen sich ihre Gastfreundschaft. Und sie wählten sich die Getränke, die zu ihnen paßten. So wurde der Bommerlunder ihr Getränk: herzhaft, würzig, rein und klar. Seine Heimat ist der Norden. Seine Beliebtheit ist grenzenlos.« **»Eiskalt, aus eisigen Gläsern«** wurde er getrunken. Meist auf ex.

Soviel Popularität verlockte die Konkurrenz natürlich zum Abkupfern. Der Rum-Verschnitt Zinn 40 pries sich 1969 mit dem Slogan **»Der große Milde aus dem Süden«** an – und wurde sofort per einstweiliger Verfügung aus Flensburg gestoppt. Die vielen Prominenten wie etwa der Ex-Finanzminister und Ex-Ministerpräsident Gerhard Stoltenberg, Ex-Bundestagspräsident Kai Uwe von Hassel oder das Hamburger Ex-Fußball-Idol Uwe Seeler, die seitdem mit dem Bommerlunder-Slogan belegt wurden, dachten hingegen gar nicht daran, sich per einstweiliger Verfügung gegen dieses hochprozentige Image zu verwahren.

Der zweite Klassiker aus dem Hause Bommerlunder, »**In Richtung Norden und dann immer geradeaus**«, entstand Anfang der siebziger Jahre und diente als Grundidee für eine Reihe von Fernsehspots, die 1974 auf dem TV-Festival in New York mit einer Goldmedaille ausgezeichnet wurden.

Quellen: w&v 48/75, 50/77

Der gute Pott

Pott-Rum

Daß Jamaica eine Insel ist, war 1964 immerhin 39 Prozent der Bevölkerung hierzulande unbekannt. Die glaubten dafür aber, daß Jamaica eine Rum-Marke sei, und tranken weiter ihren »guten Pott«, den bis in die 80er Jahre meistverkauften Jamaica-Rum-Verschnitt.

1848 hatte Hans-Hinrich Pott in Flensburg sein Rum-Handelshaus gegründet. Und seitdem trieben die Werber mit seinem Namen Schindluder. Natürlich war der Schnaps »pottgemütlich« und heizte »**Pott-z-Blitz**« gleich richtig gut ein. Besonders winterliche Tiefdruckgebiete versprachen Absatzhöhepunkte durch heftige Groganwendungen: »**Pottseidank, daß wieder Winter ist!**«

Deutschlands Rum-Hochburgen finden sich in Schleswig-Holstein, Hamburg und Niedersachsen. Dort wurden 1984 rund 5 Flaschen Jamaica-Rum pro Einwohner (in den Wintermonaten) getrunken, im Süden waren es nur 3,5.

Rum-Verschnitt hat kein gutes Image und gilt eher als primitiver Kutscher-Schnaps denn als Zierde für Marmortische. Dabei ist den meisten Verbrauchern der Unterschied zwischen Original Rum (73–76% Vol.), echtem Rum, der durch Zusatz von Wasser auf Trinkstärke herabgesetzt wird, (38% Vol.) und Rum-Verschnitt, der mit Alkohol anderer Art verschnitten wird und nur über 5% Rumanteil verfügt, unbekannt. Pur wird er selten getrunken. Im Norden bevorzugt man mit 51 Prozent die Grog-Variante, die Rum mit Tee folgt mit 23 Prozent an zweiter Stelle – im Süden liegen die Vorlieben genau umgekehrt.

Quelle: w&v 6/85

Der Handkäs liebt den Kanzler

Wahl-Werbeaktion Stern

Die Zeitschrift »Stern« beauftragte zu Beginn der achtziger Jahre Michael Schirner und andere Agenturen, eine Wahl-Werbeaktion für Bundeskanzler Kohl zu entwickeln. Die Agenturen sollten an dem oft karikierten und verulkten Politiker einmal zeigen, was sie so auf der Pfanne hätten. Starwerber Schirner wandelte seine ›Zucker-Kampagne‹ (siehe unten) etwas ab und präsentierte den Kanzler im Doppelpack mit typisch deutschen Gegenständen: einem Sofakissen, einem Paar Pantoffeln, einer Schweinshaxe, einer Leberwurst, einem Handkäs und so weiter. Darüber schrieb Schirner dann: **»Der Handkäs liebt den Kanzler«**. Es blieb bei den Anzeigen im »Stern«. Das CDU-Präsidium liebte den Kanzler nämlich auch und weigerte sich, die Kampagne offiziell zu übernehmen.

Quelle: Ralph Durchleuchter, *Michael Schirner – Werber, Verführer, Künstler,* Düsseldorf 1991

Der Hering liebt den Zucker

Gemeinschaftswerbung Zucker

Das Image von Zucker ist ebenso schlecht, wie sein Gebrauch verbreitet ist. Das machte der Zucker-Wirtschaft schon immer Sorgen. Gegen die erklärten Zuckerfeinde, die Zahnärzte und die Ernährungswissenschaftler hatte man schon in den fünfziger Jahren den Zucker in Schutz nehmen müssen mit dem Spruch: **»Am Zucker sparen, grundverkehrt, denn Zucker schmeckt und Zucker nährt!«** In den siebziger Jahren war es mal wieder soweit. Die betroffene Industrie wandte sich hilfesuchend an die Agentur GGK. Man durfte nicht allzusehr auf den Putz hauen, weil man damit nur die Kritiker auf den Plan gerufen hätte. Michael Schirner von GGK: »Zuckergegner argumentieren mit dem Kopf, während Zuckerfreunde mit dem Bauch sprechen. Sie sagen, Zucker versüße das Leben.«

Die Geburt der Zuckerliebhaber-Kampagne beschrieb der GGK-Mann Gerd Hiepler so: »In einer Kneipe bestelle ich Kartoffelpuffer und Blutsuppe. Da fällt mir ein, daß wir als Kinder die Puffer mit Zucker bestreut gegessen haben. Also streue ich Zucker drauf: ›**Die Kartoffel liebt den Zucker**‹. Die besten Ideen liegen auf der Straße, man muß sie nur aufheben.« Auf jeweils doppelseitigen, farbigen Anzeigen warben mal ein Hering, dann eine Kirsche, ein Filet oder eine Götterspeise für Zucker. Zu Slogans wie »**Der Hering liebt den Zucker**« wurden zuckerhaltige Rezepte abgedruckt.

Quellen: Ralph Durchleuchter, *Michael Schirner – Werber, Verführer, Künstler,* Düsseldorf 1991; *Jahrbuch der Werbung 1981,* Düsseldorf 1981

Der nächste Winter kommt bestimmt

Rheinische Braunkohlenbrikett-Verkauf GmbH

Knapp 20 Werbeslogans widerfuhr bisher die Ehre, es bis in Büchmanns ›Geflügelte Worte‹ geschafft zu haben. »**Der nächste Winter kommt bestimmt**« gehört in diesen erlesenen Kreis. Der 1960 entstandene Slogan der Firma Rheinische Braunkohlenbrikett-Verkauf GmbH lautete vollständig »**Jetzt Briketts – der nächste Winter kommt bestimmt**« und sollte daran erinnern, rechtzeitig den Kohlenkeller aufzufüllen. Die Agentur Dr. Hegemann hatte ihn kreiert und ihn unter patentrechtlichen Schutz gestellt. Was nicht verhinderte, daß er schnell vom Volksmund aufgenommen wurde.

Quelle: Georg Büchmann, *Geflügelte Worte,* Niedernhausen 1994

... der schmeckt ja wie frisch gepreßt

Valensina

Wir wollen das Original. Immer. Denn nur das Original ist wahr und rein und echt. Surrogate lehnen wir ab. Und deswegen bestehen wir, die Verbraucher darauf, daß Hunderttausende von Käsen handgemacht auf unseren Tisch kommen und Millionen von Litern Orangensaft frischgepreßt in unseren Kühlschränken stehen. Aber bitte zu niedrigen Preisen.

Frau Vollert ist auch so eine. Sie war in Urlaub. In Spanien. So richtig in der Sonne. Und hat sich dort Orangen – selbst – mit der Hand – in einer Plantage ausgepreßt. Mjamm. Das hat geschmeckt. Nun ist sie wieder zu Hause in Deutschland, und es regnet. Das ist schlimm. Sie klagt ihr Leid dem Gemüsehändler: »Hier werde ich wohl wieder meinen normalen Orangensaft trinken müssen«, jammert die arme Frau. Aber der freundliche Gemüsehändler weiß sich und ihr und uns zu helfen und schiebt ihr eine Flasche Valensina rüber. Frau Vollert trinkt und bekennt begeistert: »Toll, der schmeckt ja fast wie frisch gepreßt. Dann hab ich Spanien ja zu Hause.«

Frau Vollert hat es bewiesen. Ein aus Konzentrat hergestellter Orangensaft reicht völlig aus, um immer wieder selbstbetrügerische und verklärende Erinnerungen an angebliche Authentizität und ›Naturfrische‹ heraufzubeschwören.

Quelle: w&v 28/93

… der schwimmt sogar in Milch

Milky Way

Milch ist gesund. Milch ist daher ein gesundes Wort. Ein Produkt, welches mit gesunden Worten für sich werben kann, ist folglich auch gesund. Der Quäker Frank C. Mars hatte sein Unternehmen Mars Inc. in den USA gegründet und 1923 eine mit Milchschokolade umhüllte Karamelstange unter dem Namen Milky Way herausgebracht. Sie ist ziemlich süß und daher vielleicht doch nicht so gesund, bescherte dem Süßwarenhändler jedoch gesunde Profite. Milky Way heißt auf deutsch Milchstraße, das ist schon mal ganz gut. Die Umhüllung besteht aus Milchschokolade, das ist noch besser. Das spezifische Gewicht der Gesamtkombination liegt unter dem von Milch, und das ist einfach genial. Denn was so leicht und locker und milchig ist, eignet sich natürlich ideal als Snack für das Kind.

Der Tag geht, Johnnie Walker kommt

Johnnie Walker

1820 gründete ein gewisser John Walker eine Lebensmittel-, Wein-, Spirituosen-, und Tuchhandlung in Kilarmarnok, südlich von Glasgow. Das Hauptprodukt der Firma John Walker & Sons war der Whisky Johnnie Walker. Ein Name zu der Zeit, nicht mehr. Ende des Jahrhunderts entstand der Wunsch, dem Namen eine Gestalt zu geben. Man beauftragte den Grafiker Tom Brown, eine Identifikationsfigur zu entwerfen. Brown nahm den Familiennamen der Walkers wörtlich, vielleicht inspiriert von dem in schottischen Kneipen beliebten Studentenschlager »When Johnny comes marching home again«. Er erschuf einen schottischen Gentleman mit Zylinder, rot befrackt, selbstsicher grüßend und zielstrebig auftretend. Das Stöckchen unter dem Arm sorgte für eine Prise Nonchalance. Johnnie Walker trat seinen Siegeszug um die Welt an.

Der Slogan »**Der Tag geht, Johnnie Walker kommt**« kam sehr viel später dazu, und er entstand in Deutschland. Die Agentur William Wilkens ersann ihn 1967 zur Markteinführung der Marke. Zwar zeigte man dazu immer gesellige Runden gleichgesinnter Genießer, doch ließ der Slogan auch durchaus an einen disziplinierten (erst abends), einsamen Trinker denken. John Walker & Sons war inzwischen von der mächtigen Distillers Co. Ltd. aufgekauft worden, die mehr als die Hälfte der schottischen Whisky-Produktion kontrollierte. Unter anderem die Marktführer in den USA (Johnnie Walker), Deutschland (VAT 69 und Black&White) und England (Haig). 1996 wurde der Slogan abgelöst von dem mehr lifestylemäßigen: »**taste life**«.

Quellen: Joachim Kellner (Hrsg.), *Werbefiguren, Geschöpfe der Werbewelt,* Düsseldorf 1992; Info FCB Wilkens Werbeagentur

Der weiße Wirbelwind

Ajax

Deutschland 1964. Die Schmutzbekämpfung nicht nur in deutschen Haushalten hatte bereits ein geradezu sauberkeitsstarrendes Niveau erreicht. Gegen jegliche Art von Dreck, nach einer Brechtschen Definition lediglich ›Materie am falschen Ort‹, standen Batterien von Beseitigungsmitteln parat. Doch der Fortschritt war unaufhaltsam. Bis dahin wurden Putzmittel ausschließlich in körniger, pulvriger Form angeboten. Bis Ajax kam. Der erste, flüssige Allzweckreiniger überhaupt, der innerhalb kürzester Zeit alle Scheuerpulver von der Reinigungsfläche fegte.

Um die schnelle Wirkung des Flüssigkeitsreinigers und die Leichtigkeit seiner Handhabung anschaulich zu machen, präsentierte der Hersteller Colgate-Palmolive ihn als: »**Der Weiße Wirbelwind**«. Nach Öffnen der Flasche heulte ein Wirbelsturm durch die Küche und fegte sie in Sekundenschnelle blitzsauber, ohne daß die erfreute Hausfrau Hand anlegen mußte.

Über ein Jahrzehnt rotierte Ajax erfolgreich durch Küchen und Bäder. Ende der 70er Jahre schlaffte der Reiniger dann ziemlich ab. Man versuchte ihn noch mit Hilfe eines zweiten Wirbelwindes etwas aufzuputschen und Marktanteile zu retten, aber es half nicht viel. Seine letzte Umdrehung machte er zu Beginn der 80er Jahre. War in den 60ern der ausgeprägte Salmiakgeruch (»Mit Salmiakkraft«) noch als Zeichen der starken Reinigungskraft akzeptiert worden, stach er in den 80ern vielen Leuten streng in die Nasen. Frisch und freundlich war jetzt angesagt. Der Bernhardiner Bruno, der nicht wie seine Artgenossen ein Rumfäßchen um den Hals trug, sondern eine Flasche Reingungsmittel, warb fortan für Ajax.

Quelle: Joachim Kellner (Hrsg.), *Werbefiguren, Geschöpfe der Werbewelt,* Düsseldorf 1992

Die 5-Minuten-Terrine ... von Maggi ... ne tolle Idee

Maggi

Der Slogan für das praktisch zu öffnende Schnellgericht von Maggi (»Deutschlands Küche No.1«, »FAZ«) wurde erstmals 1987 eingesetzt. In der Schnelligkeit der Zubereitung und in der Leichtigkeit, mit der sich der Deckel entfernen ließ, lag der Clou des neuen Produkts. Der Witz der acht Werbefilme bestand darin, daß ihr Protagonist genau diese elegante Art, an den Inhalt, die Suppe heranzukommen, völlig ignorierte. Dieser hungrige Junggeselle, ein Doppelgänger von Woody Allen, stellte beispielsweise die Maggi-Terrine auf den Kopf und versuchte sie dann mit einem Fuchsschwanz aufzusägen, oder er engagierte einen Samurai, der ihm beim Öffnen helfen sollte.

Die Slapsticks, die monatelang im Kino-Vorprogramm liefen, waren der Lacherfolg eines jeden Werbeblocks, wurden dann aber abgesetzt, damit, so eine Maggi-Sprecherin, »nicht langfristig der Eindruck entsteht, daß unser Produkt nur etwas für Doofe ist«. Ihren Zweck hatten die Spots dennoch prima erfüllt. Der Zielgruppe der 16- bis 30jährigen sei die schnelle Suppe »durch die humorvollen Beiträge aber erheblich sympathischer geworden«.

Quelle: Spiegel 36/89

Die Bank an Ihrer Seite

Commerzbank

Das vorrangige Ziel jeder Bankenwerbung ist, bei der Kundschaft Vertrauen zu den mächtigen und oft anonym empfundenen Geldkonzernen aufzubauen. Der Slogan »**Die Bank an Ihrer Seite**« steht seit 1976 in Diensten der Commerzbank und soll »positive Assoziationen« in Richtung »freundliche Bank, kompetente Bank, schnelle Bank, individuelle Betreuung« hervorrufen. Diese Kreation der Frankfurter Agentur Young & Rubicam hatte sich im Test gegen folgende Alternativen durchgesetzt: »**Eine Bank fürs Leben**«, »**Wir wollen Ihnen das Leben angenehmer machen**«, »**Eine gute Bankverbindung**« sowie: »**Eine Bank, bei der man bleibt**«.

In den 60er Jahren versuchte die Commerzbank ihre Kunden noch mit dem Spruch **»Angeseh'n ist jedermann, der gleich beim Kauf schon zahlen kann«** zur Kreditaufnahme zu bewegen. Ebenfalls in den 60ern stellte Showmaster Hans-Joachim Kulenkampff (»Einer wird gewinnen«), seine Popularität in den Dienst der Commerzbank: **»Ich und meine Bank«**. Alles noch hauseigene Produkte. 1967 hatte die Commerzbank dann erstmals mit Doyle, Dane, Bernbach eine Werbeagentur beauftragt.

Ein besonderer Gag gelang den Banken-Werbern 1989 mit einer Anzeige, die der heiß umworbenen Zielgruppe der »jungen erfolgreichen Frauen« die Vorteile einer Altersversorgung der Commerzbank näherbringen sollte. Der Text wurde nur sichtbar, wenn man ihn mit Rouge bestäubte.

Quellen: Ingo Krauss in: *Die Bank – Dienstleister im Wandel, 125 Jahre Commerzbank*, Firmenpublikation; Frankfurter Allgemeine Zeitung 3.4.90, *Blick durch die Wirtschaft*

Die Beine Ihres Autos

Pirelli

1965 hatte das »Time-Magazine« und – in seinem Gefolge – der »Stern« gerade das »neue Fräuleinwunder« in Deutschland ausgemacht. Langbeinig, groß, blond, hübsch. Eine echte, dauerhafte, Altersgruppen unspezifische Männerphantasie. Wie geschaffen, um jene Teile, mit denen das Auto auf der Erde steht, ins begehrliche Licht zu rücken. Pirelli zeigte also ausgesucht hübsche Damenbeine nach dem Motto: Klasse Beine – klasse Reifen. Und sorgte damit für viel Wirbel und etliche Schlagzeilen.

Auf den ersten Pirelli-Anzeigen hatte der Fotograf Charles Wilp die langen schlanken Beine des New Yorker Fotomodells Susan Turner und die ihrer Stuttgarter Kollegin Ida Kairies um einen Sommerreifen herum arrangiert. Ursprünglich sollte Miss World Petra Schürman ihre Beine herzeigen, man konnte sich mit ihr aber nicht über die Gage einigen. Der knappe Text begann mit der Feststellung: »Die Beine Ihres Autos … sind – an diesem Vergleich gemessen – harte Prosa.« Die Männer verstanden sofort, was gemeint war. Sie bestanden die Reifenprüfung, der Umsatz startete heftig durch und hinterließ schwarze Spuren auf dem Markt, jedenfalls in den Augen der Konkurrenz.

Der Fotograf Charles Wilp war selbst schon eine Berühmtheit, immerhin hatte er den VW-Käfer (»**Er läuft und läuft und läuft**«), den Puschkin-Bären (»**Für harte Männer**«) und Afri-Cola (»**sexy...mini...super...flower... pop-op...Cola... alles ist in Afri Cola**«) ins rechte Licht gesetzt.

Die »Neue Illustrierte« (46/65) stellte sprachspielerisch und ironisch fest: »Ihnen fehlt der sittliche Reifen.« Das fand auch der ADAC. Eine Pirelli-Anzeige im August-Heft der ADAC Motorwelt verletzte das Schamgefühl der Auto-Funktionäre (»Freie Fahrt für freie Bürger«). Das Foto zeigte Susan Turner im Bikini. Sie beugt sich über die Karosserie eines VW-Karman-Ghia 1500, während neben ihr Ida Kairies mit hochgezogenem Knie am Schnürsenkel nestelt. »Geschmacklos, anstößig und entwürdigend«, befanden die hohen Herren vom ADAC, die sich damit als frühe Feministen outeten; sie verzichteten fortan auf Pirelli-Werbung und ließen sich ihr Schamgefühl rund 100.000 Mark kosten.

Sex wird in der Werbung als Blickfang (Eye Catcher) eingesetzt. Die beiden Pirelli-Mädchen hatten 1965 den »größten Aufmerksamkeitserfolg in der Reifenwerbung«. Wie Tests der Agentur McCann-Erickson mit einer neu entwickelten Augenkamera bewiesen, vergrößerte sich beim Anblick der Pirelli-Beine bei männlichen Betrachtern die Pupille, und die Iris begann zu flattern. Eine Reaktion, die ansonsten nur noch Bier-Werbung hervorrufen konnte.

Quellen: Neue Illustrierte 46/65; w&v 24/65, 42/87; Spiegel 40/65

Die Creme, die nicht mehr verspricht, als sie hält

Nivea

1970 bekam die Nivea-Creme der Beiersdorf-Werke erstmals ernsthafte Konkurrenz. Henkel ließ seine neu entwickelte Creme 21 gegen die Traditionsmarke antreten. Äußerlich war die Universalcreme des Persil-Herstellers kaum von Nivea zu unterscheiden. Die Dose trug weiße Schrift auf rotem Grund, statt weißer Schrift auf blauem Grund. Die Ähnlichkeit war natürlich kein Zufall. Henkel wollte von dem seriösen Nivea-Image profitieren und verkaufte seine Creme als »**Die junge Creme 21**«, mit flotten Werbesprüchen wie »**Stramme Haut ist schöner**« oder »**Der große Wechsel zu Creme 21**«. In der Werbung war alles jünger, fröhlicher und frecher als beim Konkurrenten, zudem war viel nackte Haut zu bewundern. Eine Masche, die Henkel bereits bei der Seife Fa (»**Fa-Mädchen sind die frischesten Mädchen**«) ausprobiert hatte. Die Rechnung ging auf. Die Kunden hielten die Creme 21 für die jüngere und flottere Schwester der Nivea, die deutliche Marktanteile abgeben mußte.

Beiersdorf holte zum Gegenschlag aus. Man rannte aber nicht dem jugendlichen Image des Herausforderers hinterher, sondern besann sich auf die Stärken von Nivea. Eine berühmte Marke, der seit Generationen großes Vertrauen entgegengebracht wurde, hatte es nicht nötig zu übertreiben. Die Nivea-Anzeigen zeigten nichts anderes als die blaue Dose mit dem silbernen Papier und der weißen Creme. Unter die Dose schrieb man: »**Die Creme, die nicht mehr verspricht, als sie hält**«, »**Wenn es eine bessere gäbe, würden wir sie machen**« oder »**Die Creme de la Creme**«. Noblesse oblige. Dieses Understatement war zuviel für die Konkurrentin. Die Creme 21 verschwand genauso schnell wieder vom Markt, wie sie aufgetaucht war.

Quellen: Stern-Bibliothek, *Die Geschichte der Anzeige*, Hamburg 1988; *Jahrbuch der Werbung 1971*, Düsseldorf 1971

Die Deutschen Bullen kommen

Magirus Deutz

1968. Immer wieder 1968. Da war was los. Da ging vieles durcheinander. Da lag unter dem Pflaster der Strand. Da wurden gute Werbeslogans gefunden. Sie waren mehrdeutig, hatten Witz, reflektierten die Verhältnisse und stellten die Auftraggeber zufrieden. Was wollte man mehr.

Die Ulmer Magirus Deutz AG brauchte 1968 einen neuen Slogan für ihre Lastkraftwagen. Deutsche Ingenieursleistung und die Zuverlässigkeit der Fahrzeuge sollten im Vordergrund stehen. Auf der Agentursuche wurde Magirus Deutz auch bei MWI in Hamburg vorstellig. Dort zeigte man sich jedoch nicht interessiert. Einer der MWI-Geschäftsführer, Egon Dierks, sah allerdings in dem Auftrag eine Chance, sich gemeinsam mit drei weiteren MWI-Kreativen selbständig zu machen. Unter strengster Geheimhaltung – wenn es schiefging, wollte man ja auch nicht noch gleich den Job los sein – fand die Präsentation im Airport-Hotel Hamburg statt. Man hatte die Hosen gestrichen voll, aber man bekam den Auftrag und Hamburg mit Bartel, Bohne, Dierks und Rieckmann eine neue Agentur.

Natürlich erhoben beide Seiten Anspruch auf die Vaterschaft. Marketing-Leiter Ihde von MWI schrieb sich das Copyright zu: »Ich bin mit Egon Dierks über die Weiden entlang der Weser marschiert und habe mit kräftigen Handbewegungen die Vorzüge von Magirus Deutz geschildert. Das sind besonders bullige Fahrzeuge, sollte das heißen, und das muß Dierks mir irgendwie abgenommen haben.« Klingt einleuchtend. Dierks meinte dagegen: »Da saßen die drei Kreativen auf meiner Veranda und redeten über luftgekühlte Motoren, über Fahrverhalten und Kraft (...)« Klingt irgendwie magerer. Na gut.

Aber hat keiner, wirklich keiner an die vielen Bullen (vulgo: Ordnungshüter) gedacht, die zu der Zeit in ihren Bullis oder Bullenwannen durch Deutschlands Städte kurvten, um wild gewordenen Demonstranten die Grundsätze der Verhältnismäßigkeit der Mittel einzubleuen? Ach, wer's glaubt.

Der Slogan **»Die Deutschen Bullen kommen«** bescherte Magirus Deutz den höchsten Bekanntheitsgrad und einen Auftragseingang in Rekordhöhe. Zur weiten Verbreitung dieses Spruchs trug sein Einsatz als Trikotwerbung beim FC Bayern München natürlich noch bei. »Deutsche Bullen kommen groß in Fahrt«, titelte am 24. Juni 1988 die »Frankfurter Rundschau«. Fast zwanzig Jahre nach Erscheinen der »Bullen«-Kampagne war dieser Spruch also immer noch lebendig.

Quellen: *Jahrbuch der Werbung 1970,* Düsseldorf 1970; w&v 8/84, 39/84

Die feine englische Art

After Eight

»Die feine englische Art« gibt es seit 1972. Ersonnen wurde sie von der Agentur J.W.Thompson für die Nestlé Chocoladen GmbH. Da Minzplättchen ein so überaus typisches englisches Produkt sind, lag nichts näher, als Exzentriker, skurrile Lords und deren Butler mit subtilem englischen Understatement einzusetzen. Die erste After Eight-Anzeige zeigte zwei englische Upper-Class-Ladies auf der Fahrt in Papis Automobil (natürlich mit Chauffeur) im Gespräch: »Ich pfeife auf Vatis Alfa Romeo, wenn er mir keine After Eight ins Handschuhfach legt.« Die Minzplättchen waren nach wenigen Wochen ausverkauft.

Die Frau, die weißer wäscht

Sunil

Weiß, weißer, wer wäscht am weißesten im ganzen Land? Weit und breit nur rudimentäre Spuren von Weisheit, aber dafür ein Weißheitsdurst, der sich gewaschen hatte. Die Werbeaussagen der Waschmittelfirmen waren in den sechziger Jahren einander so ähnlich wie ihre Produkte. In immer neuen Abwandlungen wurde die Weiße-Wäsche-Story in Wort, Bild und Ton umgesetzt. Immer wieder verkündeten strahlend schöne Waschfrauen mit strahlend weißen Zähnen die Botschaft vom weißesten Weiß. Sunil von Unilever variierte die minimalistische Aussage besonders einfallsreich: **»Das strahlendste Weiß meines Lebens«, »Die Frau, die weißer wäscht«, »Wieviel schöner ist ein Weiß, das strahlt ... ein Weiß, dem man die Pflege ansieht!«, »Sunil bringt alles Weiß zum Strahlen«, »Dieses Weiß ist eine Wucht!«, »Dieses Weiß ist große Klasse!«, »Sunil ... macht Ihre Wäsche strahlend weiß«, »Männer mögen's weiß! Strahlend weiß!«** und erklärte schließlich stolz: **»Na, das ist weiß, was?«.**

Suwa erfand ein ganz spezielles Weiß: **»Unverkennbar Suwa-Weiß«.** Andere machten es sich einfacher: **»Weiß bleibt Weiß!«.** Persil war: **»Strahlend weiß und duftig frisch«.** Omo ließ verbreiten: **»So schön ist dieses Weiß«** und **»Nichts wäscht klarer, nichts wäscht weißer«.** Mit Skip gewaschene Wäsche atmete sogar: **»Skip schenkt meiner Wäsche ein Weiß, das Frische atmet«, »Wäscht herrlich weiß und duftig frisch«.** Auch Amba hatte sein eigenes Weiß auf Lager: **»Mit Amba wird alles weiß und wolkenweich.«** Dash fand schließlich die ultimative Lösung: **»Dash wäscht so weiß – weißer geht's nicht«,** fügte erläuternd hinzu: **»Das Dash-Weiß ist nicht zu überbieten!«** und freute sich: **»Dash wäscht so weiß, daß die Wäsche sich sehen lassen kann«.**

Quelle: Waschmittel-Anzeigen

Die Gesundheitskasse

AOK

Der Begriff »Krankenkasse« war Ende der achtziger Jahre irgendwie negativ besetzt. Die Kassen hatten erhebliche Defizite angehäuft, sie litten unter ihrem Behördenimage, der Service war mäßig. Gleichzeitig war der Leistungskatalog der Krankenkassen mit immer mehr Vorsorge-Aufwendungen erweitert worden. »Vorsorgen ist besser als heilen« teilte man der zwangsverpflichteten Kundschaft mit. Besonders die Allgemeine Ortskrankenkasse, die wirklich jeden aufnehmen mußte, galt als Arme-Leute-Kasse mit hohen Mitgliedsbeiträgen. 1988 reichte es der AOK und begab sich zur Kur in die Hände der Agentur »Lowe, Lürzer & Partner«. Die fand heraus, daß ›gesund‹ besser ist als ›krank‹, und machte kurzerhand aus der Krankenkasse eine »Gesundheitskasse«. Das Image der AOK sollte damit »positiv besetzt« werden und die Mitglieder animieren, für die eigene Gesundheit aktiv zu werden. Die AOK will sich seitdem als junges, modernes Dienstleistungsunternehmen verstanden wissen. Tatsächlich konnte mit diesem Slogan die »Bindung der Mitglieder« an ihre Pflichtversicherung, die sie bis Mitte der neunziger Jahre gar nicht verlassen konnten, gestärkt werden.

Quelle: Horizont 9/92

Die goldene Masche

Bellinda

...war kein Slogan, sondern das Motto einer besonders gelungenen Veranstaltung des Damenstrumpfhosen-Fabrikanten Bellinda, worüber die Fachzeitschrift »werben & verkaufen« ausführlich in der Ausgabe 12/65 berichtete:

»Am 12. Juni 1965 trafen sich im Düsseldorfer ›Malkasten‹ Vertreter des textilen Groß- und Einzelhandels und der Presse unter dem Motto: ›**Die goldene Masche**‹. Mit dieser pracht- und liebevoll aufgezogenen Veranstaltung endete die großangelegte Aktion ›Bellinda sucht das Bein-Ideal 1965‹. Vorausgegangen war ein Preisausschreiben: Die Bellinda-Leute hatten den Bundesbürgern fünf Damen mit fünf verschiedenen Beintypen vorgestellt, gefragt wurde nach dem Ideal-Bein. Mit 64,6 Prozent der abgegebenen Stimmen landete die 21-jährige Heidi Anzenberger aus Berchtesgaden auf dem ersten Platz. (...)

Im Rahmenprogramm sorgte neben dem ›Kom(m)ödchen‹ vor allem das Wetthäkeln für gute Laune: Zunächst traten drei Losgewinner zum Stechen an, abschließend die drei ›Bundessieger‹ des Preisausschreibens. Pro Masche wurden 25 DM bezahlt, über 16.000 DM erhäkelte sich dabei die schnellste Dame. Kurz vorgestellt die Sieger des Preisausschreibens: eine 86-jährige Witwe, eine 12jährige Schülerin und ein 33jähriger kaufmännischer Angestellter.«

Quelle: w&v 12/65

Die graue Maus muß raus

Gemeinschaftswerbung Teppich

Daß »der Mensch eine Sau« ist, wissen nicht nur österreichische Liedermacher. Auch Unterwäschefabrikanten und Bettwäschehersteller können ein Lied davon singen. Haben diese Textilien im Durchschnitt eine Nutzungsdauer von einigen Tagen bis ein paar Wochen zwischen den Wechseln, liegt die Sache beim Teppichboden in völlig anderen Dimensionen. Der Fußbodenbelag hatte zu Beginn der achtziger Jahre eine derart lange Liegezeit (Fachjargon) erreicht, daß – statistisch gesehen – nur alle 15 Jahre eine neue Auslegeware gekauft wurde. Die Leute nahmen diesen schmuddeligen Brutboden für Milben und anderes Ungeziefer in ihrer Wohnung offensichtlich überhaupt nicht mehr wahr. Wie schrecklich, besonders für die Teppichbodenhersteller. Die von ihnen beauftragte Agentur GGK bildete auf farbigen Doppelseiten jeweils zwei neue Teppichmuster in Original Musterlappengröße ab, verbunden mit der Aufforderung: »Legen Sie diese Anzeige auf Ihren guten alten Teppichboden und vergleichen Sie!« Wir wissen nicht, ob es geschah und wie es sich auswirkte.

Quelle: Ralph Durchleuchter, *Michael Schirner – Werber, Verführer, Künstler,* Düsseldorf 1991

Die klügere Zahnbürste gibt nach

Dr. Best

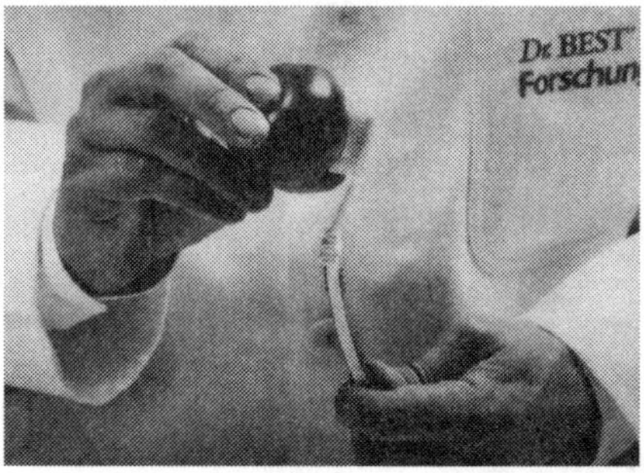

Als der Spot im Juni 1988 erstmals über den Äther ging, gab es die Dr. Best-Bürste schon seit Jahren. Stets hatte man die Qualität der Borsten beim Schrubben herausgestellt. Was allerdings noch auf keine nennenswerte Resonanz beim Verbraucher stieß. Der Marktanteil klebte bei 6 Prozent.

Die Marketing-Abteilung (nicht etwa die Forschung!) von Smith Kline Beecham entwickelte daraufhin eine Zahnbürste, die nicht nur die Beißerchen reinigt, sondern gleichzeitig das Zahnfleisch massiert und pflegt. Die Agentur Grey (»**So wertvoll wie ein kleines Steak**«) taufte sie auf den Namen Dr. Best Plus. Berühmt wurde sie 1988 durch den Tomatentest. Eine Tomate sieht aus wie Zahnfleisch. Und sie ist empfindlich wie Zahnfleisch. Dr. Best kann sie im Fernsehen dank Schwingkopffederung und Hoch-Tief-Borsten schonend malträtieren. Ohne mit der Kamera tief in die Mundhöhle eines Zahnputzers eintauchen zu müssen, ließ sich so der »Übernutzen« der Zahnbürste, die sanfte Zahnfleischmassage, übermitteln.

Dieser Professor Dr. Best ist im Gegensatz zu all den Leuten, die sich sonst so im Werbefernsehen als Zahnarzt oder Zahnarztfrauen ausgeben, wirklich ein Professor der Zahnmedizin, und er heißt auch genau so. Das ist reiner Zufall. Ein Grey-Creative Director entdeckte an einer Universität in Chicago einen Professor der Zahnmedizin, der auch noch den richtigen Namen zur Zahnbürste trug: Prof. Dr. James Best. Ein Mann, der mit Augenbrauen wie Theo Waigel, seinem buschigen Schnauzer und nicht mehr ganz taufrischen 72 Lenzen eigentlich nicht wie ein Model aussieht.

Der Marktanteil stieg in den nächsten 4 Jahren auf über 20 Prozent. Die Meinungen über Dr. Best sind allerdings geteilt. 1997 fand sich der Tomaten-Test in der Spitzengruppe der nervtötenden TV-Spots wieder.

Quellen: Grey-Gruppe, *Wie man Marken Charakter gibt,* Stuttgart 1996; Joachim Kellner (Hrsg.), *Werbefiguren, Geschöpfe der Werbewelt,* Düsseldorf 1992; Abendzeitung München, 14.4.97

Die König-Treuen

König-Pilsener

Die Agentur Team stand 1965 vor der schwierigen Aufgabe, König-Pilsener zum führenden Prestige-Bier zu profilieren, ohne die traditionellen KöPi-Trinker aus Nordrhein-Westfalen oder gar Duisburg, wo das Pils ganz respektlos aus der Halbliterflasche geschluckt wird, zu verschrecken. Die üblichen Bierfloskeln wie »durstlöschend« oder »vollmundig im Geschmack« erschienen den Werbern zu abgedroschen, und sie suchten nach besseren Verkaufsargumenten. Als Team-Mann Jürgen Scholz von Brauerei-Chef Dr. König durch die Werkshallen geführt wurde, berührten ihn besonders »die vielen fröhlichen Gesichter der adretten Menschen«, und er erkundigte sich, worauf das zurückzuführen sei. Dr. König antwortete spontan: »Bei mir sind alle glücklich und königstreu.« Scholz ließ einiges weg und entwickelte daraus **»Die König-Treuen«**.

Anfangs münzte man diesen Begriff auch tatsächlich auf die Belegschaft: »Bierbrauen (ist) eine Kunst und nicht eine synthetische Zusammenstellung von Rezepten. Nur erfahrene Mitarbeiter können ein gutes Bier brauen.« Die ersten Motive zeigten folglich Braumeister der Brauerei. Als der Slogan bekannter war, ließen sich prominente »König-Treue« wie Charles Regnier, Maria Schell, Tagesschausprecher Werner Veigel oder der Vorsitzende des Aufsichtsrats der Deutschen Bank, Hermann Josef Abs, für die Werbung einspannen.

Das Fachblatt »werben & verkaufen« riß die KöPi-Werbung 1966 zu philosophischen Gedanken über das Bier an sich hin: (...) Mit über 120 Liter pro Jahr und pro Kopf (entspricht ca. 0,33 Liter pro Tag) ist Bier der absolute Spitzenreiter unter den Getränken (...). Wie gesagt, der Ausländer staunt. Ist es ihm doch nicht klarzumachen, welch hochwertiges Image Bier in deutschen

Landen hat, wie tief es im Gemüt verwurzelt ist. Untersuchungen beweisen: Bier gilt als grundsolides, vertrautes Nahrungsprodukt, Bestandteil des Alltags. Das Wort Bier löst Emotionen aus, die in der gleichen Gefühlsskala liegen wie Brot, Heimat oder Mutter. (...) Ihm haftet kein Snob-Appeal an, es ist männlich, gesund, gesellig.«

Quellen: w&v 19/66, 6/76, 14/88; Info Pressestelle König Brauerei

Die Kraft, die durch den Knoten geht

OMO

Es geht doch nichts über klassische Bildung. Das bewiesen die Werber von Lintas 1974 mit ihrem Einfall. Wie einst Alexander der Große seine Kühnheit und Tatkraft am gordischen Knoten demonstriert hatte, so konnte das Unilever Waschmittel Omo seine Waschkraft an ihrem Omo-Knoten beweisen. Man steckte ein speckiges und verknotetes Handtuch in eine Waschmaschine. Holte es nach dem Hauptwaschgang aus der Maschine und entknotete es. Und sogar da, wo früher der Knoten gewesen war, waren die Flecken verschwunden. Der Slogan dazu ergab sich wie von selbst: »**Die Kraft, die durch den Knoten geht**«. Eine Kraft, die auch die Umsätze steigen ließ.

Man hatte die Rechnung jedoch ohne die Stiftung Warentest und das ARD-Magazin Monitor gemacht. Denen war die marktschreierische Waschmittel-Reklame ohnehin schon seit langem ein Dorn im Auge. Der Omo-Knoten gab ihnen Gelegenheit, an der ganzen Branche ein Exempel zu statuieren. Live und unter notarieller Aufsicht wurde der Knoten-Test wiederholt. Und siehe da, die Flecken zierten noch immer das Handtuch. Ein bißchen schwächer zwar, aber gut zu sehen. Die Sache ging vor den Kadi und endete schließlich damit, daß das Landgericht Berlin den Omo-Knoten in letzter Instanz höchstrichterlich verbot.

Quellen: w&v 14/88; *Jahrbuch der Werbung 1967*, Düsseldorf 1967

Die Markengardine mit der Goldkante

ADO-Gardinen

Der absolute Höhepunkt eines jeden Werbeblocks der siebziger Jahre war Marianne Koch, wenn sie der versammelten Nachbarschaft (»Aaaah, Ooooh, ...«), ihre neuen Gardinen präsentierte: **»ADO – die Markengardine mit der Goldkante«**. Das Qualitätsprodukt der Ado Gardinenwerke Hubert Wulf aus Aschendorf wurde so tief in das Bewußtsein breiter Bevölkerungsschichten gedrückt.

1983 wurde Frau Kochs Gardinen-Predigt abgesetzt, die ADO-Werbung sollte »sachlicher und produktbezogener« werden. Erst in den späten neunziger Jahren feierten ADO und Marianne Koch ein Comeback, und die entzückten Seufzer der Nachbarschaft drangen wieder in die heimischen Wohnzimmer.

Die neue Bierflasche – ex und dann hopp

Ex und Hopp-Bier

Was aus heutiger Sicht nach Umweltverbrechen klingt, war 1967 ein Verkaufsargument. Ein Konsortium deutscher Brauereien hatte ein Bier mit dem Namen Ex und Hopp auf den Markt gebracht. Der besondere Vorteil lag in der einfachen Entsorgung der Bierflaschen.

Die Werbeargumentation: »Niemand wird fragen: Wer bringt die Flaschen zurück? Sie sind weg – ex – und hopp! Kurz und gedrungen machen sie sich klein im Kühlschrank. Dünnwandig sind sie, wenig Glas wird gekühlt, viel köstliches Bier.« Recycling war zwar noch ein Fremdwort, Mülleimer aber gab es schon lange. Und auf deren Benutzung wies eine Fußnote auf dem Etikett hin: »Landet natürlich im Mülleimer – nicht irgendwo.« Wie wenig selbstverständlich das war, zeigt die stolze Bemerkung im »Jahrbuch der Werbung« von 1968: »Der Name stammt aus einem Preisausschreiben und die Heimat- und Naturschutzvereine vermerkten wohlwollend den Hopp-Hinweis auf den Mülleimer.«

Der Landkreis Böblingen drehte erst zwanzig Jahre später den Spieß um und startete eine Kampagne zur Abfallvermeidung mit dem Slogan »**Ex und … STOP!**«.

Quellen: *Jahrbuch der Werbung 1968*, Düsseldorf 1968; w&v 6/87

Die Portion Raffinesse

Bistro-Menü

Leute, die »gerne gut essen, aber keine Zeit zum Kochen haben«, und die nur gelegentlich mal zu Hause sind, deren Schnellgerichte müssen einen besonderen Pfiff haben. Das Bistro-Menü von Langnese-Iglo war für Yuppies gedacht, wie der vollständige Text verrät: »Du weißt genau, was du willst, bist engagiert, hast Geschmack, dein Tag ist lang, da ist es gut, daß es Bistro von Iglo gibt.«

Die Punica-Oase

Punica

Im Jahr 1988 bekam die Agentur Grey den Auftrag, das Orangengetränk Punica zur Nummer 1 unter Deutschlands Fruchtsäften zu machen. Die Aufgabe war schwierig. Bis dahin war Punica einzig im hohen Norden bekannt und auf dem kleinen Markt der Säfte und Nektare positioniert, wo es wiederum nur als billige Alternative zu den – viel wertvolleren – 100%-Säften angesehen wurde. Grey beschloß daraufhin, mit Punica im zehnmal so großen Markt der »durstlöschenden Limonaden« zu wildern und dabei den Vorteil auszuspielen, daß es ohne Zuckerzusatz hergestellt wurde.

Die Mütter sollten in Punica einen gesunden Durstlöscher sehen. Die Kinder waren davon zu überzeugen, daß Punica was ganz, ganz Tolles ist. ›Message to kids, execution to mums‹, nennt das der Profi. Und so schuf Grey die »**Punica-Oase**«, einen fruchtigen Garten Eden, in dem der Orangensaft fließt. In der Punica-Oase wird das Kind zum Helden, behält die Mutter aber die Schlüsselgewalt. Ein Jahr später war Punica Marktführer. Denn es wurde zwar für die Kinder gekauft, aber auch von den Erwachsenen getrunken. Ein schlichtes Konzept, aufwendig in Szene gesetzt von den Industrial Light & Magic Studios von George Lucas in Hollywood. Der Firma, die auch Star Wars, E.T. und Indiana Jones mit Spezialeffekten versorgte.

Quelle: Grey-Gruppe, *Wie man Marken Charakter gibt,* Stuttgart 1996

Die schlaue Art zu waschen

Spee

Das Universalwaschmittel Spee kam zur Jahreswende 1968/69 in der damaligen DDR auf den Markt und war das mit Abstand beliebteste DDR-Waschmittel. Im Rahmen der Planwirtschaft deckte es rund 80 Prozent des sozialistischen Waschmittelbedarfs ab. Der Name steht als Abkürzung für »SPEzial-Entwicklung«. 1990 kaufte der Persil-Hersteller Henkel das 1921 gegründete Werk Genthin, inzwischen VEB Waschmittelwerk Genthin, von der Treuhand zurück und brachte das Waschmittel auf Westniveau. Spee erhielt eine neue Rezeptur, eine neue Verpackung und einen neuen Duft, das volkseigene Logo blieb. Slogan: »**Das neue Spee ist ok!**« In den neuen Bundesländern blieb Spee die Nummer 1 mit 28 Prozent Marktanteil (1993) und eroberte sich auch im Westen einen Marktanteil von rund 7 Prozent. »Gute Qualität zum günstigen Preis« – so lautet die Botschaft. Seit Mitte der 90er Jahre symbolisiert durch einen Fuchs und den Slogan »**Die schlaue Art zu waschen**«.

Quellen: w&v Annual 91; Info Pressestelle Henkel KGaA

Die sitzt auch der Bundeskanzler nicht durch

Mustang-Jeans

1990 wies der Jeans-Fabrikant Mustang auf die ultimative Qualität seiner Beinkleider mit einer Anspielung auf das bestens erprobte Sitzfleisch des bekannten Politikers hin. Wobei der Witz darin bestand, daß der Kanzler noch nie in Jeans gesehen worden war. Schon in den 70er Jahren hatte man deutlich auf die Strapazierfähigkeit der Jeans hingewiesen: **»Wenn rohe Kräfte sinnlos walten, kann dieser Knopf die Hose halten.«** Und in den 80er Jahren warb man bei einer Jugend, deren beschleunigte Lebensplanung sich auf den Nenner: Schule-BaföG-Rente bringen ließ, mit dem Spruch: **»Raus aus den Windeln, rein in die Jeans«**.

Die Sportskanone für Scharfschützen

Suzuki

Die Reklame des japanischen Motorrad-Herstellers Suzuki für seine »heißen Öfen« führte 1978 zu öffentlicher Schelte. Weil die Mörder des Generalbundesanwalts Siegfried Buback eine Suzuki-Maschine benutzt hatten, nahmen die Kontrolleure vom deutschen Werberat an der kurz darauf veröffentlichten Anzeige Anstoß. Wobei der Slogan auch ohne diesen makabren Zusammenhang leicht minderbemittelt wirkt und der Vorstellung von einem aggressionsfreien Miteinander im Straßenverkehr durchaus abträglich ist.

Quelle: Spiegel 6/78

Die tolle Kiste

Fiat Panda

Ein Auto respektlos als »Kiste« zu bezeichnen, grenzt im Autofahrerland Deutschland an Gotteslästerung. Die abfällige Titulierung unseres Mobilitätsgaranten als »Schuhkarton auf vier Rädern« kratzte heftig am Lack des Statussymbols Nr. 1 und war für manchen zuviel. Es hagelte heftige Ablehnung, aber eine nicht zu vernachlässigende und später kräftig anwachsende Minderheit war begeistert.

Klaus-Erich Küster und seine Kollegen von der Agentur Lürzer, Conrad & Burnett sahen das Auto zum erstenmal im Februar 1980 in Turin bei Fiat. Irgend jemand sagte: »Das ist eine tolle Kiste.« Küster notierte sich den Spruch und versuchte damit zu texten, brachte aber nur das übliche »geleckte Werbezeug« zu Papier. Also ließ man den Spruch so stehen. Aber der Kunde wollte davon nichts wissen. Küster erzählt: »Wir kamen von der Präsentation. Lürzer (der Agenturchef, ein Wiener) fragte: »Na, habt ihr's verkauft?« Nein. »Scheiße, des is so schad, die isses doch, die Kampagne. Geh, ruf den Kunden nochamal an!« Der Kunde Fiat favorisierte allerdings die sogenannte »Gesucht-Kampagne«, mit Motiven wie: »Gesucht: Fahrer, die den Club of Rome nicht für eine neue heiße Disco halten.« Und wollte erst später vielleicht in die »Tolle Kiste«-Kampagne einsteigen.

Da schlug der Rotstift zu. Im Juni 1980 war der Etat halbiert worden und statt Doppelseiten konnten nur noch 1/1-Seiten geschaltet werden. Das funktionierte aber nur mit der »tollen Kiste«.

Vorsichtshalber ging man noch einmal in den Test. Das Ergebnis war eine einzige Katastrophe: 75 Prozent der Befragten hielten die Werbung für Blödsinn, die anderen 25 Prozent fanden sie allerdings toll. Fiat-Werbeleiter Hans-Joachim Richter zeigte Scharfsinn und Mut: »Bei 2,5 % Marktanteil sind 25 % heftige Zustimmung ja nicht schlecht. Wir machen weiter.« Das Testergebnis durfte allerdings niemandem von der Generaldirektion in die Hände fallen, dann wäre es aus gewesen.

Richters Mut zahlte sich aus. Schon das erste Motiv wurde zur »Anzeige des Monats« gekürt, der Panda binnen kurzer Zeit zum Kultauto, dessen Marktanteil im ersten Jahr um 26,5 Prozent stieg, später sogar um 50 Prozent. 1988 wurde die Panda-Werbung zur »Kampagne des Jahres« gekürt.

Für die Agentur bedeutete das allerdings Schwerstarbeit. Klaus Erich Küster: »Wir haben genau 64 Vorschläge zum Kunden getragen. 63mal sagte Hans-Joachim Richter: ›Nicht schlecht. Aber ihr könnt es besser.‹ (...) Hinter jedem Vorschlag, der nach Heilbronn ging, steckten rund 40 Versuche. Macht 2400 Schlagzeilen – um eine zu verkaufen!«

Die freche Kampagne legte sich sogar mit übermächtigen Gegnern an und sorgte für Schlagzeilen. 1983 hatte sich die Bahn mit der Abbildung einer IC-Lok als Zweitwagen für jedermann empfohlen: **»Na endlich, der Zweitwagen, den man sich leisten kann.«** Sie räuberte damit im ureigensten Revier des Panda. Das sonst so possierliche Bärchen zeigte seine Zähne und ging auf die Bahn los. Listig spielte man den Parkplatzvorteil der kleinen Kiste aus und bugsierte eine Intercity-Lok in eine der raren Parklücken der Frankfurter Innenstadt. Der Anzeigentext: »Liebe Bundesbahndirektion! Ich habe Ihr Fahrzeug eine Woche Probe gefahren. Ein Fiat Panda als Zweitwagen ist mir ehrlich gesagt lieber.« Der Spiegel ließ darauf seinen Anzeigenkunden Fiat in einem Artikel hochleben.

Die Herren von der Bundesbahndirektion bewiesen Größe und Humor und konterten umgehend. Sie stellten einen deutlich gebrauchten Panda – pikanterweise nahm man den des Spiegel-Redakteurs – auf einen Autoreisezug und bemerkten lakonisch: **»Wir befördern auch sperriges Reisegepäck.«** Überall griff die Presse begeistert dieses ironische Werbe-Scharmützel auf und machte so zur Freude beider Kontrahenten unbezahlte PR.

Unfreiwillig beteiligte sich sogar der Bundestag an dieser Werbekampagne. Im November 1988 war es im Deutschen Bundestag zur ersten – und bisher einzigen – öffentlichen Lesung einer Anzeige gekommen. Die Panda-Werbung hatte die Steuerreform nämlich so interpretiert, daß ein nicht ganz durchschnittlich verdienender Angestellter mit 200.000 Mark Jahreseinkommen sich von der Steuerersparnis zwei Pandas kaufen konnte. Oppositionsführer Hans-Jochen Vogel belegte damit den Vorwurf seiner Partei, die Reform begünstige schamlos die Besserverdienenden, und las Helmut Kohl die Anzeige von vorn bis hinten vor. Das Parlament tobte. Und der Panda saß in der ersten Reihe bei ARD und ZDF. Vogels Anzeigenlektüre dauerte 1 Minute und 43 Sekunden; die Sendezeit hätte Fiat regulär 373.000 DM gekostet.

Es gab zu viele unterschiedliche Panda-Sprüche, um wirkliche Klassiker hervorbringen zu können. Aber allesamt spielten sie amüsant und witzig mit den Verhältnissen.

Eine Auswahl: Bürger des damals noch real existierenden DDR-Sozialismus begutachten einen Panda: »Also mal ehrlich, Erich … äh Egon …, den real existierenden Spätkapitalismus hätten wir uns deutlich dekadenter vorgestellt.«

Für Anzeigen, die im Playboy geschaltet wurden, durfte Panda-Texter Ulrich Tekniepe auch mal was ganz lockeres dichten. Vor etlichen Kies-LKWs steht nächtens, von einem Scheinwerfer angestrahlt, ein Panda. Text oben: »Es kam der Abend, wo er ihr zeigen wollte, womit sein Vater jede Menge Kies machte. Sie jedoch wollte endlich wissen, wie die umklappbare Rückbank funktionierte.« Text unten, nach Benzin-Verbrauchsabgaben: »Damit auch Leute ohne Kies ihren Spaß haben.«

Mit Tankwarten hatte das Auto allerdings seine Probleme: »Sieht man Sie auch mal wieder?« sagte der Tankwart und versuchte sich krampfhaft zu erinnern, wo der Tankdeckel war.

»Komisch ist nur«, sagte der Mann von der Tankstelle, »daß er öfter zum Waschen als zum Tanken hier ist.«

»Im Dorf hatte er schnell Freunde gewonnen. Nur zum Tankwart fand er kein rechtes Verhältnis.«

Die Sprüche kratzten mit Vorliebe respektlos an Statussymbolen: »Seine Augen hinter den dunklen Brillengläsern waren gespannt auf den Rückspiegel gerichtet. Plötzlich strafften sich die Gesichtsmuskeln. »Benzinsparer«, zischte er. Dann war der Kleine auch schon vorbei.

»Warum, Charles, kann uns ein Auto überholen, das kaum größer ist als unsere Kühlerhaube?« Text unten: »Die Zeiten ändern sich, Herr Graf.«

»Es gab mal eine Zeit, da wollte jeder ein größeres Auto als sein Nachbar. – Seine Kinder glaubten ihm kein Wort.«

»Wir beschlossen, die Garage etwas kleiner, dafür das Kinderzimmer etwas größer zu bauen.«

Oder sie waren einfach nur witzig: »Neues aus der Gen-Technik: Die Kreuzung zwischen Sparschwein und Otto-Motor ist gelungen!«

»Ich bin für Entschwefelungsanlagen. Gegen Tierversuche. Für Selbstgestricktes. Gegen Dünnsäureverklappung. Für Vollkornbrot. Gegen Fertighäuser. Aber für den Fiat Panda. Bin ich schizo?«

Quellen: Klaus Erich Küster, Peter Prange und Matthias Kersten in: *Die tolle Kiste, Geschichten, Plaudereien, Betrachtungen rund ums kleine Auto,* Stuttgart/Wien 1991; Joachim Kellner (Hrsg.), *50 Jahre Werbung in Deutschland,* Ingelheim 1995; w&v 14/88; Spiegel 17/83

Die zarteste Versuchung seit es Schokolade gibt

Milka

Die Formel Milka = Milchschokolade = Milch + Kuh entstand 1972 bei der Agentur Young & Rubicam. Im Auftrag von Suchard sollte die Marke Milka ein unverwechselbares Image auf dem von Billiganbietern überschwemmten, von Ritter-Sport dominierten und schokoriegelbedrohten Markt bekommen. Der Art-Director Sandor Szabo von Young & Rubicam reiste also mit der Texterin Inge Theissen nach Lörrach, um die dortige Schokoladenfabrik zu besichtigen. Was sie sahen, erschütterte sie. Von den Maschinen über die Kleidung der Mitarbeiter bis zur Verpackung der Tafeln war alles lila.

Auf der Rückfahrt nach Frankfurt schmiedeten Szabo und Theissen den kreativen Plan: Alles wird lila. Und als sie im Vorbeifahren grasender Rinder ansichtig wurden, entstand die Idee, auch die Kuh einzufärben.
Der Chef der beiden, Uwe Ortstein, hielt das zunächst für Spinnerei, änderte jedoch seine Meinung schnell. Für die erste Präsentation bei Suchard hatte man nicht nur die Kuh, sondern alles, was irgendwie an heile Alpenwelt und Schokolade erinnern konnte, lila eingefärbt: u.a. lila Tauben, Luftballons, Weihnachtsmänner und Tannenzapfen.

Als Alternative zu diesem Rausch in Lila hatte man daran gedacht, den alten Herrn Suchard wieder aufleben zu lassen. Den Suchard-Managern kam aber das bunte Milchvieh irgendwie lebendiger vor als ihr verstorbener Senior-Chef, und sie gaben grünes Licht für Lila. Die ersten Textanzeigen entstanden, darunter eine mit der Headline: **»Seit es die Versuchung der Schokolade gibt, erkennen Sie die zarteste Versuchung am lila Papier.«** Uwe Ortstein dampfte den Slogan etwas ein, und so entstand: **»Die zarteste Versuchung seit es Schokolade gibt«**. Den Jingle dazu sang die Ehefrau des Schlagerkomponisten Christian Bruhns.

Der Rest ist Geschichte. Nach langem Suchen fand Sandor Szabo seine Ideal-Kuh: Adelheid, ein mehrfach preisgekröntes Schweizer Rind aus dem Stall von Bauer Werner Kuhnen im Simmental. Sie hatte Idealmaße, einen geraden Rücken, einen großen Kopf und elegant geschwungene Hörner. Für die TV-Spots wurde Adelheid (unter tierärztlicher Aufsicht) mit wasserlöslicher Farbe besprüht. Die Farbe wurde mittels einer Schablone nur auf die sichtbare Seite der Kuh, die Schokoladenseite sozusagen, aufgetragen. Das dauerte Stunden. Da die Farbe sehr empfindlich war und leicht abging, wenn Adelheid mit dem Schwanz wedelte, mußte Bauer Kuhnen ihr gut zureden, damit sie stillhielt.

Adelheid war nicht die erste Milka-Kuh. Bereits 1901 zierte ein Rinderkonterfei das Einwickelpapier der Schokolade. Es mußte seinen Platz in diesen Jahren allerdings gegen harte Konkurrenz verteidigen. Unter anderem 1913 gegen zwei Papageien, die mehr den »exotischen« Kakao-Anteil der Schokolade betonen sollten. Ein Kamel wurde im selben Jahrzehnt schnell wieder in die Wüste geschickt, da es die Verbraucher zu sehr an »Schmelzen« erinnerte. Der schärfste Widersacher der Kuh zu Beginn des Jahrhunderts war jedoch ein anderer Alpenbewohner. Ein treu blickender Bernhadiner trug in frühen Milka-Anzeigen anstelle eines Fäßchens mit Alkohol eine Tafel Schokolade um den Hals. Die Kuh überlebte sie alle.

In den frühen 70er Jahren besaß erst rund ein Viertel aller Haushalte einen Farbfernseher. Alle anderen konnten daher die lila Alpen-Kuh leicht mit einem gewöhnlichen schwarz-bunten Rind holsteinischer Herkunft verwechseln. Suchard leistete Soforthilfe und verteilte an die derart Benachteiligten kostenlos Pappbrillen mit getöntem Kunststoffeinsatz.

Anfang der 80er Jahre wollte Suchard die Präsenz der Kuh vermindern und die Betonung stärker auf die guten Zutaten wie Milch und Schokolade legen. 1982 startete die Kampagne »**Die Kuh ist weg**«. So leicht ließ sich das Rindvieh aber nicht abservieren. Nach empörten Protesten war es bereits zum Jahreswechsel 1983/84 wieder da.

1988 hieß es dann »**Die schönsten Pausen sind lila**«. Dem Fitneß- und Schokoriegel-Trend entsprechend hatte Suchard die Lila-Pause ins Rennen geworfen und damit jetzt auch die Pausen lila eingefärbt. Mit ihren ca. 800 Kilo Lebendgewicht entsprach die Milka-Kuh allerdings nicht der Fitneßlinie; sie mußte dem Schwimmstar Franziska von Almsick weichen. Franzi erhielt für ihr Engagement 450.000 DM per anno, konnte aber die Erwartungen nicht erfüllen. So engagierte man schließlich 1995 einen rüstigen Alpenbewohner mit weißem Rauschebart, der als Alm-Öhi mit dem Ausspruch »**It's cool, man**« schnell zum Kult wurde. Darsteller Peter Steiner machte eine Alpenrap-CD und war in der Folgezeit ein gefragter Gast in vielen Talk-Shows und auf Szene-Veranstaltungen.

Wie tief die lila Kuh ins kollektive Unterbewußtsein eingedrungen ist, zeigte eine Meldung der »Frankfurter Rundschau« vom 21. 4. 1995. Unter der Überschrift: »Lilalu, lila ist die Kuh« wurde berichtet, daß bei einer Malaktion mit 40.000 bayerischen Schülern ein gutes Drittel der Schüler die Kühe auf den vom Ministerium ausgegebenen Malbögen lila ausgemalt hatte.

Quellen: Klaus Berthold, *Von der braunen Chocolade zur lila Versuchung,* Firmenpublikation; w&v 39/72, 48/81, 31/1/92, 35/95; Frankfurter Rundschau 21. 4. 95; Zeitmagazin 48/96; Max 7/91; Spiegel 43/96

Dir und mir Binding Bier

Binding-Bier

Einer der bekanntesten deutschen Werbe-Pioniere der Nachkriegsjahre, der Werbeberater Achim Aschke, hatte 1952 für Dujardin den überaus erfolgreichen Slogan »... **darauf einen Dujardin**« kreiert. Als Folge davon ersoff er geradezu in Alkohol-Etats. Das Verzeichnis der von ihm betreuten Marken las sich wie die Getränkekarte eines renommierten Restaurants: Deinhard, Mampe Halb und Halb, Herkules- und Baba-Bier, Byrrh, Pernod, Sherry, Slivovitz, VAT 69, Lufthansa-Cocktail und Moselwein aus Bernkastel.

Der Name Aschke selbst war bereits ein Markenzeichen geworden. Seine Karriere startete er in den dreißiger Jahren bei der Agentur McCann-Erickson, die 1929 speziell für den Kunden Esso als erste Niederlassung einer amerikanische Werbeagentur in Deutschland gegründet wurde. Alle Texte, die vor dem Zweiten Weltkrieg für Opel geschrieben wurden, stammen aus seiner Feder. 1950 gründete er dann in Frankfurt seine eigene Firma.

Die Binding Brauerei kam 1955 zu Aschke und beauftragte ihn, etwas in der Art wie »... **darauf einen Dujardin**« zu entwickeln. Heraus kamen die beiden Frankfurter Originale »Schorsch und Schaa« (Georg und Jean), die in

Witzzeichnungen à la Dujardin Sprüche von sich gaben wie: »Schorsch, geh net so weit von der Wertschaft weg – wie schnell kannste Dorscht kriege!« Ähnlich schlicht gestrickt war das von Aschke ersonnene Motto für Binding-Bier: **»Dir und mir Binding Bier«**.

Aschke leistete sich ein Haus am Meer sowie ein Appartement in der Schweiz und erklärte in einem Interview, er lebe frei nach der Devise: »Alle sechs Wochen sollte ein Werbemann 14 Tage ausspannen.« Als sich aufgrund dieses Artikels haufenweise Nichtsnutze bei ihm für einen Job bewarben, machte Aschke einen Rückzieher. Das sei der »Wunschtraum eines Werbeberaters, dessen Ziel es ist, seinen Kunden nicht abgehetzt, sondern geistig und körperlich ausgeruht gegenüberzusitzen« gewesen. Aus dem Haus am Meer und dem Appartement in der Schweiz machte er ein 2-Zimmer-Appartement auf Sylt, das »auch für Mitarbeiter zur Verfügung steht«. Die Zahl der Bewerbungen ging drastisch zurück.

Quellen: w&v 17/65; Spiegel 4/66

Doppelt fermentiert

R6

Die Reemtsma-Zigarette R6 war vor dem Krieg die erfolgreichste überregionale Zigarette in Deutschland. Allerdings auch die einzige. Damals war der Zigarettenmarkt wesentlich stärker regional differenziert als heute. In den 20er Jahren gab es überhaupt noch keine überregionalen Zigarettenmarken und in den 30er Jahren gelang es nur der R6, »Reichsgeltung« zu erlangen. Das erfolgreiche Marketingkonzept für die Verbreitung der R6 hatte der als »Markenpapst« bekannt gewordene Hans Domizlaff 1921 entwickelt. Zur Belohnung erhielt er von Jan Philipp Reemtsma persönlich Gesellschafteranteile an der Tabakfirma.

1936 begann Reemtsma mit einer großangelegten Werbekampagne für die R6. Die Botschaft lautete: **»Doppelt fermentiert«**. Die Begründung: Die R6 enthalte »doppelt fermentierte« Tabake. Auch wenn kaum ein Raucher überhaupt weiß, was Fermentation eigentlich ist, und wie oft Tabak fermentiert werden muß, ist sich jeder sicher, daß doppelt auf jeden Fall besser ist als einfach.

Das sagten sich auch die R6-Käufer. Und kauften eifrig diese wunderbare Zigarette.

Quelle: Willy Bongard, *Fetische des Konsums,* Hamburg 1964

Drei Dinge braucht der Mann

Stanwell-Pfeifentabak

Feuer – Pfeife – Stanwell. Der Slogan für Stanwell-Pfeifentabak stammt aus den sechziger Jahren. Berühmt wurde er durch den EWG-Showmaster und Pfeifenraucher Hans-Joachim Kulenkampff.

Quelle: Readers Digest 2/68

E

Egal wie das Pfund sich auch bläht, entscheidend ist die Qualität

Eduscho

Der sogenannte »Kaffeekrieg« erschütterte 1984 den Markt der braunen Bohnen bis in die Grundfesten und gipfelte in Schlammschlachten, die vor dem Kadi ausgetragen wurden. **»Egal wie das Pfund sich auch bläht, entscheidend ist die Qualität«** war die bitterböse Pointe von Eduscho, mit der der lachende Dritte des Bohnenstreits die beiden Marktführer Jacobs (Bremen) und Tchibo (Hamburg) nach dem kläglichen Ende des Gemetzels verhöhnte.

Ein Jahr zuvor hatte Jacobs ein neues Röstverfahren entwickelt, das die Röstzeit von den bisher üblichen 4 bis 8 Minuten auf 90 Sekunden verkürzte. Der Vorteil bestand darin, daß die kurzgerösteten Bohnen nach Herstellerangaben »ergiebiger« waren (was die »Stiftung Warentest« später bestätigte). Die Bremer hatten dazu im September 1983 gleich drei neue Sorten in die Regale schieben lassen: die Meisterröstung, den koffeinfreien Nacht & Tag und den Schonkaffee Wundermild. Das neue Röstverfahren nutzte Jacobs, um dem Verbraucher anstelle der gewohnten Pfund- und Halbpfundpäckchen – zum gleichen Preis, versteht sich – 400- bzw. 200-Gramm-Pakete anzubieten. Die neuen Verpackungen hatten das gleiche Volumen wie die alten und wurden als »verbraucherfreundliche Sensation« angepriesen. Der Hersteller sparte zwar 20 Prozent Kaffee, versuchte aber mit Hinweis auf die höhere Ergiebigkeit dem Kunden weiszumachen, er erhalte das gleiche für sein Geld wie zuvor.

Innerhalb weniger Wochen stellten auch die kleineren Konkurrenten Melitta und Hag ihre Röstmaschinen auf das Schnellverfahren um. Nur der große Rivale Tchibo beschritt einen anderen Weg, um der Konkurrenz entgegenzutreten. Per einstweiliger Verfügung ließ Tchibo den Bremern die wichtigsten Aussagen ihrer Einführungswerbung untersagen. Jacobs durfte die 400-Gramm-Packung nicht mehr mit der früheren 500-Gramm-Packung vergleichen. Und auch die Behauptung »20% weniger Kaffee und trotzdem rund 70 Tassen«, wurde von den Richtern des Hamburger Oberlandesgerichtes beanstandet. Unter gleicher Ergiebigkeit verstehe der Verbraucher auch gleich kräftigen Geschmack und genausoviel Koffein. Das aber treffe nicht zu.

Tchibo setzte nach und errechnete im Wechsel vom 500- auf das 400-Gramm-Paket eine 14-prozentige Preiserhöhung. Diese Rechenkunststücke der Konkurrenz wiederum ließ Jacobs gerichtlich unterbinden.

Im Januar 1984 war man dann auch in Hamburg soweit und stellte, unterstützt von einem über 50 Millionen Mark schweren Werbeetat, dem größten in der Geschichte des Unternehmens, auf das neue Röstverfahren um. In einer Stunde Null tauschte Tchibo in allen 500 Filialen und den über 8.000 Depots die Kaffeepakete aus. Statt der gewohnten Sorten gab es nur noch aufgeblähte Bohnen in 200-, 400-, und 600-Gramm-Tüten. **»Alle können Bargeld sparen mit dem neuen Röstverfahren«**, reimte man mehr schlecht als recht.

Das Kurzzeit-Röstverfahren schien den Markt erobert zu haben. Die einzigen, die nicht mitspielten, waren die Kaffeetrinker. Ihnen waren Negativschlagzeilen wie: versteckte Preiserhöhung, aufgeblähte Bohnen, Rechenkünstler auf den empfindlichen Magen geschlagen. Als nun auch Tchibo 400 Gramm zum Pfund erklärte, schlug die Stimmung endgültig um. Und dieser Schlag traf Tchibo am härtesten, hatte man doch einen cleveren Schachzug von Jacobs übersehen. Die hatten nämlich ihre Spitzenmarke Krönung, die rund 60% des Umsatzes ausmachte, von der Umstellung auf die neuen Packungsgrößen ausgenommen. Die Marktanteile sackten in den Keller. Tchibo blieb nichts anderes übrig, als wieder zum gewohnten Pfund zurückzukehren. Anfang März 1984 mußte Michael Hertz, Mitglied des Vorstandes und Miteigentümer, vor Millionen von Fernsehzuschauern einräumen, »daß Tchibo Ihnen in den letzten Wochen zuviel zugemutet hat: neue Packungsgrößen, neue Preise, ein neues Röstverfahren«. Nach dieser Selbstbezichtigung trat Hertz die Flucht nach vorne an: »Ohne zufriedene Kunden, ohne Sie, geht es nicht. Was also tun? Da gibt's nur eins: Das Pfund muß wieder her. Deshalb ab sofort bei Tchibo ihr gewohntes Pfund. Ob Sie das versöhnt?«

Nach nur einem halben Jahr war der Krieg der Röster ohne Gewinner beendet. Die verärgerte Kundschaft war inzwischen in Scharen davongelaufen. Im September 1983 hatten Jacobs und Tchibo noch mit jeweils rund 25% Marktanteil unangefochten an der Spitze gestanden. Gefolgt von Aldi mit

13%, Eduscho mit 12%, Hag mit 7% und schließlich Melitta mit 4,5%. Ende April 1984 war diese Reihenfolge kräftig durcheinandergewirbelt. Aldi war mit 19% an den beiden Rivalen vorbeigezogen, Jacobs war auf 16 bis 18% abgesackt, Tchibo sogar auf 14%, noch hinter Eduscho, die auf 15% geklettert waren. In aller Stille wurden die neuen Techniken beerdigt. Das Pfund wurde wieder zum Pfund und die Röstzeiten wieder auf drei Minuten erhöht.

Am Ende hatten allein die Beobachter ihren Spaß. »Was bleibt«, spottete ein Chronist der Süddeutschen Zeitung, »ist die Tatsache, daß sie an der Identität von Pfund und 500 Gramm fürs erste nichts zu ändern gedächten.« Und Eduscho war es dann vorbehalten, die Sache auf den Punkt zu bringen: **»Egal wie das Pfund sich auch bläht, entscheidend ist die Qualität.«**

Quelle: Gunhild Freese im *Jahrbuch der Werbung 1985,* Düsseldorf 1985

Ei, Ei, Ei – Veerpoorten

Veerpoorten

Der Eierlikör-Slogan **»Ei, Ei, Ei – Veerpoorten – Veerpoorten aller Orten«**) ist inzwischen ein Stück Gemeingut. Seine musikalischen Anleihen nahm er bei dem 50er-Jahre-Schlager »Aye, aye, aye Maria«. Er entstand Mitte der 60er Jahre als Teamwork von Veerpoorten und der Kölner Agentur Westag. Die einleuchtende Begründung für den Ohrwurm: »Eierlikör wird nun mal aus Eiern gemacht.«

Das erste Filmchen für Omas Eierlikör flimmerte bereits 1957 über die Mattscheiben. In den 70ern spielte der Schauspieler Georg Thomalla den bei allen älteren Damen beliebten Butler – der, dreimal »Tommy« gerufen, dreimal **»Ei, Ei, Ei Veerpoorten«** servierte. Um vom Kaffeekränzchen-Image weg zu kommen, wurde in den 90er Jahren eine Hip-Hop-Version des Slogans im Werbefernsehen gesendet. Übersehen hatte man nur, daß Hip-Hop schon seit einem Jahrzehnt wieder out war. Der neueste Versuch, den öligen Gaumenschmeichler einem jüngeren Publikum zu kredenzen, präsentiert einen strippenden Osterhasen, der in Wirklichkeit eine Henne ist.

Quelle: w&v 19/86

Eigentum für alle

CDU

Die Wahl 1957 bescherte der Union einen gewaltigen Triumph, sie erreichte die absolute Mehrheit. Der absolute Spitzenmann der CDU war natürlich der alte Adenauer. Für ihn stand der Slogan »**Keine Experimente**«. Der deutlich jüngere zweite Mann, Ludwig Erhard, zog mit der berühmten Formel »Eigentum für alle« in die Wahlschlacht. Dem SPD-Konzept einer staatlich dirigierten Umverteilung setzte er die Idee des Volkskapitalismus entgegen. Die politische Logik lautete: Besitz macht konservativ und führt zur mittelständisch geprägten Gesellschaft.

Eine ganz besonders abschreckende Wahlkampfparole der Christdemokraten lautete: »**Wer SPD wählt, wählt Ollenhauer**«. Die SPD revanchierte sich umgehend mit: »**Wer Adenauer wählt, wählt CDU**«. Daneben waren die wichtigsten CDU-Slogans von 1957: »**Es geht ums Ganze**« und »**Was wir haben, wissen wir**«. Die SPD verkündete: »**Fort mit der Wehrpflicht – raus aus der NATO. Mehr Wohnungen statt Kasernen**«, und »**Wir versprechen keine Wunder – aber wir halten Wort**«. Die FDP warnte: »**Laßt Euch nicht auf den Arm nehmen!**« – »**Deshalb FDP – Auf die kommt es an**«.

Die Wahlbeteiligung lag bei 87,8 Prozent. Die CDU/CSU konnte 50,2 Prozent der Wähler gewinnen, die SPD 31,8 Prozent und die FDP 7,7 Prozent, die anderen Parteien 10,3 Prozent.

Quellen: Spiegel 32/57; *Jahrbuch der Werbung 1984,* Düsseldorf 1984; Rainer Gries, *Ins Gehirn der Masse kriechen,* Darmstadt 1995

Ein ganzer Kerl dank Chappi

Chappi

Diesen Slogan gibt es schon seit mehr als zwanzig Jahren. Gemeint ist natürlich ein Hund, denn es wird für Hundefutter geworben. Ein Werbespot aus den neunziger Jahren betonte die Einheit von Herr und Hund und führte zu gewissen Irritationen. Da sitzt ein sportlicher Mann in der Sauna neben einem korpulenten Kerl. Der fragt ein wenig neidisch: »Sie machen wohl viel Sport?« – »Nee.« – »Kein Fahrrad fahren, kein Laufen?!« Der Angesprochene schüttelt nur lächelnd den Kopf und beantwortet auch weitere Fragen nach seinem Fitneß-Geheimnis nicht. Der Fernsehzuschauer dagegen sieht, wie der Gutgebaute mit seinem Hund durch den Wald hetzt. Und wenn dann der Slogan **»Ein ganzer Kerl dank Chappi«** eingeblendet wird, muß man sich die Frage stellen, wer denn eigentlich das Hundefutter frißt. In einer neueren Version wird das Geheimnis der Fitneß dagegen früher gelüftet.

Quellen: *Jahrbuch der Werbung 1967,* Düsseldorf 1967; Werbespot Chappi

Ein guter Tag beginnt mit Gilette

Gilette

1895 entwickelte der Amerikaner King Camp Gilette den zweischneidigen Naßrasierer, wie er noch hundert Jahre später im Gebrauch ist. 1901 erhielt er dafür in den USA ein Patent und gründete sein Unternehmen zur Herstellung von Rasierapparaten. Die Klingen waren aus sehr dünnem Walzstahl, extrem scharf und einfach auszuwechseln. Der Gilette-Rasierer wurde zu einem beispiellosen Erfolg. 1904 wurden mehr als 90.000 Rasierapparate und über 12 Millionen Klingen verkauft. Später trug der Erste Weltkrieg kräftig zum Absatz der Rasierer bei. Die Gasmasken, die hierbei in großer Zahl zum Einsatz kamen, schlossen nur bei einwandfreier Rasur ganz dicht; Gilette lieferte allein 1918 über 3,5 Millionen Rasierer an die amerikanischen Soldaten. Daher hieß es bis in die 50er Jahre hinein auch: **»Ein guter Tag beginnt mit Gilette«**. Der bekannteste Gilette-Slogan ist der für den Rasierschaum: **»Für das Beste im Mann«**. Er entstand 1990 (siehe dort).

Quellen: Michael Kriegeskorte, *100 Jahre Werbung in Deutschland,* Köln 1995; w&v 21/65; Stern 13/53

Ein heller Kopf nimmt Dr. Oetker

Dr. Oetker

Am 1. Januar 1891 hatte Dr. (phil.) August Oetker die Aschhoff'sche Apotheke in Bielefeld übernommen. Noch im gleichen Jahr waren erste Backversuche mit einem neu entwickelten Backpulver in der Küche seiner Frau Caroline geglückt. Er taufte das Ergebnis seiner Bemühungen auf den Namen Backin. Auf den richtigen Backdreh hatte Dr. Oetker ein junges Mädchen gebracht, das jeden Samstag in seiner Apotheke Natron und Weinstein verlangte. Gefragt, wozu sie eigentlich diese Sachen benötige, soll das Mädchen errötend gestanden haben: »Der Kauke jeht so jut mit auf.« Dr. Oetker hatte das Backpulver aber nicht erfunden, das war 60 Jahre zuvor Justus von Liebig gewesen. Oetkers Neuerung bestand darin, daß er es lagerbar und damit handelsfähig gemacht hatte. Und er hatte noch einen anderen, äußerst lukrativen Einfall. Er packte das Backpulver in kleine Portionstütchen ab, ausreichend für ein Pfund Mehl, verkaufte es für zehn Pfennig pro Tüte und bürgte mit seinem Namen für die Qualität. Bis dahin war Backpulver einzig grammweise und lose verkauft worden.

Um den Slogan: »**Ein kluger Kopf verwendet nur Dr. Oetker's Backpulver**« mit einer Abbildung anschaulicher zu machen, schrieb Dr. Oetker einen Wettbewerb aus. Seit damals ziert das nach links blickende Profil von Frau Hanna Kind, Tochter des Besitzers einer Bielefelder Gravieranstalt, alle Dr. Oetker-Produkte. Im Dezember 1899 wurde diese Darstellung als Warenzeichen eingetragen. Der Slogan für die nächsten fünfzig Jahre lautete: »**Ein heller Kopf nimmt Dr. Oetker**«.

Amerikanische Tiefenpsychologen schrieben dem Doktortitel des Backpulverherstellers einen Gutteil des Erfolges zu. Sie hatten herausgefunden, daß Kuchenbacken in den Tiefen der weiblichen Seele den Stellenwert des Gebärens einnimmt (Mutterkuchen!) und daß ein mißlungener Kuchen dementsprechend unterbewußt wie eine Fehlgeburt empfunden wird. Wenn also ein waschechter Doktor dem Kuchen das Backpulver verschreibt, so die zwingende Logik, dann kann man diesem Pülverchen besonders großes Vertrauen entgegenbringen.

Quellen: Willy Bongard, *Fetische des Konsums,* Hamburg 1964; Info Pressestelle Dr. Oetker GmbH

Ein Strumpf, der – wie man sieht – sich sehen lassen kann

Ergee

Der Strumpffabrikant Ergee (Edwin Rössler, Gelenau, Erzgebirge) war 1953 noch völlig unbekannt. In der Reihe der westdeutschen Markenstrumpfhersteller lag die Firma erst an 17. Stelle. Der Werbeberater Hanns Brose entwickelte in diesem Jahr eine Serie von sogenannten Testimonial-Anzeigen, in denen Filmstars über ihre guten Erfahrungen mit Ergee-Strümpfen berichteten: **»Ergee – der Strumpf der Stars«**. In einem Ergee-Werbefilm von 1955 spielte jene Nadja Tiller die Hauptrolle, die kurze Zeit später durch den Film »Die Barrings« bekannt wurde.

Der Durchbruch gelang dann 1958 mit dem Slogan: **»Ein Strumpf, der – wie man sieht – sich sehen lassen kann«**. Im Mittelpunkt der Anzeigen stand wieder das Ergee-bestrumpfte Bein. Aber in diesen prüden Zeiten, da Hollywoods Sittenkodex beispielsweise vorschrieb, daß bei Bettszenen immer mindestens ein Bein außerhalb des Bettes zu bleiben hatte und ein Fuß den Boden berühren mußte, durften auch hierzulande in Anzeigen keine nackten Frauenbeine gezeigt werden. Mit einem Trick gelang es dennoch, das Bein zu einem unübersehbaren Blickfang zu machen. Man zeigte eine äußerst elegant gekleidete Dame, die – leider – ganz offensichtlich vergessen hatte, den Rock anzuziehen. Dieser Fauxpas wurde geschickt überspielt durch den im übrigen korrekten Aufzug der Dame und durch die Situationskomik, die sich aus der Gesellschaft des begleitenden Herrn ergab. Laufmaschengleich arbeitete sich Ergee damit durch den Markt und war bald an erster Stelle.

Quelle: Hanns Brose, *Die Entdeckung des Verbrauchers*, Düsseldorf 1958

... ein Stück aus meiner Lieblingskollektion

Barilla

Tennisstar Steffi Graf räkelte sich 1991 in den TV-Spots des italienischen Nudelkochers Barilla im hautengen Schwarzen auf den Fernsehschirmen und präsentierte in albernem Werbedeutsch (**»Der Beginn einer kochenden Leidenschaft«**) die verschiedenen Nudelformen, als wären es Schmuckstücke (**»Das ist Fusilli, ein Stück aus meiner Lieblingskollektion«**). Europas größter Pasta-Produzent Barilla, bis dato in Deutschland noch nahezu unbekannt, und seine Agentur TWBA versuchten, die italienischen Nudeln auf dem deutschen Markt mit dem guten, alten Trick »Berühmt werden mit Berühmtheiten« zu lancieren.

Konsequenterweise erhob man dazu die teilweise skurril geformten Nudeln in den Rang von Schmuckstücken. Gestik, Sprache und Texte bekräftigten diese Darstellung von Teigwaren als Preziosen. Steffi faßte die Nudeln wie ungewöhnlich teure Schmuckstücke an, drehte sie mit spitzen Fingern im Gegenlicht, betrachtete sie dabei wie Diamanten beim Juwelier und kommentierte sie mit Sätzen wie: »Das ist Penne rigate. Eines meiner Lieblingsstücke aus der Barilla-Kollektion. Am besten bewahrt man sie in Tomatensauce auf.«

Steffis Vater Peter Graf soll ursprünglich gegen den Nudel-Deal gewesen sein. Doch drei Millionen Mark für drei Jahre Nudel-Werbung vermögen auch den abgebrühtesten Frittenliebhaber zu überzeugen.

Wie man weiß, wird bei Werbefilmen kräftig am schönen Schein gearbeitet. Die Nudeln waren also nicht aus der Packung und wurden kräftig mit gold-gelber Farbe geschönt. Auch Steffis kräftige Sportlerinnenhände erschienen den Werbefilmern nicht elegant genug. Jedesmal, wenn ein zarte Hand im Bild gebraucht wurde, kam ein spezielles Hand-Model zum Einsatz. Das Werbeereignis rauschte durch den Blätterwald. Schlagzeilen wie »Steffi's Augenaufschlag« (»Handelsblatt«), oder »Nudelkönig verliebt sich in Steffi« (»Express«) spielten allerdings weniger auf die Pasta als auf Junior-Chef Luca Barilla an, der sich besonders für Steffi erwärmt hatte.

Quellen: w&v 23/91, 31/91, 37/92; Spiegel 32/91

Ein Stück heile Welt

Tesafilm

Was als ausgesprochener Flop begann, wurde zu einer der größten Erfolgsstories der deutschen Markengeschichte. Unter dem Namen Citoplast brachte Beiersdorf Ende des letzten Jahrhunderts ein ursprünglich als Heftpflaster gedachtes Klebeband »zum Abdichten beschädigter Pneus bei Velos« auf den Markt. Ohne großen Erfolg. Auch eine Namensänderung änderte daran nichts. Tesa hieß das Klebeband nun. Die Sekretärin Elsa Tesmer hatte es erdulden müssen, daß ihr Name erst auseinandergerissen und dann, leicht reduziert, wieder zusammengeklebt wurde. Der Name stand fortan auch für andere Beiersdorf-Produkte, wie Wurstkonservierungsmittel und Zahnpastatuben. Erst als 1935 die Herstellung eines transparenten Klebebandes gelungen war, kam der Erfolg, und seit 1941 machte das Klebeband als tesafilm Karriere.

Quelle: w&v 43/94

Ein Weinbrand der hält, was sein Name verspricht

Scharlachberg Meisterbrand

Scharlachberg Meisterbrand lag als einer der deutschen Traditionsweinbrände stets im Kopf-an-Kopf-Rennen mit den Konkurrenten Asbach Uralt (»**Wenn einem soviel Schönes wird beschert** ...«) und Dujardin (»... **darauf einen Dujardin**«). Tradition ist für den in der Regel konservativ eingestellten Weinbrand-Genießer das entscheidende Verkaufsargument. Ihnen erwies Scharlachberg in den fünfziger und sechziger Jahren mit seinem Slogan: »**Ein Weinbrand der hält, was sein Name verspricht**« seine Referenz.

Daß die Branche mit dieser Einschätzung ihrer Kunden voll ins Schwarze traf, zeigt ein Leserbrief von Prof. Dr. Georg Schnath aus Hannover. Der eifernde Gelehrte, offenbar nur unzureichend besänftigt durch heftigen Scharlachberg-Genuß, beschwerte sich über die Verrohung der Sitten in der

Cognac-Werbung: »Als langjähriger Leser fühle ich mich jedesmal schockiert, wenn beim Durchblättern einer neuen Nummer mein Blick auf das Werbebild für den Cognac Otard fällt. Wie kann ein seriöses Unternehmen in einem so kultivierten Lande wie Frankreich das Sakrileg begehen, eine Cognac-Flasche ohne Untersatz in ein aufgeschlagenes altes Buch zu stellen! Haben diese Leute denn gar keinen Sinn für die Erhaltung und Pflege kostbarer alter Bücher, oder bilden sie sich ein, diese nähmen etwa herabfließende Tropfen – vom Umstoßen ganz zu schweigen – mit dem gleichen Behagen auf, wie es wohl von den Käufern dieser Marke erwartet wird? Natürlich können Sie diese Firma nicht zwingen, diese unpassende Reklame zu ändern. Aber es könnte vielleicht nicht schaden, sie in geeigneter Form darauf hinzuweisen, daß sicher viele Leser (...) gleich mir von dieser Werbung nur abgestoßen werden und sich allenfalls für ihren Ärger an einem Cognac der Konkurrenz erholen, etwa der Marke Scharlachberg, wo man nach Ausweis der anderen Werbungsanzeige wirklich Hochachtung vor alten Büchern und ihren Einbänden hat.«

In der vom Professor angeführten Scharlachberg-Anzeige, blättert ein Wissenschaftler mit vorsichtiger Hand in einem Buch.

Quelle: Spiegel 13/66

Ente geleast.
Kotelett gekauft.

Citroën 2CV

Ganz neue Vertriebsformen für Geflügel, das Fleisch muß konventionell weiterhin bar berappt werden, eröffnet dieser Slogan dem Leser. Allerdings handelt es sich bei den derart offerierten Federviechern um ziemlich flügellahme und zähe Exemplare ihrer Gattung. Citroën wollte 1988 noch einmal den Verkauf des seit über 50 Jahren gebauten und im Sinkflug begriffenen Citroën 2CV (der »Ente«) in Deutschland ankurbeln. Hier saßen nämlich die treuesten Entenliebhaber.

Als der Citroën-Generaldirektor 1935 die legendäre »Ente« in Auftrag gab, schwebten ihm »vier Räder unter einem Regenschirm« vor. Und als die Franzosen den Wagen in Deutschland populär machen wollten, verfielen sie in

Unkenntnis der deutschen Mentalität auf den Kosenamen »Monp'tit« (Mein Kleiner) und schossen damit meilenweit daneben. Der Mann auf der Straße taufte das Ding kurzerhand »Ente«.

1988 hatte das Tier noch zwei Jahre zu leben. In Frankreich war bereits die Produktion eingestellt worden, die aktuellen Straßenschwimmvögel stammten aus portugiesischer Fabrikation. Aber noch einmal wollte Citroën es wissen, und so machte sich der Texter Werner Butter die vielen Geschichten, die sich um das Wägelchen rankten, den ganzen sentimentalen und witzigen Überbau des hochbeinigen Gefährten zunutze und zog vom Leder. Zunächst brachte er die unbestreitbaren Produktvorteile des Autos, dessen »Wert durch eine Volltankung verdoppelt werden kann«, auf den Punkt. Der 2CV ist im Querschnitt zu sehen, kurze Texte bringen dem potentiellen Enten-Liebhaber die besonderen Vorzüge näher. Headline: »**Ente geleast. Kotelett gekauft.**« Die Verkaufsargumente im einzelnen:

Der Kofferraum – »Platz für ein eigenes Schwein«. Der Auspuff – »Hier lassen wir die Sau nicht raus«. Der Tank – »Wer wenig frißt, macht wenig Mist«. Das aufrollbare Schiebedach – »Hier können Koteletts auch von oben eingeladen werden«. Das Handschuhfach – »Platz für 13 Kilo Kartoffelsalat«. Der 2 Zylinder-Motor – »Saustark das Motörchen«. Und am Ende der Anzeige erfahren wir, daß »über 751 charmante Citroën-Händler Ihnen bei einer Probefahrt Appetit machen möchten«.

Eine andere Anzeige trug den Titel: »Unser letzter Versuch, Sie vom Kauf eines Zwölfzylinders abzuhalten«. Dort wurde über das Faltdach mitgeteilt – »Original handgerollt. In offenem Zustand undicht wie ein Cabrio.« Das aerodynamische Heck – »Nutzt voll die Kraft des Rückenwindes«. Zum Auspuff – »Mit steuerminderndem Waldmeister-Geschmack«. Der Tank – »Ekelt sich vor bleihaltigem Benzin«. Die Räder – »Durch eine Kombination von zwei Vorder- und Hinterrädern hervorragende Laufeigenschaften sowohl vorwärts als auch rückwärts«. Die Rückbank – »Kann man herausnehmen, damit sie nicht mitgeklaut wird«. Der Boden – »Unerläßlich, da sonst bei aufgerolltem Dach Durchzug«. Die Tankuhr – »Neben dem Tacho das überflüssigste Teil des Wagens«. Und auch über den Motor wußte Butter nur Gutes zu berichten: »Entgegen landläufiger Meinung vorhanden«.

Quelle: *Jahrbuch der Werbung 1989,* Düsseldorf 1989

Entspannen mit Hannen

Hannen Alt

Die Brauerei Hannen und Hausmann wurde 1725 in Mönchengladbach gegründet. Heute gehört sie zur Tuborg-Gruppe (»**Wer die Welt kennt, kennt Tuborg**«) und ihr wichtigstes Erzeugnis ist das Altbier Hannen Alt.

Eine »Stagnation im Altbiermarkt« ließ das Unternehmen 1992 die Dienste von Springer & Jacoby in Anspruch nehmen. Jene priesen die Vorzüge des Altbier-Genusses mit dem sinnigen Slogan »**Entspannen mit Hannen**« an. Man wollte sich von den Lifestyle und Schicki-Micki-Welten der Wettbewerber abheben und setzte auf die volkstümliche Schiene. Ein Fachmann von Springer & Jacoby: »Der Slogan positioniert Hannen als bodenständiges, aber dennoch hochwertiges Altbier.« Aha. Die Botschaft hör ich wohl, allein mir fehlt der Glaube. Oder der Sachverstand eines Profis. Bodenständig und hochwertig. Muß alles in dem Wörtchen ›mit‹ stecken.

Quelle: w&v 49/93

... er hat überhaupt nicht gebohrt!

Colgate Fluor S

Ein freudestrahlender Junge stürmte erstmals 1966 mit dem Freudenschrei »**Mami, Mami, er hat überhaupt nicht gebohrt**« aus der Folterkammer des Zahnarztes. Die Mami strahlte nicht weniger. Schließlich war sie es, die die richtige Zahncreme gekauft hatte. Sie hatte damit, wie es sich für eine gute Mutter auch ziemt, die schreckliche Gefahr der Zahnfäule von ihrem Kind ferngehalten.

Mit ihr wissen es seit 1966 alle Mütter und Kinder: Vorbeugen ist besser als Bohren. Der Fluor-Boom machte die Colgate Fluor S Mitte der sechziger Jahre zum Karies-Töter Nummer Eins in deutschen Badezimmern. Zuvor war Mundgeruch immer das entscheidende Argument für den Zahnpasta-Kauf gewesen. Die massive Werbung mit der Zahnfäule-Angst verhalf der Colgate in kurzer Zeit zu einem Marktanteil von 15 %.

Quelle: *Jahrbuch der Werbung 1974*, Düsseldorf 1974

Er kann. Sie kann. Nissan.

Nissan

1994 hatte sich der lakonische Dreiklang »**Er kann. Sie kann. Nissan.**« gegen rund 150 Vorschläge durchgesetzt.

Um den zugkräftigsten Werbespruch zu finden, waren Autofahrerinnen und Autofahrer zur Gruppendiskussion eingeladen und folgendermaßen auf ihre Aufgabe vorbereitet worden: »Der Name Nissan soll für sinnvolle und clevere Ingenieurskunst, für Fahrfreude und die Zufriedenheit des Besitzers mit seinem Auto stehen.« Die Teilnehmer sollten unter einem Dutzend Vorschläge, die nach der Vorauswahl übriggeblieben waren, einen möglichst prägnanten und attraktiven ›Claim‹ küren.

Die Mehrzahl sah in dem Slogan »**Er kann. Sie kann. Nissan.**« zwar keine spezielle, dafür aber die einprägsamste Aussage. So vielversprechende Slogans wie »Es ist an der Zeit, mehr zu erwarten« und »Nissan – auf die Ideen kommt es an« scheiterten daran, daß sie als »zu austauschbar« oder »für die Marke unpassend, unglaubwürdig und damit uninteressant« empfunden wurden. Ganz anders der Favorit. Vor allem die Frauen in der Runde hatten in dem Slogan ein Bekenntnis zur Gleichberechtigung erkannt und bewerteten ihn mit 10 zu 1 Stimmen eindeutig als den besten Vorschlag.

Quelle: Jürgen Kosider, Direktor Marketing und Kommunikation Nissan, im Kundenmagazin »*Nissan Live*« 4/95

Er läuft und läuft und läuft ...

VW-Käfer

Der berühmte VW-Slogan war winziger Teil einer Kampagne, welche die Agentur Doyle, Dane, Bernbach 1962 kreiert hatte, um den Absatz des Käfers in Deutschland anzukurbeln. Er erschien nur ein einziges Mal als Schlußsatz der Anzeigen-Headline: »Warum werden so viele Volkswagen gekauft? Dafür gibt es viele Gründe. Das ist der wichtigste: Er läuft und läuft und läuft ...« und war daher – streng definiert – zunächst gar kein Slogan. Er machte sich selbst dazu, indem er sich von seiner Headline losriß und davonlief und lief und lief und lief … Unverwüstlich wie das Auto wurde er in unzähligen Variationen kopiert, adaptiert und für Zeitungsschlagzeilen verwendet.

Weitere Klassiker aus der Käfer-Kampagne waren: **»Es gibt Formen, die man nicht verbessern kann«** (dazu wurde ein Ei gezeigt), und **»Da weiß man, was man hat«** (um das Copyright wird mit Persil gestritten).

Die Wurzeln dieser Kampagne lagen in den USA. Als Ende der 50er Jahre die ersten Käfer über den großen Teich schwammen und auf ihren Straßen herumwuselten, waren die Amerikaner schlichtweg fassungslos. Für ihren Geschmack sah das Auto erschreckend häßlich aus. Um ihr Produkt in der Neuen Welt zu vermarkten, versicherte VW sich der kreativen Schützenhilfe Bill Bernbachs. Die Vorgabe: Die Werbung sollte informativ, ehrlich, dabei aber unterhaltend sein. Es sollte betont werden, daß dieses häßliche Ding einfach nur dazu da war, um zu fahren. So gut und so zuverlässig wie möglich. Der Texter Julian Koenig und der Art Director Helmut Krone von Doyle, Dane, Bernbach schlugen Profit aus dem Größenunterschied des Käfers im Vergleich zu den Detroiter Straßenkreuzern. »Think small« wurde zum Schlagwort, und der Käfer wurde zum Kultsymbol für Nonkonformisten. Die »New York Times« schrieb: »Die Volkswagen-Werbung trägt Sozialkritik in unsere Gesellschaft.« Der Absatz stieg auf 500.000 Autos pro Jahr. 1963 wurden in den USA schon mehr Käfer verkauft als in Westdeutschland. VW-Chef Dr. Carl Hahn hatte trotz dieser Erfolge keine gute Meinung über die Werbebranche. Bei einem Dinner in Wolfsburg Anfang der 60er Jahre führte er aus: »Wollen Sie wissen, weshalb ich damals diese Leute engagiert habe? Ich hatte vorher ungefähr viertausend Agenturleute gesehen und war zu dem Entschluß gekommen, daß sie alle ein Haufen Scharlatane sind.«

Werbechef bei VW of America war zu jener Zeit Helmut Schmitz. 1962 folgte Schmitz einem Vorschlag von Bill Bernbach, gründete in Düsseldorf die bundesdeutsche DDB-Niederlassung und wurde hier zum geistigen Vater der deutschen Käfer-Werbung.

In Deutschland krabbelte der Käfer zu dieser Zeit geradewegs in die Krise. Nach zwanzig Jahren hatten die Autofahrer ihn satt, seine Technik war veraltet, Konkurrenzprodukte wie der Ford Escort und der Opel Rekord waren einfach moderner. VW aber hatte nichts außer dem Käfer. Deshalb blieb DDB auch nichts anderes übrig, als ihn, so wie er war, in die Schlacht um die Marktanteile zu schicken. Immerhin konnten die Kreativen »die ungeheure affektive Zuwendung des Verbrauchers zum Käfer, die sich ja schon in der Namensgebung niederschlägt« als Bonus nutzen.

Ein für deutsche Verhältnisse völlig neuer Werbestil entstand, der schnell Schule machte. Eine Werbung, die jenseits des Atlantik als »sophisticated« galt. Freche Schlagzeilen und Texte im Stakkato-Stil: **»Sie könnten einen guten Wagen bauen aus den Teilen, die wir wegwerfen«** oder **»Verdienen Sie zuviel, um sich einen Volkswagen leisten zu können?«** beeinflußten eine ganze Generation von Werbetextern. Der »Spiegel« schrieb, erstaunlich großzügig: »Die Texte der VW-Anzeigen wirkten wie mit dem Beil gehauen. Keine Nebensätze, keine Umschweife: ›Schauen Sie sich weiter um. Sie finden eine Reihe praktischer Änderungen. Die dritte Heizdüse an der Frontscheibe zum Entfrosten. Die Lichthupe. Die Arretierung der Vordersitzlehnen.‹« Das »Jahrbuch der Werbung« lobte, die VW-Kampagne habe »auf den Appell an den Affen in uns« verzichtet, und nicht wenige Werbefachleute bezeichnen die Käfer-Werbung als die »Kampagne des Jahrhunderts«. Diese Aussage vermag nur der zu würdigen, der weiß, daß Understatement die Quintessenz jeglicher Werbung ist.

Eine Serie von Abschlepp-Bildern, mit denen die Zuverlässigkeit des Käfers unterstrichen werden sollte, sorgte kurzzeitig Mitte der 60er Jahre bei BMW für Verstimmung. Der von DDB beauftragte englische Fotograf Bob Brooks hatte ohne böse Absicht einen gerade verfügbaren Wagen an das Abschleppseil hinter dem Käfer gehängt. Seinen Leihwagen, einen BMW 1800. Die Grafiker schnitten für die Anzeige zwar soviel wie möglich von dem BMW weg und verfremdeten auch den übriggebliebenen Rest. Scharfäugige BMW-Fans erkannten jedoch die weiß blaue Nase ihres Lieblings trotz aller Retuschen und schrieben entrüstete Briefe an BMW: »Das darf sich BMW nicht gefallen lassen.« Oder: »Wir hatten noch nie Startschwierigkeiten.« BMW wollte erst vor Gericht ziehen, überlegte es sich aber schließlich doch anders. BMW-Verkaufschef »Nischen-Paule« Hahnemann gab seinen Wolfsburger Kollegen nur den ebenso großzügigen wie hämischen Rat, künftig die Werberequisiten aus dem eigenen Konzern zu beziehen: »Wenn ihr wieder einmal einen Wagen zum Wegschleppen braucht, nehmt doch einen Audi. Dann habt ihr einen weniger auf dem Hof stehen.«

Quellen: w&v 14/88; Annette von Pelser (Hrsg.), *Faszination Auto,* Ingelheim 1994; Martin Merkel (Hrsg.), *Die Geschichte der Anzeige,* Stern-Bibliothek, Hamburg 1988; Spiegel 4/66, 8/67

Erst der Mensch, dann die Maschine

Honda

Der Honda-Slogan geht auf das Motte des Unternehmensgründers Soichiro Honda zurück: »**First man, then machine**«. Seit März 1997 will Honda nach den Worten ihres Deutschland-Repräsentanten Tetsuo Iwamura »auf diesem Weg die technische Kompetenz herausstellen, gleichzeitig aber auch klarmachen, daß wir neue Technologien nicht um ihrer selbst willen, sondern primär zum Nutzen von Mensch und Umwelt realisieren«. Frei nach dem Honda-Spruch: »**Immer eine Umdrehung voraus**«. Die 20 Millionen Mark, die man allein in die Startphase dieser Kampagne fließen ließ, unterstreichen, wie ernst Honda den deutschen Markt nimmt, aber auch, daß wir es hier mit einem »Global Player« zu tun haben. Honda ist eines der 50 umsatzstärksten Unternehmen der Welt (Rang 31, 1997), der weltgrößte Motorrad- und Motorenhersteller und steht unter den PKW-Produzenten weltweit auf Rang acht.

Quelle: Info Presseabteilung Honda Deutschland

Es gibt Momente, da gibt's nur eins ...

4711 Echt Kölnisch Wasser

In den Fünfzigern hieß es »**4711 ist immer dabei**«, in den Sechzigern schränkte man sich etwas ein auf »**Momente, da gibt's nur eins ...**«. Für manch einen gab es ziemlich viele dieser Momente. Vor hundert Jahren verbrauchte der Komponist Richard Wagner Kölnisch Wasser in großen Mengen, wie eine überlieferte Bestell-Order an die Firma Mülhens belegt: »... starke Sendungen Kölner Wassers wohlfeiler zukommen zu lassen, als im gewöhnlichen Fläschchenverkauf. (...) Ich rechne für den Monat etwa ein Litre.«

Die Rezeptur für das Erfrischungswasser hatte der Kartäusermönch Franz Carl Gereon Maria Farina dem Sohn einer angesehenen Kölner Bankiersfamilie, Wilhelm Mülhens, am 8. Oktober 1792 zum Hochzeitsgeschenk gemacht. Zur Trauung überreichte er dem Bräutigam ein altes Pergament mit der Rezeptur für ein »aqua mirabilis«, ein Wunderwasser, ein wohlriechendes Destillat. Wilhelm Mülhens wußte die Gabe zu nutzen, richtete in seinem

Haus eine kleine Manufaktur ein und verkaufte das Erzeugnis fortan als Kölnisch Wasser. Die Bezeichnung 4711 entstand, nachdem die französische Armee 1794 Köln besetzt hatte. Der französische Kommandant General Daurier ordnete an, alle Häuser fortlaufend zu numerieren, um so die Einquartierung seiner Truppen zu erleichtern. Mülhens Haus in der Glockengasse erhielt die Nummer 4711. Er benannte sein Destillat nach der Hausnummer und verkaufte es unter der Bezeichnung »Franz Maria Farina – in der Klöckergasse 4711 in Cöln a.R.«. Die französischen Besatzungstruppen schickten es als Geschenk in die Heimat und nannten es Eau de Cologne. Einige Jahre lang wurde es als Heilmittel angepriesen und verkauft. Als jedoch Napoleon 1810 ein Dekret erließ, das die Preisgabe aller Rezepturen für Heilmittel anordnete, um sie den Armen zugänglich zu machen, erklärte die Zunft der Kölnisch-Wasser-Manufakturen ihre Erzeugnisse kurzerhand zu reinen Duftwassern und entging so der Offenlegung der Rezepturen.

Quellen: *4711, Die Geschichte eines Welthauses in Bildern seiner Werbung,* Firmenpublikation; Info Muelhens-Archiv; Jörg Krichbaum, *Made in Germany,* München 1997

Es gibt viel zu tun. Packen wir's an.

Esso

»Es gibt viel zu tun. Packen wir's an« ist neben **»Pack den Tiger in den Tank«** aus den sechziger Jahren der zweite Slogan-Klassiker aus dem Hause Esso, der Aufnahme in den handverlesenen Kreis der geflügelten Werbewörter fand. Er entstand 1974 und war Teil einer außergewöhnlich erfolgreichen Informationskampagne, mit der der Mineralölkonzern den Vertrauensschwund der Bevölkerung nach der Energiekrise abbauen wollte. Ursprünglich war der Slogan als Text einer Anzeige konzipiert, die im Herbst 1974 erschien und die Unterschrift des Esso-Vorstandsvorsitzenden Wolfgang Oehme trug: »Viel Arbeit liegt vor uns. Die Zeit drängt. Mut, Entschlossenheit und eine Menge Geld sind erforderlich, neue Energiequellen für unsere Zukunft zu erschließen. Es gibt viel zu tun. Packen wir's an.«

Bei Esso war man selbst völlig überrascht, wie schnell der Ausspruch Verbreitung fand. Aber man war damit sehr zufrieden und beförderte ihn daraufhin zum Firmen-Slogan. Die Kampagne lief bis 1984 und wurde mehrfach ausgezeichnet, unter anderem vom Art Directors Club, beim Internationalen Film- und TV-Festival of New York, mit einer Goldmedaille des Bayerischen Werbefachverbandes und mit der Goldenen Brücke der Deutschen Public Relations Gesellschaft.

Quelle: *100 Jahre Esso*, Firmenpublikation

Eßt mehr Früchte und Ihr bleibt gesund

Fruchtkontor Hamburg

Der Slogan wurde in den zwanziger Jahren geboren und verkündet noch heute die reine Wahrheit. Auftraggeber war das Hamburger Fruchtkontor, die Agentur William Wilkens formulierte die ebenso biedere wie allgemeingültige Aussage, die den Obsthändler zum Volksdoktor machte.

Quelle: Info FCB Wilkens Werbeagentur

Es war schon immer etwas teurer, einen besonderen Geschmack zu haben.

Atika

Der Slogan entstand 1965 zur Markteinführung der Atika. Man muß eigentlich sagen, zum Comeback der Marke, denn die Reemtsma-Zigarette war keineswegs neu, sondern eine renommierte Vorkriegsmarke (»**Vorherrschend in tonangebenden Kreisen – die Zigarette ohne Mundstück**«) gewesen. Sie hieß in den dreißiger Jahren noch Atikah, kostete überdurchschnittliche 5 Pfennige pro Stück und war so bekannt, daß sich 1965 immer noch rund 35 % aller Raucher an sie erinnern konnten.

Das Projekt »Atika« lief unter strengster Geheimhaltung ab. Es trug den Decknamen »Hannibal«; lange Zeit wußten auch bei Reemtsma nur sechs Personen, was sich dahinter verbarg. Die Reemtsma-Leute hatten sich so sehr an den Tarnnamen gewöhnt, daß es beinahe zu einer folgenschweren Panne gekommen wäre. Denn erst in letzter Minute fiel ihnen auf, daß in den bereits zur Veröffentlichung freigegebenen Anzeigen noch der Deckname Hannibal stand. Auf dem Testmarkt Berlin konnte die Atika innerhalb von vier Wochen unter fast 200 angebotenen Marken einen Marktanteil von 2,5 Prozent erobern. In einem Markt, in dem Prozentpunkte hinter dem Komma Millionenumsätze bedeuten, glich das einem mittelschweren Erdrutsch.

Reemtsma verteidigte in diesen Jahren einen Marktanteil von 50 Prozent (mit der Ernte 23 war man die Nummer 2, mit der Peter Stuyvesant die Nummer 3 und mit der Reval die Nummer 8 im Markt), hatte jedoch in der Gruppe »Nikotinarm im Rauch« nie einen Bestseller lancieren können. Erst als man sich auf die erfolgreiche Vorkriegsmarke besann, ihr einen Filter verpaßte und eine neue Schreibweise, hatte man Erfolg. Die Agentur William Wilkens beließ die Schachtel in den traditionellen Markenfarben Rot und Grün und setzte auf den gehobenen Anspruch: »Es war schon immer etwas teurer, einen besonderen Geschmack zu haben.«

Quellen: *Jahrbuch der Werbung 1967,* Düsseldorf 1967; Spiegel 20/66; Info FCB Wilkens Werbeagentur

Etwas weniger Schmerz auf dieser Welt

Aspirin

Mit diesem Slogan warb 1993 die Agentur BBDO im Auftrag von Bayer Leverkusen für den Dauerbrenner und Alleskönner auf dem Schmerzmittelsektor. Die Karriere des Aspirin begann 1859 mit der Synthetisierung der Acetylsalicylsäure, kurz ASS. Der junge Chemiker Felix Hoffmann experimentierte damals mit einem altbekannten Naturheilmittel, der Salicylsäure. Deren schmerzstillende und fiebersenkende Wirkung war seit über 2.000 Jahren bekannt. Schon Hippokrates soll seinen Patienten Aufgüsse aus der Rinde des Weidenbaums verordnet haben. Die Säure verursachte aber Brechreiz und verätzte die Schleimhäute in Mund und Magen. Hoffmann fügte Essigsäure hinzu und fand die Formel für ein haltbares und verträgliches Medikament: Aspirin.

Noch heute ist der Markenname Aspirin in über 70 Ländern geschützt, auch wenn die Rezeptur selbst längst freigegeben wurde und andere Hersteller

ASS-Präparate – ohne den klangvollen Namen Aspirin – preiswerter anbieten. Jeden Tag werden weltweit 13 Tonnen ASS produziert und meist in Tabletten gepreßt. Allein die Amerikaner schlucken pro Jahr mehr als 80 Milliarden davon, die Deutschen immerhin zwei Milliarden Tabletten.

Quelle: Abendzeitung München, 15. 5. 97

Extra lang im Geschmack

Orbit ohne Zucker

Alle Kaugummis haben das gleiche Problem: Ihre Geschmacksadditive sind sehr schnell weggekaut, ein geschmackloser Klumpen Gummi verbleibt im Mund. Der Slogan der Agentur KNSK, BBDO geht auf diesen konzeptionsbedingten Mangel ein und verspricht für den Kaugummi Orbit ohne Zucker von Wrigley längeren Kaugenuß.

Die Wrigley GmbH beherrscht den deutschen Kaugummimarkt souverän. Neben Orbit ohne Zucker gehören Hubba-Bubba, Freident und Wrigley's Extra zur Produktpalette der Firma. Auch dieser stabil vor sich hin kauende Markt lebt davon, daß die Kaugummi-Mümmler immer mal wieder etwas neues zwischen die Beißerchen geschoben bekommen. Oder, volkstümlich ausgedrückt, davon, »die Veränderungen in den Konsumgewohnheiten optimal in Produkt-Benefits umzusetzen«.

Ein aktueller Trend im Kaugummi-Markt ist »Zuckerfreiheit«, und Orbit ohne Zucker liegt da genau richtig, wie der Name schon sagt. Das zweite wichtige Kaugummi-Thema der neunziger Jahre ist die »Zahnpflege«, wobei der berühmte ph-Wert eine dominierende Rolle spielt. Im TV-Spot »Lippenbekenntnis« nascht eine junge Dame eine Erdbeere und schiebt sich anschließend zum Schutz vor den Karies fördernden Säuren einen Orbit zwischen die weißen Zähne. Diese eher subjektiv vermittelte Stimulation wird wissenschaftlich untermauert durch eine eingeblendete ph-Wert-Kurve.

Quelle: Info Werbeagentur KNSK, BBDO

F

Fahren in seiner schönsten Form

Porsche

»Damit man schneller ums Eck kommt«, hatte Ferdinand Porsche einst als Ziel seiner Bemühungen formuliert. 1898 fummelte er in Österreich an seiner ersten Automobilkonstruktion herum. Die k. u. k. Hofkutschenfabrik Jakob Lohner & Co. in Wien-Floridsdorf hatte den 23jährigen talentierten Jüngling als Leiter der neugegründeten Elektromobilabteilung eingestellt. Auf der Weltausstellung 1900 in Paris war nicht nur der Eiffelturm, sondern auch die Lohner-Porsche-Chaise zu bewundern. Von der Hofkutschenfabrik wechselte Porsche zu Austro-Daimler und wurde 1923 Vorstandsmitglied und Chefkonstrukteur in Stuttgart-Untertürkheim. Nach einem kurzen Intermezzo bei Steyr machte er sich 1930 schließlich selbständig. 1948 entstanden die ersten echten Porsches in Gmünd in Kärnten, wohin die Firma am Ende des Krieges ausquartiert worden war. Dort entwickelte Professor Porsche gemeinsam mit seinem Chefkonstrukteur Karl Rabe auf VW-Basis den legendären Typ 356. 1963 schließlich entstand der heute noch gebaute legendäre Porsche Typ 911.

Werbung war bei Porsche lange Zeit verpönt. Man hatte sie auch gar nicht nötig, da die gutbetuchte Kundschaft von Porsche schon ganz allein dafür sorgte, daß die Produktion auch so jedes Jahr ausverkauft war. Doch als in den sechziger Jahren italienische und englische Sportwagen auf den Markt drängten und Autos wie der BMW 2000 an das sportliche Porsche-Image heranpirschten, engagierte Porsche 1967 mit Doyle, Dane, Bernbach erstmals eine Werbeagentur. Der bescheidene Werbeetat betrug 250.000DM und DDB machte daraus den Slogan **»Fahren in seiner schönsten Form«**.

1984 formulierte eine Anzeige wohl allzu deutlich, wes Geistes Kind die Porschefahrer waren, denn es hagelte geharnischte Beschwerdebriefe von der Kundschaft und Spott seitens der Presse. Stein des Anstoßes war der Werbetext: »Jedesmal, wenn die Tür meines Porsche sich hinter mir schließt, entdecke ich Züge an mir, die mir bis dahin leider verborgen geblieben waren.«

Quellen: w&v 24/68, 43/77, 12/84; *Jahrbuch der Werbung 1969*, Düsseldorf 1969

Fa-Mädchen sind die frischesten Mädchen

Das Abenteuer der wilden Frische von Limonen

Fa-Seife

Die frischen Fa-Mädchen waren junge Damen, die in den siebziger Jahren für die gleichnamige Seife nackt über den Bildschirm huschten und dieses Tun mit dem »**Abenteuer der wilden Frische von Limonen**« begründeten, das die Seife versprach. Nach heutigen Maßstäben wirkt das Konzept abgedroschen, in den 70ern stellte es ein echtes Novum dar.

Bereits 1953 war Fa (»**Die Feinseife neuen Stils**«) von der Henkel-Tochter Dreiring ins Regal geschoben worden. Binnen kurzer Zeit gehörte sie hinter Marktführer Lux zu den drei führenden Marken. 1958 flutschte die Fa dann erfolgreich auf der grassierenden »Stewardessen-Welle« mit. Stewardessen verkörperten damals die emanzipierte Frau um die 30, den sogenannten »Constanze-Typ« (Vorläuferin der »Brigitte«), die »damenhaft gepflegt, clever und charmant, mit beiden Beinen im Leben und dem Mann als gleichwertiger Partner gegenübersteht«. 1963 wurden die Constanzen und Stewardessen der Seife aber langsam untreu und die Marktanteile flutschten nur so weg.

Fünf Jahre später fuhr Günter Ott von der Fa-Agentur Troost mit seiner Familie in Urlaub auf die Bermudas. In Hamilton entdeckte Ott eine grüne Glasflasche Royal Lime Toilet Lotion. Mit dieser Flasche im Koffer und der »ungelösten Positionierungsproblematik im Kopf«, kam er aus der Sommerfrische zurück. Wieder am Arbeitsplatz und noch voll im Karibik-Feeling kam Ott die Idee, die Fa als »Frische-Seife« zu verkaufen: **»Die neue Fa – mit der Frische karibischer Limonen«**. Probe-Anzeigen wurden entwickelt, alle nach dem gleichen Muster: Ein blondes, sonnengebräuntes Mädchen liegt in einer sich brechenden Welle am Strand.

Ott meldete sich bei Henkel-Werbeleiter Völker an. Völker machte aus seinen Einwänden gegen eine solche Kampagne keinen Hehl: Es spreche nicht gerade für die Agentur, eine völlige Neupositionierung der Seife vorzuschlagen, nachdem gerade viel Geld in die neue »Schönheitskampagne« gesteckt worden sei. Außerdem seien die grünen Limonen in Deutschland völlig unbekannt und hätten daher als »unreife Zitronen« eine negative ›Anmutung‹. Überdies gelte Zitronenduft bei den Frauen hierzulande als das Billigste vom Billigen und finde sich deshalb auch nur in Kernseifen. Und nackte Mädchen seien für die Henkel-Werbung sowieso ein generelles Tabu. Die Entwürfe solle Ott aber trotzdem mal dalassen.

Ott machte einen verzweifelten Versuch, seine Idee zu retten. Um dem Werbeleiter den Mund wäßrig zu machen, erfand er das Märchen von einem angeblichen Limonen-Trend in den USA. Die Reaktion war, daß Völker diesen Trend anhand von Anzeigen dokumentiert haben wollte. Anzeigen, die es so gar nicht gab. Was es gab, waren Klein- und Kleinstanzeigen in »Esquire«, »New Yorker« und »Playboy« für After Shave à la Royal Lime. Ott gab nicht auf, ließ diese Kleinanzeigen auf 1/1- und 2/1-Seiten »aufblasen« und lieferte den getürkten Beweis für seinen Limonen-Trend bei Völker ab. Der Werbeleiter blieb skeptisch: Obwohl er ständig US-Zeitschriften ansehe, habe er diese Anzeigen noch niemals bemerkt. Damit schien das Limonen-Abenteuer endgültig erledigt. Aber drei Wochen später wollte Völker plötzlich wieder über die Idee reden. Vielleicht sei ja was dran.

Ott war seine »unreifen Zitronen« doch noch losgeworden und löste mit der Fa-Werbung genau den Trend aus, den er in seiner Not erfunden hatte. Der »Spiegel« schrieb 1972: »Bislang spritzte der Mann von Welt den sauren Saft in seinen Gin – nun reibt er sich ihn auch in die Haare. (...) Inzwischen wirbt nicht nur Henkels Fa ›mit der wilden Frische von Limonen‹, auch das Scheuermittel ›Ata‹ aus demselben Haus verfärbt sich plötzlich gelb, wenn es mit Wasser in Berührung kommt.«

Die Image-Korrektur weg von der Hausfrauenseife gelang, und die Verkaufszahlen stiegen wieder. Was wohl hauptsächlich den »Fa-Mädchen« (**»Fa-Mädchen sind die frischesten Mädchen«**) zu verdanken war. Anfangs traten die jungen Damen im knappen Bikini auf, ließen aber bald das Oberteil und das Höschen fallen. Die Models mußten zwar attraktiv aussehen, durften aber auf keinen Fall sexuell anregend wirken, um nicht die Sittenwächter auf den Plan zu rufen. Und tatsächlich schafften es die Fotografen auch, die barbusigen Damen in den Spots wie in Cellophan verpackt zu präsentieren. Mögliche Spanner-Phantasien mußten unerfüllt bleiben.

Nach dem Muster einer Miß-Wahl veranstaltete Fa einen Fotomodell-Wettbewerb, bei dem sich 500 junge Frauen bewarben. Die Jury mit der ehemaligen Miß World Petra Schürmann und dem »Spiel ohne Grenzen«-Moderator Camillo Felgen wählte unter ihnen 10 schlanke, fast ausnahmslos langhaarige Blondinen aus; ihre Belohnung bestand in einer vierzehntägigen Reise auf die Bahamas, wo sie vor dem Starfotografen Frank Horvat posieren durften. Dort entstanden die für die damalige Zeit ungewöhnlich freizügigen Bilder der Strandnixen, und die Fa wurde zur erfolgreichsten Seife der siebziger Jahre. 1984 erlaubte dann auch das sittenstrenge Bayerische Fernsehen, daß auf den Bildschirmen des Freistaats nackt gebadet und geduscht wurde.

Quellen: *Jahrbuch der Werbung 1968,* Düsseldorf 1968; w&v 23/72, w&v special 51/52, 83; Spiegel 3/72; Joachim Kellner (Hrsg.), *Werbefiguren, Geschöpfe der Werbewelt,* Düsseldorf 1992

Fernet Branca hilft gegen Vampire

Fernet Branca

Man schrieb das Jahr 1968. Roman Polanskis »Tanz der Vampire« trieb mit dem Entsetzen Scherz und war in jenen Tagen einer der meistdiskutierten Filme. Zu dieser Zeit waren auch, verschreckt vom Banner der Aufklärung, unter dem sich die Studenten zusammenrotteten, allerorten in Deutschland latente Bedrohungen virulent geworden und hatten dunkle Ängste ausgelöst, die den Menschen schwer im Magen lagen. Allein der Magenbitter Fernet Branca versprach Trost und Linderung gegen diese Beschwerden: Gegen die »Mutter-Seelen-allein-Vampire«, die »Guten-Morgen-« und die »Schlafe-schön-Vampire« und sogar den fiesesten aller Blutsauger, den »Mir-tut-der-Magen-weh-Vampir«. Die Begründung dafür lag auf der Hand beziehungsweise auf dem

Etikett, das einen Adler zeigt, und leuchtete sofort ein: »Fernet Branca wird von Adlern eingeflogen. Es gibt kein anderes Getränk gegen Vampire! Warum nicht? Weil die anderen keinen Adler haben.« Ganze sechs Sujets erschienen 1968, danach waren die Vampire in aller Munde und die Händler standen vor leer gefegten Regalen.

Ersonnen wurde die Kampagne nicht in Deutschlands Werbezentren Düsseldorf, Frankfurt oder Hamburg, sondern in der tiefsten Provinz, im Creativ Studio Tutzing am Starnberger See vor den Toren Münchens. Der Gesamtetat belief sich auf nur eine halbe Million Mark, und dem jungen, unbekannten Werbetexter Peter Geilenberg war klar, daß er damit etwas Spektakuläres veranstalten mußte, wenn er sich etablieren wollte. Der Art-Director des Creativ Studios, Helmut Wineberger, legte Geilenberg Bilder mit grünen Gesichtern (»die aussahen, als hätten sie zuviel Konkurrenzprodukte getrunken«), mit Fabelwesen und Vampiren auf den Ateliertisch. Dann becherten die beiden tüchtig Fernet (»sonst wäre so eine Idee wohl nie entstanden«) und sahen alsbald die Welt und diesen Auftrag mit freundlicheren Augen: **»Fernet Branca hilft gegen Vampire«**. So weit die Version A der Entstehungsgeschichte dieser Werbekreation.

Die Kontakterin Uschi Roos hat das allerdings anders in Erinnerung: Sie war zu spät zum Termin beim Kunden gekommen. Acht mittelalterliche Herren blicken sie vorwurfsvoll an. Sie versucht, ihre Verlegenheit herunterzuspielen, und verlangt nach einem Glas Fernet Branca. Nach einem kräftigen Schluck schüttelt sie sich: »Donnerwetter, da fallen mir nur Hexen und Vampire ein.« Peinliches Schweigen, beinahe Entsetzen, überhaupt kein Lachen. Uschi Roos: »Sie denken jetzt, ich scherze, aber das ist mein Ernst.« Immer noch kein Lachen. Die Herren schweigen und zeigen nicht mal ihre Beißerchen.

Tja, so banal kann es durchaus auch gewesen sein. Welche der beiden Versionen zutrifft, sei dahingestellt. Peinlich wurde es jedenfalls für einen Texter, der sich 15 Jahre später bei Geilenberg mit seiner Mappe vorstellte. Als seine beste Arbeit gab er den von Geilenberg erfundenen Vampir-Slogan aus. Er soll etwas blutleer das Büro verlassen haben.

Der aktuelle Fernet Branca-Slogan ist **»Man sagt, er habe magische Kräfte«** (siehe dort).

Quellen: w&v 22/86, 12/95

Feuer breitet sich nicht aus, hast du Minimax im Haus

Minimax-Feuerlöscher

Ein Feuerlöscher-Slogan aus der Zeit vor dem Ersten Weltkrieg, der auch in juristische Repetitorien unter dem Thema ›Haftung‹ Eingang fand. Daß es mit der Anbringung von Feuerlöschern alleine nicht getan ist, zeigt die volkstümliche Ergänzung dieser Aussage deutlich auf: »Minimax ist großer Mist, wenn du nicht im Hause bist«.

Ford. Die tun was.

Ford

Am 18. August 1925 wurde in Berlin die deutsche Ford Motor Company gegründet. Ein Jahr später lief das erste T-Modell, die berühmte Tin-Lizzie (Blech-Liesel), vom Band. Fünf Jahre später wurden auch die amerikanischen A-Modelle in Deutschland montiert. Am 2. Oktober 1930 legte Henry Ford persönlich den Grundstein zum Ford-Werk in Köln. Eine erste Eigenentwicklung war ein Kleinwagen mit dem Namen Köln, gefolgt vom Rheinland und vom Eifel. 1939 wurde schließlich der erste Ford Taunus produziert. Den Slogan: »**Ein Wagen der Freude macht – Ford Taunus**«, löste 1952 die Aufforderung »**Sprich zuerst mit Ford**« ab. Kurze Zeit später versprach Ford: »**Mehr Auto für's Geld**«. Das Ergebnis: »**Die Welt vertraut Ford**«. Man war ein ›Global Player‹ geworden, bevor es den Begriff überhaupt gab. 1957 erschien der Taunus 17M, dessen amerikanisches Design schnell mit dem Prädikat »Gelsenkirchener Barock« belegt wurde. Immerhin konnte Ford in drei Jahren aber 240.000 Exemplare dieses Typs absetzen.

In den siebziger und achtziger Jahren warb man unter dem Kernmotto: »**Ford weist den Weg**« (»**Capri-Automatik. Die beste Art, schneller zu schalten.**«), aber damit war es Anfang der 90er vorbei. Es gab mittlerweile nämlich eine Menge Wege, leider aber auch einen eklatanten Mangel an Zielen. Pragmatische Macher waren nun am Drücker und sorgten für blühende Landschaften. Diesen Trend traf 1993 prägnant der Slogan der Agentur Young & Rubicam: »**Ford. Die**

tun was.«. Er ist mittlerweile so bekannt, daß er in zahlreichen Variationen in allen möglichen Headlines auftaucht (»Sie tun was« – Saarbrücker Zeitung 28. 1. 98; »Die sehn nix« – Auto Bild 40/97; »Ulla. Die tut was.« PRO 7 als Werbung für die »Ulla Kock am Brink Show«). Der Bekanntheitsgrad des Ford-Slogans liegt heute bei annähernd 90 Prozent.

Ein Ford-Fahrer aus Tarmstedt bei Bremen meldete allerdings per Leserbrief Bedenken an, »ob diese Formulierung grammatisch richtig ist« und nicht mißverständlich interpretiert werden könne: »Man hat bei Ihrer Formulierung den Eindruck, bei Ford wird gearbeitet ...«. Was ja so übel auch nicht ist in Zeiten hoher Arbeitslosigkeit.

Quellen: Michael Kriegeskorte, *Automobilwerbung in Deutschland 1948–1968,* Köln 1994; Annette von Pelser, Rainer Scholze (Hrsg.), *Faszination Auto,* Ingelheim 1994; Info Pressestelle Ford

Fort mit dem Grauschleier

Fakt

Sie denken, Waschmittel seien denkbar ungeeignet, um jemandem zu Kopfe steigen zu können? Weit gefehlt! Euphorisch deklarierte das »Jahrbuch der Werbung« 1969 den Start des Henkel-Erzeugnisses Fakt zum »größten Waschmittelerfolg der Nachkriegszeit«. Was war geschehen?

Waschmittel gab es damals mehr als genug. Von Persil über Ariel und Dash bis zu Omo. Die Kochwäsche war erfolgreich bekämpft worden, der Markt war, um es in der Fachsprache zu sagen: Gesättigt. Aber Henkel, Hersteller erfolgreicher Produkte, war noch nicht satt. Henkel war hungrig und wollte der Hausfrau ein neues Waschmittel in den Wäschekorb drücken. Doch wie konnte man sie zu weiteren Anstrengungen auf dem Gebiet der Weißwäscherei ermuntern? Ganz einfach, indem man ihre Wäsche wieder schmutzig machte.

Intensive Forschung zerrte ans Tageslicht, daß die im Gebrauch befindlichen Waschmittel »in der Lauge ein unzureichendes Schmutztragevermögen entwickeln«. Der Schmutz wurde zwar gelöst, blieb aber teilweise in der Wäsche hängen. Wie beim Baden, wo der Schmutz von den Füßen sich als Kranz um den Hals legt. Es bleibt also ein Schleier in der Wäsche zurück. Der von der

Henkel-Agentur Verclas & Böltz sogleich werbewirksam »Grauschleier« getauft wurde.

Da hatte Henkel die ersehnte Marktlücke. Das neue Produkt sollte ursprünglich Perr heißen, was aber dann doch zu sehr an Persil erinnerte, und so einigte man sich auf den Namen Fakt. Der Grauschleier war nun ein Faktum, das der Hausfrau nicht vorenthalten werden konnte: »Ihre Wäsche hat einen Grauschleier! Fort damit!«

Selbst anerkannte Experten hatten bis dahin die Schlamperei in den Wäschekörben übersehen, wie das im »Jahrbuch der Werbung« abgelegte Bekenntnis nahelegt, daß »entgegen einer weitverbreiteten Meinung unter Werbeleuten in der Wäsche tatsächlich ein Grauschleier zurückbleiben kann«. Das Feindbild war nun aufgebaut und wissenschaftlich untermauert. Man legte noch ein paar biologisch aktive Enzyme nach – »Fakt wäscht biologisch aktiv« und präsentierte das Ganze in einer visuell klaren Aussage: Eine kräftige Männerfaust zerrt den Grauschleier von der Wäsche: **»Fort mit dem Grauschleier«**. Fakt wurde ausgezeichnet als »Waschmittel des Jahres 1969«, errang bereits nach 6 Monaten einen Marktanteil von 20 Prozent und war auf dem Verkaufshöhepunkt 1972 die Nr. 2 im Markt. Knapp hinter dem Kollegen aus dem gleichen Stall: Persil.

Quelle: *Jahrbuch der Werbung 1969,* Düsseldorf 1969

Frau Antje bringt Käse aus Holland

Niederländisches Büro für Molkereierzeugnisse

Die niederländische Käsebotschafterin ist mit 86 Prozent Bekanntheitsgrad in Deutschland bekannter als Königin Beatrix. Der Slogan **»Frau Antje bringt Käse aus Holland«** entstand 1961 (Agentur: Dr. Hegemann). Das Niederländische Büro für Molkereierzeugnisse wollte mit Hilfe des blondbezopften Meisje den Nachbarn freundliche Nachhilfe in Sachen Käse geben. Schon in den fünfziger Jahren war Hollands führenden Käseköpfen ein Geniestreich gelungen, auf den sie noch heute stolz sind. Sie hatten den Toast Hawaii erfunden, Käse- und

Ananasscheiben zwischen zwei Toastbrotdeckeln. Und damit die Käsescheiben in die Cafés und Gaststätten gebracht.

1961 also gab die holländische Schauspielerin Kitty Jansen deutschen Hausfrauen erstmals praktische Tips zu holländischem Käse. Aktionen wie »Frau Antjes Käse-Tips mit Pfiff« brachten dem Verbraucher die verschiedenen Käsesorten so nachdrücklich zu Bewußtsein, daß seitdem rund die Hälfte des holländischen Käseexports nach Deutschland geht. 28.000 Tonnen waren es zu Beginn der sechziger Jahre, 210.000 Tonnen heute.

1973 wurde Frau Antje Bestseller-Autorin. Von ihrem Erstling »Frau Antjes großes Kochbuch« wurden über 700.000 Exemplare verkauft. Der Nachfolger »So kocht Frau Antje heute«, erreichte 1986 eine Auflage von über einer Million verkaufter Exemplare. So unwiderstehlich war die käsige Frau Antje, daß im Laufe der Jahre sämtliche deutschen Bundeskanzler sie irgendwann einmal küssen mußten. Natürlich auch Kohl, der daraufhin prompt anmerkte, daß Käse »für Politiker ein geradezu ideales Nahrungsmittel« sei. 1994 wurde die 22jährige Denise Boekhoff die neue Frau Antje, der Slogan lautet mittlerweile: **»Echter Käse aus Holland. Da schmeckt man die Kaaskunst.«**

Quellen: Info Niederländisches Büro für Milcherzeugnisse, Abteilung für Presse und Information; *Jahrbuch der Werbung 1966*, Düsseldorf 1966; w&v 18/72, w&v 49/83

Freiheit oder Sozialismus
Freiheit statt Sozialismus

CDU/CSU

»Dummheiten zur Erinnerung« betitelte Autor Peter Zolling 1994 seine Wahlkampf-Rückschau in einem »Spiegel-Spezial«. Die 76er-Wahlkampf-Parole der CSU **»Freiheit oder Sozialismus«** gehört unbedingt dazu, genauso wie das CDU-Parteitagsmotto **»Freiheit statt Sozialismus«** aus dem gleichen Jahr. Der Unterschied war nicht auf Anhieb zu verstehen, und so mußte der Österreicher Gerd Bacher den begriffsstutzigen CDU-Politikern damals Nachhilfeunterricht in deutscher Sprache geben. Der Berater des CDU-Kanzlerkandidaten Kohl gewährte während einer Vorstandssitzung Aufklärung: Der »Oder«-Spruch der CSU schließe Freiheit im Sozialismus aus, die »Statt«-Version der CDU hingegen nicht. Bacher: Bei dem CDU-Slogan sei es so, »als wenn ich sage, ich will einen Mercedes statt eines Opels kaufen, das bedeutet doch nicht, daß der Opel kein Auto ist«.

Die merkwürdige Alternative zwischen Opel und Mercedes, pardon, Freiheit und Sozialismus polarisierte wie kaum eine andere Politparole der Nachkriegsjahre das Wahlvolk. Ursprünglich wollte kaum jemand in der christdemokratischen Führungsetage diese Grundmelodie im Wahlkampf haben. Kanzler-Kandidat Kohl hatte gehofft, die Parole bis zur heißen Phase des Wahlkampfs wieder loszuwerden. Vergebens. Ein Wahlstratege damals: »Es ist unglaublich, wie der blöde Spruch bei unseren Leuten in der CDU ankommt.« In der rechten Ecke wurde währenddessen um die Rechte an der Kampfformel gestritten. Franz Josef Strauß: »Ich weiß nicht, wer der Erfinder dieser Parole ist, ob sie Alfred Dregger, Hans Filbinger oder mir zugeschrieben werden muß.« Unter anderem meldete auch der wackere Antikommunist Gerhard Löwenthal, Leiter des »ZDF-Magazins«, Anspruch auf die Urheberschaft an. Auf einer Wahlveranstaltung im hessischen Dudenhofen brüstete sich Löwenthal, die Parole sei »keine Frage, sondern eine knallharte Alternative, die ich gemeinsam mit Franz Josef Strauß ausgetüftelt habe«.

Der »Spiegel« nahm diese Parole zum Anlaß, um einige Beispiele für den Freiheitsbegriff in der Werbung vorzustellen: Das »Motor-Magazin« propagierte »Die neue Freiheit, die Motorrad heißt«. Der Volvo machte nur »beim Fahren frei« und Lancia versicherte »Es gibt noch Freiheit«. Ganz besonders viel Freiheit gewährte offensichtlich Unterwäsche: Miederhöschen von ski-mieder machten »frei schlechthin«. Schiesser- Unterwäsche versprach die »kleinen Freiheiten«. Eminence-Unterwäsche aus Paris »ein paar Freiheiten mehr« und die eleganten Dimrosy-Strumpfhosen brachten »einen Hauch Freiheit aus Paris«. **»Soviel Freiheit wie nötig, soviel Mann wie möglich«**, verhieß die HOM Vertriebsgesellschaft dem Mann, der den Homix-Slip trug (»sitzt hinten höher als vorn«). Kanada versicherte durch sein Fremdenverkehrsamt, »die Freiheit ist noch nicht ausverkauft«, und verscherbelte den Rest. Holydoor verkündete »die große Duschfreiheit« und Marlboro vermittelt bis heute »den Geschmack von Freiheit und Abenteuer«.

Der CDU/CSU-Slogan fand schließlich doch noch die gebührende Anerkennung. Rund ein Drittel von 1000 befragten Werbefachleuchten zeichneten im Branchendienst »New York Business« diese der Branche nicht zur Ehre gereichende Werbekampagne mit dem »Bronzenen Armleuchter« aus. Der 1550 Gramm schwere »Goldene Armleuchter« ging an die Zentrale Marketinggesellschaft der deutschen Agrarwirtschaft und deren Slogan **»Dose runter«**. Nur knapp verfehlte der christdemokratische Slogan auch den zweiten Platz, den eine Schokoriegelwerbung errang.

Die CDU/CSU trat neben ihrem preisgekrönten Slogan mit einer Erkärung an, die schon in ähnlicher Form der FDP 1953 (**»Für Deutschland in Liebe und Treue«**) nicht zum Erfolg verholfen hatte: **»Aus Liebe zu Deutschland«** und setzte ansonsten auf ihren Spitzenkandidaten: **»Helmut Kohl – der Mann, dem man vertrauen kann«**. Die SPD wollte **»Weiterarbeiten am Modell Deutschland«** und reimte: **»Zieh mit – Wähl Schmidt«**. Die Freien Demokraten waren wieder einmal ganz leistungsorientiert: **»Leistung wählen«** – **»Freiheit, Fortschritt, Leistung«**. Die Wahlbeteiligung lag trotz der Parolen bei ungewöhnlich hohen 90,7 Prozent, auf die CDU/CSU entfielen 44,5 Prozent, auf die SPD 42,9 Prozent, auf die FDP 7,9 Prozent und auf die anderen Parteien 0,9 Prozent. SPD und FDP bildeten die Regierung.

Quellen: Spiegel 22, 38, 40/76; Spiegel-Spezial *Super-Wahljahr 94*, Peter Zolling, *Dummheiten zur Erinnerung*, Hamburg 1995

Freude am Fahren

BMW

Schon seit über dreißig Jahren verkündet die Marke BMW uns große Freude. Die 60er-Jahre-Version hieß **»Aus Freude am Fahren«**, in den siebziger Jahren wurde daraus die grundsätzliche, ja schon wesenseigene **»Freude am Fahren«**. Das Copyright liegt aller Wahrscheinlichkeit nach bei dem damaligen BMW-Werbeleiter Lummert. Andere Quellen schreiben den Slogan der BMW-Agentur Werbe-Gramm zu. Im Unternehmen selbst sind die genauen Umstände seiner Geburt nicht mehr bekannt.

Werbe-Gramm war auf jeden Fall die Agentur, die 1967 mit ihrem Konzept den Grundstein für das heutige BMW-Image legte. Ihr erster Auftritt bei BMW war zwar von kleineren Mißhelligkeiten begleitet, weil der Kontakter seine koffeinhaltige Limonade über Pappen, Hemden und Hosen verbreitete. Aber der Vorschlag, frei nach dem Motto »Wer in einem Mercedes sitzt, zeigt, daß er es geschafft hat – Leute, von denen man noch hören wird, fahren BMW« auf Konfrontationskurs zu Mercedes zu gehen, fand Gefallen. BMW sollte aber nicht als Alternative zu vorhandenen Autos, sondern als einzigartig und überlegen präsentiert werden.

BMW-Autos hatten fortan keine Motoren mehr – sie verfügten über ein »Triebwerk«. Der ideale BMW-Fahrer hob sich durch Haltung, Technik, Auftreten und Image von der Masse ab. (Der wirkliche BMW-Fahrer hob oft einfach nur ab.) Einige BMW-Werbesprüche unterstrichen die neue Philosophie der Überlegenheit ziemlich fett: **»Es gibt Automobile, die fährt man, weil man sie sich leisten kann. Einen BMW leistet man sich, weil man fahren kann.«** (Gesehen in »Capital«.) Andre grinsten sich einfach nur einen: **»More smiles per hour«**.

Quellen: Grey-Gruppe, *Wie man Marken Charakter gibt,* Stuttgart 1996; Horst Mönnich, *BMW, Eine deutsche Geschichte,* Wien 1989

Freu Dich auf Pfanni

Pfanni

Mit Knödeln hatten sich die Münchner Pfanni-Werke (»**Pfanni Knödel – eine runde Sache**«) einen Namen gemacht. Seit 1949 formten Hausfrauen ihre Knödel aus den abgepackten Flocken. Pfanni war geradezu zu einem Synonym für Knödel geworden. So weit, so gut. Dann aber erweiterte man die Produktpalette und bekam erstmals Schwierigkeiten. Man meisterte sie. Die übergroßen Kartoffelpuffer (siehe: »**Das jüngste Gericht**«) verhalfen Michael Schirner und seiner GGK 1975 zu kreativer Anerkennung und Pfanni zu prächtigen Umsätzen. Das Knödel-Image aber blieb.

In den Ein-Personen-Haushalten der 90er Jahre konnte man mit Kartoffelpuffern und dem guten alten Pfanni-Püree (»**Flockenlocker, drum schmeckt's besser**«) nichts mehr anfangen. Man verlangte nach modernen Instant-Gerichten. Und während Pfanni für die neue Klientel eine völlig neue Produktpalette sowie einen speziellen Frischepack entwickelte, ersann die Münchner Agentur Wünschner, Rohwer, Albrecht TV-Spots, die eine »optische Schlüsselbotschaft« enthielten. Botschafter für Genuß und Frische war beispielsweise ein dampfender, aufplatzender Erdapfel. Der dringende Appell »**Freu Dich auf Pfanni!**« wurde von Beethovens »Ode an die Freude« akustisch untermalt. Genußentschlossene Karrieristen eilten an den heimischen Kochtopf.

Quelle: w&v 14/94

Frohe Ferien, Jahresurlaub mindestens vier Wochen

SPD

Ein SPD-Slogan aus der 61er-Wahl. Der Mauerbau hatte die Parteien unmittelbar vor der Bundestagswahl kalt erwischt und so manche Parole damit gründlich entwertet. Besonders der »**Frohe Ferien**« -Slogan der SPD klang jetzt wie blanker Hohn und lieferte dem politischen Gegner Wahlkampfmunition.

Erstmals hatten die Parteien begonnen, sich der Wunderwaffen des modernen Marketing zu bedienen, das so langsam über den großen Teich herüberschwappte. So kopierte die SPD mit ihrem Spitzenkandidaten Willy Brandt hemmungslos die ganz auf Personality getrimmte Präsidentschaftskampagne John F. Kennedys. Das richtige »Image«, so hieß das neue Schlagwort, sollte die entscheidenden Prozentpunkte einfahren. Eine CDU-Wahlfibel: »Nicht wie etwas ist, sondern wie die Leute meinen, daß es sei, das entscheidet die öffentliche Meinung über etwas, auch über einen Kandidaten. Wir nennen dieses ›Bild‹ mit einem englischen Fachausdruck ›Image‹ (sprich: Immätsch) einer Sache, eines Markenartikels und ebenso einer Person des öffentlichen Lebens …«

Der »Spiegel« (50/60) titelte: »Der Abgeordnete als Markenartikel«. Die Parolen wurden immer nichtssagender. Die FDP verkündete leutselig: **»Ein Mensch wie Du und Ich«**, die SPD wußte zu berichten: **»Wir sind alle eine Familie«**, denn **»Hand in Hand geht es besser«**.

Auch bei der CDU machten die 61er-Slogans im Vergleich zu dem alles umfassenden »Keine Experimente« aus dem Jahr 1957 einen eher schlaffen Eindruck: **»Auch morgen sicher leben«**; **»Auch morgen in Freiheit leben«**; **»Auch morgen in Wohlstand leben«**; **»Auch morgen keine Experimente«**; **»Setzt Deutschland nicht aufs Spiel«**; **»Chruschtschow fordert: Stürzt Adenauer!«**; **»Nun erst recht: CDU«**. Selbst frivole Szenen in den Wahlfilmchen der CDU konnten den Verlust der absoluten Mehrheit nicht verhindern: Auf dem Rummelplatz umfaßte ein wohlgebautes junges Mädchen bewundernd den Bizeps eines erfolgreichen Lukas-Hauers und girrte: »Junge, Sie könnten mal frühmorgens zu mir kommen.« Der Kraftprotz dümmlich: »Gerne, warum?« Das Mädchen: »Ich bekomme mein Frühstücksei nie auf.« An der Bude nebenan wünschte ein Jahrmarktbesucher ein »Hühnchen, aber mit viel Brust«. Schnippisch erwiderte die Verkäuferin: »Ja doch, Mann, für Sie brate ich die Monroe.«

Die CDU mußte mit der FDP koalieren, die sich so präsentiert hatte: **»Wer weiter denkt, wählt FDP«**; **»Deutschland braucht die FDP«**; **»Ein modernes Volk braucht eine Politik des Fortschritts«**; **»Ein gesundes Volk braucht die gesunde Mitte«**; **»Ein freies Volk braucht freie Demokraten«** und mit 12,8 Prozent das beste Ergebnis ihrer Geschichte erzielen konnte. Die SPD verkündete: **»Deutschland braucht eine neue Regierung«**, und die Wähler fanden das ja auch, aber leider anders, als die SPD es sich gewünscht hatte.

Die Wahlbeteiligung lag bei 87,7 Prozent, die CDU/CSU konnte 45,4 Prozent der Wähler überzeugen, die SPD 36,2 Prozent und die FDP 12,8 Prozent. Die anderen Parteien errangen 5,6 Prozent.

Quellen: Carl Hundhausen, *Propaganda,* Essen 1966; Spiegel 50/60, 34/61

Fünf ist Trumpf

Deutsche Bundespost

Die Wiedervereinigung hatte den alten vierstelligen Postleitzahlen den tödlichen Stoß versetzt. Einige Zahlen waren nun doppelt vorhanden, außerdem mußten die neuen Bundesländer in das System integriert werden. Eine grundsätzliche Reorganisation war unumgänglich geworden, zumal andere europäische Länder schon längst den fünfstelligen Code nutzten.

Die Aufgabe war groß, und die Post ist ja auch nicht die Schnellste. Aber am 1. Juli 1993 war es soweit: Die neuen fünfstelligen Postleitzahlen galten nun. Ein Riesenchaos war befürchtet worden, der Verband der Postbenutzer hatte die Geldverschwendung angeprangert, Unternehmerverbände die Umstellungskosten bejammert. Aber es half nichts. Am Stichtag wurde umgestellt.

Ein halbes Jahr später hatten die Postmanager Grund zum Jubeln. Wer vor der Umstellung auf 75 Prozent postalisch korrekt adressierte Briefe gehofft hatte, war als kompletter Spinner verspottet worden. Doch Ende 1993 trugen schon 94 Prozent aller Postsendungen die richtige Postleitzahl. Sie hatten es wieder einmal geschafft. Wie schon 1963, als das damalige Postverteilsystem auf vierstellige Postleitzahlen umgestellt worden war. (»**Vergißmeinnicht: Die Postleitzahl**« siehe dort)

100 Millionen Mark durfte das 30-Mann-Team der Hamburger Lintas ausgeben, um die zunächst ungeliebten neuen Kennziffern in das Bewußtsein der Bundesbürger zu hämmern. Jeder konnte sehen, wie sie investiert worden waren: 31 TV-Spots mit 1.725 Ausstrahlungen, 17 Radiospots mit 1.500 Sendeterminen, 40 Anzeigenmotive mit 607 Schaltungen. Es gab kein Entrinnen.

»**Wir haben uns viel vorgenommen**« lautete passenderweise der erste Slogan. Für die sogenannten »Postcode Pictures«, eine Reihe von sieben TV-Spots, engagierte das Postministerium die Creme der deutschen Spielfilmregisseure: Doris Dörrie, Wolfgang Petersen, Hark Bohm, Loriot, Michael Verhoeven, Carl Schenkel und Helmut Dietl. Die einzige Vorgabe an die Starregisseure: Fünfstellige Riesenzahlen mußten in den Filmen auftauchen.

Im April 1993 startete dann die Phase 3. Ein aufmüpfiges Fünf-Finger-Männchen wurde zum Liebling der Nation. Keck, frech und vorwitzig eroberte Rolf, aus der Feder von Ottifanten-Zeichner Ully Arndt, die Herzen der Postkunden. Da kein normaler Mensch Lust hat, sich mit Postleitzahlen auseinanderzusetzen, übernahm Cartoonfigur Rolf diese Aufgabe, um zuletzt immer wieder bei dem Refrain »**Fünf ist Trumpf**« zu landen. In zehn Folgen der RTL-Show »Die Post geht ab« tat Rudi Carrell ein übriges, um Rolf bekannt zu machen. Eine Idee, die sich Lintas bei Peter Frankenfeld und »Vergißmeinnicht« abgeschaut hatte (die Show war 1963 bei der ersten Umstellung der Postleitzahlen ins Programm gehievt worden). Wie beliebt Rolf beim Volk war, zeigte sich nach Abschluß der Kampagne. Ein Komitee »Rettet den Rolf« wurde gegründet, und über 20.000 Unterschriften unterstützten die Forderung: Rolf darf nicht sterben.

Quellen: w&v 38/93; Max 1/94

Fünf Mark die Woche mußt Du sparen – willst Du im eignen Wagen fahren!

KDF-Wagen

Mit diesem wöchentlich beiseite gelegten Obolus, der allerdings nicht unter das Kopfkissen, sondern in einen Sparvertrag gesteckt werden sollte, konnte jeder Deutsche, so das Versprechen, einen 1000 Mark teuren KdF (Kraft durch Freude)-Wagen erwerben.

Die Pläne für den späteren Käfer hatte Ferdinand Porsche entwickelt. Einen Volkswagen wollte er bauen. Keine magere Sparversion, sondern ein »richtiges Auto«, mit vier Sitzen, zuverlässig und zugkräftig, zwar klein, aber mit Komfort. Ursprünglich hatte man geplant, die Komponenten des Wagens von verschiedenen Herstellern anfertigen zu lassen und dann an einem Ort zusammenzubauen. So wollte man die nationalsozialistische Materialbeschaffung vorführen. Aus wirtschaftlichen Gründen kam man von diesem Plan ab und gründete 1937 die VW-Stadt Wolfsburg in einem kaum industrialisierten Gebiet. Zu einer nennenswerten Produktion kam es vor dem Krieg allerdings nicht mehr. Die eigentliche VW-Erfolgsgeschichte begann erst 1948, als das Konzept schon 15 Jahre alt war.

Für das Beste im Mann

Gilette

»The best a man can get« lautet der 1989 von der Agentur BBDO/New York entwickelte Original-Slogan der Gilette Company in Boston für Gilette-Rasierschaum. Vorgabe an die Werber war, das Gilette-Attribut »Männlichkeit« herauszustellen: »Gilette weiß, was ein Mann braucht, um sich gut zu fühlen und hervorragend auszusehen.« Seit 1990 ist der Slogan auch in Deutschland aktuell. Da eine wörtliche Übersetzung aus dem Englischen aus Wettbewerbsgründen rechtlich nicht zulässig war, mußte er abgewandelt werden: **»Für das Beste im Mann«** heißt es nun in Deutschland. Damit sind keineswegs, wie man annehmen könnte, nur die männlichen Hormone, die für den Bartwuchs sorgen, gemeint. Gilette will vielmehr auf die meist verborgenen Tugenden und inneren Werte des Mannes wie »Fairneß, Fürsorge und Verantwortungsbereitschaft« aufmerksam machen. Demnach ist der Mann der Neunziger erfolgreich, karriereorientiert und liebender Familienvater zugleich. Das Paradies auf Erden ist die wahre Welt der Werber.

Die Übersetzungen des amerikanischen Originalslogans fielen übrigens je nach Sprache höchst unterschiedlich aus. Nicht immer geht es da um innere Werte. Französisch lautet er nämlich: **»Gilette. La Perfection au Masculin«**, die Spanier sagen: **»Gilette. Lo Mejor para el Hombre«** und die Italiener wissen: **»Gilette. Il Meglio di un Uomo.«**

Quelle: Info Kothes & Klewes Public Relations

Für die Extraportion Milch

Kinderschokolade

Der Slogan für die Kinderschokolade von Ferrero entstand Mitte der siebziger Jahre. Naschen ist ungesund und Schokolade naschen ganz besonders. Die Botschaft **»Für die Extraportion Milch«** richtet sich also an das (schlechte) Gewissen der Mütter. Und liefert mit der Schokolade frei Haus ein Gesundheits-Alibi. Das Beste, was es gibt. Denn etwas Gesünderes als Milch ist für Mütter kaum vorstellbar.

Unbekannt ist die Identität des Jungen auf der Packung. Sein braves Lächeln ziert seit über 20 Jahren die Schokoladentafel. Dem Hersteller Ferrero (Duplo, Rocher, Nutella ...) ist es jedoch vertraglich verboten, seinen Namen preiszugeben.

Für die italienischen Momente des Lebens

Nescafé Cappuccino

Ein italienischer Schauspieler verkörpert seit 1988 unter dem einfach auszusprechenden Namen Angelo (»**Ich habe gar kein Auto, Signorina**«) italienisches Lebensgefühl und läßt Hausfrauenherzen schmelzen.

1980 hatte Nestlé den ersten tassenfertigen Espresso erfunden, 1988 folgte der erste Cappuccino in Tüten. Die zunehmende Vorliebe der Deutschen für italienische Speisen und Getränke ließ auf gute Umsätze hoffen.

Die Vorgabe an die Werbeagentur Contur aus Friedrichsdorf lautete, südländische Gelassenheit mit einem Hauch ›dolce far niente‹ (süßes Nichtstun) zu verbreiten. Dazu brauchte man unbedingt einen italienischen Vortrinker (Präsenter) und ein entsprechendes Ambiente. In unterhaltsamer Form sollen kritische Situationen und kleine zwischenmenschliche Probleme in »italienische Momente« verwandelt werden. Contur besetzte im Frühjahr 1988 die Rolle des Angelo mit dem italienischen Schauspieler Bruno Maccallini. Angelo besänftigte vorwiegend in seiner Muttersprache (er spricht noch heute kaum ein Wort Deutsch) den Unmut der blonden Deutschen und erklärte gleichzeitig ihr und uns allen die leichte Zubereitung des Instant-Cappuccino. Damit kam er so gut an, daß er ab 1990 auch presso presso präsentieren durfte. Der TV-Spot »Parkplatz« wurde zum beliebtesten Werbefilm des Jahres gekürt. 1994 verloste Nestlé »Für alle, die – wie Angelo – kein Auto haben«, drei Fiat-Sondermodelle »Tipo Cappuccino«. Publikumsliebling Angelo war darauf nicht mehr angewiesen. Er saß inzwischen in seinem eigenen Opel Corsa und warb in gemeinsamen Spots für Nescafé und Opel, die sich dazu 1995 zusammengetan hatten.

»Generell geschieht absolut Aufregendes im Segment des löslichen Kaffees«, notierte auch Dr. Frieder Rotzoll vom Deutschen Kaffee-Verband in Hamburg ganz richtig.

Quelle: w&v Annual 1993

Für Frauen, die sich trauen ganz Frau zu sein

Camelia

Die sexuelle Revolution hatte bis dahin geltende Schamgrenzen weggefegt. Alles konnte gezeigt, über alles konnte gesprochen werden. Sogar über die Monatshygiene der Frau. Es kam nur darauf, wie das geschah. Die Formulierung einer amerikanischen Dichterin: Die Rotröcke setzen zur Landung an, eignete sich ebensowenig wie die Bemerkung eines Vertreters der sogenannten Frankfurter Schule, daß Frauen in der Regel zu nichts nutze seien.

Die Agentur Grey übernahm in den achtziger Jahren also die delikate Aufgabe, die Produkte von Camelia offen und selbstbewußt, aber mit der gebotenen Diskretion, schließlich schauten auch Kinder zu, den Frauen ans Herz zu legen. Grey nahm als erstes der alten Dame Camelia (»... **gibt allen Frauen Sicherheit und Selbstvertrauen**«) die Binde weg und ersetzte sie durch den Tampon, den ihre Töchter nun offen im Einkaufsnetz nach Hause trugen. Auch gelang es den Werbern, aus der Notwendigkeit der Monatshygiene ein völlig natürliches Bedürfnis der selbstbewußten Frau von heute zu machen und Tampons als Signale der Weiblichkeit zu vermitteln: »**Für Frauen, die sich trauen ganz Frau zu sein**«. Frauen, die sich das nicht trauen, bleiben besser zu Hause. Oder?

Quelle: Grey-Gruppe, *Wie man Marken Charakter gibt*, Stuttgart 1996

Für harte Männer

Puschkin

Die Schnapsbrennerei H.C. König aus Steinhagen (Schinkenhäger: **»Den mit dem Schinken müssen Sie trinken!«**) war zu Beginn der sechziger Jahre mit dem Alkoholspiegel der Deutschen noch nicht so ganz zufrieden. Die Trinker von harten Sachen sollten sich etwas Neues hinter die Binde gießen. Man destillierte ein klares Wässerchen (russisch: Wodka) und nannte es Puschkin.

Die zunächst mit der Steigerung des deutschen Wodka-Durstes beauftragte Agentur McCann-Erickson verfiel auf das Etikett **»Puschkin – Kennwort für modernes Trinken«**. Aber der moderne Trinker reagierte darauf mit Abstinenz. König nahm ihnen den Auftrag weg und drückte der jungen Agentur Team (»die durchweg mit Twens besetzt war«) 300.000 Mark in die Hand, verbunden mit der Aufforderung, etwas zu riskieren. Die Team-Werber ließen sich von dem ›harten‹ Getränk inspirieren und schufen einen harten Abenteurer als Symbolfigur für Puschkin. Da harte Männer naturgemäß sehr einsam sein müssen, man aber zum Transport der Werbeaussagen einen Gesprächspartner brauchte, gaben sie ihm einen Bären (wilde Natur, gefährlich, aber auch sympathisch und knuddelig) als Gefährten. Die Botschaft war nun deutlich: **»Für harte Männer«**. Außerdem achteten die Werber darauf, daß als Schnapsbezeichnung der Markenname Puschkin und nicht etwa ›Wodka‹ im Vordergrund stand. Wodka klang zu sehr nach Kommunismus und Sowjetunion, also nach schlechtem Image. Zur weiteren Entsowjetisierung gab man der Figur des harten Mannes den bolschewikenfreien Namen Frank S. Thorn.

Im Frühjahr 1960 erschienen die ersten Puschkin-Inserate. Sie zeigten einen großen schwarzen Bären und ein in Leder verpacktes Macho-Model, das im bürgerlichen Leben Hans Meyer hieß. Protagonist Thorn war eine Art moderner Jack London, der bei Jagden, Expeditionen und anderen abenteuerlichen Anlässen mit seinem Freund, dem Puschkin-Bären, geistreiche Konversation pflegte. Team unterlegte dem Duo Dialoge, die dem maulfaulen Idiom (»Spiegel«) amerikanischer Comics entlehnt waren:

Thorn: »Gelobt sei, was hart macht.«
Sein Freund: »… is' von Nietzsche.«
Thorn: »Trank der auch Wodka?«
Sein Freund: »Möglich, aber noch keinen Puschkin.«

Oder:
Thorn: »Schon in den Spiegel geschaut?«
Sein Freund: »Bin ich denn schwarz im Gesicht?«
Thorn: »Nee, nur gedankenblaß.«
Sein Freund: »Na, dann gib mir Wodka.«
Thorn: »Puschkin-Wodka ist modern ...«
Sein Freund: »... weil er hart ist ...«
Thorn: »... ist für harte Männer!«

Frank S. Thorn schlug ein wie ein Eiszapfen in Pulverschnee und wurde binnen weniger Monate zum Idol aller Halbstarken, Backfische und unverstandenen Ehefrauen. Selbst Damen der besseren Stände erkundigten sich nach seiner Adresse. Ein Kegelklub »Weiße Mäuse« erwählte Puschkin zum Vereinsgetränk und meldete Vollzug nach Steinhagen. 15 Nachwuchstrinker gründeten in Konstanz einen Puschkin-Fanclub. Laut Vereinssatzung mußten die Mitglieder bei jeder Zusammenkunft mindestens vier Wodkas kippen.

Nicht alle waren begeistert von den Berserkerposen des Trinkhelden. Einer fragte an: »Wird dieser alberne Frank S. Thorn nicht älter oder besser noch: Stirbt er nicht bald?« Moskaus satirische Zeitschrift »Krokodil« nahm Anstoß an der Verwendung des Literaten-Namens und schmähte den Hersteller sowie einen englischen Bierbrauer, der mit Porträts von Brahms, Bach und Beethoven geworben hatte: »Ein Krämer hat nichts Heiliges. Er kann rülpsen bei Musik von Beethoven, sich besaufen bei der Poesie von Puschkin oder von Büstenhaltern, Marke Venus von Milo, profitieren.« Eine Befragung ermittelte drei Jahre später, daß 65 Prozent der Deutschen unter dem Namen des russischen Dichters Alexander Sergejewitsch Puschkin ausschließlich Schnaps verstanden. Diese Zahl übersteigt den Alkoholgehalt des Getränkes um sage und schreibe 25 Prozent und kann als Indiz für die Reinheit der deutschen Seele angesehen werden.

Das »Jahrbuch der Werbung« analysierte 1964 den Puschkin-Erfolg so: »Zu den heute weitverbreiteten Problemen zählt die Langeweile konsumbürgerlichen Daseins in einer ausweglosen genormten Welt. Ein Tag gleicht dem nächsten, ein Jahr dem anderen, die Bewährungen sind nur noch aus zweiter Hand erhältlich. Über die Werbung bietet Puschkin die Problemlösung: Puschkin, ein Hartgetränk für Freiluftmenschen und Abenteurer, Puschkin für harte Männer.« Wodka als Problemlöser, da muß man erst mal drauf kommen. Viele Millionen Russen wissen ein rauhes und herzliches Lied davon zu singen.

Den Konkurrenten juckte angesichts dieser bärigen Erfolge das Fell. Smirnoff ließ wissen: »Warten Sie nicht auf den harten Mann! Zu Ihrer Smirnoff-Party kommen die süßesten Frauen!« Und auch Gorbatschow wollte schon 1964 nicht zu spät kommen: »Leo Leontowitsch Gorbatschow sagte einmal: Lassen Sie sich keinen Bären aufbinden, Wodka trinkt man pur!«

Quellen: *Jahrbuch der Werbung 1964,* Düsseldorf 1964; Joachim Kellner (Hrsg.), *Werbefiguren, Geschöpfe der Werbewelt,* Düsseldorf 1992; Spiegel 44/63

Für kleine Hunde mit großen Ansprüchen

Cesar

»Wie der Herr, so's Gescherr« dichtet der Hesse. Einst durchaus abfällig gemeint, kann dieser Spruch aber auch wohlwollend gelesen werden: Wenn es dem Herr(chen) oder dem Frauchen gutgeht, dann soll das Hundchen auch kein Hundeleben mehr führen müssen. 1984 hielt der Tierfutter-Multi Effem die Zeit für gekommen und brachte mit Cesar die erste »Hunde-Feinkost« in den Futternapf: »Die einzigartige Feinkost, speziell für kleine anspruchsvolle Hunde. Cesar vereint feines Fleisch und delikate Jelly zu höchstem Freßgenuß.« In dem sicheren Wissen, daß nicht der Hund das Hundefutter kauft, so wenig, wie er Dosen zu öffnen oder Hände zu drücken vermag, zielte die Werbung nicht so sehr auf den kleinen, anspruchsvollen Hund, das wäre ein zu kleines Ziel gewesen, sondern auf das Geltungsbedürfnis von Herrchen und Frauchen. Und das sollte sich lohnen.

15 Marken kämpften 1984 verbissen um jeden Hundenapf. Effem war in allen drei Preisklassen, von »Economy« bis »Premium«, mit führenden Marken (Loyal, Chappi, Pal) vertreten. Die Zahl der Hunde stagnierte (Sexmüdigkeit? Hohe Verkehrsdichte? Zu viel Urlaub?) bei etwa 3,5 Millionen Exemplaren aller Größen und Rassen. Es war zum Knochenvergraben. Doch bei der intensiven Suche nach »offenen Bedürfnisfeldern« (weniger bei den Vier- als bei den Zweibeinern) geriet eine neue Zielgruppe ins Visier der Marktlücken-

forscher: Die Besitzer kleiner, verwöhnter Hunde, die zu ihrem Haustier eine ungewöhnlich hohe emotionale Beziehung haben und deshalb mehr Geld für das Futter ausgeben.

Effem entschloß sich zu einer »Superpremium-Strategie«. Margrit Kolbe-Hopp, Account Directorin bei der Cesar-Agentur DMB&B, berichtete damals: »Die große Zahl von Hundehaltern, die davon überzeugt sind, daß ihr kleiner Liebling etwas Besonderes ist, gab den Ausschlag, auf die Naßfutter-Premium-Marke Pal noch ein weiteres Segment aufzusetzen.«

Warum gerade kleine Hunde? Weil die meisten kleinen Hunde zu nichts nutze sind. Dafür aber weniger Auslauf brauchen. Und deshalb besser zur Wohnung passen. Und irgendwie auch schmusiger sind. Also irgendwie: Luxusgeschöpfe. Kolbe-Hopp: »Kleine Hunde sind verwöhnt, mit Liebe reichlich bedacht, vollwertige Familienmitglieder und kulinarisch höchst anspruchsvoll.« Man wählte Hunderassen, die diesem Bild entsprachen, und gab den Tieren passende Namen. Unter den gestylten Porträt-Fotos stand: »Taps (Coco, Mona, Max, Gala, Lady) ißt Cesar.« Ißt! Frauchen konnte es schließlich nicht zugemutet werden, mit jemandem am Tisch zu sitzen, der frißt.

Der Speiseplan, bestehend aus Frühstück, Lunch und Dinner, wurde gleich mitgeliefert. Und um das beiderseitige Abhängigkeitsverhältnis zu betonen, bekamen die Cesar-Hunde Persönlichkeit und mußten in den Anzeigen ihren eigenen Kopf entsprechend groß hinhalten.

Geschaltet wurden die Anzeigen in der Lieblingslektüre des verwöhnten Hundes, in »Vogue« und »Madame«. Kolbe-Hopp: »Die Marktausweitung ging wie geplant, zu Lasten der Verwendung von Frischfleisch.« Was ja vielleicht auch nicht so schlecht war. Ihre einzige Sorge: »Die Fütterungsgewohnheiten sind nur schwer zu beeinflussen. Kein Hundehalter verwendet ausschließlich ein Futter. Die Parallelverwendung ist sehr hoch.« Das ist bedauerlich, da gibt es offensichtlich noch Handlungsbedarf, aber immerhin hatte Cesar seinen Superpremium-Futternapf schon dazustellen können.

Quelle: w&v 22/88

Für Männerhände viel zu schick

Kim

… war der Slogan der ersten erfolgreichen deutschen »Frauen-Zigarette«. Ebenso wie erfolgreiche Frauenzeitschriften hörte auch die Zigarette des HB-Produzenten British American Tobacco auf einen Vornamen: Kim.

Deutschlands Frauen waren 1970 die große Hoffnung der Tabak-Strategen. Die Zahl der männlichen Raucher verringerte sich ständig, Sterblichkeit und Gesundheitsbewußtsein forderten ihren schrecklichen Tribut. Nur noch 64 Prozent der Männer griffen regelmäßig zum Glimmstengel. Erfreut registrierte dagegen die Branche immer mehr weibliche Konsumenten – im gleichen Jahr verpafften 6,8 Millionen Frauen rund 30 Milliarden Zigaretten. Diese Zahlen ermutigten die Hamburger BAT, die jahrzehntealte Branchen-Regel über Bord zu werfen, derzufolge eine spezielle Frauen-Zigarette von vornherein zum Mißerfolg verurteilt sei – das Kosumverhalten des Mannes sei nämlich alleiniges Vorbild auch für die Frau. BAT bescherte den Frauen mit Kim ihre erste »eigene« Marke. Ihr Selbstbewußtsein wurde gestärkt, Männer mußten, wie schon in manchen Frauenbuchläden vorexerziert, außen vor bleiben: »Für Männerhände viel zu schick«.

Die Zigarette fand auf Anhieb soviel Zuspruch, daß man sich schon nach kurzer Zeit in der Händlerpresse rühmen konnte: »Kim – die erfolgreichste Zigarette seit 1969«. Konkurrent Reemtsma reagierte mit Candida (**»Den Frauen gewidmet«**), die zwar den Test in Berlin bestand. Aber die gnädige Darreichungsform der Widmung paßte den modernen Frauen wohl doch nicht so recht, weshalb sie schnell wieder in der Versenkung verschwand. Die Kim erreichte auf Anhieb mit 0,7 Prozent Marktanteil einen ordentlichen Achtungserfolg. Ein paar Jahre später titelte BAT: **»Genuß, der zu uns paßt«**. In den 80ern lautete der Slogan: **»Schlank und rassig«**.

Quellen: *Jahrbuch der Werbung 1979,* Düsseldorf 1979; Spiegel 52/71

G

General-gereinigt ist mehr als sauber

Der General

Bei Henkel schien man in den 70ern eine Vorliebe für hohe Hierarchien zu haben. Henkel-Khasana führte bereits einen Gouverneur im Programm. Der General war 1971 die Antwort auf die Konkurrenz von jenseits des großen Teiches. Der Name sollte die »Überlegenheit des Produkts über alle Probleme« (des Hausputzes) herausstellen. Der hochrangige Schmutzbekrieger wurde von der Agentur Verclas & Böltz betreut.

Henkel war seit 1951 mit Dor die Nummer 1 auf den Putzflächen gewesen. 1963 hatte Colgate-Palmolive mit Ajax (»**Der weiße Wirbelwind**«) den lukrativen Markt gründlich geputzt, kurze Zeit später wischte Procter & Gamble mit Meister Proper (» ... **putzt so sauber, daß man sich drin spiegeln kann**«) dem Konkurrenten Henkel noch eins aus. Beide Universalreiniger zogen schlierenfrei an dem in die Jahre gekommenen Dor vorbei. Henkel brauchte acht Jahre, um zu reagieren. Und bevor der General bundesweit gegen Ajax und Meister Proper antreten durfte, wurde er zwei Jahre lang im Testmarkt Saarland erprobt. Ein besonderes Verkaufsargument sollte der beigemischte »Bio-Alkohol«, ein Kiefernsaftprodukt, sein. Allerdings wußte beim Hersteller auf Nachfrage niemand genau, worum es sich dabei handelte. Da die Konkurrenten sich als »kraftvoll und scharf« anpriesen, setzte Henkel den General als »mild und schonend« dagegen.

Nicht gerade sehr martialisch. Um so militärischer verlief dafür der Verkaufsauftakt. Aus Außendienstlern machte man »Verkaufs-Rekruten«, die per Marschbefehl zur Generalstabsbesprechung im Sonderzug nach Timmendorf an die Ostsee beordert wurden. Im Marschgepäck mitzuführen war eine eiserne Ration: Ein Kaugummi, zwei Zehnpfennigstücke, zwei Kopfschmerztabletten, drei Zigaretten und ein Briefchen Streichhölzer. Für die Verbraucher standen Schallplatten mit Militärmusik und Generalswitzen bereit.

Mit einem Mammut-Etat von 8 Millionen Mark startete der neue Putzteufel, aufgebaut um die zentrale Werbefigur der »Generalin« Frau Martin. Ein Funkenmariechen im Generalslook, das, untermalt von Marschmusik, im Paradeschritt den Haushaltsschmutz attackierte. Mit Erfolg: Innerhalb von fünf Monaten waren 10 Millionen Flaschen verkauft. Erfolg auch für den Spot. Er wurde bei einem Internationalen Wettbewerb in den USA von der »Hollywood Radio and Television Society« als einer der weltbesten Werbefilme ausgezeichnet.

Quellen: w&v 12/73, 13/73; Joachim Kellner (Hrsg.), *Werbefiguren, Geschöpfe der Werbewelt,* Düsseldorf 1992

Gesunde Vitamine naschen

Nimm 2

Nimm 2, ein Vitamin-Bonbon der Firma Storck, war 1962 die erste Süßigkeit, die erfolgreich auf der Gesundheitsmasche ritt. Junior-Chef Klaus Oberwelland war damals auf der Suche nach einer neuen Produktidee, als er darauf aufmerksam wurde, daß die Firma Hoffmann La-Roche Vitamine herstellte. Oberwelland fragte nach, ob man die zehn wichtigsten Vitamine für den täglichen Bedarf in ein Bonbon packen könne. Drei Wochen später wurden die ersten Geschmacksmuster abgeliefert. Ärzte bezweifelten zwar, daß 10 Vitamine in einem Bonbon stabilisiert werden können, aber Storck konnte das Gutachten einer Wiener Lebensmittel-Versuchsanstalt vorweisen.

Nimm 2 war eine klassische Dilemma-Lösung. Einerseits hatten Bonbons wegen ihrer zähneschmelzenden Wirkung bei den Müttern keinen guten Ruf, andererseits kamen die geplagten Frauen, wollten sie mal ihre Ruhe vor den Blagen haben, oft nicht daran vorbei, den lieben Kleinen etwas Süßes ins Mäulchen zu stopfen. Mit schlechtem Gewissen, versteht sich. Die Vitamine in Nimm 2 versprachen einen Ausweg aus diesem Dilemma, ein Gesundheits-Alibi. Eine Vitamintabelle auf der Bonbontüte unterstrich den Pseudo-Nährwert. Aus einer zahnzerbröselnden Süßigkeit war per Kunstgriff eine wohlschmeckende Medizin geworden. Da durfte denn auch gleich zweimal zugegriffen werden, was den Umsatz weiter erhöhte. Ein späterer Slogan lautete: »**Nimm 2. Damit die Vitamine stimmen**«.

Quellen: Grey-Gruppe, *Wie man Marken Charakter gibt*, Düsseldorf 1993; *Jahrbuch der Werbung 1965*, Düsseldorf 1965

Glas, Geschirr und 1000 Sachen hilft Dir IMI sauber machen

IMI

IMI, ein Reinigungsmittel von Henkel, wurde 1929 erstmals verkauft. Die Idee dafür hatte Hugo Henkel von einer seiner zahlreichen Studienreisen in die USA mitgebracht. Der Name ist ohne tiefere Bedeutung. Bei den von Arbeitsplatzverlust bedrohten Henkel-Arbeitern kursierte jedoch die Anekdote, IMI sei die Abkürzung für »In Meinem Interesse«. Nicht nur im Haushalt sorgte IMI für schönen Glanz, auch im Schweinestall machte es sich nützlich. Die Tiere bevorzugten nämlich mit IMI-Spülwasser versetzte Nahrung. Was Spezialisten für Schweinezucht mit dem Natriummangel des gewöhnlichen Schweinefutters erklärten.

Der Slogan: »**Glas, Geschirr und 1000 Sachen hilft Dir IMI sauber machen**« entstand 1933, im Jahre Eins des Tausendjährigen Reiches. Er löste den im Jahr zuvor verbreiteten Zungenbrecher: »**Mit IMI im Wasser geht's Abwaschen rascher**« ab; 1936 trug auch IMI dem weitverbreiteten Idealismus Rechnung: »**Jede Hausfrau sagt einmal: IMI ist mein Ideal**«.

Nach dem Krieg zählten wieder andere Werte: »**IMI macht's für 30 Pfennig**«.

Auch Goethe und Schiller kamen mit IMI in Kontakt, wenn auch nicht zu Lebzeiten. 1932 wusch man ihren bronzenen Abbildern in Weimar mit IMI den Kopf. Die Stadt schrieb in einer Erklärung: »Erfreulicherweise kommt unsere Stadt völlig kostenlos zu dieser Säuberungsmaßnahme. Die Firma Henkel hat sich bereit erklärt, bei dieser Gelegenheit an dem Denkmal die Wirkung ihres neuen Putzmittels IMI vorzuführen.«

Quelle: *Alle mögen's weiß, Schätze aus der Henkel-Plakatwerbung*, Firmenpublikation

iMi
Mit iMi im Wasser
Gehts Abwaschen rascher!

Goldstück – zwei Stück – 85 Pfennig

Pril-Goldstück

Sparsamkeit, Treue, Sauberkeit. Das war 1966 die Rangfolge der schätzenswerten Eigenschaften einer Frau in den Augen des deutschen Mannes. Für Frauen stand die Treue an erster Stelle, die Sauberkeit der Männer spielte eine weniger wichtige Rolle, sie taucht erst an siebter Stelle auf. Den Frauen war offensichtlich ein treuer Schmutzfink lieber als ein gewaschener Filou. Der gleichen Umfrage zufolge hielten sich 77 Prozent der Deutschen für ein ganz besonders sauberes Volk. Immerhin benutzten bereits 90 Prozent der Männer eine Feinseife.

So weit, so gut. Eines verbitterte die Seifenhersteller jedoch sehr: Die Verbraucher waren nicht markentreu. Die Männer kauften die Seife nicht ein und benutzten das, was die Frauen ihnen mitbrachten, wenn nur der Geruch ihnen sympathisch war. Die einkaufenden Frauen liebten bei Seifen die Abwechslung: Mal ein anderer Geruch, mal eine andere Farbe, mal eine jugendlichere, mal eine gehaltvollere Seife.

Darum war der Erfolg des Goldstücks auch eine kleine Sensation. Bereits nach einem Jahr hatte die Seife die als magische Hürde geltenden 4 Prozent Marktanteil übersprungen. Was vorher lange keiner anderen Seife mehr gelungen war.

Hersteller Henkel wollte sich im Marktsegment der »Familienseifen zwischen der schlichten Kernseife und Feinseifen vom Typ Lux oder Palmolive« ein (Gold)Stück abschneiden. Man zwängte zwei Stück Seife in eine Packung und setzte den Preis auf 85 Pfennig fest und teilte diese Tatsachen dem Verbraucher mit: »**Goldstück – zwei Stück – 85 Pfennig**« Die visuelle Präsentation sollte aus dem Üblichen herausfallen, nicht so tierisch ernst sein und auf die eigentliche Funktion einer Seife hinweisen: Waschen und saubermachen. Im ersten Fernsehspot sah der Betrachter 30 Sekunden lang nur ein Waschbecken und zwei Männerhände; die Seifenstücke wurden ausgepackt und schäumend benutzt. Dazu sprach eine Off-Stimme den Satz »**Goldstück – zwei Stück – 85 Pfennig**«. Erst zögernd, ein wenig skeptisch, schließlich immer überzeugter, um dann in einem Stakkato zu enden.

Tausende Briefe begeisterter Verbraucher bestätigten den Erfolg. »Ihre Reklame ist großartig«, schrieb eine Dame aus Mainz. Einem Hamburger Wellensittich gefiel die Fernsehwerbung so gut, daß er den Slogan auswendig lernte. Eine »biedere Hausfrau aus Fürth« (so ihre Eigenwerbung) fand die Fernsehreklame fast noch besser als die Seife, und einem hessischen Teenager war mit Hilfe von Goldstück die Vertreibung seiner Pickel gelungen. Die eigentliche Sensation aber war, daß 71 Prozent der Verbraucher diese gewöhnliche Familienseife als exklusivere Feinseife einstuften. Ein Goldstück eben.

Quelle: w&v 8/67, Peter Reichard, *Ein (Gold)Stück vom Markt*

... groß – rund – und extra stark!

Dr. Hillers Pfefferminz

Die besondere Atemfrische hatte Dr. Hillers Pfefferminz zu einem der bekanntesten Markenartikel der vierziger und fünfziger Jahre gemacht. Horst Slesina, einer der Spitzen-Werber der fünfziger Jahre, erhielt von Dr. Hillers den Auftrag, in seinem »Tonstudio Frankfurt« eine große Anzahl von Rundfunkspots zu entwickeln. Slesina sorgte für Verbreitung und Einprägsamkeit, indem er den Slogan »**Dr. Hillers Pfefferminz – groß – rund – und extra stark!**« sehr unterschiedlich interpretieren und die »Durchsagen« landauf, landab ständig wiederholen ließ.

Eines Tages fuhr Dr. Hillers in die Schweiz. Er gab dem Zöllner seinen Paß, der guckte, lachte und rief dann: »**Dr. Hillers Pfefferminz – groß – rund – und extra stark!**« Dr. Hillers legte daraufhin fast seinen gesamten Etat in Funkwerbung an.

Quelle: Horst Slesina, *Die Fährte des Löwen,* München 1993

Grüne Welle für Vernunft

Busse und Bahnen

1973 präsentierte sich der öffentliche Nahverkehr mit dem Slogan »**Grüne Welle für Vernunft**« als sinnvolle Alternative zum Individualverkehr. Willy Brandt hatte gerade in seiner Regierungserklärung den Massenverkehrsmitteln den Vorrang vor dem Individualverkehr eingeräumt. Die Agentur Troost, Campbell-Ewald ließ als Fürsprecher für Bus und Bahn Verkehrsrichter, Kindergärtnerinnen, einen Sparkassenleiter, Petra Schürmann und, als Repräsentant der Gegenseite, einen Autotester, auftreten.

Quelle: *Jahrbuch der Werbung 1974,* Düsseldorf 1974

Gut eingeweicht ist halb gewaschen

Henko

Mit diesem Slogan wurde in den 50er Jahren das Henkel-Waschmittel Henko beworben. Da hatte Henko schon eine lange Geschichte hinter sich.

1876 hatte Fritz Henkel sein erstes Waschmittel erfunden, er nannte es schlicht Universalwaschmittel. Abgepackt in Tüten wurde es zwei Jahre später unter dem Namen Henkel's Bleich-Soda auf den Markt gebracht. Die Markenbezeichnung behielt es bis 1920. In einem Informationsblatt für die Vertreter stand zu lesen: »Außer den herkömmlichen Gebrauchsmöglichkeiten zum Waschen von Textilien eignet sich Henkel's Bleich Soda auch hervorragend zum Reinigen von Quirlen und sonstigen Hausgeräten aus Holz und Metall. Auch Korbmöbel, Fliesen und Fußböden reinigt sie tadellos ...«

Zum Zeitpunkt der Markteinführung war das Waschen noch aufwendige Schwerstarbeit. Über Nacht mußte die Wäsche erst einmal gründlich in Aschenlauge oder im Sud von Seifenkraut eingeweicht werden. Dann wurde sie ausgiebig in einer Schmierseifenlauge gekocht und mit Hilfe von Wurzelbürste und Waschbrett gründlich durchgewaschen und dann mit klarem Wasser mehrmals durchgespült. Anschließend wurden die Laken und Hemden noch zum Bleichen in die Sonne gelegt. Bei Familie Goethe in Frankfurt wurde deshalb nur einmal im Jahr richtig gewaschen. Wie der berühmt gewordene Sohn Johann Wolfgang später berichtete.

Die Verkaufserlöse von Henkel's Bleich-Soda waren gigantisch und betrugen 1899 fast 700.000 Mark. Mit dem Aufkommen von Persil wurde es als ein Opfer zunehmender Arbeitsteilung zum Hilfswaschmittel degradiert und 1920 in

Henko umbenannt. Henko zum Einweichen, Persil zum Waschen. Die Slogans zeigen die Rückstufung. 1913: »**Henkel's Bleich-Soda ist doch die Beste**«; in den 30er Jahren: »**Ich nehm Henko. Henko kenn' ich!**«; und dann in den fünfziger Jahren: »**Gut eingeweicht ist halb gewaschen**«.

Quelle: *Alle mögen's weiß, Schätze aus der Henkel-Plakatwerbung,* Firmenpublikation

Gut ist uns nicht gut genug

Hertie

Der Hertie-Slogan entstand zu Beginn der neunziger Jahre. Er surft auf der vielpropagierten Dienstleistungswelle und zielt gleichermaßen auf die Kunden wie auf die eigenen Mitarbeiter. Dem zahlenden Kunden wird, frei nach dem Motto, daß das Bessere des Guten Feind sei, Spitzenware und -leistung versprochen; für die Belegschaft bleibt, mit leise drohendem Unterton, der Appell übrig, sich doch ein bißchen mehr anzustrengen. Der durchschnittliche Nettoverdienst einer Warenhausverkäuferin liegt bei ca. 1.900 DM.

H

Haben Sie heute schon geschweppt?

Schweppes

In den siebziger Jahren war Schweppes dank der »Adelsgeschichten« (siehe: **»Schweppes verpflichtet«**) zum deutschen Tonicwater Nr. 1 aufgestiegen. 1983 war der Etat dann zu Michael Schirners Agentur GGK rübergeschweppt. GGK suchte »nach einer Kampagne, die in der Lage ist, eine Welt aufzubauen. Wir wollten einen schweppesadäquaten Humor zeigen, ohne vordergründige Werbegeschichten. Geistvolle, witzige Kommunikation mit subtilem, englisch unterkühltem Humor und mit einem Schuß Ironie und Doppelbödigkeit.«

Das Ergebnis der Überlegungen war der Slogan **»Haben Sie heute schon geschweppt?«** und die Idee, in einer »Enzyklopädie des Schweppens« das Universum der typischen Schweppes-Trinker auferstehen zu lassen: Was sie essen, was sie trinken (Schweppes natürlich, wie zu vermuten war), welche Hobbys und Spleens sie haben, welche Autos sie fahren, welche Sportarten sie betreiben. Dazu wandelte man zwanghaft (Schweppsomanie, grch., ansteckende Krankheit) bekannte Begriffe unter Zugabe der Silbe ›Schwepp‹ ab und kreierte eine ironisch überhöhte Schweppes-Kultur, deren Fixpunkte von »Spaghetti Schweppsonese« bis zur Oper »Schweppi fan tutti«, vom »Eid des Schweppokrates«, bis zum alpenländischen Jodler »schweppsolotrihuidihütüttütü« reichten. Man dichtete in Schweppsametern: »Wanderer, kommst du nach Schweppstadt, verkünde dorten, du habest uns hier liegen sehen (voll des herrlichen Schweppes), wie das Gesetz (Schweppes her, Schweppes her, oder ich fall um) es befahl.« Konjugierte: »Schweppsare (lat.), (schweppen). Vgl.: schweppso (ich schweppe), schweppsas (du schweppst), schweppsat (er, sie, es schweppt). Siehe: schweppso ergo sum.« Nahm seinen Fast-Food bei der Imbißkette McSchweppes, wo es die berühmten, köstlichen Schweppsburger gab. Putzte sich die Zähne mit Schweppsodent und nahm Mittel gegen Schweppsodontose (Schweppermann macht's täglich). Und las den Roman: Neunzehnhundertschweppsundachtzig von George Schweppswell, worin dieser schon Neunzehnhundertachtundschweppzig nach neunzehnhundertschweppsundachtzig Flaschen Schweppes eine wahnwitzige Welt beschrieben hatte, in der alle Leute nur Schweppes trinken.

In den Neunzigern startete eine neue Schweppes-Kampagne, welche die physiologische Reaktion prototypischer Konsumenten auf den Genuß des bitteren Tonic-Wassers zum Gegenstand machte: »**Das Schweppes-Gesicht**«.

Quellen: Michael Schirner, *Werbung ist Kunst,* München 1990; w&v 16/85

Haben Sie sich entschieden, niemals dick zu werden?

Lätta

Die fettreduzierte Margarine Lätta stammt aus derselben Küche der Union Deutsche Lebensmittelwerke wie das Konkurrenzfett Du Darfst (»**Ich will so bleiben, wie ich bin**«). Die Botschaft ist die gleiche: »**Haben Sie sich entschieden, niemals dick zu werden?**«. 1987 kreiert von der Ikea-Agentur Hans Brindfors. Agentur-Inhaber Brindfors schilderte ein Jahr später in einem Interview die Entstehungsgeschichte:

»Damit Werbung ihren Zweck erfüllt, also den Verbraucher dazu bringt, die Vorteile zu kaufen, muß Sie den Kenntnissen, Bedürfnissen und Interessen des Publikums angepaßt sein. Nur wenige Menschen sind bereit, wertvolle Zeit für trockene Fakten zu opfern. Da heißt es direkter vorgehen. Lätta ist ein gutes Beispiel dafür. Nach jahrelanger Forschungsarbeit war es der Union Deutsche Lebensmittelwerke gelungen, ein Streichfett herauszubringen, daß nur halb soviel Fett und halb soviel Kalorien wie Butter oder Margarine enthält.

Wie bringt man so etwas auf den Markt? Soll man den einfachsten Weg wählen? Sich an Leute mit Gewichtsproblemen wenden, die vermutlich stark an kalorienarmen Produkten interessiert sind? Oder sollte man vielleicht den schwierigen Weg gehen? Versuchen, jedermann zum Umsteigen auf ein Fett mit weniger Kalorien zu bewegen? Man entschied sich für den zweiten Weg. Der Grund war recht einfach: Kalorienarme Produkte scheinen nie mehr als 20% des Marktes erobern zu können. Ihr Ruf als ›Abmagerungsmittel‹ setzt ihnen offenbar eine Grenze. Lätta wendete sich an den Gesamtmarkt. Kein mageres Produkt für dicke Leute, sondern ein schlankes Produkt für schlanke Leute. Für Leute, die ihre Figur behalten wollen.«

Der Fiat Panda machte übrigens Anleihen bei dem Streichfett. Über eine seiner Anzeigen schrieb er: »Haben Sie sich auch entschieden, niemals dick zu werden?«

Quelle: *Jahrbuch der Werbung 1988,* Düsseldorf 1988, zitiert aus einem Interview mit Hans Brindfors, Brindfors Werbeagentur

Halber Preis für's ganze Volk

Bahncard

1993 sank zum Leidwesen der Bahn die Zahl der Bahnbenutzer weiter; Die Anzahl der Autos, des Deutschen liebstes Kind, steuerte auf die 40 Millionen-Grenze zu. Alle Appelle, auf andere Verkehrsmittel umzusteigen, hatten nichts gefruchtet. Dabei war die Bahn durchaus attraktiver geworden. Neue Züge, schnellere Verbindungen, besserer Service und Komfort hatten auf einigen Strecken für Zuwächse gesorgt. Aber sie war auch immer teurer geworden. Und so versuchte man dem Reisenden die Bahncard schmackhaft zu machen, die gegen eine einmal fällige Kartengebühr die Fahrtkosten für Vielfahrer reduzierte. Mit flinken Sprüchen wie **»Halber Preis für's ganze Volk«**, **»Ein Jahr Deutschland. Für alle die Hälfte«** oder **»Dieses Jahr bekommt Papa seine Eisenbahn«** brachte die Agentur Ogilvy & Mather seitdem die Vorzüge der Bahncard auf den Punkt.

Quelle: Horizont 44/94

Hallo, Herr Kaiser, gut daß ich Sie treffe!

Hamburg-Mannheimer Versicherung

Herr Kaiser ist Versicherungsvertreter. Wo immer er auftaucht, trifft er auf Kunden, die dringende Versicherungsangelegenheiten mit ihm zu besprechen haben. Wenn sie ihn sehen, rufen diese armen Menschen erleichtert aus: **»Hallo, Herr Kaiser, gut daß ich Sie treffe!«**

Seit 25 Jahren putzt Herr Kaiser – mittlerweile in der dritten Ausfertigung – für seine Versicherung die Klinken. Erfunden wurde er 1972 von der Hamburger Agentur MWI.

Im Versicherungswesen war man zuvor immer der Meinung gewesen, daß Größe gleichbedeutend mit Vertrauenswürdigkeit sei. Daher hatte die Hamburg-Mannheimer, wie die gesamte Branche sonst auch, die Größe und die Bedeutung des Unternehmens herausgestellt: **»Man wählt uns, Man kennt uns, Man lernt mit uns«**. 1972 kam die Trendwende. Man fürchtete, die Kunden könnten sich gegenüber einem derart großen Apparat hilflos fühlen. Um den Versicherten ihre Ängste zu nehmen, schuf man Herrn Kaiser als Inbegriff des seriösen Versicherungsvertreters und als Symbol für die »menschliche Seite« der Versicherung. Sein Nachname vermittelt zugleich Würde und den hohen Rang des von ihm repräsentierten Unternehmens. Der – etwas hintersinnige, ja doppeldeutige – Leit-Slogan der Hamburg-Mannheimer lautete nach wie vor: **»Mehr erleben«**.

Das Konzept mit Herrn Kaiser ging auf. Der Bekanntheitsgrad der Hamburg-Mannheimer ging nach oben, und das Unternehmen erreichte die höchsten Sympathiewerte aller Versicherungen. Schwierigkeiten tauchten erst auf, als Herr Kaiser in die Jahre kam und nicht mehr den Vorstellungen des Publikums von einem agilen Enddreißiger entsprach. Man verzichtete für kurze Zeit auf den Mann mit dem Koffer, was jedoch sofort Entzugserscheinungen bei den Versicherungsnehmern hervorrief und den Bekanntheitsgrad des Unternehmens sinken ließ. Der alte Herr Kaiser mußte wieder ran, bis ein Nachfolger gefunden war.

Die Suche dauerte lange, bis 1990. Der Neue ähnelte dem ersten Herrn Kaiser stark, war aber eindeutig jünger. Seine Kompetenzen wurden erweitert und schlossen nun auch die Finanzberatung mit ein. Die Deutschen hatten ihren Lieblingsvertreter wieder.

Seit 1997 ist nun Herr Kaiser der dritte auf der Jagd nach Abschlüssen. Als überaus moderner Vertreter seiner Zunft ist er sogar im Fußballstadion anzutreffen (»Sie sind doch nicht etwa DER Kaiser?!«). Es gibt vor ihm kein Entrinnen. Mal taucht er als Samariter auf, der einen jugendlichen Anhalter nicht nur vor dem Regen rettet, sondern ihm gleichzeitig noch ein paar wertvolle Versicherungstips mit auf den Weg ins Leben gibt. Mal wird er als Anhalter in der afrikanischen Steppe gesichtet, wo er versucht, ein paar Urlaubern noch schnell ein Versicherungspaket anzudrehen. Diese Allgegenwart von Herrn Kaiser blieb nicht ohne Wirkung. Heute kennen ihn 70 Prozent der Bevölkerung.

Quellen: Joachim Kellner (Hrsg.), *Werbefiguren, Geschöpfe der Werbewelt,* Düsseldorf 1992; w&v 8/73; Horizont 19/90

Hallo Partner – danke schön

Deutscher Verkehrssicherheitsrat

Der Partner-Slogan des Deutschen Verkehrssicherheitsrates (»Wir müssen eine Ware verkaufen, die niemand will«.) entstand 1970 und sollte dem »Kriegsverhalten auf den deutschen Straßen« (Untersuchungsergebnis der Agentur Durana Ketchum) etwas entgegensetzen. Die gewünschte »atmosphärische Verbesserung« im Straßenverkehr sollte durch die saloppe Grußformulierung erreicht werden. Der **»Hallo Partner – Danke Schön«** – Aufkleber zierte in der Folge zahlreiche Auto-Heckscheiben. Eine eigens produzierte Hallo-Partner-Schallplatte mit Peggy March und Jürgen von Manger verfehlte nur knapp den Einzug in die Charts. Auf den Straßen ging es zu wie immer.

Quelle: w&v 52/71

Haribo macht Kinder froh und Erwachsene ebenso

Haribo

Den bekanntesten deutschen Werbeslogan »**Haribo macht Kinder froh**« (laut Umfrage der »TV Hören und Sehen« kennen ihn 77 Prozent der Deutschen) soll Firmeninhaber Hans Riegel, so wird es zumindest überliefert, von einem durchreisenden Werbetexter zu Beginn der dreißiger Jahren für 20 Reichsmark erstanden haben. Damals noch ohne den Zusatz: »**und Erwachsene ebenso**«. Der kam erst anno 1962 hinzu, als man ganz erfreut gemerkt hatte, daß nicht nur Kinder in die Tüte greifen. Speziell für die ersten Haribo-Fernsehspots hängte man den entscheidenden Zusatz an.

Am 13. Dezember 1920 hatte Riegel die Firma Haribo (Akronym für »Hans Riegel Bonn«) mit dem bescheidenen Startkapital von einem Sack Zucker gegründet. Zunächst kochte er nur Bonbons. 1922 hatte Riegel dann die wunderbare Idee, Fruchtgummi in die Form eines »Tanzbären« zu packen. Er wurde von Hand in Form gegossen, die Tagesproduktion betrug einen Zentner, und Ehefrau Gertrud Riegel lieferte die Ware mit dem betriebseigenen Fahrrad an die Kunden aus. Der Urahn des heutigen Goldbären war damals noch etwas größer und auch schlanker als seine Enkel. Im Haribo-Sortiment der fünfziger Jahre heißt er »Teddybär«.

Der heutige gemeine Goldbär hat einen kleineren und einen größeren Bruder. Den Mini- (1,7 cm) und den Super-Goldbären (2,2 cm). Allein die binnen eines Jahres in Deutschland weggeputzten Goldbären würden aneinandergereiht, und wenn sie nicht vernascht worden wären, eine Goldbärenfriedenskette ergeben, die etwa dreimal um den Globus reicht. Haribo ist heute der weltweit größte Hersteller von Fruchtgummi und Lakritzprodukten, 70 Millionen Goldbären wandern täglich in die Welt hinaus. Von Hans-Dietrich Genscher weiß man, daß er in seinem Diplomatenkoffer neben wichtigen Verträgen immer eine Tüte Goldbären dabei hatte.

Seit Ende der achtziger Jahre preist Thomas Gottschalk im Fernsehen den Nährwert der Süßigkeiten. Der erste Spot mit ihm hieß »Eintopf« und wurde von Kir-Royal-Regisseur Helmut Dietl in Szene gesetzt. Gottschalk, der seine allseits bekannte Kauleiste zuvor schon in den Dienst von McDonald's gestellt hatte, was sowohl auf eine ausgewogene Ernährung wie auch auf honorarabhängige Ernährungsgewohnheiten schließen läßt, bekam für zwei

Jahre überzeugend bewiesenes Gummibärchen-Engagement unbestätigten Gerüchten zufolge drei Millionen Mark. Pikanterie am Rande: Eigentlich arbeitete die McDonald's-Agentur Heye & Partner auch für Haribo. Aber sie wurde für die Gottschalk-Auftritte ausgemustert, weil Tommi durchgesetzt hatte, daß nur er gemeinsam mit dem ehemaligen Heye & Partner-Texter Rainer Szymanski den kreativen Input geben durfte.

Quellen: Info Pressestelle Haribo GmbH, Spiegel 7/65; w&v 13/91

Hast Du was – bist Du was!

Werbeverbund Pfandbriefe und Kommunalobligationen

Den Pfandbrief-Slogan »**Sparst du was, dann hast du was – und hast du was, dann bist du was**« dampfte der Volksmund schnell auf seine wahrhaften Ursprünge im Volksglauben ein. Übrig blieb: »**Hast Du was – bist Du was!**« Kreiert wurde die vollständige Version 1955 von der William Heumann Werbegesellschaft.

Nachdem die Agentur den Etat errungen hatte, schickte sie einen Mitarbeiter als Testkäufer in eine Bank, um das Image der Wertpapiere abzuchecken. Das Ergebnis machte wenig Mut. Der Schalterbeamte sah den armen Kerl forschend an und meinte wohlwollend: »Sie sehen doch wohlhabend und intelligent aus. Wie können Sie dann Pfandbriefe kaufen? Das ist was für Versicherer und alte Leute.« Dabei waren Pfandbriefe, die es seit zweihundert Jahren gab, einstmals eine beliebte und weitverbreitete Sparform gewesen (»**Ein Pfandbrief verdirbt nicht**«). Zwei Weltkriege und die nachfolgenden Geldvernichtungen hatten jedoch das Vertrauen in diese Anlageform gründlich erschüttert. Zudem galten Pfandbriefe als verstaubt und nicht attraktiv genug.

Die Werbekampagne durfte daher nicht zu brav, aber auch, bei der ausgeprägt konservativen Haltung der Auftraggeber, nicht zu frech sein. Und man hatte Probleme mit den Produktbezeichnungen. Allein das Wort »Kommunalobligation« verursachte der Agentur schon Bauchweh. Wie sollte man so etwas verkaufen? Die Umbenennungsvorschläge von Hunderten von befragten Bankern erbrachten nur noch schrecklichere Wortgebilde. Schließlich meinte ein Kontakter der Agentur, man solle doch die Werbung mit dem Satz abschließen: »**Sparst du was, dann hast du was**«. Ein anderer Mitarbeiter steuerte bei: »**Und hast du was, dann bist du was**«.

Die Herren vom Institutsausschuß waren zunächst, wie es sich geziemte, skeptisch, dann aber vom Erfolg der Kampagne begeistert. 1963 wanderten bereits wieder mehr als 50 Prozent aller emittierten Pfandbriefe in private Wertpapierdepots. Und auch Aktienfreunde reagierten auf die Kursrückgänge an den Börsen und griffen wieder zum Pfandbrief. Die Kampagne lief viele Jahre mit großem Erfolg und wurde erst 1968 von dem Slogan: »**Das Huhn, das goldene Eier legt**« (siehe dort) abgelöst.

Quellen: Slesina, *Die Fährte des Löwen,* München 1993; *Jahrbuch der Werbung 1965,* Düsseldorf 1965

Hauptfach: Denken

Bundeswehr

1954 war die deutsche Wiederbewaffnung beschlossene Sache, und bereits am 5. 5. 1955 trat die Bundesrepublik als 15. Mitglied der NATO bei. In den zehn Jahren seit dem Ende des Zweiten Weltkrieges war eine ganze Menge Nazis in hohen Ämtern des neuen Staatswesens relativ umstandslos zu Einkommen und Reputation gekommen. Auch die neue demokratische Armee besetzte viele Führungspositionen mit ehemaligen Wehrmachtsangehörigen. Erprobtes Personal eben.

Äußerlich wollte man sich aber auf jeden Fall von der Wehrmacht und ihrem weitreichend bewährten Kadavergehorsam distanzieren. Die Bundeswehr sollte eine »von allen Schlacken des Militarismus befreite« europäische Armee darstellen. Zivile Tugenden erhielten die Erlaubnis, das Gelände der Kasernen, die fortan schlicht Unterkünfte genannt wurden, zu betreten.

Die SPD überzeugte der Slogan nicht. In einem Werbefilm ließ sie einen stahlbehelmten Zeichentrick-Vogel mit einem Zweig als Gewehr zu Militärmusik paradieren. Kommt ein zweiter Vogel geflogen: »Hi, was machst du denn da? Piep.« Der Erste: »Übe für Wehrpflicht. Der Kanzler hat gerufen. Piep.« – »Wieso? Biste von gestern, nie was von gehört? Na, kiek mal da.« Ein Lastwagen fährt Geldsäcke heran, aus denen Panzer werden, die wiederum Bäume platt machen. Aus den Geldsäcken eines SPD-Lastwagens werden dagegen Altersheime und Schulen. Am Ende ist der Militärpiepmatz kuriert und gemeinsam zwitschern sie: »Nee, wissen se nee, ganz anders macht die SPD!«

Quellen: *Werbespots Bundeswehr,* SPD

Have a break, have a Kitkat

KitKat

KitKat ist eine Schokoladen-Waffel aus dem Hause Nestlé , die bereits 1934 in Großbritannien eingeführt wurde und seit 1975 auch hierzulande erhältlich ist. Wenn man die Waffel zerbricht, um beispielsweise mundgerechte Portionen zu erhalten, gibt sie ein knackendes Geräusch von sich, welches Marketingexperten werbewirksam als »KitKat-Break« identifiziert haben.

Der Slogan **»Have a break, have a Kitkat«** operiert geschickt mit der Doppelbedeutung des englischen Wortes break: »In seiner Doppeldeutigkeit wird mit dem KitKat-Break zum einen das Brechen der knusprigen Waffel, zum anderen die KitKat-Pause, in der Genießen und Entspannen im Mittelpunkt steht, kommuniziert.«

Konkurrent Milka pocht allerdings nach wie vor darauf, daß ihr Lila-Pausen-Jingle ihnen die höchste Pausen-Kompetenz eingebracht habe. Ein dritter Anwärter auf diesen Ehrentitel ist Knoppers, das Frühstückchen von Dickmann's. Dort war man auch so schlau, gleich eine Uhrzeit mit anzugeben: **»Morgens halb zehn in Deutschland«**. Aber diese Genauigkeit ist auch irgendwie typisch deutsch.

Typisch englisch ist hingegen der Spot »Quackers« (Entenjäger), der den Kitkat-Slogan so richtig bekannt gemacht hat. Es werden zwei vorsichtig im Sumpfe sich bewegende Entenjäger gezeigt, die mit Hilfe ihrer Entenpfeife Lockrufe ausstoßen. Ohne voneinander zu wissen, beantwortet der eine die simulierten Entenrufe des anderen. Sie bewegen sich rückwärts aufeinander zu, bis sie zusammenstoßen. Erstaunt stellen sie den Schießprügel an die Seite und überwinden ihre Enttäuschung mit einem Kitkat. Als sie, darin ganz der Betriebsanleitung der Schokowaffel folgend, den Kitkat-Break vollziehen, scheucht das Geräusch einen ganzen Schwarm Enten auf.

Der Film der Agentur J.W. Thompson begeisterte Entenfreunde, Süßwaren-Junkies und Nestlé, aber auch einige Fachleute. Er wurde mit dem Silbernen Löwen in Cannes, der Berliner Klappe (Bronze) und dem RTL plus Ad Clip prämiert.

Quellen: w&v 41/91, 45/92, 50/93

Heißgeliebt und kalt getrunken

Doornkaat

Doornkaat, die große Spirituosen-Spezialität aus Norden in Ostfriesland, wird seit mehr als 190 Jahren nach einem geheimnisumwitterten Familienrezept hergestellt. Die bodenständigen Deichanrainer hatten so manchem Sturm getrotzt und auch der Versuchung irgendwelcher Werbekapriolen stets widerstanden. Es gab keine Supermänner und keine Bikini-Mädchen, höchstens mal ein kühles Blondes. Von wegen Doornkaat zum Bier.

So fleißig sie ihren Schnaps brannten, so maulfaul waren die Nordener, wenn es um irgendwelche Auskünfte ging. Der Doornkaat-Werbeleiter begründete 1968, als nach Ansicht vieler Menschen sowieso viel zu viele Leute ihr Maul viel zu weit aufrissen, diese Schweigsamkeit mit einem alten ostfriesischen Wort: »De Mund kann moken, dat de Mors Hau kricht« – frei übersetzt: ein falsches Wort und du kriegst Dresche.

Prof. Ludwig Hohlwein hatte in den 20er Jahren die Figur des »Doornkaat-Genießers« geschaffen, den Urtyp des alkoholseligen und verständnisvollen Korntrinkers. Sein charakteristisches, schon leicht angeheitertes, rotwangiges Gesicht dominiert seitdem die grünen Vierkantflaschen. Ein Freund stand Prof. Hohlwein Modell, in einer Hand das typische, kältebeschlagene Glas.

Die Botschaft: »**Heißgeliebt und kalt getrunken**« tauchte zwar erst nach Kriegsende in frühen Ausgaben von »Readers Digest«, »Spiegel« und »Stern« zusammen mit dem Trinkerkonterfei wieder auf; es ist jedoch wahrscheinlich, daß beide bereits in den zwanziger Jahren für den Ostfriesischen Landwein geworben hatten. Zwei weitere bekannte Doornkaat-Slogans waren »**Große Männer trinken Doornkaat**« und das prägnante »**Doornkaat aus Kornsaat**«.

Trotz der zurückhaltenden Werbung stieg der Doornkaat-Umsatz in der Dekade von 1953 bis 1963 von knapp 9 auf 200 Millionen Mark. Und damit neunmal schneller als das bundesdeutsche Sozialprodukt. Der Tagesausstoß betrug mehr als 150.000 Flaschen, in den firmeneigenen Tanks warteten rund fünf Millionen Liter Korn auf die Zecher.

Bis Anfang der 70er Jahre war der Korn mit dem unverwechselbaren Namen (keine pfiffige Werbeidee, sondern ganz schlicht nach Firmengründer Jan ten Doornkaat-Koolmann benannt) die Nr. 1 unter Deutschlands Spirituosen. Das belegt auch eine öffentliche Ratssitzung der niedersächsischen Gemeinde

Bodenwerder anno 1959. Dem einzigen Zuhörer schenkte der Ortsbürgermeister aus Dank für dessen Erscheinen eine Flasche Doornkaat.

Quellen: w&v 16/69, Hohlspiegel 14/59

Hell wie der lichte Tag

Osram

1949 wurde es allmählich wieder hell in Deutschland. Der Krieg war schon eine Weile vorbei, die erste schlimme Nachkriegszeit überstanden und das Wirtschaftswunder lag bereits in den Windeln. Adenauer verhinderte Experimente, und die Osram-Glühbirnen sorgten dafür, daß der Aufschwung auch bei Dunkelheit nicht zum Erliegen kam: 1952 umfaßte das Sortiment der gebräuchlichsten Sorten bereits 2.500 Modelle, angefangen von der Quecksilber-Mischlichtlampe über die Bienenkorb-Glimmlampe bis zur profanen Weihnachtskerze – Thomas Alva Edison hätte 1879 sicherlich nicht schlecht gestaunt, wenn er geahnt hätte, daß man mit seiner Erfindung einmal Weihnachtsbäume bestücken würde.

Seit 1949 leistete sich Osram eine eigene Werbeabteilung. Und schon im allerersten Jahr wurde von Richard Döring der Slogan gefunden, der Osram und Deutschland zur Deckung brachte: »**Osram – hell wie der lichte Tag**«. Es reimte sich zwar nicht, traf aber dafür den Nerv vieler Deutscher: Sie wollten etwas von Aufbruch, Zukunft und Frieden hören, die Vergangenheit sollte möglichst schnell im Dunkel kollektiven Vergessens verschwinden. Nach den langen Bombennächten sehnte man sich nach beleuchteten Straßen und nach Geschäften, in denen auch nachts das Licht nicht ausging.

Ein anderes Werbeorgan der Firma waren die »Osram-Nachrichten«, in denen man Interviews, Statements und Produktinformationen finden konnte. Eine Geschichte, die typisch für den Humor der fünfziger Jahre ist, wird von der »fliegenden Oma« Luise Rissmann erzählt. Ihren ›nom de guerre‹ hatte sie erhalten, weil sie im zarten Alter von 106 Jahren von Berlin nach Hannover geflogen war. Ihre erste Begegnung mit Osram-Lampen datierte von 1906 oder 1907, als sie gerade erst 57 Jahre alt war: »Die erste Bekanntschaft mit der Osram-Lampe habe ich aber, wie schon gesagt, mit der Taschenlampe gemacht, und das war so: Mein Mann war schon gestorben; einer unserer Bekannten, den wir Onkel Otto nannten, pflegte mich abends oder nachts, wenn ich nach einem Besuch, Theater oder von dem Hotel meiner Tochter nach Hause ging, zu begleiten. Er war schon in dem glücklichen Besitz einer Taschenlampe, die damals noch ein Wunderinstrument war und die auch später für mich zum ständigen Begleiter wurde. Nachdem wir uns an der Haustür verabschiedet hatten – einzutreten verboten Anstand und gute Sitte – und ich die Tür von innen verschlossen und den Schlüssel abgezogen hatte, leuchtete Onkel Otto mit seiner Taschenlampe durch das Schlüsselloch, bis ich in der Stube das Gaslicht anzünden könnte.«

Taschenlampen, gute Sitten und eine Prise Schlüsselloch-Erotik – besser hätte man die fünfziger Jahre schwerlich auf den Punkt bringen können.

Quellen: Osram GmbH, *75 Jahre Osram*, Firmenpublikation; Osram-Nachrichten vom 10. März 1956

Heute bleibt die Küche kalt – da geh'n wir in den Wienerwald!

Wienerwald

Hendl-König Friedrich Jahn war in den sechziger Jahren der Aufsteiger des Jahrzehnts. Der aus Österreich stammende Kellner hatte 1955 mit 8.000 Mark Startkapital das »Linzer Stüberl« in der Amalienstraße in München-Schwabing erworben. Ein Gast, der dem Oktoberfest und seinen Hähnchenbratereien nachtrauerte, brachte Jahn auf die Idee, aus dem saisonalen Leckerbissen eine Dauereinrichtung zu machen und auch in der Gaststätte Hähnchen zu grillen. 1962 startete eine großangelegte Werbekampagne mit Zeichnungen des Karikaturisten Peter Großkreuz. 1965 schließlich prägte die Viva-Absatzwerbung den Slogan, der schnell zum geflügelten Wort avancierte: **»Heute bleibt die Küche kalt – da geh'n wir in den Wienerwald!«**

Eine Anzeige von 1964 zeigt einen Familienvater in Anzug und Krawatte, der mit gönnerhaftem Blick seine Sippschaft zum Essen in den Wienerwald einlädt. Die Kinder springen vor Begeisterung durch die Wohnung, die Hausfrau lehnt dankbar mit treuherzigem Blick an der breiten Schulter des großzügigen Spenders, der ihr das Kochen und den Abwasch durch seine selbstlose Geste erspart hat.

Die Botschaft von Bratenduft und Familienglück lockte die Kundschaft in hellen Scharen in die Lokale. Die gegrillten Gummiadler starteten einen Höhenflug nach dem anderen. Allein 1963 eröffnete Jahn 43 deutsche und 4 ausländische Gaststätten – ein absoluter Rekord. An alles hatte Friedrich Jahn gedacht, alles war genormt: vom Hendl über die Tischvase bis hin zur Schürze der Kellnerinnen. Pro Sitzplatz erforderten die später im Franchise-System vergebenen Lokale Investitionen in Höhe von etwa 1.000 DM, bei optimaler Größenordnung also rund 200.000 DM. Auf seinem Höhepunkt erkundete Jahn nicht nur zusammen mit Franz-Josef Strauß die dunklen Seiten New Yorks, ihm gehörten auch 200 Grillstationen in der gesamten Republik.

Eine Menge Leute war zwar scharf auf die leckeren Hähnchen, wollte sich dazu aber nicht der ziemlich sterilen Atmosphäre der Wienerwald-Restaurationsbetriebe aussetzen. Sie ließen sich also die halben Tiere in Tüten packen und nahmen sie mit nach Hause. Jahn reagierte prompt und nahm auch sie unter die Stummelfittiche seiner Hendln. Der leicht modifizierte Wienerwald-Slogan von 1966 lautete deshalb: **»Heute bleibt die Küche kalt – mit Hendln aus dem Wienerwald!«**

Quellen: Michael Kriegeskorte, *100 Jahre Werbung in Deutschland; Jahrbuch der Werbung 1967*, Düsseldorf 1967; w&v 39/72

Heute ein König

König-Pilsener

In den sechziger Jahren, als die Wiedereinführung der Monarchie zumindest in der Yellow-Press bereits vollzogen war, konnte die König-Brauerei die Freunde ihres Gerstensaftes mit Fug und Recht und ohne sie zu kränken als **»Die König-Treuen«** (siehe dort) ansprechen. Diesen Slogan griff dreißig Jahre später die Agentur Scholz & Friends wieder auf. Der alten, neuen Dienstleistungsphilosphie entsprechend, wonach der Kunde ein König sei, der statt Zepter und Krone Bierglas und Fahne als Insignien seiner Würde trägt, wurde er allerdings doppelsinnig abgewandelt. **»Heute ein König«** befördert den ehemaligen Untertan zum Herrscher und drückt ihm gleichzeitig das Pils in die

Hand. Die Werber dachten dabei an die »individuellen Glücks- und Erfolgsmomente im Leben, die man mit einem König-Pilsener krönt. (...) Den ganz bewußten Genuß der schönsten Momente des Lebens. Eben Augenblicke, die etwas Einzigartiges verdienen – und in denen man sich fühlt wie »ein König«. Nicht unwesentlich beteiligt an der Merkfähigkeit des Slogans ist der Zusatz: **»Das König der Biere«**. Hier scheiden sich nämlich die Geister. Steckt den einen »das« König ziemlich quer im Hals, geht es anderen runter wie Öl.

Quelle: Info Pressestelle König-Brauerei

Hilft dem Vater auf das Fahrad

Hulstkamp

Der Rechtschreibfehler in dem Slogan für den Hulstkamp-Schnaps (Eckes AG) von 1967 war der eigentliche Clou. Er sollte eine heftige Diskussion provozieren und zum Schreiben von Beschwerdebriefen anregen. Derartige Reaktionen sind allerdings nicht überliefert. Die Schnapstrinker hatten wohl besseres zu tun und die Hüter der deutschen Sprache brüteten wohl bereits über der dreißig Jahre später mißlungenen Rechtschreibreform.

Quelle: Spiegel 20/67

His Master's Voice (Die Stimme seines Herrn)

Grammophone Company

Ein rührende Schmonzette muß erzählt werden, um Hund, Grammophon und Slogan zusammenzubringen: Da lebte gegen Ende des vorigen Jahrhunderts in London der Bühnenbildner Marc Barraud mitsamt einem weißen Foxterrier-Mischling namens Nipper. Barraud bastelte in seiner Freizeit mit Vorliebe an einem Phonographen herum. Zeichnete Musik und Stimmen auf und erfreute sich an ihrer Wiedergabe. Der Hund hörte aufmerksam zu. Bei einem dieser Experimente nun fiel das Herrchen tot um. Sein Hund aber jaulte nicht und schlug auch sonst keinen Alarm, sondern blieb gebannt vor dem Trichter des Phonographen sitzen und lauschte der Stimme seines Herrn.

Als dann der Bruder des Verstorbenen, der Kunstmaler Francis Barraud, der Phonograph und Hund bei sich aufgenommen hatte, entdeckte, daß das treue Tier, sobald der Apparat in Gang gesetzt wurde, **»His Master's Voice«** erkannte, bannte er die bewegende Szene in Öl auf Leinwand. In künstlerischer Freiheit hatte Barraud den Klangtrichter auf seinem Bild erheblich vergrößert. Er sah nun genauso aus wie die Messingtrichter der amerikanischen »Grammophone Company«, welche sich durch besondere Klangtreue auszeichneten. Die Firma war begeistert und kaufte im Frühjahr 1899 ein Dutzend Kopien des Bildes für ihre Werbung an. Man verschickte Drucke dieser Bilder in alle Welt und gab bis zum Jahre 1929 über 10 Millionen Mark aus, um Nipper und seine Geschichte populär zu machen.

Soweit die Legende, die, je nachdem, wer sie erzählt, immer ein bißchen variiert. Kein Wunder, sie ist frei erfunden. Tatsächlich erteilte die Grammophone Company Francis Barraud 1899 den Auftrag, ein Werbeplakat für ihr Grammophon zu entwerfen. Und da der Firma der Musikautomat alleine auf dem Bild zu einsam erschien, malte Barraud den Hund, den er tatsächlich von seinem verstorbenen Bruder geerbt hatte, ins Bild hinein. Um diesen Kunstgriff zu motivieren, erfand er die rührselige Geschichte. Die fand so viel Anklang, daß Bild und Slogan zu einem der bekanntesten Markenzeichen des Jahrhunderts wurden. Und natürlich auch in anderen Zusammenhängen Verwendung fanden. 1936 erschien in der Weltpresse eine Karikatur, die den Kopf des britischen Außenminister Anthony Eden auf einem Hundekörper vor einem Grammophon zeigte, aus dessen Trichter die Stimme des sowjetischen Außenministers Litwinow klang. Unterschrift: »His Master's Voice«.

Quellen: Georg Büchmann, *Geflügelte Worte,* Niedernhausen 1994; Karen Duve, *Lexikon berühmter Tiere,* Frankfurt am Main 1997

... hoffentlich Allianz versichert

Allianz-Versicherung

Zunehmender Wohlstand und das Gefühl, daß es aufwärtsgeht, schlägt sich immer sehr rasch im Bewußtsein der Menschen nieder: Optimismus und Selbstbewußtsein setzen sich durch, die trüben Gedanken werden ad acta gelegt. Das zeigt sich vielleicht nirgends so deutlich wie im Versicherungsgeschäft – das ja immer auch ein Geschäft mit den Ängsten und Sorgen der Leute ist. Das zeigt auch die Neuorientierung der Allianz-Werbung während der fünfziger Jahre.

In der ersten Nachkriegszeit hatte man noch heftig mit dem Sargdeckel geklappert: Plakate zeigten Totenköpfe und brennende Autos, die Slogans gemahnten an all die Katastrophen, die auch in Friedenszeiten drohten. »**Unfallgefahr droht – Versichere Dich!**« war noch die harmloseste Warnung. Etwas drastischer waren die Anspielungen auf die großen materiellen Nöte der Kriegerwitwen, mit denen man für die Rentenversicherung der Allianz warb: »**Wenn jede Frau wüßte, was jede Witwe weiß**«.

Die Allianz knüpfte mit dieser Katastrophenwerbung bezeichnenderweise an die Art von Reklame an, die schon direkt nach dem Ersten Weltkrieg erfolgreich war. Damals wurde für eine Lebensversicherung mit einem Bild geworben, das an Hans Holbeins berühmten ›Totentanz‹ erinnerte: Ein Knochenmann fällt einem Arzt, Handwerker und Bauer mitten im strotzenden Leben in den Arm und meint dazu schaurig-unheilvoll: »**Sicher ist der Tod, unsicher nur die Stunde.**« Auch vor Särgen, Knochenhänden und abgelaufenen Sanduhren schreckten die Werbeleute nicht zurück, um ihre potentiellen Kunden in Panik und in die Arme der Allianz zu treiben. Memento mori – das fiel nach dem fürchterlichen Krieg auf fruchtbaren Boden.

Der Optimismus der Wirtschaftswunderkinder verdrängte aber nun mehr und mehr die Angst und nahm dieser Werbung die Wirkung. Jetzt mußte an Vernunft und Sicherheitsdenken appelliert werden. Den richtigen Ton und das passende Outfit dazu fand ein völlig unbekannter junger Grafiker: Im Jahr 1957 fand der Werbeleiter der Allianz unter seiner täglichen Post eine Mappe mit kolorierten Zeichnungen, die ihm ein gewisser Hansjörg Mayer geschickt hatte. Lustige Strichmännchen waren darauf zu sehen, ein Werbespruch kommentierte ihre Aktionen. Der Absender hatte die gleichen Bilder, natürlich mit variierten Slogans, auch an andere Unternehmen verschickt. Der

Spruch, den er für die Serie der Allianz dazuschrieb, war knapp, prägnant, und sollte einer der erfolgreichsten Slogans der Werbebranche werden: »... **hoffentlich Allianz versichert!**« Ein mit Beute beladener Dieb oder ein Unfallverletzter machte deutlich, warum.

Dem Werbeleiter gefielen die Figuren, den sie paßten hervorragend zu einer Idee, die er gerade selbst entwickelte. Auf Streichholzschachteln sollte in Zukunft für die Allianz Sympathie geweckt werden, und die Strichbildchen eigneten sich für den knappen Raum perfekt. Umgehend schrieb er an den unbekannten Grafiker, doch nach wenigen Tagen kam die Post zurück mit dem Vermerk: »Empfänger unbekannt«. Erst nach zwei Wochen lüftete sich das Geheimnis. Der Gesuchte hieß in Wahrheit Hansjörg Dorschel. Sein Vater war Personalchef der Allianz in Stuttgart und wollte nicht, daß der Sohn in die Werbebranche einsteigt. Deshalb mußte der Filius zu der Verkleidung greifen und seine Werke unter Pseudonym versenden.

Der Erfolg gab ihm jedoch in seiner Berufswahl recht: Seit 1958 schmückten Dorschels Zeichnungen eine Unzahl von Zündholz-Packungen, und unter den wechselnden Motiven – etwa dem eines schuldbewußt dreinblickenden Jungen mit Fußball vor einer zerbrochenen Fensterscheibe – stand stets: »... **hoffentlich Allianz versichert!**«

Dem Treiben der erfolgreichen Strichmännchen setzte die technische Revolution in Gestalt von Einwegfeuerzeugen erbarmungslos ein Ende. Der Slogan hingegen blieb aktuell, er wurde erst in den achtziger Jahren durch einen Ohrwurm ergänzt:

»Denn wer sich Allianz versichert, der ist voll und ganz versichert, der schließt vom ersten Augenblick ein festes Bündnis mit dem Glück – eine Allianz fürs Leben.«

Als dieser Song aufkam, war der Wirtschaftsoptimismus längst diffusen Ängsten vor der Globalisierung und konkreten Erfahrungen von Arbeitslosigkeit und Unsicherheit gewichen. Da bedarf es nun wirklich eines Bündnisses mit dem Glück.

Quelle: Peter Borscheid, *Tue Gutes und rede darüber: Die Werbung der Allianz*, in: *100 Jahre Allianz Versicherung*, Firmenpublikation

Ich bin ein Ausländer

Initiative gegen Ausländerfeindlichkeit

Drei Monate nach dem Brandanschlag auf ein Asylanten-Heim in Hoyerswerda und der Vertreibung dieser Menschen bekundeten Prominente von Peter Maffay bis Götz George auf Tausenden von Litfaßsäulen ihre Solidarität mit dem Satz: »**Ich bin ein Ausländer**«.

Die gewaltige Sympathiewelle kräuselte sogar noch amerikanische Gewässer, und die »Newsweek« berichtete über die plötzlich ausgebrochene Ausländerfreundlichkeit der Deutschen. Zeitschriften stellten kostenlos Anzeigenseiten zur Verfügung, Werbeagenturen boten unentgeltlich ihre Dienste an. Mit wahrhaft erschütternden Ergebnissen: Da fließt dann Blut aus einer schwarz-rot-goldenen Flagge; oder einem fetten deutschen Touristen in Shorts und Netzhemd schallt beim Kamelritt der Ruf entgegen: »Ausländer raus«. Bitterböse wurden die dumpfen Ressentiments aufs Korn genommen. So war neben dem Porträt eines Mädchens mit dunklen Augen die Frage zu lesen: »Wer hilft mit, Zeinab anzuzünden?« Nur die Querdenker von der »Tageszeitung« (»taz«) schossen wieder einmal quer: »Ganz Deutschland«, spottete das Blatt, »sitzt auf dem Sofa und streichelt seinen Bimbo.«

Quelle: Spiegel 1/92

Ich bin ein Gourmeggle

Meggle-Kräuterbutter

Wer hat es nicht schon mit, je nach kulinarischer Vorbildung, scheelen oder gierigen Augen angesehen, jenes, meist schon im Schmelzen begriffene Stück Kräuterbutter auf dem kroß gebratenen Stück Fleisch? Diese Geschmacksvervollständigungsbeilage kann beinahe schon als Inbegriff ›gutbürgerlicher‹ Gastlichkeit gelten. Neben anderen produziert auch das mittelständische Familienunternehmen Meggle in Wasserburg am Inn die kleinen Butterwürfel. Um nicht mehr weiter einfach nur still vor sich hin zu schmelzen, brauchte die Würzbutter ein besseres Image. Die Aufgabe, »aus der »feinen Meggle Kräuterbutter ein besonderes Genußerlebnis zu machen«, war wie geschaffen für die Agentur Grey in Düsseldorf und ihren Creative Supervisor Achim Link. »Meggle – Genießer – Gourmet« waren die ersten drei Worte, die Link 1995 in seinen Computer tippte. Bis es vom – deutsch ausgesprochenen – Gourmet zur Verkleinerungsform »Gourmeggle« kam, dauerte kaum einen Kräuterbutterschmelzvorgang lang.

Nur wirkliche Stars konnten das ›besondere Genußerlebnis‹ so richtig vermitteln. Leider – oder zum Glück, was die Honorarforderungen betrifft, waren die alle schon tot. Also reanimierte man die längst verblichene Marilyn Monroe per elektronischer Bildbearbeitung und montierte den Firmenchef Toni Meggle nachträglich in eine ihrer Filmszenen hinein. Als Kavalier der neuen Genießer-Schule bot er Miss Monroe etwas von seiner Kräuterbutter an; sie war natürlich entzückt und bekannte: **»Ich bin ein Gourmeggle«**. Die Werbeagentur zur Entstehungsgeschichte: »Wer an Marilyn Monroe denkt, erinnert sich sofort an die heiße Affäre mit dem amerikanischen Präsidenten John F. Kennedy. Er war es, der in Deutschland den historischen Satz sagte: »Ich bin ein Berliner«. Was lag also näher, als Marilyn nach dem Genuß der zart schmelzenden Kräuterbutter verführerisch bekennen zu lassen: **»Ich bin ein Gourmeggle«**.

Quellen: w&v 13/96; Info Grey Werbeagentur

Ich bin so frei

Unser Bester – Pulverkaffee von Nestlé

Instant-Kaffees können als Beispiel dafür gelten, wie findige Produzenten aus der Not eine Tugend zu machen vermögen. 1930 drohte eine gewaltige Rekordernte in Brasilien zum Zusammenbruch der Preise am Kaffeemarkt zu führen; die Händler schütteten den Rohkaffee tonnenweise ins Meer oder verbrannten ihn. Die brasilianische Regierung war beunruhigt und fragte bei der Schweizer Firma Nestlé an, ob man den Kaffee nicht haltbar machen könne, um so einen Ausgleich zwischen den ertragreichen und erntearmen Jahren zu schaffen? Einem Expertenteam unter der Leitung von Dr. Max Rudolf Morgenthaler gelang es daraufhin, einen Kaffee-Extrakt zu entwickeln, der sowohl in heißem als auch kaltem Wasser löslich war. Unter dem Namen Nescafé kam das Getränk erstmals 1938 in der Schweiz in den Handel und eroberte sich schnell einen stabilen, wenn auch relativ kleinen Absatzmarkt.

1984 aber drohten sich die Marktanteil aufzulösen wie das Kaffeepulver im Wasser. Mit der Marke Unser Bester wollte man den Trend stoppen und neue Konsumenten gewinnen. McCann's Marketing-Strategen nahmen jüngere, gut verdienende Verbraucher mit »freier und spontaner Lebensart«, die sogenannten Yuppies, ins Visier, denen das Geldscheffeln und »ausgeben keine Zeit zum Kaffeekochen läßt. Mit traditionellen Werbeargumenten waren sie nicht zu gewinnen, und so stellte die Agentur das »Produkt-Erlebnis« in den Vordergrund: »Moderner Kaffee für moderne Menschen«. **»Ich bin so frei«** wurde zur griffigen Formel für die »neue Einstellung zum Genießen«. McCann kannte offensichtlich seine Pappenheimer. Die Werbung war erfolgreich und erschloß dem Instant-Kaffee neue Marktsegmente.

Quelle: *Jahrbuch der Werbung 1988,* Düsseldorf 1988

Ich freu' mich aufs Büro

Rank Xerox

Der Slogan wirbt aktuell für die Büromaschinen der Firma Rank Xerox. Man weiß nicht so recht, ob hier das Kopiergerät selbst seinen Einsatzwunsch äußert, was der Herstellerfirma nur recht sein kann, oder ob ein Angestellter sich freut, weil er seine privaten Grillparty-Einladungen da billiger vervielfältigen kann als im Copy-Shop um die Ecke. Wie auch immer. Wer rätselt, ist interessiert, und damit hat der Slogan seinen Zweck erfüllt. 1966 waren die Geräte dieses Herstellers so verbreitet, daß jeder beim Kopieren automatisch an Rank Xerox dachte. Die Werbung betonte diese Ubiquität noch: »Sogar in Taufkirchen gibt es einen Rank Xerox-Kopierautomaten. Und einen Rank Xerox-Mann. Kennen Sie Taufkirchen?« Taufkirchen ist ein Vorort von München.

Ich fühl mich wohl in Lenor

Lenor

In extremer Zeitlupe sinkt eine blaue Flasche in flauschig weiche Wäsche – dieser Flaschenfall wurde zum Schlüsselreiz (fachmännisch auch »Brand Signal« genannt) für das spezielle schmuseweiche Lenorfeeling; er gehört weltweit zu den Top 10 der am stärksten erinnerten Werbebotschaften. Die Agentur Grey wählte in den sechziger Jahren dieses Bild, um den Hausfrauen die Wohlbefinden vermittelnde Weichheit lenorgewaschener Wäsche vor Augen zu führen. Damals hatten die Frauen noch weich zu sein und den harten Berufsalltag ihrer Männer nach bestem Wissen und Gewissen sanft abzufedern. Lenor half ihnen dabei.

Die Lenor-Agentur Grey machte immer wieder durch Wortschöpfungen von sich reden. Neben dem »Lenorweich« erfand Sie auch die »Aromaporen« in den Filtertüten von Melitta.

Quelle: Grey-Gruppe, *Wie man Marken Charakter gibt,* Stuttgart 1996

Ich geh den Leonberger Weg

Leonberger Bausparkasse

Rund 160 Millionen Mark gaben die Bausparkassen Ende der achtziger Jahre für Werbung aus. Die Leonberger Bausparkasse (**»Aus Miete mach Eigentum«**) hatte, abgekürzt, das Problem, leicht mit der LBS (Landesbausparkasse) verwechselt zu werden. Ohnehin stand sie im Schatten der großen Drei der Branche, Wüstenrot (**»Am ... ist Wüstenrot-Tag**), LBS (**»Wir geben Ihrer Zukunft ein Zuhause«**) und Schwäbisch Hall (**»Auf diese Steine können Sie bauen«**). Um an Profil zu gewinnen, entschied sie sich daher 1989, einen speziellen »Leonberger Weg« einzuschlagen.

Getreu dem Merksatz: Bleibe im Ländle und nähre dich redlich, ging der Auftrag, den Häuslebauern die Leonberger als »persönliche Bausparkasse« anzudienen, an die Stuttgarter Agentur Borsch, Stengel & Partner. Anfangs favorisierte man noch mit dem Slogan: »Wir beraten wie ein guter Freund« in deutlicher Distanz zur Realität den verläßlichen und vertrauenswürdigen Berater, ging dann aber bald dazu über, den zufriedenen Kunden, der »ein Bekenntnis zu seiner Bausparkasse« abgibt, in den Mittelpunkt zu stellen. Der Slogan **»Ich geh den Leonberger Weg«** sollte die Botschaft auf eine »kurze, prägnante und emotionale« Art und Weise zum Ausdruck bringen. Die alte Vertreter-Variante blieb, kleingedruckt, rechts unten in den Anzeigen erhalten.

Ich geh meilenweit für eine Camel Filter

Camel Filter

Dschungel, Löcher in den Schuhen und dieser Slogan prägten die Werbung der Zigarette der R. J. Reynolds Tobacco GmbH zwei Jahrzehnte lang. Die überzeugende Aussage entstand 1969 und war nichts weiter als die lippensynchrone Übersetzung des bereits vierzig Jahre alten US-Slogans **»I'd walk a mile for a Camel«**. Die Agentur Young & Rubicam hatte aus Zeitknappheit einfach einen alten Spot aus der New Yorker Madison Avenue übernommen.

Die Camel gab es seit 1913. Um zu betonen, daß sie als erste amerikanische Markenzigarette amerikanische und türkische Tabaksorten mischte, hatte Joshua Reynolds den orientalischen Schwielensohler zum Markenzeichen und -namen erhoben. Die Frage, ob ein einhöckriger Vertreter dieser Paarhuferzunft, ein Dromedar also, oder sein zweihöckriger Vetter, das Kamel oder Trampeltier, die Zigarette repräsentieren durfte, hatte der weltbekannte Zirkus Barnum & Bailey entschieden, als er in Winston-Salem, der Heimatstadt Reynolds gastierte. Man wollte die Gelegenheit nutzen, um ein Foto von einem Kamel als Vorlage für die Verpackung zu machen. Da der Zirkus jedoch nur ein Dromedar (Old Joe) dabei hatte, war die Sache geklärt. Bereits 1921 war jede zweite Zigarette, die in den USA geraucht wurde, eine Camel.

Die Chancen der Camel auf dem deutschen Markt wurden anfangs eher skeptisch eingeschätzt. Der Name hatte zwar seit den Zeiten des Schwarzmarktes nach dem Zweiten Weltkrieg, als der Umtauschkurs für eine Camel bei 12 Reichsmark lag, wofür ein Arbeiter bis zu zwei Tage malochen mußte, einen wertvollen Klang, aber die Camel-Werbung (»**Camel für Männer, die rauchen wollen**«, »**Rauchen Sie eine richtige Zigarette – Rauchen Sie Camel**«) schien zu sehr auf den Hardcore-Paffer zu setzen. Und lag damit neben dem aufkommenden Trend zum leichten Rauchen. Die Experten sollten sich täuschen. Die rationierte Einführungsmenge von sechs Millionen Stück wurde schon eine Woche später auf 12 Millionen Stück verdoppelt, und nach sieben Monaten hatte die Camel die als Erfolgsschwelle angesehene Grenze von 100 Millionen Stück verkaufter Glimmstengel im Monat überschritten.

Hatten die Konkurrenten bei der Markteinführung noch gespottet, so beklagten sie sich jetzt über die amerikanischen Verkaufsmethoden und bejammerten den »Verfall der guten Zigaretten-Sitten«. Einige versuchten erfolglos, per einstweiliger Verfügung bis dato hierzulande unbekannte Verkaufsförderungsaktionen der Marke wie den »Großen Camel-Preis« zu stoppen. Vergeblich. Das erste Kamel-Rennen außerhalb der Sahara oder Australiens konnte vor 20.000 Zuschauern im Müngersdorfer Stadion in Köln stattfinden. Die Rennkamele wurden per Luftfracht und mit Unterstützung der marokkanischen Botschaft eingeflogen.

Im Frühjahr 1970 startete die Aktion »**Wie weit kann ein voll aufgetanktes Camel laufen?**«. Als Hauptpreis winkte ein lebendiges Kamel. Um Schwierigkeiten mit dem Hauswirt zu vermeiden, durfte der Gewinner den Gegenwert des Wüstenschiffes auch in bar mitnehmen.

Aber nicht das Kamel (wie in den USA) wurde in Deutschland zum wirklichen Zugpferd der Markenbotschaft, sondern ein Abenteurer mit Fünf-Mark-Stück großen Löchern in den Schuhsohlen. Der »Camel-Mann«. Er stand für den Wunsch nach »Freiheit, Lebensgenuß und Selbstverwirklichung«. Verkörpert wurde er von Bob Beck, einem kernigen Naturburschen mit Wuschelkopf und Schnauzer. Er durchstreifte auf der Suche nach dem nächsten Zigarettendepot über zehn Jahre lang einsam die Wälder Südamerikas. Denn: **»Kein Weg ist zu weit für eine Camel Filter«**, und **»Der Weg lohnt sich«**. So beliebt war der Bursche samt seinen durchlöcherten Schuhen bei den deutschen Rauchern, daß Camel-Product-Manager Günther Paegelow etliche Paar neue Gehwerkzeuge per Post auf den Schreibtisch bekam; neben mehreren Beschwerdebriefen (des deutschen Schuhhandels? der Interessenvereinigung notleidender Schuhmachermeister?) wegen des erbarmungswürdigen Zustandes des Schuhwerks.

1986 wurde der nicht besonders teamtaugliche Individualist Beck durch Peter Warnick aus Kanada ersetzt. Mit dem glattrasierten, modebewußten High-Tech-Abenteurer sollte der neuen Raucher-Generation ein passenderes Vorbild gegeben werden. Der neue Camel-Mann gammelte nicht mehr einfach nur im Dschungel herum, sondern tat was. Zum Beispiel ein Flugzeug fliegen. Immer trug er eine auffällige Armbanduhr. Das vermittelte »Zielstrebigkeit« und »Leistungsorientierung«. Die zuvor so auffällige Vernachlässigung seiner Kleidung war ihm nun nicht mehr vergönnt.

Die Auffrischungskur fruchtete nicht, die Popularität des Camel-Protagonisten nahm weiter ab. Das Fachblatt »Horizont« sah darin eine Reaktion auf den Anstieg der Arbeitslosigkeit. Der nach wie vor beliebtere Marlboro-Cowboy konnte immerhin im Gegensatz zum Camel-Mann einen festen Arbeitsplatz im Marlboro Country vorweisen.

1991 wurde der Camel-Mann in die Wüste geschickt, dafür stolperten (ein Tauschgeschäft?) tapsige Kamele unter dem Motto: **»Reine Geschmackssache«** über die Leinwände (**»Setz dich nicht auf Deine Camels«**, **»Hab immer eine Camel für danach«**, **»Wirf keine brennenden Camels aus dem Fenster«**). Die Zeichentrick-Kamele waren der der absolute Renner. Jeder kannte und liebte sie, die Spots waren der 50-Sekunden-Brüller in jedem Kino und die Kampagne wurde mit Auszeichnungen überhäuft.

Die Ernüchterung kam mit den Umsatzzahlen. Die Kamele hatten über die Hälfte ihrer Raucher auf dem Basar verloren, wo sie vom Marlboro-Mann leicht eingefangen werden konnten. Ein paar neu hinzugewonnene Kamelmistliebhaber konnten die Verluste nicht wettmachen. Marketing-Gelehrte streiten bis heute über die Gründe. Eine (und wohl die einleuchtendste) These lautet, die Camel hätte den »Markenkern« vernachlässigt. Der Camel-Mann war immerhin ein markanter Typ gewesen, der rauchte und mit dem man sich identifizieren konnte. Die Rauchgewohnheiten von Kamelen hingegen blieben einigermaßen diffus. Auch die an ihrer Stelle eingesprungenen Zeichentrick-Pinguine wurden zwar herzhaft belacht, belebten aber die Umsätze auch nicht wieder.

Quellen: w&v 28/70, 33/96; Horizont 17/86; Spiegel 31/86; Max 1/92; Joachim Kellner (Hrsg.), *Werbefiguren, Geschöpfe der Werbewelt,* Düsseldorf 1992; *Jubiläumsband des Jahrbuches der Werbung 1988,* Düsseldorf 1988; Geschäftsbericht R. J. Reynolds Tobacco 1996

Ich habe meine eigene Zigarettenfabrik

Samson

Selbstgedrehten Zigaretten hatte immer der Geruch des Ärmlichen angehaftet; sie wurden, wenn überhaupt, in Heimarbeit präpariert und getarnt in Zigarettenschachteln bekannter Marken mit zur Arbeit genommen. Als aber gegen Ende der 60er Jahre der Kampf gegen das Establishment so richtig entbrannte und den unterprivilegierten Klassen große Aufmerksamkeit zuteil wurde, profitierten davon auch die Selbstgedrehten. Viele Studenten gingen freiwillig in die Produktion und drehten ihre Zigaretten von Hand. Praktisch geübte Solidarität zeigten auch sogenannte Selbstdreh-Gemeinschaften, die in ansonsten absolut unverdächtigen Institutionen wie der Bundespost, der Bundesbahn, in Finanzämtern und in Behörden sich formierten. Reihum oblag jeweils einem Mitglied eines solchen Kreises die Aufgabe, während der Arbeitszeit den täglichen Zigarettenbedarf der ganzen Gruppe zu produzieren.

Der Samson-Tabak der holländischen Firma Theodorus Niemeyer wurde 1972 in Deutschland zielgruppengenau mit dem Slogan: »**Ich habe meine eigene Zigarettenfabrik**« eingeführt. Ideologisch unzureichend gerüstet erlagen viele Raucher der Versuchung, Fabrikbesitzer zu werden. Sie machten Samson zur Nummer 1 bei den Drehtabaken, die insgesamt den Zigaretten deutliche Marktanteile abnahmen. Das kraftvolle Markenbild des Samson-Löwen, der seit 1906 die Packungen des holländischen Herstellers ziert, hatte natürlich seinen Anteil am Erfolg bei den armen Opfern des Konsumterrors.

Quellen: Spiegel 19/69; Joachim Kellner (Hrsg.), *50 Jahre Werbung in Deutschland*, Ingelheim 1995

Ich nehme Spüli, meinen Händen zuliebe

Spüli

Von seiner Kundschaft schien der Spüli-Produzent Henkel wenig zu halten, wie ein Marktbericht im »Jahrbuch der Werbung« von 1965 vermuten läßt: »Die auf ein ›i‹ endenden Markennamen besitzen eine gewisse Anziehungskraft für die D-Schicht. Die Werbung versucht deshalb, das Beste aus dem Produkt zu machen, und steuert erkennbar eine soziale Aufwertung an: Leitfigur ist die Verbraucherin mit Telefon (!), die vor dem Hintergrund einer aufgeräumten Küche erklärt: ›**Ich nehme Spüli, meinen Händen zuliebe.**‹«

Für die D-Schicht also, diese dumpfen Dödel, die das Geschirrspülen dazu nutzten, sich gleichzeitig die Hände zu waschen, mußte in den 60er Jahren die Pflegewirkung als Dreifach-Nutzen von Spüli, das vorher Spül-Rei hieß, oben drauf gepackt werden: »**Spielend spülen und dabei die Hände pflegen**«.

Quelle: *Jahrbuch der Werbung 1965,* Düsseldorf 1965

Ich rauche gern

R1

Wachsendes Gesundheitsbewußtsein, weitverbreitete Erkenntnisse über die Schädlichkeit des Rauchens sowie der Aufstand der Passivraucher machen den letzten, überlebenden Rauchern (immerhin einigen Millionen) und der Tabakindustrie schwer zu schaffen. Die Raucher müssen mit dem Stigma leben, schwächliche Suchtkrüppel zu sein, die, oralfixiert und mit schweren charakterlichen Mängeln behaftet, grauenvolle Verbrechen an ihrer Umwelt begehen. Für Zigaretten zu werben ist kein leichtes Unterfangen mehr und von Verboten und Einschränkungen bedroht.

Die Entwicklung immer leichterer und damit ›unschädlicherer‹ Zigaretten hatte 1984 die »R1«, einen Glimmstengel mit den niedrigen Werten von 0,2 mg Nikotin und 2 mg Kondensat auf den deutschen Markt gebracht. Kurze Zeit später formulierte ein besonders findiger Texter das ultimative Bekenntnis zum Rauchen: »**Ich rauche gern**«. Die »Bekenner-Kampagne« der Agentur: Scholz & Friends, die seit 1984 ein Dauerbrenner ist, hatte die Zeichen der Zeit erkannt und zu einem ebenso schlichten wie wirkungsvollen Befreiungsschlag ausgeholt. Keine Sprüche von Freiheit und Abenteuer oder dem Genuß im Stil der neuen Zeit mehr – unter den bunten Bildern fröhlich rauchender Menschen steht nur dieser eine handschriftlich gestaltete Satz, der so aussieht, als hätten die abgebildeten Raucher persönlich unterschrieben. Um das weiter zu betonen, werben Menschen wie Du und Ich für die Reemtsma-Zigarette.

Dieser bequem auftrumpfende Gestus des Da-steh-ich-zu, der einst in bestimmten, besonders aufgeklärten Kreisen entwickelt worden war, um in Beziehungsdiskussionen differenzierte Argumentationen und Motivhinterfragungen ein für alle Mal zu unterbinden, setzte sich in den folgenden Jahren mehr und mehr durch. »**Otto … find ich gut!**« (siehe dort) gehört zu der gleichen Sorte.

Quellen: Max 1/94; Spiegel 37/85

Ich trinke Jägermeister, weil …

Jägermeister

1971 engagierte die Mast AG aus Wolfenbüttel für ihren Kräuterlikör Jägermeister den kreativen Hot-Shop der siebziger Jahre, die Düsseldorfer Agentur GGK. Jägermeister war damals sehr populär, hatte aber auch mit seinem Image als »Oma-Getränk« und »Penner-Schnaps« zu kämpfen. Die GGK entwickelte eine sogenannte Unikat-Kampagne, in der jedes Anzeigenmotiv nur ein einziges Mal geschaltet wird, aber mit der Überschrift »**Ich trinke Jägermeister, weil …**« als Serie erkennbar ist. Die Texter dachten sich wundersame bis abartige Begründungen aus, um den Genuß des Kräuterlikörs zu rechtfertigen. Die erste Anzeige mit dem Text »Ich trinke Jägermeister, weil … ich am liebsten im Wald und auf der Heide meine Freude suche« ging auf das Konto von GGK-Chef Paul Gredinger persönlich, die Freudenspenderin war seine Freundin Heide.

Für die ersten Motive der Kampagne mußten die Angestellten von GGK ihre Gesichter hinhalten. So überraschend hatte der Art Director Theophil Butz den Termin für die Aufnahmen angesetzt, daß dem Fotografen Feico Derschow keine anderen Models zur Verfügung standen. Ein leerstehender Raum wurde schwarz gestrichen, einige Kisten Jägermeister und viele Gläser bereitgestellt. Die schnell zusammengetriebenen Sekretärinnen, Kontakter, Grafiker, Medialeute und Buchhalter bekamen ein volles Gläschen Jägermeister und eine grüne Flasche in die Hand gedrückt. Ihre mimischen Reaktionen auf den herben Stoff hielt der Fotograf dann fest. Anschließend wurden die schönsten Grimassen ausgewählt. Feico Derschow, der an die 2000 Jägermeister-Trinker ablichtete, hat nach eigenen Angaben den braunen Saft nie getrunken. Immer wieder hielten Likör-Liebhaber mit Begeisterung ihren Kopf hin. Als ein Taxifahrer gefragt wurde, ob er für 50 Mark und eine Flasche Jägermeister Modell stehen wolle, versammelten sich am nächsten Morgen 20 Taxifahrer vor der Agentur und im weiten Umkreis war kein Taxi mehr aufzutreiben.

Die endgültige Entscheidung über die verwendeten Motive hatte sich Herr Mast persönlich vorbehalten, wie die Kundenberaterin Margret Kwade in der Fachzeitschrift »werben & verkaufen« berichtete: »50 Prozent der Texte sterben in der Agentur. Von den übrigen stirbt ein Drittel bei Mast einen lautlosen und schnellen Tod – und zwar immer dann, wenn Herr Mast nicht darüber lachen kann.« Lachen konnte er offensichtlich über die Blondine in Anzeige Nr. 888: »Ich trinke Jägermeister, weil ich zwar den Numerus Clausus nicht geschafft habe, dafür aber die Nummer mit Claus.«

Der streitbare Mast hatte sich die absurde Kausalität seiner Werbebotschaften so zu eigen gemacht, daß er durch mehrere Instanzen hindurch vergeblich versuchte, das Wörtchen »weil« für sich schützen zu lassen. Wenn andere Firmen in ihrer Werbung dieses Wort verwendeten, überzog er sie gerichtlich mit Plagiatsvorwürfen. Auch gegen die eigene Agentur ging er vor, weil sie für einen anderen Kunden eine Kampagne von weitläufiger Ähnlichkeit entwickelt hatte.

Als das Hamburger Satire-Magazin »Pardon« einem minderjährigen Kräuterschnaps-User den Satz in den Mund legte: »Ich trinke Jägermeister, weil mein Dealer zur Zeit im Knast sitzt«, verklagte er den Chefredakteur Henning Venske auf eine Million Mark Schadenersatz; die Klage wurde ab gewiesen. Und weil der Deutsche Werberat die Numerus-Clausus-Anzeige als sittenlos beanstandet hatte, wollte ihn der Niedersachse gleich ganz abschaffen.

Zu diesem Vierteljahrhundert Jägermeister-Werbung gehörte unbedingt auch Rudi, der Hirsch. 1980 begann er sein Brunftgeschrei für jeden, der die Nummer 0611/63 80 01 wählte. Nach der Begrüßung »Guten Tag, lieber Naturfreund«, röhrte Rudi so schaurig-schön durchs Rohr, daß dem Anrufer nur noch der Griff zur Flasche blieb.

Quellen: w&v 27, 28/73, 42/76, 11/79, 41/80, 1/81, 14/88, 44/96; Michael Schirner, *Werbung ist Kunst,* München 1991

Ich und mein Magnum

Magnum

Als 1989 ein Produktmanager bei Langnese auf die geniale Idee kam, stolze 94 Gramm Vanilleeis mit zirka dreißig Gramm Schokolade zu überziehen, und diesen Brocken, wohl wegen der durchschlagenden Wirkung auf den Konsumenten und in Verehrung einer in amerikanischen Polizei- und Gangsterkreisen hochgeschätzten Faustfeuerwaffe, Magnum zu taufen, erntete er anfangs nur Kopfschütteln. Auch der zwischen 1989 und 1991 eingesetzte Werbeslogan »**Einfach Magnum**«, brachte noch nicht den Durchbruch. Der kam 1991 mit dem Slogan »**Ich und mein Magnum**«.

Hier nun die tiefsch(l)ürfenden Überlegungen, die zu dieser Partnerschaft führten: »Magnum ist ein ›warmes Eis‹, in das man genußvoll hineinbeißen kann. Magnum läßt sich als Stieleis nicht einfach nebenher verzehren. Man muß sich darauf konzentrieren und benötigt auch die zweite Hand, um herabfallende Schokoladenteilchen aufzufangen. Wer Magnum ißt, gönnt sich nicht nur ein Premium-Eis, sondern auch etwas viel wertvolleres, nämlich Zeit und Aufmerksamkeit. Damit unterscheidet sich Magnum deutlich von anderen, die für den Nebenherverzehr produziert werden.« Die Marketingpsychologen erkannten sogar eine soziale Komponente in dem Eis am Stiel: »Magnum ist ein sehr persönlicher Genuß, der jedoch nicht auf Kosten anderer Menschen geht, sondern sozialverträglich ist.« Merke: Wer beidhändig sein Magnum ißt, kann niemandem auf die Backen hauen.

All diese vielfältigen Aspekte galt es nun zu vermitteln. Und so gibt es in der Werbung das Eis am Stiel in der Badewanne oder vor dem Kamin; der Eisesser oder die Eisschleckerin ist immer ganz bei der Sache und voll auf das Eis konzentriert.

Besonders deutlich wird die Sozialverträglichkeit des Eisgenusses in jenem Spot, in welchem Magnum als Verhütungsmittel seine Bewährungsprobe besteht. Da muß sich ein junger Mann zwischen einer schnellen Nummer und einem Magnum entscheiden. Mit seinem letzten 2-Mark-Stück kann er entweder Präservative oder ein Magnum aus dem – jeweils produktspezifischen – Automaten ziehen. Er entscheidet sich natürlich für das Eis (»Manchmal muß man eben Prioritäten setzen«) und verhindert so fürs erste den Quickie.

Die Lintas-Kampagne läuft in 42 Ländern.

Quelle: Horizont 43/94

Ich war eine Dose

Informations-Zentrum Weißblech

In den 50er Jahren hatte Hubert Strauf es noch für völlig ausreichend befunden, die Verbraucher gelegentlich mit der einfachen Aufforderung: »**Konserven nehmen**« an die nützlichen kleinen Vorratsbehälter zu erinnern. Der kriegsbedingte Mangel und die Not waren noch gut im Gedächtnis, eine gewisse Bevorratung gehörte einfach zu einem ordentlichen Haushalt.

In den folgenden Jahren aber gewöhnten sich viele Menschen so an den Überfluß und die ständige Verfügbarkeit von Waren in den Geschäften, daß sie in den sechziger Jahren im Rahmen der ›Aktion Eichhörnchen‹ wieder massiv verängstigt werden mußten, damit sie ein paar Vorräte anlegten. Dann kamen die Tiefkühltruhen und -fächer und die vergleichsweise frische, gesunde, haltbare Tiefkühlkost. Mitte der 80er Jahre hatte die Konservenbüchse den Tiefpunkt ihres Ansehens erreicht und verstaubte in den Regalen. Der Dosengeschmack, der dem ohnehin nicht frischen Konserveninhalt anhaftete, und ganz besonders das gestiegene Umweltbewußtsein hatten ihr Image kräftig eingedellt.

Das Informations-Zentrum Weißblech beauftragte also 1985 die Agentur Lintas mit der Rettung der Dose. Fünf Millionen Mark jährlich wollte man sich die Sympathie-Kampagne kosten lassen, in der die Dose als umweltfreundliches, sinnvoll wiederverwertbares Recycling-Material präsentiert wurde. So viel Vertrauen beflügelte. Lintas kreierte den Slogan »Ich war eine Dose« und ließ buntes Blechspielzeug, Clowns, Trommler, Autos, Krokodile und Enten (aus chinesischer Produktion?) ein offenes Bekenntnis zu ihrer dunklen Vergangenheit ablegen.

Ein guter Slogan verbreitet sich schnell. Ein Titelbild der Satire-Zeitschrift »Titanic« zeigte in eindeutig blasphemischer Absicht einen Gekreuzigten, der sich als ehemalige Dose und »jesusmäßig umweltfreundlich« outete, und auch der Fiat Panda bekannte etwas später, was alle ohnehin bereits vermutet hatten: »**Ich war eine Dose**«.

In den 90er Jahren lautete der Slogan in gekonnter Anlehnung an den aktuellen Kid-Slang: »**Voll gut. Leer gut.**«

Quelle: Spiegel 41/85

Ich will so bleiben, wie ich bin

Du darfst

1970 war es endlich geschafft. Die Deutschen, nicht alle, aber jedenfalls die meisten, hatten endgültig die Vergangenheit bewältigt und das Trauma der harten und mageren Kriegs- und Nachkriegsjahre überwunden. Man hatte klein angefangen und sich über die Freßwelle in den 50ern durchgemampft bis zur Edelfreßwelle der 60er. Das Plansoll war übererfüllt worden und das Bundesgesundheitsministerium konnte alarmiert feststellen, daß die Hälfte der Deutschen Übergewicht hatte.

Beste Startbedingungen für die neuen Diät-Produkte also. Die Union Deutsche Lebensmittelwerke (Rama) brachte gerade ihr Halbfett-Produkt Du darfst auf den Markt. Die Agentur Lintas sollte für mehr als nur halbfette Renditen sorgen. Sie textete: »**Spart Kalorien und schmeckt**«. Das zielte auf diejenigen, die es nötig hatten.

Die Bestandsaufnahme zehn Jahre später brachte ein niederschmetterndes Ergebnis. Es gab mehr Dicke als je zuvor. Und Du darfst hatte, trotz wirklich üppiger Nachfragepotentiale, immer noch nicht den Durchbruch geschafft. Marktforscher checkten die Zielgruppen durch und stießen dabei auf drei unterschiedliche Typen, denen sie Namen gaben: »Elfriede« wurde gleich als zu alt, zu passiv und zu ungeduldig bei Gewichtsproblemen ausgesiebt. Übrig blieben »Nora« und »Twiggy«, die »jungen, berufstätigen, unternehmungslustigen Trendsetter«.

Lintas entwickelte für Nora und Twiggy, die nicht abzunehmen brauchten, weil sie schon schlank waren, eine neue Lebensphilosophie: »Schlank ist schön«. Das war ein Paradigmenwechsel, mit dem Lintas die Dicken als Zielgruppe wegfegte. Um so zu bleiben, wie sie sind, brauchen sie keine Halbfett-Margarine. Die Noras und Twiggies aber bewunderten stolz und fröhlich in allen spiegelnden Fassaden der Großstadt ihre schmalen Silhouetten, und Du darfst verkündete ihre Botschaft »**Ich will so bleiben, wie ich bin**«. Der Absatz stieg.

Als 1986 eine neue Halbfettmargarine eingeführt wurde, schwoll einem beleibten Kommentator der »FAZ« der Kamm: »Hier wird nun an den Grundfesten des guten Geschmacks gerüttelt.« Es sei an der Zeit, daß »die Diktatur der Magersucht gebrochen wird«.

Sie diktiert weiter. In der aktuellen Werbung von Du darfst stolzieren die jungen, schlanken, frischen Damen durch ein Spalier von mopsigen Schwabbelbäuchen, die beim Anblick der hübschen Mädels verzweifelt versuchen, ihre Fettmassen vorteilhaft umzugruppieren. Lachhaft. Dazu heißt es: »Einige scheinen noch immer nicht verstanden zu haben ...«

Erst kippen die Werber die Dicken als Zielgruppe raus, dann machen sie sie zur Zielscheibe von Spott und Hohn. Es ist zum Dickwerden.

Quellen: w&v 45/85; Spiegel 37/86

Ihr guter Stern auf allen Straßen

Mercedes-Benz

»Dieser Stern wird einmal segensreich über unserem Werk aufgehen.« Mit diesen Worten erklärte Firmengründer Gottlieb Daimler seiner Frau am Ende des letzten Jahrhunderts, warum er einen Stern über eine Ansicht ihres Deutzer Wohnhauses gemalt hatte. Nach seinem Tode meldeten seine beiden Söhne den Mercedes-Dreizack 1909 als Warenzeichen an. Drei Zacken als Symbol für die Motorisierung zu Lande, auf dem Wasser und in der Luft. Zunächst war er bei den Wagen vorne am Kühlergrill angebracht. Seine Gestalt unterlag im Laufe der Zeit mehreren Variationen bis hin zu jener Form im Ring, die als vollplastische Figur heute noch auf den Motorhauben der renommierten Automobile prangt.

Der Mercedes-Slogan **»Ihr guter Stern auf allen Straßen«**, prägte 1955 Horst Slesina, ein Mitarbeiter der Werbeagentur Heumann. William Heumann war ein bekannter Zeitschriftenherausgeber und Werbemann in Berlin gewesen, bevor ihn, wie er selbst es nannte, ein »arischer Webfehler« dazu bewog, sich nach Amerika abzusetzen. Im Land der unbegrenzten Möglichkeiten studierte Heumann die amerikanischen Werbemethoden. Anfang der fünfziger Jahre gründete er in Frankfurt die erste Agentur nach amerikanischem Vorbild. Der Unterschied bestand darin, daß zu der Zeit in Deutschland noch Werbeberater und Spezialisten wie Grafiker, Texter, Medialeute befristet für eine Kampagne, für ein Projekt zusammengebracht wurden. Der neue Agenturtyp nun funktionierte nach dem Prinzip: Alles unter einem Dach.

Heumann machte 1955 über einen befreundeten Bankier die Bekanntschaft von Dr. Könnecke, dem Vorstandsvorsitzenden von Mercedes, und erzählte ihm von den Möglichkeiten einer Werbeagentur. Könnencke biß an und lud ihn ein, sich und seine Agentur doch einmal vor dem gesamten Vorstand zu präsentieren. Heumann und Slesina taten das alsbald mit gutem Erfolg. Die Herren vom Vorstand vertrauten erstmals in der Mercedes-Geschichte einer Agentur ihre Werbung an.

Slesina suchte ein Motto, das alles über Mercedes sagte und das auf keinen anderen Hersteller paßte. Die großartige Technik, das elegante Design, der hohe Sicherheitswert, die hervorragende Ausstattung – keiner dieser Aspekte konnte allein das Mercedes-Image abdecken. Technische Details waren offensichtlich ungeeignet dafür, man mußte eine »emotionale Lösung« finden. Als Slesinas Blick zufällig – und wohlgefällig – auf seinen Wagen fiel und den Mercedes-Stern liebkoste, da wußte er, daß nur der Stern das Mercedes-Image symbolisieren konnte.

Dennoch dauerte es noch eine ganze Weile, bis der endgültige Slogan feststand: »**Dein guter Stern auf allen Straßen**«. Alles war bereits für die Präsentation vorbereitet, als Slesina klar wurde, daß Mercedes seine Kunden nicht duzen konnte. Und so hieß es dann endgültig: »**Ihr guter Stern auf allen Straßen**«. Die Herren vom Vorstand waren begeistert.

Der gute Stern blieb Mercedes treu. Und stand auch loyal in elf Jahren Mercedes-Werbung zu Slesina. Bis auf ein einziges Mal. Da wollte Slesina den höchst konservativen Vorstand für das aufkommende Werbefernsehen begeistern. Die Herren konnten sich das gar nicht vorstellen, und so entwickelte Slesina einen Pilotfilm und bat den gesamten Vorstand zur Vorführung. Das Licht ging aus, die Maschine begann zu rattern und spulte – erst lähmendes Entsetzen, dann schallendes Gelächter – den Film rückwärts ab! Damit war die Sache gelaufen. Auch nach einer korrekten Vorführung des Films waren die Mercedesbosse nicht mehr zu überzeugen.

Quellen: Horst Slesina, *Die Fährte des Löwen,* München 1993; Spiegel 37/85; Horizont 15/94

Im Asbach Uralt ist der Geist des Weines

Asbach Uralt

Ende des letzten Jahrhunderts hatte der 24jährige Destillateur und Kaufmann Hugo Asbach in Rüdesheim am Rhein das Großetablissement der Cognac-Industrie Asbach & Co gegründet. 1907 ließ er Asbach Uralt als erste deutsche Weinbrandmarke beim Berliner Patentamt eintragen. Damit hatte Asbach auch eine neue Bezeichnung für Cognac geprägt, die später zum Markenbegriff für eine ganze Branche werden sollte: Weinbrand. 1918 bestimmte nämlich der Versailler Vertrag, daß nur französische Erzeugnisse als »Cognac« vermarktet werden durften. Der Begriff »Weinbrand« wurde jedoch erst 1923 in das Deutsche Weingesetz aufgenommen.

Nach dem Ersten Weltkrieg formten bedeutende Werber ihrer Zeit das Bild der Marke Asbach. Professor Cissarz brachte 1920 gotische Stilelemente in die Werbung ein. Er schuf das charakteristische Flaschenetikett, eine Urkunde aus handgeschöpftem Büttenpapier mit gotischer Schrift. Hanns W. Brose gab der Asbach-Werbung von 1935 bis zum Kriegsende einen sinnenfroheren Charakter. Von ihm stammt auch der Slogan von 1937: **»Im Asbach Uralt ist der Geist des Weines«**. Brose hatte herausdestilliert, daß die Verbraucher bei den gotischen Schriftzügen des Flaschenetiketts mehr an »Askese und die Mystik des Jenseits«, weniger aber an »diesseitigen Genuß« dachten. Außerdem wollte er ihnen ins Gedächtnis zurückrufen, daß Asbach Uralt ein Destillat vom Wein ist.

Speziell für den ersten Asbach-Film im Werbefernsehen 1959 gab es einen neuen Slogan, der wie sein Vorgänger schnell zum Klassiker avancierte: **»Wenn einem so viel Schönes wird beschert, das ist schon einen Asbach Uralt wert«**. Man hatte etwas geleistet im Leben und genoß jetzt die Früchte der Arbeit. Honorige ältere Herrschaften süffelten im Lehnsessel einen Asbach Uralt und belohnten sich für ihre Reimkunst: »Wenn sich Freunde aus verflossenen Tagen / nach Jahren wieder auf die Schulter schlagen. / Wenn man ganz still sein Steckenpferd reitet / das einen aus der Alltagswelt geleitet. / Wenn ein Geschenk, das man gebracht / besonders große Freude macht. / Wenn einem also Gutes widerfährt, / das ist schon einen Asbach Uralt wert.«

Die Fernsehwerbung verhalf der Marke zu einem rasanten Aufstieg. Von 3,5 Millionen verkaufter Flaschen 1957 stieg der Absatz auf über 12 Millionen Ende der sechziger Jahre. Da eröffnete der Fernsehkoch Hans Adam dem Weinbrand neue Trinkfelder, indem er als Pendant zum whiskeyhaltigen »Irish Coffee« den »Rüdesheimer Kaffee« erfand. Zehn Jahre später betrug der Ausstoß dann schon 24 Millionen Flaschen.

Quellen: Hanns W. Brose, *Die Entdeckung des Verbrauchers,* Düsseldorf 1958; *Jahrbuch der Werbung 1987,* Düsseldorf 1987; Info Pressestelle United Distillers (Deutschland); w&v 40/93

Im Falle eines Falles klebt Uhu wirklich alles

Uhu

»**Im Falle eines Falles** ...«, jedermann in Deutschland weiß, wie dieser Slogan weitergeht. Den ersten Alleskleber des gesamten Universums hatte 1932 August Fischer in der Chemischen Fabrik Ludwig Hoerth im mittelbadischen Städtchen Bühl erfunden. Ein glasklarer Klebstoff auf Kunstharzbasis, der praktisch alles schnell und dauerhaft verbinden konnte. Die erste Abfüll-Maschine war ein gasflaschenähnliches 15-Liter-Gefäß, wo mit Luftdruck per Hand die ersten Bleituben nach Augenmaß mit etwa 10,5 Gramm Uhu gefüllt wurden. Tagesproduktion: etwa 2000 bis 3000 Tuben. Einem unerklärlichen Brauch der Branche folgend – es gab schon Pelikan, Marabu, Greif und Schwan – wählte August Fischers Sohn Hugo einen Raubvogel als Markenzeichen, den Uhu. Auf der Zeppelinwerft in Friedrichshafen war man von Uhu derart überzeugt, daß der Klebstoff zentnerweise für den Bau der »Hindenburg« verwendet wurde.

Das Geburtsdatum des Uhu-Slogans »**Im Falle eines Falles klebt Uhu wirklich alles**«, ist nicht mehr genau nachzuvollziehen. Höchstwahrscheinlich entstand der Werbespruch Ende der 30er Jahre oder in den ersten Kriegsjahren auf Anregung des Firmeninhabers. Richtig bekannt wurde der Slogan erst in den 50er Jahren durch eine Anzeigenserie, in denen Zeichentrick-Figuren allerlei Malheur passierte, die nur durch Uhu's Klebekraft wieder in Ordnung gebracht werden konnten.

Quelle: Karl-Heinz Zenz, *Die Uhu-Story,* Heimatbuch des Landkreises Rastatt 9/82

Immer gut beraten

Arbeitsämter

Das versprechen die Arbeitsämter seit 1967. Aber da herrschte noch der traumhafte Zustand der Vollbeschäftigung. Bereits 1959 hatten sich die Jobvermittler des Arbeitsamtes Stuttgart wegen der geringen Nachfrage genötigt gesehen, per Inserat in der »Stuttgarter Presse« für ihre Dienstleistungen zu werben: »Dem Zufall überlassen ...? Das wird keiner, der nach Sicherheit strebt. Was der Fahrplan und der Bahnhof ist für den, der reisen will, das ist die Arbeitsvermittlung beim Arbeitsamt, wenn man einen guten Arbeitsplatz sucht.«

Heutzutage ist die Beratung schon angesichts der schieren Masse von Arbeitssuchenden zugunsten der Verwaltung und Reglementierung von Arbeitslosen in den Hintergrund gedrängt worden.

Zu den erstaunlichsten Slogans einer Behörde gehört sicherlich auch dieser: »**Der Amtsschimmel hat ausgewiehert!**« Aber das war 1968, als ja so einiges passierte.

Quellen: Hohlspiegel 26/59; Info Arbeitsamt Nürnberg

Immer mit der Ruhe und einer guten Zigarre

Gemeinschaftswerbung Zigarren

Den Plan, eine Gemeinschaftswerbung für Zigarren zu initiieren, hatte der Werbeberater Hanns Brose schon 1930 entwickelt. Doch nach Ruhe und Ordnung kamen Krieg und Verwüstung und so sollte es noch zwanzig Jahre dauern, bis am 7. März 1950 die Arbeitsgemeinschaft der Zigarrenverbände dann auch tatsächlich bei Brose anrief und ihm den Auftrag erteilte, dem sinkenden Zigarrenverbrauch mal wieder richtig Dampf zu machen. Raucher, die sich der Zigarre entfremdet hatten, sollten zurückgewonnen werden.

Man verzichtete auf die Zigarette als Feindbild in der Hoffnung, daß dann »die Zigarettenraucher uns als anständige und faire Kerle ansehen würden, denen man Vertrauen entgegenbringen darf« (Brose). Er fand auch ein besonders zugkräftiges Argument für den Zigarrenqualm: »Die Frau von heute macht keinen Hehl daraus, daß sie den Rauch der Zigarre als etwas betont Männliches zu schätzen weiß.« Besonders in ihren Gardinen. Der Slogan sollte in knappster Form zum Ausdruck bringen, was sich zugunsten der Zigarre sagen läßt. Das Ergebnis: **»Immer mit der Ruhe und einer guten Zigarre«**.

Ob durch Broses Aktion oder durch das Vorbild souveräner Zigarrenraucher wie Erhard bewirkt: Bis Ende 1958 nahm der Zigarrenverbrauch in Westdeutschland um 50 Prozent zu. Gezeichnete Comic Strips à la Dujardin verdeutlichten die entspannungsträchtigen Gelegenheiten für eine Zigarre.

Quellen: Hanns Brose, *Die Entdeckung des Verbrauchers,* Düsseldorf 1958; Spiegel 14/59; Readers Digest 2/64

In Bahlsen steckt viel Liebe drin

Bahlsen-Keks

Mit 20.000 Mark, die er sich von seiner Mutter gepumpt hatte, kaufte sich Hermann Bahlsen im Jahre 1888 in die Konditorei Schmückler ein. Ein Jahr später zahlte er den Vorbesitzer aus und gründete die Hannoversche Cakes-Fabrik H. Bahlsen. Bahlsen war zuvor als Zuckereinkäufer in England tätig gewesen und hatte dort die steigende Bedeutung von Biskuits und Keksen als Nahrungsmittel erkannt. Sein Hauptartikel waren die Leibniz-Cakes, die er 1911 in Leibniz-Kekse eindeutschte und 1913 in täglichen Mengen von 500 Zentnern herstellte. Auch in der Werbung zeigte Bahlsen den ihm eigenen Pioniergeist. 1898 bereits leuchtete über dem Haus der Berliner Bellevue-Apotheke am Potsdamer Platz in großen Lettern der Schriftzug: Leibniz-Cakes. Damit war Bahlsen wieder mal der erste.

Der 1984 entstandene Slogan **»In Bahlsen steckt viel Liebe drin«** wendet sich, wie bei so vielen Naschereiprodukten, an die Hauptdistributoren von Keksen, die Mütter. Nicht nur, daß sie ihren Kleinen Liebe geben, wenn sie Kekse verteilen, sollen sie glauben, sondern auch, daß diese »so gut wie hausgemacht« seien. Also mit Liebe gebacken. (Stellungnahmen von Fließbandarbeiterinnen aus den Keksfabriken waren dazu leider nicht erhältlich.)

Quelle: Horizont 19/96

In Köln fließt der Rhein und Küppers Kölsch

Küppers Kölsch

Diese für jeden Teil des Slogans absolut wahre Behauptung der Wicküler-Küppers Brauerei (»**Männer wie wir, Wicküler Bier**«) stammt aus dem Jahre 1963. Kreiert wurde er bei Werbe-Gramm.

Größere Bedeutung für Köln und Kölsch erlangte jedoch fünf Jahre später ein kühler Novembertag. An jenem 5. November 1968 verließ zum ersten Mal in der Geschichte das Nationalgetränk der Kölner seine angestammte Heimat. Ein Lastzug mit 300.000 Dosen Küppers Kölsch brachte seine Ladung im Auftrag einer Stockholmer Brauerei nach Schweden. Viel Volk und Prominenz erwiesen dem Ereignis die gebührende Wertschätzung. Böllerschüsse krachten, fünf Werbeflugzeuge mit dem überdimensionalen Köbes-Emblem im Schlepptau kreisten über der Braustätte und zwei Fanfarenkapellen stießen ins Horn, als die historische Mission startete. Ein Vertreter der schwedischen Botschaft sagte nette Worte und Kölns populärer Oberbürgermeister Theo Burauen verlieh dem Augenblick mit den Worten »Fahr ab, mein Sohn«, kölsche Würde. Er gab damit das Startzeichen für den grün-weißen, blumengeschmückten Lastzug, der in Riesenlettern sein Reiseziel verkündete: »1. Transport Küppers Kölsch nach Schweden«. Am selben Tage erschienen in drei führenden Tageszeitungen in und um Köln ganzseitige Anzeigen des Inhalts, daß Köln jetzt »seinen eigenen Botschafter in Schweden hat«.

Quelle: w&v 23/68

Innen gut, außen mit Hut

Sierra Tequila

Der Agavenbrand Sierra Tequila ist ein Tequila in einer außergewöhnlich häßlichen Flasche. Ein roter Plastik-Sombrero dient als Verschluß. Unter der Devise, »was so häßlich aussieht, hat nur eine Chance, es muß verdammt gut schmecken«, startete die Agentur Scholz & Friends 1989 eine Kampagne, die den dialektischen Bezug zwischen Form und Inhalt gnadenlos zugunsten des Inhalts vernachlässigte und dabei das weitverbreitete ästhetische Prinzip, demzufolge die beiden in einem harmonischen Verhältnis zu stehen hätten, aufs Gröbste mißachtete. Oder anders gesagt: Die beknackte Buddel wurde munter fertiggemacht (»Unsere Sierra-Flasche ist zwar nicht so hübsch, aber dafür schmeckt der Tequila so genial, daß man ihn demnächst vielleicht sogar am Arsch der Welt trinkt«), der köstliche Tequila dafür aber in den Himmel gehoben: »Für den Inhalt legen wir unsere Hand ins Feuer. Für unsere Flasche lassen wir das lieber.« Oder ganz kurz: **»Innen gut, außen mit Hut«.**

Natürlich war die häßliche Flasche eine Masche, um sich von der Konkurrenz abzuheben. Was auch gelang. Die witzige Kampagne wurde ebenso wie der Schnaps ein Liebling der kreativen Kollegen und Sierra Tequila zum erfolgreichsten Tequila Deutschlands.

Quelle: w&v 48/91

intel inside

Intel Corporation

Dem PC-Käufer war es lange Zeit völlig wurscht, was in seinem Computer drin steckte. Hauptsache, der Preis stimmte und die Kiste funktionierte. Und so hatten auch Intels Mitbewerber im harten Kampf der Prozessoren gute Karten, zumal ihre Produkte in Qualität und Leistung dem Konkurrenten aus Salt Lake City nicht nachstanden. Nachdem Anfang der 80er Jahre durch die enge Kooperation mit IBM der Chip-Hersteller eine monopolartige Position errungen hatte, attackierten sie nun recht erfolgreich den Marktführer.

Intel wehrt sich seit 1993 mit einer Marketingwaffe, die sonst nur im Konsumgüterbereich üblich ist. Ihre sogenannte »Branding-Strategie« zielte darauf ab, das Markenbewußtsein der PC-Käufer auf die Innereien ihres Gerätes zu richten. Da ein Markenzeichen im Dunkel dieser Kiste, die der normale Nutzer nie öffnet, wenig Sinn macht, klebte man das »intel inside«-Logo eben außen auf das Gehäuse. Damit gab man den PC-Benutzern das sichere Gefühl, echt tolle Qualität erworben zu haben. Die Botschaft wurde verstanden und Intels Mikroprozessoren stecken heute in über 80 Prozent aller Computer weltweit. Gelegentliche Probleme mit fehlerhaften Produkten, die hämische Pressekommentare und hektische Nachbesserungen nach sich ziehen, kommen vor, sind aber nur dem überaus zügigen Entwicklungstempo geschuldet, das mittlerweile einen Prozessortyp schon nach einem Jahr sehr alt aussehen läßt.

Quelle: w&v annual 93

Ist der neu? Nein, mit Perwoll gewaschen

Perwoll

Die Idee zu diesem fusselfreien Dialog, der die Erneuerungskraft des Wollwaschmittels bestätigen soll, hat ihren Ursprung in Italien. Dort wurde 1976 die sogenannte »Passaparola-Kampagne« (Passaparola = Weitergabe, d.h., die Packung wird immer an den Fragenden übergeben) gestartet. In Deutschland hieß der erste Perwoll-Slogan 1974 »**Schmusewolle, das macht Perwoll aus Wolle**«. Er stammte aus der Düsseldorfer Agentur Team und wurde von der Schlagersängerin Vicky Leandros musikalisch interpretiert. Der eigentliche Slogan »**Perwoll, damit es Schmusewolle bleibt**« kam erstmals 1985 zum Einsatz. Er ist längst nicht so bekannt wie das Fragespiel »**Ist der neu? – Nein, mit Perwoll gewaschen!**«, das seither fester Bestandteil der Perwoll-Spots in allen Ländern ist.

Quelle: Info Pressestelle Henkel

Ist die Katze gesund, freut sich der Mensch

Kitekat

Das erste »professionell vermarktete« Katzenfutter warb 1967 mit dem Slogan für sich: »**Wir Kitekat-Katzen sind herrlich gesund**«. Dem Katzenfutterhersteller Effem lag vor allem daran, die ach so eigenwilligen Geschöpfe von ihrer Fron als Resteverwerter zu befreien und die so entstandene Nahrungsmittellücke mit seiner Dosennahrung zu füllen. Da Katzen keinen Stolz haben, wenn sie hungrig sind, und außerdem ihre Kaufkraft minimal ist, mußte also den Menschen ins Gewissen geredet werden. Vorwurfsvolle Katzenaugen klagten an: »Natürlich wollt ihr Menschen unser Bestes. Aber Essensreste? Auf die Dauer fehlt da was.« Eine topfite Mieze in fortgeschrittenem Alter bestätigte: »Bin jetzt 13 Jahre und – toitoitoi – noch nie krank gewesen. Immer gesund gelebt, Sport getrieben und Kitekat.«

Auf den Slogan »**Ist die Katze gesund, freut sich der Mensch**« kam 1982 ein Mitarbeiter der Agentur Scholz & Friends, als er während eines Brainstormings die Frage stellte: »Wie läßt sich das eigentlich ausdrücken: ist die Katze gesund, freut sich der Mensch?« Nun, genau so.

In der Agentur ging man damals tiefenpsychologisch an das Katzenfutter heran. Geschäftsführer Michael Menzel hatte ein nach ihm benanntes »Menzelsches Drei-Ebenen-Modell« entwickelt. Eine dreistufige Pyramide, deren Ebenen unterschiedliche Vermarktungsdimensionen symbolisierten. Kitekat war bisher mit großem Erfolg auf den beiden unteren Ebenen positioniert worden. Die Produkteigenschaften (Vitamine, Proteine und Aufbaustoffe) und den daraus abgeleiteten Produktnutzen (das Katzenfutter ist gesund und gut für die Katze) hatte man gut vermittelt. Jetzt zündeten die Werber die dritte Stufe. Der Katzenbesitzer bekam zu den Vitaminen einen »psychologischen Nutzen« beim Futterkauf mit in die Tüte gepackt. Er durfte sich nämlich gut fühlen, wenn er seiner Katze Kitekat kaufte. Zwar waren auch anders ernährte Katzen gesund und erfreuten damit ihre Besitzer, aber nur beim Kauf von Kitekat bekamen sie die schriftliche Bestätigung.

Quellen: *Jahrbuch der Werbung 1970,* Düsseldorf 1970; *Jahrbuch der Werbung 1987,* Düsseldorf 1987

Ist die Verstopfung noch so groß, Darmol löst das Problem famos

Darmol

Was oben rein geht, muß unten raus. Diese einfache physiologische Grundregel vermochten viele in der Freßwelle der fünfziger Jahre hochstrapazierte Organismen nicht in ausreichendem Maße einzuhalten. Da mußte eben nachgeholfen werden. Darmol war die beliebteste Abführschokolade (»Unschädlich, mild und sicher in der Wirkung«) dieser Zeit. Berühmt wurde sie durch den Darmol-Mann, einen beleibten Bonvivant, der im Nachthemd, eine Kerze vor sich her tragend, dem Örtchen zustrebt. Er war damals in nahezu allen Zeitschriften anzutreffen. Wenn er besonders unter Druck stand, faßte er sich kürzer: **»Nimm Darmol, du fühlst dich wohl«**.

Quelle: Stern 30/52

J

Jacobs Kaffee ... wunderbar

Jacobs Kaffee

Walther J. Jacobs beansprucht die Urheberschaft für diesen wunderbaren Slogan für sich persönlich. Im Jahre 1954 war ihm eine alte Anzeige von 1939 untergekommen, in der stand: »**Jacobs-Kaffee ... einfach wunderbar**«. Das muß bei Herrn Jacobs einen kreativen Urknall ausgelöst haben, der dazu führte, daß er einfach das Wörtchen ›einfach‹ wegließ und so zu der noch heute gültigen Fassung kam.

Jacobs in Bremen und Tchibo in Hamburg beherrschten lange Zeit den deutschen Kaffeemarkt und lieferten sich dabei schöne Konkurrenzkämpfe, bei denen »hin und wieder unter Bemühung der Gerichte gestritten wurde«. Als Jacobs zum Beispiel behauptete, daß sein Kaffee »der meistgetrunkene Kaffee im Bundesgebiet« sei, reagierten die Hamburger, nach eigener Auskunft »Europas größte und modernste Rösterei«, mit dem Slogan »**Deutschlands meistgetrunkene Kaffeemischung**«. Diese freche Behauptung wollte sich Jacobs nicht bieten lassen; er klagte auf Unterlassung und verlor. Jacobs zog die Konsequenzen, verabschiedete sich von dem ohnehin nicht gerade sprachmeisterlichen Prädikat ›meistgetrunken‹ und plazierte seinen Kaffee in höheren Gefilden: »**Jacobs Kaffee ... wunderbar**«.

Kaffee in der Werbung braucht Vortrinkerinnen. In den 50er Jahren besetzte eine ältere Dame die Position einer Oma der Nation: Sophie Engmann aus dem Dorf Harpstedt bei Bremen. Der Fotograf Georg Schmidt hatte die Niedersächsin, eine Amateurin reinsten Wassers, was das Posieren betraf, entdeckt. Von 1956 bis 1959 lehrte sie in halbseitigen Illustrierten-Anzeigen die Bundesdeutschen die hohe Kunst der Kaffeezubereitung (mit Kaffeemühle und Kessel). Als gegen Ende des Jahrzehnts das Bild der guten Großmama von einem jugendlicheren Frauentyp abgelöst wurde, hatte auch Sophies Stündlein geschlagen.

Schon zu Sophies Zeiten erschlossen sich die Bremer ein neues Werbemedium, den Rundfunk. Man mag es sich heute kaum vorstellen, aber damals war Werbung im Radio kaum präsent. Gerade mal drei »Durchsagen« pro Sender konnte Jacobs in der Woche belegen. Besser sah es für Jacobs bei der Kinowerbung aus. 1957 gab es in Deutschland 6000 Lichtspielhäuser. Aber nicht jedes Kino war reif für die Kaffeewerbung. Außendienstmitarbeiter analysierten die Spielstätten und ihr Publikum sehr sorgfältig. Man wollte schließlich keine übel beleumdeten Spelunken buchen, »die nur Wild-West-Reißer bringen und aus diesem Grunde fast ausschließlich von Jugendlichen besucht werden«. Da hätten die Werbefilme von Jacobs, die im Stil leichter Komödien gedreht waren, auch nicht hingepaßt.

Einer der ersten entstand 1954 mit dem Titel »Schöne Stunden voll Behaglichkeit«. In einem anderen Streifen, »Kostbarkeiten« betitelt, spielte der beliebte Schauspieler Georg Thomalla (später auch als Butler Tommy für den Eierlikör Veerpoorten im Einsatz) den umsorgten und mit Jacobs Kaffee verwöhnten Ehemann (»O Mäuschen, dein Kaffee ist heute mal wieder köstlich!«). Er belohnt die Gattin mit einem Kuß auf die Wange, worauf diese das Lob an Jacobs weitergibt: »Ja, wenn man seinen Mann schonmal zu Hause hat, am Nachmittag zum Kaffee, muß man ihn auch verwöhnen. Und das wird einer guten Hausfrau leichtgemacht mit dem edlen Bremer Jacobs Kaffee, denn Jacobs Kaffee ist immer wieder eine Kostbarkeit in der Tasse.«

Das also war aus den selbstbewußten Trümmerfrauen der Nachkriegszeit geworden: Kaffeekochende Hausfrauen. Auch Vico Torriani mimte mal den verwöhnten Kaffeetrinker, während Sonja Ziemann und Marianne Koch (»Mühe allein genügt nicht«) Gastgeberinnen spielten und fleißig Kaffee aufbrühten.

Quelle: *100 Jahre Jacobs Café*, Bremen 1994

Jeden Tag ein reines Hemd

Gemeinschaftswerbung Hemden

In den fünfziger Jahren steckte in vielen Märkten und Branchen die Markendifferenzierung noch in den Kinderschuhen. Außerdem war das Geld für die Werbung knapp, die Hersteller investierten lieber in die Produktion. Aber der Absatz mußte natürlich gefördert werden, und so schlossen sich viele Industriezweige zu Gemeinschaftswerbungen zusammen. Die Hersteller von Zigarettenpapier reimten: **»Hast Du keine – dreh Dir eine«** und auch die Zündholzfabrikanten wußten Erstaunliches zu berichten: **»Hast Du Zündhölzer – hast Du Feuer«**.

Eine neue Staatsform, ein Wechsel der Ideologien, die Währungsreform, das Wirtschaftswunder, all diese Aufbrüche und Umbrüche hatten den deutschen Mann offensichtlich so erschöpft, daß er darüber den täglichen Hemdenwechsel vernachlässigte. Sonntags wurde ein frisches Hemd angezogen, Samstags war traditionell der einzige Badetag in der Woche. Vielleicht spricht man deswegen von den ›miefigen‹ fünfziger Jahren.

Die Hemdenfabrikanten waren jedenfalls 1954 mit diesem Konsumverhalten gar nicht zufrieden und proklamierten in einer »Hygiene-Aktion«: **»Ein frisches Hemd gibt Wohlbehagen, nicht nur an Sonn- und Feiertagen«**. Aber es gab noch größere Schweinigel, wie der Slogan **»Dies Bild zeigt eigentlich genug, das Taghemd ist kein Schlafanzug!«** verrät.

Nachdem auf diesem Gebiet das Gröbste geschafft war, konnte man dazu übergehen, die Bundesbürger zu ermuntern, »jeden Tag ein reines Hemd« zu tragen. Und ihm außerdem nahezulegen, mit der Mode zu gehen und das »Universal-Oberhemd« zugunsten modisch-farbiger Frühlings-, Sommer-, Herbst- und Winterhemden im Schrank zu lassen. Und irgendwann war es dann soweit und man konnte stolz verkünden: **»Hemden machen Herren«**.

Quellen: Spiegel 30/55; Hanns Brose, *Die Entdeckung des Verbrauchers*, Düsseldorf 1958

Jeder hat das Recht auf seine Tapete – Kleb Dir eine!

Gemeinschaftswerbung Tapeten

Immer, wenn es galt, grundsätzliche Mißstände zu beseitigen und gegen das unwillige oder mufflige Verhalten der Konsumenten vorzugehen, taten sich die Hersteller einer Branche zusammen und warben gemeinsam für ihre Produkte. Der Deutsche war nicht nur ein Hemdenmuffel (siehe vorherige Seite), sondern – mindestens ebenso erschreckend – auch ein Tapetenverweigerer. Das fanden jedenfalls 1969 die Tapetenhersteller. Sie beauftragen die Agentur Young & Rubicam, mit lockeren Sprüchen wie »**Jeder hat das Recht auf seine Tapete**« und »**Kleb Dir eine**« die Deutschen zum Tapetenwechsel aufzufordern. Das deutsche Kulturgut Blümchentapete hatte ausgedient, modisch-aktuelles Innendekor sollte an seine Stelle treten.

Eine kleine Anekdote bestätigt, wie nahe Leben und Werbung häufig beieinander sind. Die Agentur hatte gerade ihre Konzeption dem Kunden präsentiert. Eines der Anzeigenmotive zeigte eine frisch tapezierte Zelle und ihren stolzen Insassen. Da staunten die Werber nicht schlecht, als ein Mitglied des Werbebundes ihnen einen Brief vorlas, worin ein Insasse der Haftanstalt Hannover um die Übersendung von Tapeten bat. Er wolle seine Zelle verschönern. Selbstverständlich bekam der Mann seine Tapeten.

Quelle: w&v 21/70

Jederzeit hab zur Hand, Hansaplast Wund-Schnellverband

Hansaplast

Am 28. März 1882 wurde dem Hamburger Apotheker Carl Paul Beiersdorf ein Reichspatent zur »Herstellung gestrichener Pflaster« erteilt. Es waren die ersten Pflaster, die auch bei Zimmertemperatur gut auf der Haut hafteten. 1901 brachte Beiersdorf das erste weiße Zinkoxid-Kautschuk-Pflaster der Medizingeschichte heraus und nannte es Leukoplast, das »weiße Pflaster«. Einige Jahre später versah er das Leukoplast mit einer Wundauflage und einer Schutzabdeckung und bezeichnete das neuartige Pflaster als Hansaplast. Heute hat die Firma Beiersdorf mehr als 50 Tochtergesellschaften in 36 Ländern. Der Urahn Hansaplast hat eine ganze Pflaster-Familie gleichen Namens begründet. Der geradezu rap-taugliche Slogan »**Jederzeit hab zur Hand, Hansaplast Wund-Schnellverband**«, wurde seit 1948 eingesetzt.

Quellen: Stern, 16/48; Jörg Krichbaum, *Made in Germany*, München 1997

K

Katzen würden Whiskas kaufen

Whiskas

Zum ersten Mal tauchte der Whiskas-Slogan in Anzeigen gegen Ende der sechziger Jahre auf. 1967 lebten in 1,95 Millionen deutschen Haushalten 2,5 Millionen Wellensittiche, 2,27 Millionen Hunde und 3,23 Millionen Katzen. Die Wellensittiche hatten ihr Trill (»... **mit Jod-S-11-Körnchen**«), die Hunde ihr Chappi (»**Ein ganzer Kerl dank Chappi**«), die Katzen bekamen die Abfälle. Das war vielleicht gar nicht so schlecht und bot abwechslungsreiche Kost, aber ein Katzenfutterhersteller konnte daran nichts verdienen.

Man begann, den Katzenliebhabern ein schlechtes Gewissen zu machen. Da ein Aufruf der Art: »Katzenfreunde, kauft Katzenfutter. Ihr Katzenfutterhersteller« schwerlich das Gewissen der Katzenbesitzer/innen erreicht hätte, ließ die Agentur DeiArcy-MacManus & Masius die Katzen selbst sprechen: »**Wir Katzen würden Whiskas kaufen**« hieß es anfangs. Weil man aber den Katzen nicht so recht trauen konnte, ließ man das ›wir‹ weg und formulierte allgemeingültig: »**Katzen würden Whiskas kaufen**«. Und die rasante Karriere vom Resteverwerter hin zum verwöhnten Lebensabschnittspartner nahm ihren Lauf.

Genauere Informationen waren beim Hersteller Effem im niedersächsischen Verden nicht zu erhalten. Man hält sich dort aus gutem Grund bedeckt. Effem beherrscht mit seinen Marken fast den gesamten industriellen Tierfuttermarkt: Es gibt Chappi, Pal, Cesar und Frolic für den Hund; Whiskas, Brekkies, Kitekat und Sheba für die Katze; Trill für den Wellensittich. Die Tierhalter selbst werden eher ärmlich von Effem mit Uncle Beneis Reis versorgt. Hinter Effem steht die Mars Inc. in Virginia. Um der Kundschaft vorzugaukeln, daß hier echte Konkurrenz am Werke ist und höchst unterschiedliche Produkte angeboten werden, erscheint der Name der Firma nur verschwindend klein auf den Packungen.

Außerdem gilt auch fürs Marketing die Devise: Getrennt marschieren, vereint schlagen. Ein Hersteller erreicht größere Marktanteile, wenn er verschiedene Marken ins Rennen schicken kann. Konkurrenz ist also schon noch da, wenn auch eher innerbetrieblich.

Auch bei Hunden und Katzen läßt sich eine Markenbindung erreichen. Da sie nicht lesen können, erzielt man diesen Effekt mit Ingredienzen im Futter, die den Geruchs- und Geschmackssinn der vierbeinigen Kundschaft stimulieren. Die Verdener Futterköche haben es darin zur Meisterschaft gebracht. So berichtete der »Spiegel«, daß Kunstfleisch und Fleischbrei für die feinen Heimtiernasen mit Gewürzen gemixt werden, die zu besonders freudiger Nahrungsaufnahme verleiten. Hunde und Katzen, die von klein auf an bestimmte Geruchs- und Geschmacksnoten gewöhnt werden, verschmähen anders duftende Futtersorten.

Herrchen und Frauchen interpretieren dann dieses Suchtverhalten ihrer kleinen Lieblinge als Ausdruck besonderer Eigenwilligkeit, die unbedingt mit dem Lieblingsfutter belohnt werden muß.

Quellen: *Jahrbuch der Werbung 1970*, Düsseldorf 1970; Spiegel 18/78; 26/79

Keine Experimente!

CDU

Der CDU-Slogan von 1957 ist wahrscheinlich der bis heute bekannteste Wahlslogan. »**Keine Experimente**« war die übergreifende Generalformel, welche das Gefühl der Zeit prägnant zusammenfaßte. Dagegen war einfach nicht anzustinken. Aber das sollte sich erst später herausstellen.

Der Werbeprofi Hubert Strauf, der schon zwei Jahre zuvor Coca-Cola beflügelt hatte, schüttelte diese Devise aus dem Ärmel, als er erstmals vor den CDU-Wahlkampfausschuß trat. Was auch ein Indiz dafür ist, wie sehr sie eigentlich in der Luft lag. Die christdemokratischen Parteifunktionäre waren nicht sonderlich begeistert. Ihnen fehlte die politische Botschaft (das waren noch Zeiten!) und so zerpflückten sie den Vorschlag in der Diskussion erst einmal. Die

Sache schien schon gestorben, als Adenauer eingriff: »Nee, nee, meine Damen und Herren, wenn die Reklamefritzen dat meinen, dann machen wa dat so!« Dem ›Alten‹ (»Wat interessiert mich mein Jeschwätz von jestern«) gefiel gerade die Allgemeingültigkeit des Spruches, der im übrigen an einen Slogan aus dem Wahlkampf von 1953 **»Mitten im Strom soll man die Pferde nicht wechseln«** anknüpfte. Strauf: »Ich hatte nichts getan, als eine Kurzform mit Musik, eine werbewirksame Form zu finden.« Die »Washington Post« kommentierte: »Die Deutschen haben den Weihnachtsmann gewählt. Sie sahen auf ihr Portemonnaie, fanden es voll und stimmten gegen eine Veränderung.«

Die CDU/CSU erzielte mit 50,2 Prozent das beste Ergebnis ihrer Geschichte.

Quellen: Spiegel 32/57; *Jahrbuch der Werbung 1984,* Düsseldorf 1984; Rainer Gries, *Ins Gehirn der Masse kriechen,* Darmstadt 1995

Keine Feier ohne Meyer

Spirituosenfabrik Meyer & Co. AG

Im Anfang war der Schnaps, den die Berliner Spirituosenfabrik Meyer & Co. AG herstellte und unter die Leute (eigentlich: in die Leute) bringen wollte. Dazu formte ein Unbekannter, vielleicht schon der Volksmund selbst, jenen schlichten Reim. Und wie so manches Glas machte auch dieses Wort die Runde, ließ irgendwann den Schnaps vergessen und verselbständigte sich in den fünfziger und sechziger Jahren. Kaum ein ungebetener Gast oder Bürofeierschmarotzer, der nicht mit diesem flotten Spruch sich einführte und zielstrebig den Kanapees und Getränken zuwandte.

Der deutschen Synchronisation des Zeichentrickfilms »Dschungelbuch« verdanken wir jene treffsichere Variante, die solche Sprücheklopfer beim Namen nennt: »Keine Feier ohne Geier«.

Keine Macht den Drogen

Anti-Drogen-Kampagne

Seit 1991 unterstützt jeder, der etwas zählt im deutschen Sport, die Anti-Drogen-Kampagne. Lothar Matthäus, der Hochspringer Ralf Sonn, Steffi Graf, Katja Seizinger, Franziska von Almsick, Berti Vogts, Jürgen Klinsmann ... alle lächelten sie von Plakatwänden, mahnten in Fernsehspots oder trugen das Logo beim Absingen der Nationalhymne.

Erdacht wurde die Kampagne kurz vor der Fußball-WM 1990 von Karl-Heinz Rummenigge, dem 1992 verstorbenen Präsidenten des Deutschen Fußball-Bundes, Hermann Neuberger, dem damaligen Innenminister Wolfgang Schäuble und dem Münchner Sportvermarkter Fedor Radmann. Das Motto, formulierte Rummenigge, »will ein soziales Klima schaffen, das Drogenkonsum ablehnt«. Der Schirmherr war und ist der heutige Ex-Bundeskanzler Helmut Kohl.

87 Prozent der Bundesbürger kennen den markigen Spruch, mit über 20 Millionen Mark aus Mitteln des Bundesgesundheitsministeriums wurde diese Kampagne kräftig gedopt.

Es gab allerdings nicht nur Zustimmung. Sozialarbeiter ernteten bei Vorträgen in Schulen »regelmäßig Lacherfolge«, sobald die Sprache auf **»Keine Macht den Drogen«** kam. Die Schüler ließen sich neue Sprüche (»Keine Macht den Doofen«, »Keine Nacht ohne Drogen«, »Keine Macht den Slogans«) einfallen und spekulierten über den Sinn einer Anti-Drogen-Werbung, die in den Stadien zwischen Alkohol- und Pharma-Reklame eingezwängt ist und von Vertretern dopingverdächtiger Sportarten präsentiert wird.

Quelle: Spiegel 14/94

Keine Sorge – Volksfürsorge

Volksfürsorge Versicherung

Der Slogan entstand 1968, als die Volksfürsorge Versicherungen unter den Fittichen der Gewerkschaften hervorschlüpften und eine gemeinsame Versicherungsgruppe bildeten. Man wollte weg von dem Image der »Gewerkschaftlich-Genossenschaftlichen« und für das breite Massengeschäft attraktiver werden. Der Slogan sollte zum Ausdruck bringen, daß die Volksfürsorge »Versicherungsschutz für alle Wechselfälle des Lebens bietet«. Er besitzt heute einen Bekanntheitsgrad von über 90 Prozent.

Quellen: *Jahrbuch der Werbung 1969,* Düsseldorf 1969; Info Pressestelle Volksfürsorge

Keiner wäscht reiner!

OMO

... war der Schlachtruf, mit dem das Unilever-Waschmittel Omo neu 1966 ins Feld geführt wurde, und der all die armen Menschen mit diesem Vornamen fortan nicht mehr losließ. 1962 hieß es noch bescheiden: **»Omo hat unermüdliche Waschkraft«**. 1964 wurde den Hausfrauen dann eingeprägt: **»Sie brauchen nur noch Omo!«** 1965 kam dann Omo neu auf den Markt und wurde mit einem gewaltigen Wortgetöse propagiert: **»Neu! Für die saubersten Familien der Welt – das neue Omo besiegt sogar stärksten Schmutz! Völlig neu! Gewaltige Waschkraft mit Faserschonung!«**

Bereits 1960 hatte die Unilever-Tochter Sunlicht für Omo einen von der Werbeagentur Lintas präparierten Omo-Reporter auf die Waschfrauen losgelassen. Auf Straßen und Plätzen, in Vorgärten, im Keller und auf dem Dachboden stellte er mit einem Kamerateam den Hausfrauen nach. Antwort auf die Frage erheischend, was sie von dem neuen Vollwaschmittel hielten. Die Szenen wurden zu Fernsehfilmen zusammengeschnitten und als TV-Spot gesendet. Wo immer der Omo-Reporter auftauchte, drängten die Damen mit Macht vor die Gummi-Linse, obwohl ihre Filmdienste lediglich mit einem Waschmittel-Präsent abgegolten wurden.

Als 1964 der Dash-Mann (**»Wäscht so weiß – weißer geht's nicht!«**) im Revier des Omo-Reporters zu wildern begann, sanken die Marktanteile binnen Jahresfrist von 25 auf 18 Prozent. Die Lintas-Werber wurden ins Londoner Hauptquartier von Unilever bestellt. Procter & Gamble hatte den Weißen Dash-Mann, Colgate-Palmolive den Weißen Ritter, Henkel den Weißen Riesen und den Weißen Waschbären. Nur Omo hatte immer noch kein weißes Leitbild. Außer einem Weißen Schornsteinfeger und einem Weißen Bergmann war den Lintas-Leuten zu Omo nichts eingefallen. Aber darauf immerhin waren sie so stolz, daß sie ihre Delegationschefin Henni Behrens bereits als »Retterin von Omo« feierten. Die Konzernherren jedoch verwarfen die neue Konzeption in Bausch und Bogen und setzten statt dessen auf eine Kampagne, die von der Londoner Lintas konzipiert worden war. Ihr Kampfruf: **»Nichts wäscht klarer, nichts wäscht weißer.«**

1966 wurde dann das aktualisierte Omo neu herausgebracht. Lever-Sunlicht verschickte weiße Taschentücher nebst Probepaket an Millionen von Haushalte. Die Taschentücher waren »unter notarieller Aufsicht« mit Omo neu gewaschen worden und sollten als Vergleichsmaßstab fürs Wäscheweiß dienen. Die Hausfrauen sollten sie auf ihre (mit Dash gewaschene?) Wäsche legen und staunen. Man wollte sie bei ihrer Ehre packen: **»Für die saubersten Familien der Welt«** tobten die Werbeeinblendungen. In den Spots besiegte die Familie Saubermann (immer im Streit mit der Peters-Sippe – Frau Saubermann: **»Klarer Fall für mein neues Omo!«**) mit dem neuen Omo allen Schmutz und erklärte: **»Keiner wäscht reiner!«**

Quellen: w&v 14/88; *Jahrbuch der Werbung 1967,* Düsseldorf 1967; Spiegel 11/65, 37/65

Kennen Sie schon die neue R6?

R6

Zwanzig Jahre lang hatte Westdeutschlands Zigarettenindustrie die Rückkehr des Matadors gefürchtet. Matador war der Deckname für die einst beliebteste deutsche Rauchermarke R6 (**»Doppelt fermentiert«**). Vor dem Zweiten Weltkrieg rauchte jeder zweite Deutsche, der sich eine Zigarette der mittleren Preisklasse (damals vier Pfennige) leisten konnte, die Reemtsma-Marke. 1968 war es soweit. Die R6 kehrte mit großem Werbepomp (**»Eins der modernsten Produkte von heute überhaupt«**) zurück.

Über zwei Jahre lang hatten die Marktforscher und Werbeberater das Comeback vorbereitet. Doch die neue R6 entpuppte sich als Versager. Im Dezember 1968 konnten nur 16 Millionen Stück verkauft werden, eine Umsatzgröße, wie sie Nischenprodukten gut angestanden hätte. Reemtsma machte einen zweiten Anlauf. Tabakmischung und Packung wurden geändert. Ein Korkpapiermundstück ersetzte den von vielen Rauchern abgelehnten weißen Filter. Die Werbung verzichtete auf vollmundige Versprechen und erhielt einen neutralen Akzent: »**Kennen Sie schon die neue R6?**«

Quelle: Spiegel 9/69

Kleine Torte statt vieler Worte

Yes-Torty

Ein Schokoriegel strebt nach Höherem. Putzt sich heraus und macht auf Torte. Seit 1990 dient Nestlé seinen Schokosnack Yes Torty (»**Yes ist immer eine süße Idee**«) den nomadisierenden Geburtstagskindern dieser Welt als praktische Torte für unterwegs an. Knapp erzählte TV-Geschichten illustrieren die Einsatzgebiete von Yes Torty. Bei strömendem Regen zittert im Zelt ein junges Paar dem Ende eines abgesoffenen Urlaubstages entgegen. Die junge Frau hat Geburtstag, aber zum Feiern ist ihr nicht so recht zumute. Da zaubert ihr Freund aus dem Rucksack ein kleines Törtchen und ein kleines Kerzchen und überreicht diese Geburtstagstorte seiner darob sehr gerührten Freundin. Die Agentur McCann-Erickson hat sich das ausgedacht, und dafür danken wir ihr.

Quelle: w&v 14/90, 11/91

Klingel Dich frei ... Cin-Cin-Cinzano

Cinzano

Den italienischen Wermut trinken war einfach, ihn aussprechen jedoch brach so manche deutsche Zunge. Hatte man in den fünfziger Jahren mit dem Slogan: »**Die Weltmarke wieder da**« das Problem noch umgangen, glaubte man ein

Jahrzehnt später, daß der Deutsche Wermutbruder jetzt reif für die korrekte Aussprache seines Trösterchens sei. Der auf Hochprozentiges spezialisierte Achim Aschke prägte den über Funk und Fernsehen massiv verbreiteten Slogan: »**Klingel Dich frei ... Cin-Cin-Cinzano**« (Tschin-Tschin, Tschinzano ausgesprochen) und machte damit viele Menschen zu italophilen Stotterern, die ihre Wermutstropfen auf Eis genießen. Mehr die medizinischen Aspekte des Cinzano-Trinkens betonte hingegen der Spruch: »**Gegen das Ich-hab-keine-Lustmehr ist ein Kraut gewachsen: Cinzano.**«

Quelle: *Jahrbuch der Werbung 1988,* Düsseldorf 1988

Knackiger Spaß im Glas

Berentzen Apfelkorn

Schon 1758 gründete Johann Bernhard Berentzen eine Brennerei und brannte darin einen Korn, der seinen Namen trägt. Von dem Destillierbetrieb ist dann lange Zeit nichts Aufsehenerregendes zu berichten. Bis in die zweite Hälfte des zwanzigsten Jahrhunderts. Da fegte der Berentzen Apfelkorn in den Markt und zwar so, daß er noch immer als »erfolgreichste Spirituoseninnovation der Nachkriegszeit« gilt.

Alkoholkonsum vermittelt Spaß und Lebensfreude, das ist die wichtigste Botschaft der Firma, die sich den geselligen Trinker wünscht, der in froher Runde Runde um Runde schmeißt und trinkt. Eben sozialverträglich und konsumfreudig. Aber man weiß auch, daß das Trinkverhalten der Kunden ziemlich unberechenbar ist. Um nicht allzu junge Kampftrinker zu animieren, hat Berentzen seine Zielgruppen deshalb so definiert, daß sie erst beim Alter von 20 Jahren beginnen.

Den Slogan »**Knackiger Spaß im Glas**« ersann 1990 die Agentur Heye & Partner, Hamburg.

Quellen: w&v 31/91, 48/93

Kraft in den Teller, Knorr auf den Tisch

Knorr-Suppen

Nachdem es mit »Kraft durch Freude«, dem Nazi-Versprechen für straff organisierte Freizeit und Körperertüchtigung, nicht so recht geklappt hatte und eigentlich nur der ehemalige KdF-Wagen, verwandelt in einen Käfer, das Desaster überstanden hatte, dauerte es einige Zeit, bis die Deutschen sich wieder ihrer Kraft bewußt wurden und sich auch dazu bekannten. Einen ganz gewaltigen Sprung auf diesem Weg stellte der Gewinn der Fußballweltmeisterschaft 1954 dar. Und so nimmt es nicht wunder, daß etwas später, aber lange vor der Knorr-Familie und dem gleichnamigen Kochstudio, Deutschlands Fußballprominenz, also Leute wie Hans Tilkowski, Franz Beckenbauer und Helmut Haller, mit diesem Slogan für die Knorr-Suppen warben. Die ja auch in kleinen Portionen zum Wiedererstarken Deutschlands beitrugen.

L

Laß Dir mal eine Fanta schmecken

Fanta

Westdeutschlands erste, richtige Pop-Kampagne machte 1967 die Fanta aus dem Hause Coca-Cola populär. Zwei Werbemannen in Diensten von McCann -Erickson hatten in London den Puls der Zeit verspürt. Zurück von ihrem Trip setzten sie ihre Erleuchtungen zu Hause in Fanta-Werbung um.

Der Slogan »**Laß Dir mal eine Fanta schmecken**« erschien auf Manschetten und Mädchenblusen, auf den Gläsern der Super-Brille einer Super-Blonden, als Tätowierung auf behaarten Handrücken. In den Fernsehspots bogen sich Flaschenhälse, schlüpften sich windende Strohhalme in durstige Münder. Flaschenverschlüsse entfernten sich selbsttätig und sagten dabei vernehmlich »Pop«. Eine englische Teenager-Band hatte den Werbeslogan (pop-)artgerecht vertont. Und zwar frei nach der Melodie von »Herrn Pastorn sin Kauh«.

Bei der Präsentation dieser wüsten und schrillen Fanta-Werbung in Essen soll bei den Getränkemanagern so etwas wie Beifallsgemurmel zu hören gewesen sein. Es ist aber nicht auszuschließen, daß koffeinhaltige Limonade im Verdauungstrakt dieses Geräusch verursachte. Jedenfalls wurde die Kampagne gestartet und damit der Einwand eines einsamen Konservativen: »Ist das auch seriös?« niedergebügelt.

Quelle: *Jahrbuch der Werbung 1988,* Düsseldorf 1988

Laß Dir raten, trinke Spaten

Spaten-Brauerei

Der Slogan der Spaten-Franziskaner-Brauerei in München entstand vor beinahe 150 Jahren. Schon 1859 hatte der Braumeister Alois Hieronymus Weber, offenbar gut in Schwung durch den Genuß des eigenen Gebräus, gereimt: **»Laß Dir raten, trinke Spaten«**. Dieser derb-freundliche Ratschlag blieb bis heute aktuell, obwohl Mitte der siebziger Jahre alle Agenturen, die zur Präsentation bei der Brauerei geladen waren, den Slogan auf den Müll der Werbegeschichte kippen zu können glaubten. Sie empfanden ihn als zu autoritär und schulmeisterlich. Und setzten statt dessen auf bajuwarischen Stolz. Aus dem guten, alten Spaten sollte »Unser königliches Pils« werden; Neuschwanstein, Münchner Spitzenkicker und die Marienkirche sollten den Gerstensaft adeln.

Der eher bodenständige und kernige bayerische Spaten-Freund aber blieb resistent gegen diese Image-Aufwertung zum Genießer. Spaten kehrte schnell zur bewährten Linie zurück. In der Funkwerbung ließ man einen Chinesen albern: »Laß Dil laten, tlinke Spaten. Plost.« Der Spot kam derart gut an, daß ein Plakat von dem Chinesen in Krachlederner aufgelegt wurde. Das Plakat fand reißenden Absatz und wurde oft verziert mit so tollen Sprüchen wie: **»1 Maß Spaten ist besser als 1 Wanne-Eickel«**.

Quelle: w&v 17/77

Leicht und bekömmlich muß sie sein, wie die Overstolz vom Rhein

Overstolz

Die Overstolz (**»Ein Mann, ein Wort, Overstolz«**) war seit der Vorkriegszeit bis hinein in die fünfziger Jahre eine der führenden Zigarettenmarken. Ihre Gallionsfigur war der »Ritter Overstolz«. In Anspielung auf die Anbaugebiete der Tabake und um etwaigen sommerlichen Absatzflauten vorzubeugen, versprach man 1932 dem Overstolz-Raucher **»Sonne aus Macedonien in jeder Schachtel«**.

In den fünfziger Jahren wurde in der Werbung noch kräftig gereimt. Eine Nation entwuchs gerade den Windeln und lernte so seine ersten Gedichte. Ein außerordentlich aufschlußreiches und rollenkonformes Poem aus dieser Zeit stand unter dem Bild einer Ehefrau, die dem Ehemann die Frühstücksstullen ans Auto bringt. Sie: »Hier die Overstolz vom Rhein / später rauchen, steck sie ein. Und besorgst du mir die Seide / für die bunten Sommerkleide? Ah, beinahe hätte ich es vergessen / was willst du heut' zu Abend essen?« Er: »Wenn du mich so reizend fragst / koch' doch, was du selbst gern magst. Aber leicht bekömmlich muß es sein. Wie die Overstolz vom Rhein.«

Quelle: Hanns Brose, *Die Entdeckung des Verbrauchers,* Düsseldorf 1958

Let's go West!
Test the West!

West

Die Zigarettenmarke West, Reemtsmas Antwort auf die Marlboro von Philip Morris und deren Marlboro-Cowboy, versuchte ebenfalls, vom Cowboy-Mythos zu zehren und erhob den modernen Viehtreiber der Landstraße, den Trucker, zu ihrem Leitbild. LKW-Fahrer, so dachten die Werber, bieten sich für die Zigarettenwerbung an, weil sie rauchen wie die Auspuffe ihrer Brummis, gerne Country-and-Western-Musik hören, allesamt ideelle Südstaatler sind und verdammt einsam im Sattel, wenn ihr Pferd tot ist. »**Let's go West!**« stutzte den Aufbruch der amerikanischen Pioniere auf den Gang zum Zigarettenautomaten zurecht.

Zwei Jahre lang war im New Yorker Büro der Agentur GGK an dem Werbekonzept gebastelt worden, das 1980 mit einem bombastischen Aufwand von 60 Millionen Mark allein für die Einführungswerbung, etwa ein Drittel mehr als üblich, gestartet wurde. Die Kampagne geriet dann jedoch zu einem der teuersten Werbeflops, die je in Deutschland gelandet wurden.

Die Tests in Frankfurt waren zwar erfolgreich verlaufen, doch als er dann Deutschland erobern sollte, steuerte der West-Trucker seinen Lastwagen über endlose amerikanische Highways auf einen mageren Marktanteil von lediglich

0,5 Prozent zu (die Marlboro lag bei 20 Prozent). Die Markenstrategen hatten übersehen, daß Lastwagenfahrer hierzulande als arme, ausgebeutete Kerle gelten, die überhaupt kein erstrebenswertes Leben führen. Die amerikanische Fernfahrer-Idylle ging voll am deutschen Raucher vorbei. Einzig in der ehemaligen DDR erreichte der Werbespruch einen gewissen Kultstatus.

1983 zog Reemtsma die Notbremse und griff zum letzten Mittel. Die West wurde mit dem Slogan: **»Der große Geschmack für 3,30 DM«** zum Dumpingpreis angeboten. Die Marktanteile schnellten auf zehn Prozent hoch, was die Fachpresse, dankbar für diesen Lichtblick im Desaster, mit einer neuen Wortschöpfung kommentierte. Die West hat ein »(...) neues Marktsegment geschaffen, die Industrie-Niedrigpreislage«. So. Aha.

1987 wagte Reemtsma einen neuen Anlauf und engagierte dazu mit Scholz & Friends jene Agentur, die bereits die Peter Stuyvesant erfolgreich aus dem Dornröschenschlaf geweckt hatte. Die Werber positionierten die West von der Ramschzigarette zur Trendmarke um: »Sie ist die selbstbewußte Marke, mit der man das Leben in seiner ganzen Bandbreite gestalten und auch mal ausbrechen kann (...) Sie soll Begriffe wie Nonkonformismus, Offenheit, Toleranz, Souveränität und nicht zuletzt Spaß ausdrücken.«

Die **»Test the West!«**-Kampagne präsentierte durchgeknallte Hollywood-Typen, Transvestiten, Schwule, Schlampen und tibetanische Mönche. Die Test-Begegnungen waren streng schematisiert: Ein junger, relativ normal wirkender West-Raucher bietet schrillen und schrägen Anti-Typen eine Zigarette an. Damit begibt er sich, laut Marketing-Konzept, in eine gewagte Situation, zeigte Mut und Selbstbewußtsein und meistert erfolgreich Grenzüberschreitungen. Die Zigarette ist das Mittel zum Dialog, sozusagen die Friedenspfeife. Druckerlehrlinge, Kadettfahrer, Mallorca-Pauschaltouristen und andere verstanden, daß sie gemeint waren, und rauchten die West.

Ein paar Jahre später hatten sie die Zigarette unter kräftigem Einsatz ihrer Lungen auf die Position 2 im Markt hoch gepafft. Nur die Cowboys von Marlboro konnten es noch besser.

Quellen: Spiegel 12/84; w&v annual 93; Horizont 46/93; *Jahrbuch der Werbung 1983*, Düsseldorf 1983; Info Pressestelle Reemtsma

Lucky Strike. Sonst nichts.

Lucky Strike

Die Erfolgsstory dieser Zigarette begann 1871, als die Tabakfirma R.A. Pattersons sie als Marke aus der Taufe hob. 1929 war die Lucky Strike (»**Reach for a Lucky**«) bereits Amerikas meistgerauchte Zigarette. In den 30er Jahren warben Hollywood-Stars wie Jean Harlow für den blauen Dunst.

Im zweiten Weltkrieg verhalf ein cleverer Schachzug der American Tobacco Company, unter deren Regie die Marke mittlerweile hergestellt wurde, der Zigarette zu einem Marktanteil von 40 Prozent. 1940 wurde der Erfolgsdesigner Raymond Loewy (sein Repertoire reichte von der Coca-Cola-Flasche bis zur Lokomotive) beauftragt, eine neue Verpackung zu gestalten. Die einstmals grüne Packung wurde weiß, der markante rote Kreis blieb, wurde aber durch Ringe optisch verstärkt. Da man die grüne Farbe nun nicht mehr brauchte, spendete American Tobacco sie für die Produktion von Tarnanzügen – und schlug aus der patriotischen Tat anschließend kräftig werblichen Nutzen: »Lucky Strike has gone to war«. Gleichzeitig wurden weitere Stars vor den Werbekarren gespannt, deren bekanntester Vertreter Frank Sinatra war. Richtig berühmt wurde die Lucky im Mundwinkel von Humphrey Bogart in »Casablanca«. Heute kennen 97 Prozent der Amerikaner die Zigarette.

In Deutschland führte die Lucky in den siebziger und achtziger Jahren ein eher kümmerliches Dasein. Erst 1987 gelang es British American Tobacco mit Hilfe der Agentur Knopf, Nägeli, Schnakenberg auch hierzulande an die amerikanische Erfolgsstory anzuknüpfen. KNSK hatte die wunderbare Idee, die ziemlich häßlich gestaltete Zigarettenschachtel zum Aufmacher ihrer Werbung zu machen. Nichts sonst. Und unter das Abbild dieser Hülle zu schreiben: »**Lucky Strike. Sonst nichts.**«

Keine überdrehten Geschmacksversprechen oder Gefühlswelten, keine exklusiven Sportarten, keine harten Männer, schöne Frauen oder Luxus-Wunschbilder (»**Wenn Sie Action haben wollen, warum sehen Sie dann nicht fern?**«), nur die Packung, nur die Zigaretten, nur diese Objekte, auf die sich die Begierde richtet. Und dazu ein paar wohldosierte Späßchen. Mal persifliert eine eingeschlagene Fensterscheibe (»**Gibt's auch im Automaten**«) die Sucht der Raucher. Dann legt die Schachtel einen Striptease hin oder wird zur Waschmaschine oder zum Plattenspieler umfunktioniert. Unter den Anzeigen standen und stehen Sprüche wie **»Der Geschmack einer schlauen Generation«** oder **»Soll sie Weihnachten etwa im Automaten verbringen?«**

Der Erfolg der Lucky-Strike-Kampagne ist zugleich eine Absage an die klassische Zigarettenwerbung. Die Kampagne wurde mit Auszeichnungen überhäuft. Das puristische Produktkonzept läßt sich jedoch nicht beliebig vervielfältigen.

Quellen: w&v 13/90, 36/90, 42/91; w&v Annual 91; Max *Werbejahrbuch 1994,* Hamburg 1994; Info KNSK, BBDO Werbeagentur

M

… mach doch den Pepsi-Test

Pepsi-Cola

Hart an der Grenze zur unerlaubten vergleichenden Werbung startete Pepsi-Cola 1984 seinen vom Marktführer Coca-Cola gefürchteten sogenannten »Pepsi-Test«, eine Blindverkostung, wie der Brausekenner dazu sagt. Einige, nicht gekennzeichnete Gläser wurden mit verschiedenen Colabrausen gefüllt und verkostet. Die Testpersonen zeigten dann auf das Glas mit dem ihrer Meinung nach wohlschmeckendsten Inhalt. Ein unabhängiger Testrichter von Pepsi-Colas Gnaden enthüllte sodann die dazugehörige Flasche: **»Mach doch den Pepsi-Test – nur Dein Geschmack entscheidet.«** In den USA wurden auch die im Konsumentenurteil durchgefallenen Flaschen enthüllt, in Deutschland blieben sie verdeckt. Bei ersten Tests in Bayern bevorzugten nur etwa 30 Prozent der Tester das Produkt des Herausforderers Pepsi. Was nicht gerade eine berauschende Trefferquote darstellt. Im Werbefernsehen wurden aber natürlich nur die »Tests« gezeigt, in denen Pepsi der Sieger war.

Die Idee zum Test entstand 1975 in Dallas, Texas, in einer kleinen, dort ansässigen Agentur. Die halfen damit einem der sechshundert Pepsi-Konzessionäre, dem es vorher besonders schlechtgegangen war, wieder auf die Beine. Als die Pepsi-Zentrale den Grund für die sprunghafte Umsatzsteigerung erfuhr, verordnete sie allen übrigen Konzessionären den Test, bei dem das Konkurrenzprodukt in einem durch ein Q gekennzeichneten Glas vor sich hin bizzelte, während das Pepsi-Glas ein M trug. Innerhalb eines Jahres verringerte sich der Coca-Cola-Absatz in Dallas so beträchtlich, daß die Coke-Manager erklärten, der Test sei ungültig, weil der Pepsi-Erfolg nur auf der Beliebtheit des Buchstaben M beruhe. Zum Beweis schütteten sie ihren Brausesaft in unterschiedlich gekennzeichnete Gläser. Den meisten Testpersonen schmeckte das M auch tatsächlich besser als das Q, obwohl doch überall das gleiche drin war. Die Pepsi-Werber reagierten, indem sie fortan die Buchstaben S und ein L verwendeten – und wiederum die gewünschten Ergebnisse erhielten. Das L war jetzt der Favorit.

Soviel zu objektiven Testverfahren. Die Testkampagne wurde jedenfalls von Dallas aus auf die gesamten USA, nach Kanada, Spanien, England, Australien, Mexico, Japan, den Nahen und den Fernen Osten, auf Holland, Belgien und schließlich Deutschland ausgedehnt. Hier dauerte allein die wettbewerbsrechtliche Vorprüfung und Absicherung zwei Jahre, weitere vier Jahre gerichtlicher Auseinandersetzungen folgten. 1987 erlaubte der Bundesgerichtshof in letzter Instanz, die Testkampagne fortzusetzen.

Afri-Cola wollte in der allgemeinen Test-Hysterie sein eigenes Süppchen kochen und ließ abgewandelte Test-Spots ausstrahlen. Darin treffen sich zwei Schimpansen in einer Bar. Sagt der eine: »Du bist doch ein schlauer Bursche – mach mal den Cola-Test.« Der Testaffe findet, daß der Stoff in der mittleren von den drei Flaschen am besten schmecke. »Gewonnen«, brüllt der erste Affe. Doch in allen drei Flaschen war Afri-Cola drin. »Afri-Cola – da wird man wieder Mensch«, verkündete denn auch der erste Affe. Der Spot lief einzig im Regionalprogramm des Bayerischen Fernsehens. Pepsi-Cola hatte aufgepaßt und ließ ihn sofort per einstweiliger Verfügung verbieten. Ein Unternehmenssprecher damals: »Wir lassen uns nicht durch Afri-Cola unsere Test-Kampagne lächerlich machen.« Auch einen weiteren Spot ließen sie gerichtlich stoppen. In dem 20-Sekunden-Film fragte ein Affe den zweiten, ob er wieder den Cola-Test machen möchte. Doch der will nicht: »Da mußt du dir einen anderen Affen suchen.«

Konsequenterweise brach der Geschäftsführer von Pepsi-Cola Deutschland (in »Horizont« 6/94) dann auch 1994 eine Lanze für die vergleichende Werbung: »(...) glauben wir, daß es höchste Zeit ist, vergleichende Werbung als ein Medium zu akzeptieren, das dem Verbraucher seine Wahlmöglichkeiten verdeutlicht«. Und ließ in dem Spot »Schimpansen«, zwei Schimpansen Cola-Marken testen.

Quellen: w&v 21/84; Spiegel 33/76, 34/85, 12/87; Horizont 6/94

Mach es wie es Frau Renate tut, mach es mit Dr. Oetker gut

Dr. Oetker

Zwei Werbeslogans beherrschten die Dr. Oetker-Werbung der 50er Jahre: **»Zufriedene Mienen danken es Ihnen«** und **»Mach es wie es Frau Renate tut, mach es mit Dr. Oetker gut«**. Frau Renate war die typische Wirtschaftswunder-Hausfrau der 50er Jahre. Tagsüber tüchtig im Beruf, abends darum bemüht, Mann und Kindern stets etwas Gutes auf den Tisch zu bringen, immer ein Lächeln auf den Lippen. Sie begleitete Deutschlands Frauen mit Rat und Tat durch die Jahre des Aufbaus. Eine Anzeige aus dem Jahre 1957: »Selbstgebacken – mein ganzer Stolz! Sieht er nicht prächtig aus? Und dabei kostet mein Kuchen so wenig Zeit und Arbeit. Angerührt ist der Teig schnell, und gebacken wird er, während ich das Essen koche. (...) Neulich habe ich einen Kranzkuchen gebacken, und Peter – das ist mein Mann – hat mir ein wunderbares Kompliment gemacht. Er sagte: Du backst so gut wie meine Mutter.«

Ein Dr. Oetker-Werbespot sah die lebensphilosopische Quintessenz der Hausfrau jener Tage so: »Sie wissen ja, eine Frau hat zwei Lebensfragen: Was soll ich kochen und was soll ich anziehen?« Am Tisch wartete fordernd der Ehemann darauf, daß ihm die gutgelaunte Eheköchin den Pudding oder Kuchen vors Besteck setzte. Hmmm, grunzte der Mann dann beglückt und gewährte, durchs Essen gnädig gestimmt, seinem Ehegespons für das neue Kleid ruhig hundert, na sagen wir fünf Mark, mehr.

Auch ein anderer Dr. Oetker-Spot vermittelte Lebenshilfe: »Es gibt zwei Möglichkeiten, entweder er ist frei oder vergeben. Wenn er aber wieder frei ist, dann wird er gebunden. Wer da aber nun glaubt, das eine Frau sich jetzt auf ihren Lorbeeren ausruhen kann, der irrt sich ganz gewaltig. Im Gegenteil, ein Mann will täglich neu gewonnen sein.« Eine Männerstimme: »Das haben wir Männer so an uns, das sind wir so gewöhnt und das wollen wir auch so haben.«

Heute ist Frau Renate im Internet präsent. Auf der Home-Page von Dr. Oetker präsentiert sie einen Nachrichten-Eintopf: »Frau Renate – easy cooking aus kompetenter Hand.« Am Mischpult sitzt Heike Dombrowski (Jahrgang 69) und steht den Netsurfern stellvertretend für Frau Renate Rede und Antwort.

Quellen: Angelika Rose, *Dr. Oetker – Eine Werbegeschichte,* Firmenpublikation; Spiegel 51/57

Mach mal Pause ... trink Coca-Cola

Coca-Cola

Die Coca-Cola-Pause war 1955 schon Jahrzehnte alt. Sie hatte im Februar 1929 in der »Saturday Evening Post« begonnen: **»The Pause That Refreshes«**. Im gleichen Jahr wurde auch in Deutschland die erste Coca-Cola-Flasche abgefüllt.

Die vollständige Version des Slogans, der dem amerikanischen Nationalgetränk nach dem Krieg zum Durchbruch in Deutschland verhalf, lautete: **»Mach mal Pause, trink Coca-Cola und immer heiter weiter«**. Damals wurden in den Betriebskantinen die ersten Getränkeautomaten aufgestellt, auf denen dieser Slogan zu lesen war. 1955 hatte niemand Zeit, alle mußten mit anpacken, das Wirtschaftswunder auf die Beine stellen, vergessen. Sie spielten dabei so verrückt, daß die FAZ, die heutzutage den mangelnden Arbeitseifer und die zu hohen Ansprüche der Arbeitnehmer beklagt, gegen die »Tyrannei der Schaffer« wetterte. Der richtige Zeitpunkt also, um mal eine Pause einzulegen.

Hubert Strauf, der für einige der bekanntesten Slogans der fünfziger Jahre verantwortlich ist, für Konrad Adenauer **»Keine Experimente«** machte und für Pril das **»entspannte Wasser«** erfand, hatte auch den Coca-Cola-Slogan getextet. Bis er aber **»Mach mal Pause«** bei Coca-Cola durchsetzen konnte, mußte er erst mal zwei Jahre kämpfen. Die Firmenjuristen lehnten den Slogan ab: Das sei ein Imperativ, und die Sprache sei zu schnoddrig. Schließlich kam Strauf der Zufall zu Hilfe. Coca-Cola war es nach großen Anstrengungen gelungen, für die Autobahnraststätten zwischen Siegburg und Frankfurt eine Verkaufslizenz zu erhalten. Der Werbeleiter von Coca-Cola beauftragte ihn daraufhin, einen Prospekt zu entwerfen. Strauf jubelte ihm den Pausen-Slogan unter. Strauf: »Daß das der Slogan war, haben die Coca-Cola-Leute gar nicht gemerkt. (...) Aber 1955 ging das dann sehr rasch, alle hatten das auf einmal in der Nase, und der Coca-Cola-Chef Max Keith sagte immer wieder: ›Das ist ein Hit!‹ Doch den Mut, damit zu starten, den hatten sie nicht aufbringen können. Das hat sich dann so auf eigenen Beinen eingeführt.«

Einen besonderen Pfiff bekam die von dem Berliner Willy Köhler entwickelte Rundfunkwerbung. Der Slogan war nach Silbenzahl und Rhythmus auf die Wortmarke Coca-Cola abgestimmt und Köhler entwickelte daraus den Coca-Cola-Pfiff. Einen Pausenpfiff, der sich vor allem bei Bauarbeitern als

Zeichen für die Vesperpause einbürgerte. Aber auch Schulkinder erinnerten ihren Lehrer damit an das Ende der Schulstunde.

Mitte der sechziger Jahre war Schluß mit dem Pausenaufruf. Schuld daran soll der damalige VW-Chef Heinz Nordhoff sein. Als Max Keith, Chef von Coca-Cola, dem Volkswagenwerk einen Besuch abstattete, machte ihn Heinz Nordhoff plötzlich auf die roten Punkte aufmerksam: »Sehen Sie mal, da steht überall ›**Mach mal Pause**‹ drauf. Meinen Sie nicht, daß das auf die Arbeitsmoral wirkt?« Tief beeindruckt fuhr der Coca-Cola-Chef nach Essen zurück und rief seinen Texter zu sich: »Strauf, weg mit dem ›**Mach mal Pause**‹, wir brauchen was neues. Lassen Sie sich was einfallen!«

Quellen: Dr. Ulf Rosenfeld, *Ein amerikanischer Traum. Coca-Cola: Die unglaubliche Geschichte eines 100jährigen Erfolges,* Hamburg/Zürich 1985; Rainer Gries, *Ins Gehirn der Masse kriechen,* Darmstadt 1995; Willy Bongard, *Männer machen Märkte,* Oldenburg/Hamburg 1963

Made in Germany

Deutsche Wertarbeit

Diese Bezeichnung, die heute noch, wenn auch mit Abstrichen, als Prädikat für Wertarbeit aus deutschen Landen gilt, verdankt sich eigentlich einer Diskriminierung deutscher Waren durch die Engländer. Gegen Ende des letzten Jahrhunderts zwangen die englischen Behörden deutsche Exporteure, ihre Waren mit dem Aufdruck »**Made in Germany**« zu kennzeichnen, um so die einheimischen Produkte vor der lästigen Konkurrenz zu schützen. Aber wie so oft im Leben wurde auch diese ursprünglich ausgrenzende Kennzeichnung schnell zum Gütesiegel.

Mädchen sind klüger

Jugend forscht

Der Slogan der Michael Schirner Projektagentur wurde für den alljährlich stattfindenden Wettbewerb »Jugend forscht« entwickelt. Jahr für Jahr hatten immer weniger weibliche Jugendliche Arbeiten zu dem Bundeswettbewerb eingeschickt. 1985 wollte man diesen Trend stoppen und mehr Mädchen zur Teilnahme bewegen. Man suchte also nach den Ursachen dieser weiblichen Zurückhaltung und fand heraus, daß sie schlichtweg ein gesellschaftlich weitverbreitetes Rollenmuster widerspiegelte: »Forschung ist nichts für Mädchen.« Dieses Vorurteil nahm die Kampagne offensiv auf, drehte es um und führte es damit ad absurdum.

Die Mädchen der Anzeigenserie streckten ihre Zunge heraus, Ähnlichkeiten mit dem Foto von Albert Einstein waren beabsichtigt. Die Slogans dienten als Verstärker: **»Mädchen sind klüger« – »Mädchen wissen mehr« – »Mädchen denken schneller« – »Mädchen haben mehr im Kopf«.**

Quelle: Ralph Durchleuchter, *Michael Schirner – Werber, Verführer, Künstler,* Düsseldorf 1991

Maggi.
Das gewisse Tröpfchen Etwas.

Maggi-Würze

Maggi, erstmals 1886 angeboten, war die erste Suppenwürze weltweit. Niemand geringeres als der Dramatiker Frank Wedekind besserte damals seine kargen Autorenhonorare als Leiter des Maggi-eigenen »Reclame- und Pressebüros« auf und zeichnete für eine Fülle von Maggi-Texten in Gedichtform verantwortlich. Von ihm stammt auch das Meisterwerk: **»Vater, mein Vater, ich werde nicht Soldat, derweil man bei der Infanterie nicht Maggi-Suppen hat.«**

Die Ursprünge der Maggi's Suppenwürze reichen bis in das Jahr 1882 zurück. Damals diskutierte man in der »Schweizerischen Gemeinnützigen Gesellschaft« in dem Ort Glarus über »die Ernährung der Arbeiterbevölkerung und ihre Unzulänglichkeiten«. Julius Maggi beließ es nicht beim Diskutieren.

Er verwirklichte seine Idee, aus getrockneten Erbsen, Bohnen oder Linsen ein Mehl zu erzeugen, aus dem sich jederzeit unter Zugabe von heißem Wasser eine nahrhafte Suppe brühen ließ. 1883 stellte er der Öffentlichkeit sein Leguminosen-Mehl vor, das von der Gesellschaft mit dem Prädikat: »Nahrhafter als Fleisch, ebenso leicht verdaulich, sehr billig und rasch zubereitet« ausgezeichnet wurde. Um den relativ neutralen Geschmack seiner Suppe aufzubessern, entwickelte Maggi als Zusatzprodukt eine Würzflüssigkeit, die er seit 1886 unter dem Namen Maggieis Suppenwürze anbot. Er warb dafür mit den Hinweisen: »Sehr ausgiebig« und: »Nicht überwürzen«, mahnte also gleichzeitig sparsamen Gebrauch an. Grundlage seiner Würze war ein Heilkraut, daß von den Botanikern »Levisticum Officinale« genannt wurde, von den Konsumenten kurz »Maggi-Kraut«. Auch die Kapuzinerkresse hat diesen würzigen Geschmack.

Quelle: *Maggi, ein Name den jeder kennt,* Frankfurt 1979

Männer wie wir. Wicküler Bier!

Wicküler Bier

Die Brauerei Wicküler-Küppes machte den Männern zu Ende der Sechziger ein echtes Identifikationsangebot: »**Männer wie wir. Wicküler Bier!**«. Drei Musketiere im Uniformrock, mit gezücktem Degen in der einen und einem Pilsglas in der anderen Hand, trugen ihre Botschaft vom wahren Wesen des Mannes in die Wirtshäuser.

Die Kampagne erforderte Mut, denn man mußte davon ausgehen, daß selbst in den umnebelten Köpfen deutscher Biertrinker das Wissen sich festgesetzt hatte, daß die drei Musketiere Franzosen waren, also doch eher welsche Weintrinker als germanische Gerstensäftler. Und der typische Marktforscher wußte, daß der typische Biertrinker im Hauptverbreitungsgebiet des Bieres, im Ruhrpott, eher ein Knappe war als ein Edelmann. Dennoch hatten die Musketiere Erfolg. Den verdankte die Kampagne der geschickten Vermischung von mehreren Elementen: Der griffige Name. Das Auftreten als rauhbeinige, aber ritterliche Kerle und ihre Männlichkeit. Und natürlich ihr unstillbarer Bierdurst als akzeptables Solidarisierungsangebot. Damit konnte sich auch Kaminsky aus Wanne-Eickel identifizieren. Und dann stimmte auch die Botschaft: »**Männer wie wir. Wicküler Bier**«.

Wie aber war es zu den biertrinkenden Musketieren gekommen? Die Agentur Werbe-Gramm hatte einfach mal die Perspektive gewechselt und nicht, wie sonst üblich, gefragt: Wie muß das ideale Bier sein. Sondern: Wie sieht der ideale Biertrinker aus? Antwort: Der ideale Biertrinker ist männlich, gesellig, fröhlich, unternehmungslustig und pfiffig. Er ist einer, mit dem man gern ein Bier trinken geht. Zu den Musketieren und der Wir-Parole war es dann nur noch ein kleiner Schritt. Die Darsteller der Musketiere waren Angestellte der Brauerei, sie arbeiteten in der Verwaltung, in der Verkaufsförderung und in der Braustätte.

Ihr Kampf fürs Bier hat den Ausstoß der Brauerei von 1963 bis 1983 von 450.000 Hektoliter auf über 2.000.000 Hektoliter gebracht. Ihren Bekanntheitsgrad zeigt eine Untersuchung aus jener Zeit: Dortmunder Biere: Prozent. Wicküler: 80 Prozent.

Quellen: Grey-Gruppe, *Wie man Marken Charakter gibt,* Düsseldorf 1993; w&v 23/68

Man genießt den feinen Unterschied

Chantré

Chantré ist ein Weinbrand der Peter Eckes KG. Seit 1984 trinkt man ihn nicht nur einfach, nein: »**Man genießt den feinen Unterschied.**«

Lange Zeit war die Welt der Spirituosen-Branche in Ordnung gewesen. Die Trinker labten sich an altbekannten Marken, stabile Preise schonten das Portemonnaie. Die Hersteller erfreuten sich am langsam, aber stetig steigenden Verbrauch. Zwei Branntweinsteuererhöhungen in den Jahren 1981 und 1982 brachten das Reich der Schwenker-Füller ins Schwanken: Der Griff zum Gläschen wurde ein teures Vergnügen. Der Preis für eine Flasche Chantré schnellte von unter 10 Mark auf 13,61 Mark hoch. Der jährliche Pro-Kopf-Verbrauch sank von 8 Liter auf 6,5 Liter. Produktmanager Jürgen Helms:

»Wir mußten der Marke Chantré langfristig neue Impulse geben.« Da traf es sich gut, daß er just in dieser Krise eine wunderbare Eigenschaft seines Weinbrandes entdeckte, mit der er sich von den Konkurrenten Dujardin, Jacobi, Scharlachberg, Asbach und Mariacron abhob. Chantré war seit Jahren »im Bewußtsein des Weinbrand-Freundes« ein weicher Weinbrand. Da war er **»Der feine Unterschied«** eben. Seit 1984 stieg der Absatz wieder.

Quelle: w&v 36/85

Man gönnt sich ja sonst nichts

Malteserkreuz Aquavit

Über sieben Jahre hielt Schauspieler Günter Strack für Malteserkreuz Aquavit (70er-Slogan: **»Das kalte Ereignis«**) nicht nur sein Gesicht, sondern den ganzen Kerl hin. Er machte seine Sache so gut, daß er zur »Inkarnation des Malteserkreuztrinkers« wurde. Man nahm ihm die Botschaft »Man gönnt sich ja sonst nichts« einfach ab, Strack hingegen nahm bei dem bißchen, was er sich so auf seinem Malteserkreuzzug gönnte, einfach zu.

Daß der Slogan »Genuß, Prestige und Leistungsbereitschaft« vermitteln kann, wie die Werber gerne wollen, erscheint fraglich. Zumindest mit der Leistungsbereitschaft scheinen die zur Korpulenz neigenden Aquavit-Trinker doch eher Probleme zu haben. Es muß allerdings bedacht werden, daß die Bereitschaft nicht so ohne Weiteres mit der Leistung selbst gleichzusetzen ist. Immer bereit, niemals gefordert, das würde einiges erklären.

1989 begab man sich beim Hersteller Danish Distillers auf die Suche nach einem neuen Genußmenschen. Mit Horst Tappert, dem Derrick, soff man sang- und klanglos ab, Iris Berben sorgte immerhin für einen kleinen Schluckauf, Gunther Emmerlich vertrauten zumindestens die Trinker in den neuen Bundesländern und Telekom-Aktionär Manfred Krug scheiterte an seinen finanziellen Forderungen und persönlichen Eskapaden. Die Firma stellte daraufhin die Malteserkreuz-Werbung auf »normale Menschen« um. Begründung: »Es gibt zwar keinen Mangel an Prominenten, aber einen bei den Stars, die wirklich zur Marke passen. Wenn das nicht der Fall ist, werden die Prominenten zu Werbekannibalen. Sie selbst werden bekannter, aber die Markenbekanntheit leidet.«

Quellen: Horizont 37/94; w&v 5/90, 3/92

Man sagt, er habe magische Kräfte

Fernet Branca

Der Magenbitter Fernet Branca hatte 1968 mit dem Slogan »**Fernet Branca hilft gegen Vampire**« für Furore gesorgt (siehe dort). Doch irgendwann war auch der schärfste Vampirzahn abgestumpft und die Frage mußte beantwortet werden: Wie verkauft man Fernet Branca, damit auch gesunde, kräftige Menschen wie du und ich ihn trinken? 1985 spürte in Beantwortung dieser Frage Wolfgang Krug, Texter bei der Agentur Advico, die magischen Zauberkräfte im Magenbitter auf.

Fernet Branca führt seit jeher einen Adler als Markenzeichen. Seit langem warb man mit dem Slogan »**Von Adlern eingeflogen**«. Krug verfiel auf die Idee, die »Persönlichkeit« des Magenbitters mit der des Herren der Lüfte zu koppeln. Krug: »Der Adler (...) ist das Produkt. Der Adler hat genau denselben geheimnisvollen, kraftvollen, einzigartigen Nimbus, den das Produkt hat.« Um das Geheimnis zu wahren, durfte im Slogan selbst vom Adler nicht gesprochen werden, denn »das würde aus dem Geheimnis eine Banalität machen«. Krug fand schließlich die Formel »**Man sagt, er habe magische Kräfte**«. Soweit die tiefenpsychologischen Erkenntnisse eines Werbetexters über seinen Magenbitter. Dem Leser sei zur Behebung eventuell aufgetretener Magenschmerzen ein Fernet empfohlen. Aber Vorsicht: In der Flasche ist ein Adler.

Quelle: w&v 22/86

Mann, sind die dick, Mann

Superdickmanns

Die Firma, die Dickmanns Negerküsse herstellt, trägt, nicht sonderlich verwunderlich, selbst den Namen Dickmann. Hieße sie Dünnbier, müßte das Produkt wahrscheinlich umgetauft werden. Lange wird Peter Goldammer, Texter bei der Agentur Wilkens, also nicht gegrübelt haben, bis er seine Werbebotschaft Anfang der achtziger Jahre zu Papier gebracht hatte.

Die ersten »Mohrenköpfe«, eine baiserartige Eischaummasse mit Schokoladenüberzug, wurden um die Jahrhundertwende in Frankreich hergestellt und kamen von dort auch bald in deutsche Konditoreien. Der Name »Negerkuß« rührt wohl daher, daß »baiser« im Französischen unter anderem auch »küssen« bedeutet. Der dunkle Überzug, die schwarze Hautfarbe – die Verbindung zu »Negern und Mohren« war hergestellt.

1981 übernahm die Firma Storck das Unternehmen Dickmann von dem damaligen Besitzer Associated Biscuits – das Geschäft ging damals eher schlecht, und die Negerküsse hatten nach eigenem Bekenntnis der Firma mit schlechter Qualität zu kämpfen. Eine neue Rezeptur schaffte Abhilfe, die Frischebox kam dazu und dank des Slogans **»Mann, sind die dick, Mann«** ließ auch der Markterfolg nicht mehr lange auf sich warten. Die teilweise schweinigelnden Interpretationsmöglichkeiten des Slogans trugen ihren Teil dazu bei.

Quelle: w&v 45/94

Man spricht Heineken

Heineken-Bier

Die Heineken N.V. aus Amsterdam ist Europas führende Brauerei. Eine Weltmarke, die es in 150 Ländern auf 5 Kontinenten zu kaufen gibt. In Deutschland war Heineken-Bier bis 1993 nicht besonders weit verbreitet, eher ein geschätzter Geheimtip, was nicht zuletzt auf die Preise zurückzuführen ist, welche die Heineken-Spots jedes Jahr beim Werbefilm-Festival in Cannes abräumten, und die in Deutschland via Cannes-Rolle publiziert wurden.

Die Agentur J.W.Thompson übernahm 1993 die Aufgabe, Heineken in Deutschland »jungen, kosmopolitisch ausgerichteten Menschen, deren Lebenshaltung durch Internationalität geprägt ist«, schmackhaft zu machen. Denn viele waren eher im Ausland mit dem Bier in Berührung gekommen, als zu Hause. Also hob man auf den weltweiten Verbreitungsgrad des Biers ab und bot dem Konsumenten an, sich, gewissermaßen flüssig parlierend, in die Internationale der Biertrinker einzureihen: **»Man spricht Heineken«**.

Quelle: w&v annual 93

Man trägt wieder Hut

Arbeitsgemeinschaft Hut

Der Krieg war vorbei. Die Deutschen hatten die Helme abgenommen und den Wiederaufbau begonnen. Den Kopf bedeckte dabei manchmal Scham, meistens aber eine Mütze oder ein Kopftuch. Man war irgendwie unbehütet in dieser Zeit, noch nicht wieder soweit, sich den Hut, einst Zeichen wahrhaft ziviler und zivilisierter Würde, wieder aufzusetzen. Außerdem störte er bei der Arbeit.

Deutschlands Stumpen-Händler und Putzmacher klagten folgerichtig zu Beginn der fünfziger Jahre über schlechte Geschäfte. Man engagierte den »exklusiven« Wiesbadener Werbeberater Hartwig Gottwald, welcher gemeinsam mit seiner Frau die »Arbeitsgemeinschaft Hut« organisierte. Er brachte nicht nur die gesamte Hutwirtschaft unter denselben, Gottwald hat mit seiner ebenso simplen wie wirkungsvollen Parole **»Man trägt wieder Hut«** auch den »Umsatz der einschlägigen Geschäfte außerordentlich stark belebt«. So der Hutfachmann, der seinen Slogan in den sechziger Jahren noch einmal ummodelte: **»Man geht nicht mehr ohne Hut«**.

Doch Gottwald war nicht nur ein begnadeter Texter, er erwies sich auch als cleveres Organisationstalent. So veranstaltete er in Großstädten und Luxuskurorten regelmäßig aufwendige Hutparaden und Strohhutturniere, welche die deutschen Modemuffel mit der Eleganz von Halbzylindern und Strohhüten mit bunten Schärpen vertraut machen sollten. Und er war damit so erfolgreich, daß auch andere Branchen bei ihm anfragten, ob er auch für sie Verbraucherwellen erzeugte.

Marlboro – Der Geschmack von Freiheit und Abenteuer

Marlboro

Im Jahre 1847 machte ein gewisser Philip Morris einen kleinen Tabakwarenladen in der Londoner Bond Street auf. Seinen Kunden verkaufte er unter anderem auch seine noch namenlose Hausmischung, die so gut ankam, daß er ihr sieben Jahre später den Namen Marlborough nach dem gleichnamigen Duke of Marlborough gab. Philip Morris charakterisierte seine Kreation als »Ladies Favourite«, als eine sehr leichte Damen-Zigarette. 1922 erwarben die Amerikaner die Marke; sie amerikanisierten den Namen in Marlboro und ließen sie ansonsten unverändert: eine filterlose Zigarette für Frauen (**»Mild wie der Mai«**). Die Damen hatten die Wahl zwischen einer Variante mit einem elfenbeinfarbenen Filter und einer mit rotem »Red-Beauty-Filter«, der die Lippenstiftspuren kaschierte. Die Marlboro führte damals ein unscheinbares Nischendasein und kam über einen Marktanteil von 0,25 Prozent nicht hinaus.

Die Erfolgsgeschichte der Marlboro begann erst 1954, als der Designer Frank Giannoto die charakteristische rot-weiße Marlboro-Packung entwarf und die Firma Philip Morris mit Leo Burnett aus Chicago eine neue Agentur engagierte. Agentur-Chef Burnett gefiel das, nach seinen Worten, »weibische und schwule Image« der Marlboro nicht und er beschloß, ihr ein betont männliches Outfit zu verpassen. Burnett riet Philip Morris zu einer Strategie, die erst später zur Regel in der Werbung für Konsumprodukte werden sollte, zu einer »Emotionalisierung der Marke«. Zu Werbeaussagen also, die mit dem Produkt an sich wenig zu tun haben, die aber beim Käufer Gefühle oder Träume hervorrufen und ihn so zum Kauf animieren. Als Testmarkt wählte er Dallas in Texas aus, und da lag der Gedanke an Cowboys und Pferde nahe.

Der Marlboro-Cowboy schwang sich in den Sattel und verschwand gleich wieder in den Weiten der Prairie. 1954 standen die Amerikaner einfach noch mehr auf Technik, der Cowboy-Mythos war noch nicht dran. Auf seine Idee vom Marlboro-Man wollte Burnett dennoch nicht verzichten und so wurden die Annoncen in den nächsten Jahren von Tiefseetauchern, Hochseefischern, Marineoffizieren und Piloten bevölkert. Alles harte Männer, die teilweise sogar auf dem Handrücken tätowiert waren, aber auch alles echte Flops.

Zehn Jahre später waren die Amerikaner dann reif für den Marlboro-Cowboy, der über sein Marlboro Country (»**Come to where the flavor is. Come to Marlboro Country**«) reitet und sich am Lagerfeuer die Zigarette ansteckt. Der erste Spot wurde passenderweise mit der Musik aus dem Film »Die glorreichen Sieben« unterlegt. Die Überlegung, eine Frauenfigur einzuführen, verwarf Burnett schnell wieder: »Damit würden wir den Burschen domestizieren und ihm das Geheimnisvolle nehmen.« So blieb es bei dem gelassen dreinblickende Mann, von dem niemand zu sagen wußte, wie er hieß, wo er wohnte und wie er's mit Frauen hielt.

Einige Feministinnen bemängelten, daß in Marlboro-Land kein Platz für Frauen sei. Viel mehr Frauen allerdings erkundigten sich nach den Marlboro-Cowboys. Sie erhielten den Bescheid, daß die meisten Mitte Vierzig, verheiratet, kaum begütert waren. Sie waren's zufrieden. Eine Marlboro-Raucherin: »Den Camel-Typ findet man in jeder Kneipe am Tresen. Der Macho-Typ aber, der harte Cowboy, ist unerreichbar. Er läßt Raum für Phantasien.« Marlboro-Boß George Weissman charakterisierte ihn Ende der siebziger Jahre folgendermaßen: »Er drückt keine Stechuhr, ist nicht vom Computer beherrscht. Er ist ein freier Geist. Mit diesen Merkmalen verkörpert der Marlboro-Mann die Freiheit, die ich habe.«

In Deutschland war die Marlboro ein Spätzünder. 1960 auf den Markt gebracht, wollte der rechte Verkaufserfolg ein Jahrzehnt lang nicht gelingen. Die hausbackene Werbung der Schweizer Werbeagentur Triple unterschied sich kaum von der Reklame der Konkurrenz. Eine pflegeleichte Kunstfigur sollte die Zigarette mit dem Spruch **»Wenn Sie mich fragen, ich rauche Marlboro«** nahebringen. Aber es fragte ihn keiner. Auch den dynamischen Erfolgstypen, die behaupteten: **»Marlboro gehört dazu – denn der Geschmack entscheidet«**, war kein sonderlicher Erfolg beschieden. Doch als 1971 endlich **»Der Duft von Freiheit und Abenteuer«** dann auch in deutsche Rauchernasen wehte, gab der Cowboy auch hierzulande dem Umsatz die Sporen.

Ein rasanter Aufstieg begann. 1973 noch die Nr. 10 im Markt, lag die Marlboro 1979 bereits auf Platz 5 und überrundete 1985 den Marktführer HB. Seitdem ist sie unangefochten die Nr. 1. Nur einigen »Emma«-Leserinnen gefielen die Marlboro-Machos nicht. Sie empörten sich über den »Macker von der hartgesottenen Sorte, der den Mädels im Saloon auf den Hintern knallt« so sehr, daß sie das Heft abbestellten, als sie der Marlboro-Werbung ansichtig wurden. Herausgeberin Alice Schwarzer mußte den Anzeigenauftrag stornieren.

Im Jahre 1993 wurden weltweit über 350 Milliarden Marlboros verkauft. Im selben Jahr erwirtschaftete die Marlboro weltweit 15 Milliarden US-Dollar und ist damit, am Umsatz gemessen, der Welt-Bestseller unter den »abgepackten Konsumgütern«.

Quellen: Martin Merkel, *Die Geschichte der Anzeige,* Stern-Bibliothek 1988; Info Pressestelle Philip Morris GmbH; Spiegel 53/75, 34/79; Joachim Kellner (Hrsg.); *Werbefiguren, Geschöpfe der Werbewelt,* Düsseldorf 1992

Mars macht mobil bei Arbeit, Sport und Spiel

Mars

Seinen ersten Schokoriegel hatte der Quäker Frank C. Mars 1923 Milky Way getauft, eine von Schokolade umhüllte Karamelstange. Gleichzeitig entstand der nach ihm benannte Mars-Riegel und die Mars Inc. begann ihren Siegeszug durch die Süßwarenregale dieser Welt (Mars, Milky Way, Banjo, Raider/Twix, Bounty, Treets). Das Firmenmotto: »Don't shit the consumer« (Bescheiß den Verbraucher nicht), klingt ruppig, ist aber korrekt.

In Deutschland wurde Mars 1962 eingeführt. Der erste Slogan lautete: **»Mars schmeckt dreifach köstlich«**. Nämlich wegen der Schokolade, der Karamelmasse und der Nußfüllung. Man erhielt eine Menge süßes Zeug für sein Geld, die Leute waren zufrieden. 1965 wurde Mars »umpositioniert« und erstmals als Energie-Spender verkauft: **»Mars ersetzt verlorene Energie«**. Das berühmte **»Mars bringt verbrauchte Energie sofort zurück«** wurde erstmals 1968 im Spot »Eishockey« eingesetzt.

Und ab 1975 hieß es für die nächsten 15 Jahre: **»Mars macht mobil bei Arbeit, Sport und Spiel«**. Beim Trimm-Dich-fit sollte der Schokoriegel schließlich nicht fehlen. Der Slogan zeigt deutlich, wie sehr der Stellenwert der Arbeit schon an Boden verloren hat. Sie wird zwar noch als erstes genannt, hat aber in Sport und Spiel schon die Vorboten des »Freizeitparks Deutschland« um sich versammelt.

Die auf die Fitneßschiene gesetzte Lila-Pause von Milka machte dem Marktführer seit 1986 schwer zu schaffen. Bei Mars in Viersen war man nun über das länger als zwei Jahrzehnte erfolgreiche Image als Kalorienbombe nicht mehr besonders glücklich. Und so begann man verstärkt, auf den Sport zu setzen. 1990 war Mars daher Offizieller Sponsor der Fußball-WM in Italien (**»Mars ist der sportliche Riegel. Er ist immer dabei, wenn es spannend wird.«**), zwei Jahre später sponsorte man die Olympischen Spiele (**»Mars ist ein wichtiger Bestandteil von sportlichen Höchstleistungen.«**) 1993 ließ man Arbeit, Sport und Spiel einfach sausen und begnügte sich mit **»Mars macht mobil«**. Auch das ist durchaus symptomatisch für eine Zeit, in der Mobilität als Wert an sich propagiert wird, und Ziel und Zweck all dieser Anstrengungen völlig austauschbar geworden sind. Hauptsache, **»Mars und es geht weiter«**, wie es seit 1996 heißt. Der alte Indianer hat seine Götter verloren und kann nicht mehr sterben, aber immerhin einen Schokoriegel verzehren, einem enttäuschten jugendlichen Liebhaber erspart Mars den Gang ins Kloster: »Energy for body and soul.« For what?

Quellen: Spiegel 18/78, 52/86; w&v 41/91; Info Pressestelle Mars

McDonald's ist einfach gut

Mc Donald's

McDonald's ist die Erfolgsgeschichte eines Mannes, dem bis in ein Alter, in dem andere an Ruhestand denken, der Ruf eines Versagers anhaftete. In den zwanziger Jahren tingelte Ray A. Kroc, Sohn eines Einwanderers aus dem Böhmischen, als Pianist erfolglos durch Chicagoer Bars und Restaurants. Dann sattelte er auf Vertreter um und verkaufte Papierbecher und Mixer an Imbißbuden. 1954 ging bei Kroc, der damals 52 Jahre alt war, eine Bestellung für acht Mixer ein. Diese ungewöhnlich große Order stammte von einem Schnellimbiß im kalifornischen San Bernadino, den zwei Brüder namens McDonald betrieben. Kroc beschloß, sich den Laden mal etwas näher anzusehen. Er hatte den richtigen Riecher gehabt. Der Laden brummte, die Hamburger gingen weg wie warme Semmeln. Kroc gelang es, die wohl etwas unambitionierten Brüder zu überreden, ihm die Lizenzrechte für ganz Amerika zu überlassen. Samt Firmenemblem, das in den USA heute genauso bekannt ist wie das Sternenbanner.

1960 gab es in den USA bereits 228 McDonald's-Stationen. Kroc selbst entwickelte mit fortschreitendem Alter eine offenbar erotische Beziehung zu seinen Hamburgern. »Es ist so viel Grazie in der sanft geschwungenen Silhouette eines Hamburger-Brötchens«, schrieb er lyrisch. Um dies zu erkennen, so gab er zu, bedürfe es freilich »einer besonderen Art von Geisteszustand«.

1971 dehnte Kroc sein Buletten-Imperium auf den Rest der Welt aus. Und dazu gehörte auch Westdeutschland. »Wie eine Panzerdivision der Bundeswehr beim Manöver«, merkte die »Times« an, habe er die Bundesrepublik überrollt. In Deutschland mußte McDonald's sein Fast Food-Konzept erst einmal dem einheimischen Geschmack anpassen. Zwar wußten diejenigen Bürger, die im Einzugsbereich amerikanischer Garnisonen wohnten, sehr wohl, daß ein Hamburger hin und wieder auch ein Bratklops sein konnte. Doch bei den Milchshakes kamen anfangs immer wieder Beschwerden, weil die Getränke »gefroren« seien. Um einem Kulturschock vorzubeugen, nahm McDonald's 1971 deshalb panierte Hähnchenbrustfilets und das Nationalgetränk Bier in sein Programm auf, was denn auch Motorradgangs den Weg zu McDonald's finden ließ. Es gab sogar Überlegungen, Bratwürste anzubieten. Auch das Design der Restaurants wurde, mit Holzvertäfelungen und dunklen Farben, dem einheimischen Geschmack angepaßt. Ein Restaurant in München sah aus wie die Kopie eines Bierkellers.

Aber alles in allem akzeptierten die Deutschen schnell den flotten Happen Pappe, und weitere Fast-Food-Ketten sorgten für Konkurrenz. Daran konnten auch die Schmähungen bekannter deutscher Kulturblätter nichts ändern. Anläßlich des Todes von McDonald's-Gründer Ray A. Kroc meckerte wenig pietätvoll der »Spiegel« (4/84) an der Qualität seiner Produkte herum: »Das Ding heißt Big Mäc. Es sieht aus wie ein größenwahnsinniger Hamburger und besteht vornehmlich aus zwei Batzen gegrillten Hackfleisches, zerlaufenem Chesterkäse und drei Lagen Brötchen, die sich anfühlen wie ein Päckchen Verbandsmull.«

Diese scharfe Kritik hielt zwar niemanden vom Verzehr der Hamburger ab, verhinderte aber auch ein offensives Bekenntnis zum Junk-Food-Verzehr. »Ein Blick in unsere Statistik zeigt, daß McDonald's täglich mehr als 750.000 Gäste bewirtet. Betrachten wir jedoch unsere Recherche-Ergebnisse, will es partout keiner gewesen sein,« klagte ein McDonald's-Manager 1992 der »werben & verkaufen« sein Leid.

Der Slogan **»McDonald's ist einfach gut«** entstand 1991 und zählt zu den allerbekanntesten deutschen Werbeslogans. Von Anfang an war Heye & Partner aus Unterhaching bei München den Etat von McDonald's anvertraut worden. Sie brachten auch das Fast-Food-Konzept der Firma bereits 1971 mit dem Slogan **»Das etwas andere Restaurant«** auf den Punkt. Seit 25 Jahren hat sich daran nichts geändert. Nur die Beilagen wechselten: **»Essen mit Spaß«** konnte man dort 1978. **»Gut, daß es McDonald's gibt«** lautete der Stoßseufzer von 1982. **»Der Platz wo Du gern bist, weil man gut ißt«** wurde den Kunden 1987 offeriert, doch seit 1991 ist McDonald's **»Einfach gut«**. Der Jingle wurde in Unterhaching konzipiert, in Los Angeles von der Sängerin Susan Hamilton umgesetzt und brachte Robin Beck in die deutschen Hitparaden.

Gold vom Art Directors Club gab es für den McDonald's-Spot »Heidi«, der erst einmal in einer Schublade vor sich hin schmoren mußte und beinahe gar nicht erschienen wäre. Doch nach einer gewissen Reifungsdauer durfte »Heidi« im Sommer 1988 im Auftrag der Hamburger in die Berge aufbrechen. Das Casting hatte allerdings erhebliche Probleme bereitet. Eine Heidi, die den Vorstellungen entsprach, war in ganz Deutschland nicht zu finden gewesen. Die Werbe-Heidi, die wir kennen, stammt aus dem Katalog einer Schweizer Modellagentur. (Da hätte man auch gleich drauf kommen können!) Und im

Engadin konnte man nicht drehen, weil die Hänge wintersportzerfurcht und die Wiesen nicht saftig grün, sondern eher braun waren. Ein Motiv-Scout fand in Grindelwald dann doch noch die entsprechende Kulisse. Der Almabtrieb hatte zwar bereits begonnen, aber die Kühe wurden schnell wieder hoch gehetzt und so konnten den Zuschauern sämtliche Zutaten einer Idylle serviert werden.

Quellen: w&v 47/74, 20/90, 22/92; Spiegel 4/84; John F. Love, *Die McDonald's Story,* München 1995; Susanne Vieser, *Slogans, Spots & Strategien,* München 1997

Mehr als Seife – ein Schönheitsmittel.

Palmolive

Palmolive-Seife gibt es seit über hundert Jahren, und sie ist mittlerweile eine Institution auf dem Seifenmarkt. Ein gewisser Caleb Johnson entwickelte sie 1890, aber sie führte ein Schattendasein in seinem Sortiment. Als Johnson sich 1911 Rat bei der Agentur Lord & Thomas für eine galvanische Waschseife aus seiner Produktion holen wollte, winkten die ab, der Waschseifenmarkt sei ein zu schwieriges, hart umkämpftes Geschäft. Johnson erwähnte aber so nebenbei seine Toilettenseife, Palmolive, die aus Palmkern- und Olivenöl hergestellt würde. Der Absatz sei gering und kaum für eine Werbekampagne geeignet. Bei der Nennung der Grundstoffe dieser Seife brachte jemand den Namen Kleopatra ins Spiel, deren Schönheit ja schon auf Cäsar und Antonius gewirkt habe und die bekanntlich in Palm- und Olivenöl gebadet haben soll. Der Funke zündete, und die Berater schlugen vor, die Seife als Schönheitsmittel zu vermarkten. 1000 Dollar sollte Johnson sich das kosten lassen. Dem erschien das zu hoch und so einigte man sich schlußendlich auf 700 Dollar. Die Werbung hatte überraschend großen Erfolg. Johnson und die Werbeagentur machten ein Vermögen.

In Deutschland wurde die Palmolive 1927 eingeführt. Die Werbung übertrug man wieder der Agentur Lord & Thomas, die inzwischen eine Niederlassung in London gegründet hatte. Auch das Werberezept wurde beibehalten. Der Slogan »**Mehr als Seife – ein Schönheitsmittel**« machte im Nu Karriere.

Der Name Palmolive setzte sich so fest, daß er zum Gattungsbegriff für Seife generell wurde. Als nach dem Krieg Seife zu den begehrtesten Dingen gehörte (bis zu 80 Mark wurden für ein Stück bezahlt), widerfuhr der Palmolive sogar die Ehre der literarischen Erwähnung. In seiner Erzählung »Als der Krieg zu Ende war« schildert Heinrich Böll seine Entlassung aus einem – offensichtlich amerikanischen – Kriegsgefangenenlager. Er braucht dringend Fahrgeld und will deshalb einem Mädchen, dem er zufällig begegnet, ein Stück Seife aus seinem kleinen Vorrat verkaufen: »Ich suchte ein Stück Seife aus meinem Mantelfutter heraus, und sie riß es mir aus der Hand, roch daran und sagte: Mein Gott, echte Palmolive – die kostet, kostet –, ich gebe Ihnen fünfzig Mark dafür.«

Quelle: Willy Bongard, *Fetische des Konsums,* Düsseldorf 1964

Melitta macht Kaffee zum Genuss

Melitta-Filtertüten

Melitta Bentz, eine einfache Dresdner Hausfrau, erfand 1908 den weltweit ersten Kaffeefilter. Es störte sie, daß bei der normalen Brühmethode immer ein unbekömmlicher Satz von ungelöstem Kaffeemehl in der Tasse zurückblieb; ihre Idee bestand darin, das überbrühte Kaffeepulver daran zu hindern, in die Kanne zu gelangen. Den Prototyp bastelte sie aus einer durchlöcherten Blechdose und einem Löschblatt aus dem Schulheft ihres ältesten Sohnes. Diese Konstruktion funktionierte. Daraufhin schickte sie ihren Mann mitsamt Filter auf die Leipziger Messe. Der machte seine Sache gut und hatte Erfolg, und noch im selben Jahr wurde die eigene Firma gegründet.

Ein bekannter Melitta-Slogan aus den 50ern war **»Schnell soll es gehen, mit Liebe geschehen«**, ein Spruch, der geradezu klassisch zwei Essentials der Zeit in sich vereint: Schnell sollte es mit dem Wiederaufbau gehen, da mußten auch Frauen mit ran, gleichzeitig aber waren die durch Krieg und Nachkriegszeit ins Wanken geratenen Rollenmuster wieder herzustellen.

Anfang der neunziger Jahre hatten Melitta und der typische Filternutzer trotz oder gerade wegen der langen Tradition ein eher ältlich-biederes Image. Melitta bedurfte dringend eines Liftings. Da erfand Werbe-Gramm (**»Freude am Fahren«**) den Melitta-Mann und den Slogan **»Melitta macht Kaffee zum Genuss«**.

Melitta sollte für den vollendeten Kaffeegenuß stehen, ein Präsenter (Vortrinker) diese Vorstellung glaubhaft machen. Wesentlich für die Werbung aber war, daß dieser Melitta-Zeuge ein Genußmensch sein sollte, der Kaffee liebt und den alles, was dazu gehört, brennend interessiert. Das Ritual, das Umfeld, der Kaffee selbst. Hatte der **»Dicke neben dem Massai«** von Tchibo noch mit seiner ganzen Statur für die Qualität der Rohstoffe eingestanden, kümmerte sich der Melitta-Mann nun um das Endprodukt.

Ein Mann wurde gefunden, der überhaupt nicht ins Klischee paßte, mittlerweile aber selbst zum Klischee wurde: Egon Wellenbrink, damals Wettermann bei Radio Bremen. Er spricht, glaubhaft, einfach und enthusiastisch über seine Erfahrungen mit dem Kaffee. Immer wieder neuer, sympathischer Kaffeetalk, keine gespitzten Lippen und abgespreizten kleinen Finger mehr, wie sonst bei Kaffeewerbung üblich. Die Texte für Wellenbrink schrieb der Schweizer Kabarettist Emil, der auch die berühmte Wasserdusche für Fisherman's Friend erfunden hat. Der Marktanteil erreichte den höchsten Stand seit 10 Jahren. Wellenbrink wurde berühmt und erhielt sackweise Fanpost. Heute kann er es sich leisten, auf Mallorca, wohin er sich zurückgezogen hat, das ganze Jahr über Saxophon zu spielen und nur noch 10 Tage pro Jahr für Melitta zu arbeiten.

Quellen: Grey-Gruppe, *Wie man Marken Charakter gibt,* Stuttgart 1996; w&v 40/91; Info Pressestelle Melitta

Mensch, laß es Dir gutgehen

Krups

... Mit Krups! Der Slogan für die Haushaltsmaschinen der Firma Krups paßt zu den saturierten siebziger Jahren. Und natürlich zu der nachdrücklichen Forderung der Kaffeetrinker dieser Zeit, die mehr Aroma in ihren Tassen haben wollten.

Um diesem Verlangen nachzukommen, erfand die Agentur Grey für Krups sogar ein neues Brühverfahren: das »Tiefbrühen«. Das »Flachbrühen« war zwar bisher leidlich unbekannt gewesen und kein Kaffeemaschinenproduzent hatte sich je zu dieser Technik bekannt. Aber zum Wesen einer Erfindung gehört halt auch, daß sie etwas Erfundenes ist, an das man glauben muß, sonst wird keine Innovation daraus. Die Kaffeetrinker glaubten an die Tiefenwirkung der neuen Krups und machten die Kaffeemaschine zur Nr. 1 im Markt.

Gartenparties und Picknicks, bei denen gegrillt wurde, waren ebenso wie gesellige Fondue-Runden ein Hit der 70er Jahre. Krups beendete das Holzkohlezeitalter und entwickelte für die Barbecues eine komplette elektrische Grill- und Kocheinrichtung, die man mit nach draußen in den Garten nehmen konnte. Grey fand dafür das einprägsame Kürzel von der »Küche am Griff«.

Quelle: Grey-Gruppe, *Wie man Marken Charakter gibt,* Stuttgart 1996

Mit 5 Mark sind Sie dabei

Fernsehlotterie

1960 war das Gröbste vorbei. Einige hatten ihr Wirtschaftswunder erlebt, die meisten anderen hatten daran gearbeitet. Die Lotterien blühten, die Fernsehunterhaltung auch. Der Gedanke, beides miteinander in Verbindung zu bringen, lag also nahe. Und so war 1960 auch das Jahr, in dem die erste Fernsehlotterie ausgestrahlt wurde. Den einprägsamen Slogan, der noch heute zu den fünf bekanntesten in Deutschland zählt, prägte anläßlich einer Besprechung im Hause des Produktionschefs der Sendung spontan dessen Ehefrau. Er überzeugte nicht nur die anwesenden Herren (man wird davon ausgehen dürfen, daß außer der Ehefrau nur Herren anwesend waren), er überzeugte auch das Volk und fand Verwendung bei Bürosammlungen, auf Jahr- und Flohmärkten, eigentlich immer dann, wenn für niedrige Preise unglaubliche Gegenwerte offeriert werden.

Quelle: Georg Büchmann, *Geflügelte Worte,* Niedernhausen 1994

Mit 8 x 4 wird man sich selbst wieder sympathisch

8 x 4 Deodorant

»95 Prozent Transpiration, 5 Prozent Inspiration«, das mache, so verlautet gerüch(t)eweise, Genies aus. Lassen wir hingegen die Inspiration völlig weg und vermindern auch den Transpirationsanteil, dann haben wir es mit gewöhnlichem Schweiß zu tun, wie er sich gerade bei Trägern von Nyltesthemden vorzugsweise unter der Achsel zu sammeln pflegt. Die Achseln, der Schweiß, der Geruch. Nicht zu vergessen die unschönen Flecken. Diesen notwendigen Begleiterscheinungen von Körperfülle, harter Arbeit, überhitzten Räumen und atmungspassiven Bekleidungsstoffen rückte in den fünfziger Jahren 8x4 mit seinem Deodorant (**»24 Stunden bezaubernd frisch«**) auf die Pelle. Aus dieser Zeit stammt auch der Slogan **»Mit 8 x 4 wird man sich selbst wieder sympathisch«**, der recht hübsch die Gedankenkette: Ich stinke – ich stinke mir – ich bin mir unsympathisch, zerreißt und ihre Perlen vor die Säue wirft.

In den sechziger Jahren versuchten dann Gilette und Olivin – zunächst mit mäßigem Erfolg –, dem Achselschweiß zu Leibe zu rücken. Erst Rexona (**»Rexona läßt Sie nicht im Stich«**) und Colgates Spri lösten 1970 eine ganze Welle von Neueinführungen aus. Da verwendete schon jede zweite deutsche Frau und jeder dritte Mann ein Deo. Wie die Marktforschung weiter überlieferte, waren die 14- bis 29jährigen die besten Deo-Konsumenten. Generell galt, daß mit dem Einkommen (pecunia non olet, sagt der Lateiner) und der Größe des Wohnorts (Stadtluft macht frei) auch der Deodorantverbrauch stieg.

Quellen: Stern 48/52; Quick 28/62, *Jahrbuch der Werbung 1972*, Düsseldorf 1972

Mit Brille wär' das nicht passiert

Fördergemeinschaft der deutschen Augenoptiker

Wie so viele andere Branchen taten sich Ende der 50er Jahre auch die Augenoptiker zusammen und warben gemeinsam für den Absatz ihrer Sehhilfen. Den Vorsitz der Fördergemeinschaft hatte der Professor Rodenstock inne. Eine beim Institut für Demoskopie in Allensbach in Auftrag gegebene Studie hatte glasklar gezeigt, daß viele Menschen zwar um ihre Schwachsichtigkeit wußten, aber nichts dagegen unternahmen. Selbst halbblinde Autofahrer sagten aus, daß sie keine Brille trugen.

Der erste Slogan hieß deshalb: »**Gutes Sehen schützt, gutes Sehen nützt**«. Aber das mußten die Brillenmuffel wohl übersehen haben, jedenfalls stagnierte der Absatz weiter. Man mußte die potentielle Kundschaft näher ran locken an die Anzeigen. Mit Witzzeichnungen als sogenannten »Eye-Catchern«. Der neue Slogan von Horst Slesina, damals Mitarbeiter der Agentur William Heumann, »**Mit Brille wär' das nicht passiert**« war denn auch als Überschrift über einer Serie von karikaturistischen Zeichnungen plaziert, die in launiger, heiterer Form Mißgeschicke zeigten, die auf ungenügende Sehkraft zurückzuführen waren. Er wurde fortan fleißig bei jeder Art von Mißgeschick, nicht ohne eine gewisse Schadenfreude, eingesetzt. Der Brillenabsatz zog übrigens an, und die Brille konnte ihre Entwicklung von der Sehhilfe zum modischen Accessoire mit Schwung fortsetzen.

Quelle: Horst Slesina, *Die Fährte des Löwen,* München 1993

Mit Butter ist alles in Butter

Gemeinschaftswerbung Butter

Auch Deutschlands Milchviehwirte schütteten in den 50er Jahren einen Teil ihrer Erträge für eine gemeinschaftliche Werbeaktion zusammen, um der Margarine die Butter vom Brot zu nehmen und die Freßwelle nicht abflauen zu lassen. Ihr Werbespruch: »**Was sitzt denn da für'n Esel dran, laßt endlich mal die Kühe ran.**« dürfte wohl schnell wieder im Butterfaß verschwunden sein, das Grautier war einfach zu selten geworden, um noch ein wirklicher Gegner zu sein. Da zogen schon eher die volksmedizinischen Vorteile der Butter: »**Nieren bilden keinen Stein, Nerven wollen kein Bündel sein, drum schmiert sie mit Butter ein.**« Der oben zitierte Butter-Slogan stammt von Hanns Brose und zielte ganz ruhig auf die Beruhigung der übergewichtigen Verbraucher. Die mit dem Bundesadler versehene Verpackung der Deutschen Markenbutter gefiel ihm übrigens gar nicht: »Sie sieht aus, als komme der Gerichtsvollzieher ins Haus.«

Mit einem Wisch ist alles weg

Zewa

1972 brachten die Papierwerke Waldhof-Aschaffenburg (PWA) eine Küchenrolle auf den Markt: »**Zewa – Mit einem Wisch ist alles weg**«, die seitdem auf Erfolgskurs durch die Haushalte rollt. Vor allen Dingen hat Zewa den bis dahin in allen Küchen auffindbaren, oft schon völlig versifften, unhygienischen Küchenlappen weggewischt und in den Orkus befördert. Der übrigens die Brechtsche Definition von Schmutz »als Materie am falschen Ort« wieder einmal bestätigte. Schmutz im Küchenlappen war offensichtlich am richtigen Ort, wo er denn auch nicht mehr störte. Bis Zewa darauf aufmerksam machte und die endgültige One-Way-Beseitigung unerwünschter Flecken und Spritzer propagierte.

Doch auch Zewa Wisch-und-Weg entwickelte sich weiter. Ein besonderes Highlight in der mittlerweile 25jährigen Erfolgsgeschichte war 1995 die Einführung der ganzflächig mit originellen, bunten Dessins bedruckten Küchentücher. Und 1996 verstärkte Zewa die Saugfähigkeit des Küchentuchs durch eine dritte Lage Papier. Und mit Uschi Glas, dem Prototyp einer wandlungsfähigen, modernen, selbstbewußten, dabei aber nicht zickigen Hausfrau, Mutter und Macherin hat die ideale Küchenrolle eine ideale Besetzung gefunden.

Quelle: Pressemappe SCA Hygiene Paper GmbH

Mit Felsquellwasser gebraut

Krombacher Pils

Bier ist Bier. An Wasser denkt da keiner. Obwohl im Bier mehr Wasser ist, als im menschlichen Körper. Natürlich nicht absolut, sondern prozentual. Fragt man Verbraucher danach, was sie mit dem Wort Bier assoziieren, kommt Wasser als Antwort mit Sicherheit nicht vor. Aber die Wasserqualität ist wichtig fürs Bier. Der Brauerei Krombach und ihrer Werbung ist es zu verdanken, daß wir das nun nicht mehr vergessen können. Und das kam so:

Hubert Strauf wurde 1962 von Brauerei-Chef Schadeberg gefragt, ob eine Werbeidee gut sei, mit der er seit längerem liebäugele. Er produziere ein Bier mit bestem Felsquellwasser. Aber er sei sich nicht sicher, ob die Verbraucher einen Hinweis darauf auch entsprechend honorieren würden. Strauf, der sonst eigentlich immer alles besser wußte, war ratlos und delegierte die Frage an seine Forschungsabteilung. Die wiederum entwickelten einen Test, bei dem jeder Proband vier gleichmäßig gekühlte Flaschen Bier ohne Etikett vorgesetzt bekam. In allen Flaschen war das gleiche Bier, Dortmunder Union. Hinter jeder Flasche war ein Schild aufgestellt. Auf einem Schild stand: »Von bestem Hopfen und Malz«; auf einem weiteren: »In Ruhe genießen«; ein drittes sprach von »Feinherb genießen«; und das vierte Bier war: »Mit Felsquellwasser gebraut«. Das Ergebnis darf geraten werden. Natürlich obsiegte das Felsquellwasser, denn jeder Biertrinker ist beglückt, wenn ihm beim schlichten Biertrinken so naturreine und gesunde Flüssigkeiten kredenzt werden.

Quelle: w&v 42/94

Mit freundlichem Diebels

Diebels Alt

Freundlichkeit kommt an. Besonders in Deutschland. Wir selbst sind zwar ganz und gar nicht immer freundlich, sondern oft mufflig, unsensibel oder herrisch. Aber von anderen erwarten wir, verdammt noch mal, Freundlichkeit. Ganz besonders im Dienstleistungssektor, wozu auch der Bierausschank zählt.

Vollständig lautet der Slogan für Diebels: **»Welch ein Tag. Mit freundlichem Diebels«**. Er hat zwei Teile. Der erste ist neueren Datums, der zweite stammt bereits aus dem Jahr 1972. Damals sollte die Agentur Herrwerth und Partner die Bekömmlichkeit von Diebels Altbier besonders hervorheben. Als Information hatte die Brauerei den Werbern den Satz zukommen lassen: »Diebels Alt ist freundlich zu Kopf und Magen.« Nach ein bißchen Gefummel entstand daraus die Formulierung **»Diebels. Das freundliche Alt«**. Dabei blieb man bis 1987. Es folgte eine sloganlose Zeit, die 1990 endete. In diesem Jahr wechselte die Brauerei ihre Agentur. BBDO hatte die Wettbewerbspräsentation gegen Springer & Jacoby mit dem Slogan »So ein Tag. Mit freundlichem Diebels« gewonnen. Aus rechtlichen Gründen (... so wunderschön wie heute ...) durfte er jedoch nicht verwendet werden. Deshalb wandelte BBDO ihn leicht ab.

Dem heutzutage stetig wachsenden Gefühl von Fremdbestimmung und Hektik trugen die Werber von BBDO 1997 mit dem neuen Slogan »**Diebels. Der Moment gehört Dir**« Rechnung.

In diesem Zusammenhang ist von einer Neuerung auf dem Buchmarkt zu berichten. Nach dem Film zum Buch, dem Buch zum Film, dem Buch zur TV-Serie, dem Buch zum Drehbuch und dem Buch zum Buch gibt es jetzt auch das Buch zum Werbespot. Und das kam so: In einem Diebels-Spot von 1994 kritzelt eine hübsche Frau ihre Telefonnummer auf einen Bierdeckel, den sie so liegen läßt, daß ein Altbiertrinker, mit dem sie zuvor heftigen Augenkontakt hatte, ihn sich schnappen kann. Der ist darob sehr glücklich. Ende. Spot aus. Ob die beiden jemals ein Paar wurden, blieb offen. Das inspirierte den Werbetexter Kristian Klippel (McCann). Er schrieb in 14 Tagen einen Wälzer von 250 Seiten und bot darin drei Alternativen dafür an, was aus den beiden wird. Der Econ Verlag druckte das Werk, über die verkaufte Auflage ist nichts bekannt.

Quelle: Info Till Reese, Leiter Marketing Privatbrauerei Diebels; w&v 19/95

Mit Sicherheit mehr Vergnügen

Peugeot

Der erste urkundlich verbürgte historische Peugeot trug den Vornamen Jean-Jacques (1699–1741) und war ein schlichter Müller. Seine Enkel, Besitzer einer Mühle der eine, der andere Inhaber einer Textilfabrik, legten den Grundstein für den heutigen Peugeot-Konzern: Sie gründeten 1810 eine Stahlgießerei bei Sous-Cratet. Um 1900 wurden bei Peugeot Fahrräder, Sägen, Holzmeißel, Hobel, Miederstangen und Nasenzwicker produziert. 1890 wurde dann das erste Peugeot-Automobil mit Otto-Motor aus der Taufe gehoben (Motorleistung: 8 PS, Höchstgeschwindigkeit: 25 km/h).

Über hundert Jahre später genießen die Peugeot-Automobile noch immer – und wieder – einen guten Ruf als komfortable, praktische, formschöne Fortbewegungsmittel mit Pfiff. Gewisse Verarbeitungsmängel der Vergangenheit sind mittlerweile behoben. Und hin und wieder war ein Auto der Usines Peugeot sogar zum ›Auto des Jahres‹ gekürt worden.

Der Peugeot-Slogan entstand 1995 und geht zurück auf die französische Parole »Pour que l'automobile soit toujours un plaisir«. Was übersetzt so viel heißt wie: »Damit das Automobil immer Vergnügen bereite«. Für Deutschland war das nicht griffig genug. Es klang altertümlich und hatte keinen Pfiff. Nach vielen Versuchen und Tests trat die Düsseldorfer Agentur EURO RSCG mit der Formulierung: **»Mit Sicherheit mehr Vergnügen«** an die Öffentlichkeit. Gerade die Doppeldeutigkeit des Ausdrucks »mit Sicherheit« ist im Deutschen reizvoll und faßt außerdem die präsentablen Markenwerte prägnant zusammen. Doch hören wir dazu den Marketingfachmann: »Als Ergebnis einer breit angelegten Studie wurden »Markenwerte« definiert, die den Kern der Marke Peugeot ausmachen und die in Zukunft Leitbild und Richtung Unternehmens und der Kommunikation vorgeben.« Aber klar doch, mit Sicherheit.

Quellen: Info Thomas Hofmann, Euro RSCG; w&v 15/72

MM – der Sekt mit dem gewissen Extra

MM-Sekt

Sekt und Frauen. Gehören irgendwie zusammen. Ganz besonders verführerische Frauen, das interessiert gewiß den Werbefachmann, haben, wie man weiß, ›das gewisse Etwas‹. Uwe Ortstein von der Agentur Young & Rubicam muß 1970 ähnlich gedacht haben, als er den Auftrag erhielt, den MM-Absatz wieder schäumen zu lassen. Er griff dabei auf Anzeigen aus dem Jahre 1968 zurück, wo unter dem Slogan: **»Der Sekt der schmeckt«**, der Zusatz stand: **»MM hat das gewisse Extra«** und machte daraus: **»Der Sekt mit dem gewissen Extra«**.

Drei Jahre zuvor hatte es für MM noch schlecht ausgesehen. Die Traditionsmarke steuerte – zusammen mit ihren Traditionstrinkern, die sich vielleicht noch an diesen Spruch aus den zwanziger Jahren erinnern mochten: **»In die Hände, meine Lieben, wurde euch MM geschrieben, drum folgt dem Zeichen der Natur, und trinkt Matheus Müller nur«**, mitsamt Handlinien geradewegs ins Grab. Der Sekt galt als hoffnungslos veraltet.

Eine heroische Anstrengung war vonnöten, aber die meisten Imagefelder waren bereits besetzt. Tradition war Kupferberg-Domäne, Prestige hatte Henkell gepachtet, Qualität nahm der Deinhard mit seiner Weinkennermasche in Anspruch. Was blieb übrig? Was in solchen Fällen immer übrig bleibt: Sex. Denn: »Sekt-Trinken ist ein Genuß mit einem Schuß Erotik. Sekt ist gleich Sex.« Wie? Das können Sie nicht nachvollziehen? Flasche leer? Schade.

Wie sehr die Marke am Ende war, verdeutlicht folgende Anekdote: Der Firmenchef von MM, Dr. Müller-Castell soll sich im Konferenzzimmer vor Kreativ-Chef Othmar Severin hingekniet und bitterlich gefleht haben: »Karl, mach mir e schee Werbung!«

Young & Rubicam war dem Kunden gerne zu Diensten und bat sechs Top-Fotografen, völlig frei das Thema »Sektlaune« ins Bild zu setzen. Was dabei herauskam war, nach Ortsteins Worten, »gelinde gesagt, merkwürdig«. Es gab einen nackten Transvestiten unter schwarzen Schleiern, ein im Sand verbuddeltes Mädchen und ähnliches in dem Stil. Ortstein: »Wir hatten Hunderttausende in den Sand gesetzt. Um mich und den Etat zu retten, bin ich auf diesen Oneliner gekommen, der den Schwachsinn als strategisch gewollt ausgeben sollte. Kurioserweise gefiel's dem Kunden.« Eine Notgeburt also, dieser prickelnde Slogan.

Man ergänzte den Text beziehungsreich: »**Wenn's lustig war, wenn's lustig wird: MM – der Sekt mit dem gewissen Extra**« und ließ dazu blonde M(arilyn) M(onroe)-Doubles, die auch so gekleidet waren, Treppengeländer herunterrutschen. Oder sich auf dem Sofa räkeln. Mit Erfolg: Der Anzeigentext wurde fünfmal so oft gelesen, wie üblich.

Dr. Müller-Castell übrigens war nach seinem Kniefall ein durchaus gern gesehener Kunde. Er verfügte über einen guten Geschmack und ein einfaches Belohnungssystem. War er mit den Vorschlägen der Agentur zufrieden, wurde Blau-Rot-Sekt (der beste und teuerste von MM) ausgeschenkt, egal um welche Uhrzeit. War er enttäuscht, gab's nur Selters.

Wahrscheinlich tief bewegt durch seine Erfahrungen mit Dr. Müller-Castell und seinem Bruder und Kompagnon, ersann Uwe Ortstein später »Die Müllers aus Eltville« (der Firmensitz). Respektlos titulierte er die beiden als »die merkwürdigsten Sekthersteller Deutschlands«. Betrachtet man das Bild der beiden Sektfabrikanten, sehr bodenständige Menschen, ausgestattet mit einem wohldosierten Quantum hessischen Frohsinns, die in ihrer Freizeit als ehrenamtliche Vorsitzende der örtlichen Krankenkasse fungieren, dann ist man erstaunt über die unverkrampfte Werbesprache und den frech-frischen Charme der MM-Werbung.

In den 90er Jahren trat ›Schimanski‹ Götz George als MM-Animateur auf, natürlich in einer Lieblingsrolle als wagemutiger Retter. So erlöst er nach Sekt lechzende Damen auf einer prunkvollen Vernissage von dem sterbenslangweiligen Festredner, indem er mit einem tollkühnen Sprung in den Kronleuchter oder auf dem Weg über die Statue einer griechischen Göttin zum Buffet gelangt und dort die Korken knallen läßt.

Quellen: Info Markus Blum, Group Product Manager Seagram Deutschland; w&v 15/73, 15/94

Mon Chéri mit der Piemont-Kirsche

Mon Chéri

Als Mon Chéri von Ferrero 1957 in Deutschland eingeführt wurde, hatte der sogenannte Nebennutzen der Praline darin bestanden, daß sie die Entscheidungsfreude der Bundesbürger förderte: Zuvor gab es Pralinés immer als Pralinenmischung in der Sammelbox. Hier ein Häppchen, da ein Häppchen, und was der Naschkatze nicht konvenierte und übrigblieb, wurde freigebig angeboten. Oder es vergammelte. Wer Mon Chérie kaufte, hatte sich hingegen entschieden. Leider vergammelten allerdings auch die Mon Chéri-Kirschen gelegentlich, so in dem extrem heißen Sommer1959, was Ferrero fünf Jahre später dazu bewog, seinen Pralinen während des Sommers eine Lieferpause zu verordnen, aus dieser Notwendigkeit gleich aber wieder eine Qualitätstugend zu machen.

1977 war Mon Chéri (»... **denn netter kann man es nicht sagen**«) zwar schon das erfolgreichste Praliné Deutschlands, aber die Probleme waren nicht zu übersehen. Der typische Mon Chéri-Käufer war ins Rentenalter gekommen, es wurde zu wenig genascht. Die Alarmmeldung aus dem Marketingbereich klang so: »Niedrige Verbrauchsintensität und Überalterungstendenzen bei den Heavy Usern.« Um die Praline jünger zu machen, besann man sich auf die Kirsche. Obst ist gesund, Obst hält jung, dachte man und sah das Praliné fortan mit ganz anderen Augen: Aus der Praline mit der Kirsche drin war die Kirsche mit der Praline drumrum geworden. Seither wissen wir auch, daß es Kirsch-Expertinnen wie die berühmte Claudia Bertani gibt, die vorzugsweise in der Region Piemont die italienischen Obstbauern von der Arbeit abhalten. Als sogenannte Testimonials bürgen sie in der Werbung für die Qualität der

Kirsche: »**Mon Chéri mit der Piemont-Kirsche**«. 1986 entdeckten die Marketing-Strategen einen weiteren Zusatznutzen in der Praline, nämlich Sicherheit. Sicherheit für alle, die sich auf dem schwankenden Terrain geselliger Gesten und Mitbringsel nicht so recht wohl fühlen: Wer diese Praline verschenkt, kann eigentlich nichts falsch machen. Außer bei der Überreichung an Ex-Alkoholiker.

Quelle: w&v 38/91

Morgens halb zehn in Deutschland

Knoppers

Diese Zeitangabe gilt täglich. Immer. Überall in Deutschland. Selbst, wenn im Frühjahr und im Herbst die Uhr umgestellt werden muß, ist sie noch gültig. Was da geschieht? Na, alles mögliche. Da werden Menschen umgebracht, Kinder geboren, Leute entlassen und so weiter. Aber vor allem, und ganz besonders, wenn es nach den Produkt- und Marketing-Strategen der Firma Dickmann's (»**Mann, sind die dick, Mann**«) geht, werden Knoppers gemampft.

Im Grunde genommen besteht zwischen den Schokoladenwaffeln verschiedener Hersteller ja kein so großer Unterschied. Egal ob sie Knoppers, Hanuta, Kitkat oder Milka Lila Pause heißen. Wäre es anders, würden Geschmacks- und Qualitätsargumente sicher einen wichtigeren Stellenwert in der Werbung für diese Produkte einnehmen. Dem ist nicht so. Viel wichtiger ist nämlich die »Positionierung« der Waffel im Leben der Verbraucher, die Bedeutung, die das Produkt für ihn haben kann, wenn es denn vorher so richtig mit Bedeutung aufgeblasen wurde.

Milka und Kitkat streiten sich um die »höchste Pausenkompetenz« (siehe auch »**Have a break, have a Kitkat**«), Hanuta nutzt mit der Formel »**Wie hausgemacht**« Regressionsgelüste und bedient zugleich pubertäre Tagträumereien mit den drei Musketieren, welche die Haselnußtafel regelmäßig aufspießen. Knoppers beschreitet einen eigenen Weg. Es verordnet sich den Konsumenten als ebenso niedliches wie unentbehrliches »Frühstückchen«. Wie es sich für eine quasi allgemeinmedizinische Verschreibung gehört, mit einer exakten Zeitangabe für die Einnahme: »**Morgens halb zehn in Deutschland**«.

Mühe allein genügt nicht. Es muß schon der Beste von Jacobs Kaffee sein.

Jacobs Kaffee

Karin Sommer, diese Hybridzüchtung der deutschen Frau, eine Mischung aus Karin Dor und Elke Sommer, verkörpert durch das Fotomodell Xenia Katzenstein (welch ein Name!) sprach diesen Satz unzählige Male. Und bewies mit den vielen Nuancen, die sie in diese Worte hineinlegte, was für eine wunderbare Schauspielerin sie ist. Nachsicht schwang darin, aber auch ein bißchen Besserwisserei, echtes Bedauern darüber, daß das Kaffeekränzchen so in die Hose gegangen war, aber auch Sicherheit, die Vertrauen einflößte. Denn sie kannte die Ursache des Problems und benannte klar gleich die Lösung.

Worin aber bestand das Problem? In halbleer nur getrunkenen Kaffeetassen. Ob Konfirmationsfeier, Silberhochzeit, Taufe oder Geburtstag – immer wurden die Tassen nur halb geleert. Der Grund: Er schmeckte den Leuten nicht. Und warum? Er war doch mit Liebe gebrüht worden, ohne die es in Deutschland wohl keinen Kaffee gibt. Und mit Mühe. Nein, liebe Frau, daran lag es nicht. Es lag schlicht und ergreifend am Kaffee selbst, daß dieser große Tag jetzt so versaut war. Der Kaffee war schlecht, so hundsmiserabel, daß selbst der nächstenliebende und nervenschonende Herr Pfarrer es nicht übers Herz gebracht hatte, wenigstens seine Tasse bis zur bitteren Neige zu leeren.

Zum Glück war auf jeder dieser Feiern Frau Sommer anwesend. Eingeladen, als gute Freundin, aber vielleicht nicht ohne Hintergedanken. Es war nämlich bekannt, daß sie immer einen gehörigen Vorrat an Kaffee bei sich trug. Und daß sie, kaum wurden halbleere Tassen an ihr vorbeigetragen, bereitwillig erst ihre Fehlerdiagnose traf, nun gut, das war auszuhalten, dann aber ihren Spitzenkaffee zur Verfügung stellte. Der natürlich auch allen sehr gut schmeckte. Fast wie bei der biblischen Hochzeit zu Kanaan. Da gab es auch erst den schlechteren Wein, bis Jesus dann Wasser holte und einen edlen Tropfen daraus machte.

Zwölf lange Jahre schrieb die wunderbar lebensnahe und gleichwohl fiktive Karin Sommer so deutsche Werbegeschichte. Die Werber hatten ihr dazu eine kaffeedichte Vita verpaßt. Die dreißigjährige Hausfrau bewohnte mit ihren zwei Kindern und ihrem Mann Peter ein Häuschen im Grünen. Natürlichkeit und Einfachheit und ihr normales Leben, das sich mit dem von Millionen anderer Jacobs-Kaffee-Trinkerinnen deckte, zeichneten sie aus. Die Werbefachleute taten einiges, um ihrer Frau Sommer den Adel der Authentizität zu geben. Zum Beispiel fingierten sie dieses Interview mit ihr: »Frau Sommer, was glauben Sie, warum man gerade Sie für die neuen Jacobs-Anzeigen fotografiert hat?« – »Tja, vielleicht, weil mir Jacobs so gut schmeckt. Ich glaube nämlich, man muß von dem Kaffee richtig begeistert sein, wenn die Fotos überzeugen sollen. So tun, als ob mir der Kaffee unheimlich gut schmeckt, könnte ich nie. Ich bin doch Hausfrau und nicht Fotomodell!«

Na ja, Xenia, wer's glaubt. Die Kundinnen jedenfalls glaubten an Karin Sommer – schon ein Vierteljahr nach Beginn der Kampagne kannten 25 Prozent aller deutschen Hausfrauen die neue Kultfigur und ihren Jacobs-Kaffee. Daß in der Familienwirklichkeit dankbarer Kaffeegenuß bestimmt zu den Raritäten zählt und auch die Geheimnisse der Kaffeezubereitung nicht mehr von der Oma auf die Tochter übergehen (**»Nimm die Krönung, die Beste von Jacobs!«**, **»... mit dem Verwöhnaroma«**), erhöht ja nur die Attraktivität des Traumbildes.

Nachdem Karin Sommer wegen ihrer unmäßigen Kaffeetrinkerei gesundheitlich nicht mehr konnte (ha, ha, nur ein Scherz), trat an ihre Stelle der Sänger Roger Whitaker, dessen weiche Stimme das »musikalische Äquivalent des Jacobs-Aromas« gewesen sein soll.

Quelle: *100 Jahre Jacobs Café*, Bremen 1994; Horizont 3/95

Müllermilch, Müllermilch ... Müllermilch die schmeckt ... und weckt was in Dir steckt

Müllermilch

Theo Müller, der ebenso geschäftstüchtige wie streitbare Milchbaron aus dem Allgäu, schaffte innerhalb von 20 Jahren den Sprung vom kleinen Dorfkäser zum Großunternehmer. Als er 1970 die väterlichen Viehställe übernahm, stand das Familienunternehmen kurz vor dem Ruin. Nachdem sein wichtigster Kunde ihm den Auftrag, eine »Kneipp-Dickmilch« herzustellen, entzogen hatte, drohte ihm und seinen vier Mitarbeitern der baldige Konkurs. Müller brachte jedoch kurzerhand ein ähnliches Produkt unter dem Namen Müller-Dickmilch heraus und legte damit den Grundstein für sein späteres Milch-Imperium. Heute ist er der wichtigste Arbeitgeber »westlich von Augsburg«.

1974 wurden die ersten Fernsehspots für die Dickmilch gesendet. Alles drehte sich um eine sprechende Stoff-Kuh, die den Zuschauern den Firmennamen »**MMMMMüller**« entgegenmuhte. Bei der Einführungswerbung für Joghurt in Bechern, die so unterteilt waren, daß die vorher einfach untergemischten Ingredienzen jetzt manuell zugeführt werden konnten, verkündete ein Jingle schlicht und ergreifend: »**Mein Joghurt hat eine Ecke, eine Ecke mit was drin.**« 1977 wagte Müller sich schon an Fußballstars und engagierte den Bomber der Nation und Namensvetter Gerd Müller als Fürsprecher für die Dickmilch. Dann war kein Halten mehr und die komplette Fußball-Nationalmannschaft intonierte schaurig-schön: »**Müllermilch, Müllermilch ... Müllermilch die schmeckt ... und weckt was in Dir steckt**«.

Auch in den 90ern wurde im Allgäu wieder kräftig in die Promi-Kiste gegriffen. Dallas-Fiesling Larry Hagman ging auf den »Ball der Joghurt-Barone« und tauschte den Cowboy- gegen den Tirolerhut. Harald Juhnke schwor öffentlich Abstinenz und blieb – mit kleinen Unterbrechungen – dem Kalinka-Kefir treu. Boris Becker zeigte sich als ernährungsbewußter Sportler und becherte neben Nutella auch R'activ von Müller: »R'activ macht aktiv«. Die als Hausmeisterin aus der Lindenstraße ziemlich häßliche und bösartige, als Mensch aber äußerst liebenswürdige Annemarie Wendl, nutzte ihr Rollenimage und pries Müllers Reine Buttermilch mit den Worten: »Wenn's schee macht«. Ihr Nachfolger war folgerichtig ein junger Schönling, der, offensichtlich der Buttermilch sehr zugetan, sich verführerisch, mit einem Handtuch sein bestes Stück nur notdürftig verdeckend, auf dem Sofa räkelte und die Botschaft »**Alles Müller, oder was?!**« unters Volk brachte. Einzig Fußball-Profi Thomas Häßler schien die Begeisterung für die Milch-Drinks nicht zu teilen. Als der Pressesprecher des Deutschen Fußball-Bundes, Horst R. Schmidt (die Firma sponsorte die National-Elf), auf einer Pressekonferenz mit den besorgten Worten »Der Junge muß doch was trinken«, unübersehbar für die laufenden Kameras einen Plastikbecher mit Blutorangennektar vor den Nationalspieler manövrierte, schob der den Trunk einfach beiseite.

Quellen: Spiegel 33/89, 27/90; w&v 45/91

München, Weltstadt mit Herz

Verkehrsverein München

Die Meinungen sind zwar geteilt, ob das Millionendorf mit dem selbstverliehenen Titel »Weltstadt« den Mund nicht etwas zu voll nimmt. Aber nach der Definition, daß eine Metropole eine Stadt ist, die eine U-Bahn (Metro) hat, geht das wahrscheinlich in Ordnung. Auf jeden Fall suchte der Münchner Verkehrsverein 1962 einen werbewirksamen Slogan, um den Tourismus anzukurbeln, und schrieb gemeinsam mit den drei ortsansässigen Zeitungen Abendzeitung, Süddeutsche Zeitung und Münchner Merkur einen Wettbewerb aus. Über 14.000 Leser schickten weit über 40.000 Vorschläge ein. Aus ganz Europa und sogar aus Venezuela, Israel und den USA kamen Briefe. Auf der Strecke blieben: »München, die Herzstadt ohne Mieder«, »München ist aller Laster Anfang«, »Munich means Gemütlichkeit«, »Sag's weiter, München stimmt heiter« oder »Urteil der Welt: München gefällt«. Das Preisgeld von 2.500 DM strich die 40jährige Münchner Sekretärin Dorit Lilova mit ihrem Slogan ein, der seitdem allüberall akzeptiert ist.

Quelle: Gerhard Merk, Abendzeitung München, 13.5.97

MUM macht die Männer verrückt!

MUM-Deodorant

»Es ist leichter gut zu riechen, als gut auszusehen« – erkannte der Deo-Roller MUM 1965 ganz richtig in einem Werbetext. Mußte aber auch feststellen: »Daß die meisten Leute nicht unser Deodorant benutzen, ist traurig. Daß sie überhaupt keins benutzen, ist schlimm!«

Fünf Jahre später schaltete MUM in der Zeitschrift »Eltern« ein Angebot zur Erhöhung der Beischlaffrequenz (In »Eltern« vielleicht deshalb, um bei Gelingen Nachwuchsförderung kassieren zu können): »Vorsicht! MUM schafft eure Männer! Denn MUM-Deo-Spray hat's doppelt in sich!« Beim Weiterlesen erfuhr die paarungsbereite Dame Näheres: »Haben Sie den Mumm für MUM? Wollen Sie es riskieren, die Männer ein bißchen verrückt zu machen? Dann stellen Sie den Doppeleffekt von Mum-Deodorant auf die

Probe. (...) Der antibakterielle Wirkstoff läßt Körpergeruch gar nicht erst aufkommen. Und das macht die Männer verrückt!«

Nachdem neuere Forschungen ergeben haben, daß es gerade die körpereigenen und »spezifischen Boten(duft)stoffe sind, welche die Lust am Sex erhöhen, kann man sich lebhaft vorstellen, daß die Männer damals tatsächlich wie verrückt an ihren Frauen nach dem geliebten und stimulierenden Duft gesucht haben müssen, den das Deodorant so ratzfatz gründlich unterdrückt hat.

Immerhin hatten die MUM-Werber in ihren Texten einen gewissen Witz unter Beweis gestellt. Und um zu demonstrieren, daß baden allein nicht ausreicht, um sich von jeglichen Gerüchen zu befreien, schrieben sie unter das Konterfei eines toten Herings: **»Er badete täglich und riecht immer noch.«**

N

Nach dem Essen, Bullrich-Salz nicht vergessen!

Bullrich-Salz

Sonst stößt man auf und bekommt Sodbrennen. Ganz besonders, wenn man so viel und so fett ißt, wie während der Freßwelle üblich.

Der etwas holprige Rhythmus dieses Einzeilers aus den fünfziger Jahren animierte den Volksmund zu Verbesserungen. Das Resultat überzeugt auf der ganzen Linie: »So nötig wie die Braut zur Trauung, ist Bullrich-Salz für die Verdauung.« Bullrich-Salz schnitt sich von diesem gelungen Vers eine Scheibe ab, reimte fortan besser und veröffentlichte die Gebrauchsanweisung: »**Gut essen, gut kauen – mit Bullrich-Salz verdauen**«.

Natreen macht das süße Leben leichter

Natreen

Mein Gott, was ist nur aus dem ›dolce vita‹, aus dem süßen Leben geworden? Das war einmal Nichtstun, Rumhängen, wohlmeinende Ratschläge in den Wind schlagen, ungesund leben, sich auf flüchtige Abenteuer einlassen, alles ausprobieren und Saufen bis zum Umfallen gewesen. Und noch so einiges mehr. Aus diesem Stoff bestand einstmals das süße Leben. Wer es lebte, liebte es, und ging daran zugrunde.

Heute besteht das süße Leben aus Süßstoff. Nicht mal mehr Zucker ist einem gegönnt. Alles ungesund! Ersatzstoffe, in Kriegszeiten einst bittere Notwendigkeit, wurden in den 70er Jahren zu Glücksbringern im Kampf gegen die Pfunde. Fett war fies und Natreen bereits Marktführer. Die Werbebotschaft: Stop, keine Kalorien, visualisierten eine Tasse und eine Ampel. Nicht besonders attraktiv. Schon gar nicht, wenn Genuß vermittelt werden soll. Vor zwanzig Jahren schaltete die Agentur Grey die Ampel dann auf Grün. Eine junge, muntere Frau und ein schwebendes Tablett signalisieren seitdem Lebensfreude und Leichtigkeit, Schlankheit und Genuß.

Quelle: Grey-Gruppe, *Wie man Marken Charakter gibt*, Stuttgart 1996

Neckermann macht's möglich

Neckermann

Der Schlachtruf der 60er Jahre traf erstmals 1960 bei Erscheinen des Neckermann-Herbst-Winterkataloges auf deutsche Augen und Ohren. Ein Mitarbeiter der Agentur McCann-Erickson hatte diesen Einfall, als er eines Tages wieder einmal besonders lange arbeiten mußte. Im Gespräch mit einem Arbeitskollegen fiel der Satz: »Ja, ja, Neckermann macht's möglich, daß wir heute wieder einmal länger arbeiten müssen.« Schnell entdeckte man, welche Macht man mit dieser Alliteration gebannt hatte. In der Öffentlichkeit aber brauchte der Slogan einige Zeit, bis er überall bekannt war. Unausrottbar bekannt, denn Neckermann hat sich den Slogan gesetzlich schützen lassen. Seine weitreichende Bedeutung erlangte der Spruch aber erst, nachdem sich Neckermann neben seinen Versandhausgeschäften als Reiseanbieter profilierte.

Als sich von Josef Neckermann betreute Chartertouristen 1963 erstmals in die Lüfte erhoben, schmähte ihn die Bundesbahn-Zeitschrift »Durch die schöne Welt« noch als »Blechschmied«, der, anstatt den Reisebüros ins Gewerbe zu pfuschen, lieber bei seinen Hollywoodschaukeln bleiben solle.

Dahinter steckte Angst, die nackte Angst des schienengebundenen Reisetransporteurs. Gleich im ersten Jahr beförderte Neckermann 18.000 Passagiere. 1964 überflügelte er Touropa und war Branchenführer. 15 Tage Rimini »alles inbegriffen« waren bei Neckermann 313 Mark billiger als zweimal Rimini hin und zurück mit der Eisenbahn, aber ohne alles. Die ersten Ziele waren Mallorca (2 Wochen mit Vollpension ab Frankfurt DM 338,–), die Costa del Sol, Tunesien, Rumänien und Jugoslawien. Geflogen wurde mit der Vickers Viscount Turboprop der Condor, dem damals modernsten Mittelstreckenflugzeug. Die Flugzeit nach Mallorca betrug zwischen 4 und 6 Stunden, und wenn das Wetter es erlaubte, schaffte man es ohne Zwischenlandung. Wer damals nach Spanien telefonieren wollte, brauchte manchmal mehr Zeit: Wegen der mühsamen Handvermittlung dauerte es oft bis zu 5 Stunden, ehe ein Gespräch zustande kam. Das machte allerdings auch das Reservierungsgeschäft der Reisespezialisten nicht gerade einfach.

Josef Neckermann, dieser kleine, drahtige, perfektionistische Dressurreiter und Unternehmer, brachte die Deutschen nach dem Krieg wieder in alle Welt. Nicht gerade als Botschafter des guten Geschmacks, aber immerhin als Zivilisten. Ein bißchen herrisch noch, aber durchaus lernfähig, wie sich im Laufe der Jahre zeigen sollte. Jedenfalls als Menschen, die den Gastgebern keine Furcht mehr einflößten, sondern, meist unfreiwillig, auch komische Seiten offenbarten. »Neckermänner« eben, wie dieser Archetypus des deutschen Touristen, leicht ignorant, schwer übergewichtig, gut betucht und schlecht gekleidet heute noch gerne genannt wird.

Quellen: Info Pressestelle Neckermann; Zeit 18/70; Spiegel 17/65; w&v 8/86

Nenn' nie Chiquita nur Banane

Chiquita

Der größte Bananenproduzent der Welt, die United Fruit Company, wollte 1967 Bananen in Deutschland zu einem Markenartikel wie Seife oder Kaffee erheben. Hinter dem Volksobst Apfel kämpften seit Jahren Birnen und Bananen um Platz zwei in des Verbrauchers Gunst und die 10,2 Kilogramm Bananen, die jeder Bundesbürger jährlich vertilgte, schienen das Unternehmen zu rechtfertigen.

Das Bostoner Hauptquartier hatte bereits 1962 Marktforscher ausgesandt, um die heimische Bananenkundschaft tiefenpsychologisch im Hinblick auf die Chancen, aus Obst eine Marke zu machen, auszuloten. Die Forscher meldeten Günstiges: Die Amerikaner würden eine »Markenbanane« akzeptieren, falls sie »von besonders gutem Aussehen« sei. Fortan regierte auf den 1,5 Millionen Hektar großen Konzern-Plantagen der Zollstock. Nur Bananen, die eine Mindestlänge von 15 Zentimetern erreichten, bekamen das blaue Chiquita-Siegel aufgepappt. Man engagierte die ehemalige Hollywood-Schauspielerin Elsa Miranda als Bananen-Covergirl, die auch prompt als »Miß Banana« in die Werbegeschichte der USA einging. Ihr Bananensong eroberte die Charts, und die Aktionäre bekamen erstmals seit Jahren wieder eine Dividende.

Aber wie macht man aus Bananen, aus Obst, aus Massenartikeln natürlicher Herkunft einen Markenartikel? Man braucht dazu zunächst ein »Produkt«. Wie wird also eine Banane zum Produkt? Durch einen Namen, einen Markennamen: Chiquita. Außerdem benötigt jedes Produkt eine »einheitliche und unverwechselbare Verpackungsgestaltung«, sagt der Vermarktungsexperte. Die Verpackung war schon da. Schön gelb, mit netten schwarzen Kontrasten oben und unten. Wunderbar einheitlich, aber nicht unverwechselbar. Also klebt man ein blaues Prüfsiegel drauf (**»Nur eine Banane mit unserem blauen Ding ist eine richtige Chiquita«**, **»Gute Bananen erkennt man schon an der schönen blauen Farbe«**). Damit wird aus dem Rohprodukt ein Fertigprodukt. Bereichert um den zusätzlichen Verarbeitungsschritt des Etikettenklebens. Das kostet, und deshalb ist der neue Markenartikel Chiquita auch teurer als der bisherige Massenartikel »Banane«. Und wo liegt der Gewinn für den Konsumenten? Er bekommt garantierte Verpackungsqualität und weiß, wo er sich beschweren kann.

Im Frühjahr 1967 also startete die Chiquita-Kampagne in Deutschland. In aggressiven Anzeigen trommelte die Agentur Young & Rubicam für **»Die erste Banane, die gut genug ist, um beim Namen genannt zu werden«**. Den Kunden wurde empfohlen »... auf das blaue Ding zu achten« und »... am besten das Wort Banane zu vergessen«. Natürlich brauchte man wieder einen Experten, diesmal eben für Bananen. Ein Schnauzbart mit Strohhut und offenem Hemd stellte sich in spanischem Idiom als der »Bananenexperte Juan« vor. Die deutsche Übersetzung lief in Untertiteln mit.

Die Fernsehspots, in denen der Gelegenheitsakteur und Dressman German Grec den Bananenexperten verkörperte, wurden in Madrid gedreht. Juan gewann in Deutschland schnell viele TV-Freundinnen. Nicht alle verstanden ihn und wünschten daher: »Der Kerl soll deutsch sprechen.« Ungeachtet dieser Kommunikationsschwierigkeiten ging das Konzept auf. Binnen weniger Monate war die Chiquita mit 50 Prozent Marktanteil die Nummer Eins.

Eine Psychologiestudentin aus Köln machte sich in einem Leserbrief ihre eigenen Gedanken über die Chiquita-Werbung: »Ich möchte jedoch zu bedenken geben, daß die Banane in der Psychoanalyse als Phallus-Symbol gilt. Da Nahrungsmittel hauptsächlich von Frauen gekauft werden, dürfte der Erfolg dieser 15 cm langen Banane darauf zurückzuführen sein, daß sie als Phallus-Symbol unbewußt die sexuellen Triebe der Frau anspricht. (...) Außerdem lehrt uns die Statistik, daß ein hoher Prozentsatz unserer weiblichen Bevölkerung sexuell frustriert ist; diese häufig gekaufte Südfrucht bietet sich geradezu an, die Frustration abzureagieren. (...) (diese) die niedrigsten Instinkte ansprechende Werbung ist vom ethisch-normativen Standpunkt als verwerflich abzulehnen.« Die Studentin stritt später ab, die Verfasserin des Briefes zu sein. Und einiges spricht dafür, daß dieser Einspruch eine Fälschung ist. Herr Karl Hansen aus Hamburg hatte dennoch inzwischen darauf geantwortet: »Teile hiermit höflichst mit. Das war vielleicht ein Putz bei uns zu Hause. Meine Olle will jetzt nur noch Chiquita-Bananen. Mache Sie dafür verantwortlich. Wie soll ich mich verhalten?«

Die Zeitschrift »Capital« nahm die Angelegenheit von der heiteren Seite und fühlte sich an den Schlager »Ausgerechnet Bananen« erinnert.

Bananen vermögen vieles auszudrücken. Nicht sich selbst, nein, aber als Symbol. Und meistens was Schlechtes. Besonders unrühmlich ist ihre Verwendung in Fußballstadien, wenn fanatische Fußballfans dunkelhäutige Stürmerperlen gegnerischer Mannschaften damit in rassistischer Absicht als Primaten schmähen.

Aber auch ihre Erwähnung im Zusammenhang mit gewissen Charakteristika der Bewohner der neuen Bundesländer ist meist nicht positiv besetzt. Ja doch, es gab da mal vor dem Mauerfall einen eklatanten Bananenmangel und dementsprechend eine große Gier nach der raren Frucht. Und es herrschte auch eine manchmal erschreckende Unkenntnis westlicher Errungenschaften und Produkte. Elektronische Klitorisstimulierer und Arbeitslosigkeit zum Beispiel waren weithin völlig unbekannt. Dennoch muß die Frage erlaubt sein, ob die Satirezeitschrift »Titanic« nicht etwas über das Ziel hinausschoß, als sie ein Titelbild veröffentlichte, das ein dralles, frisches Mädel zeigt, welches glücklich lächelnd in der Hand eine bananenmäßig geschälte Salatgurke hält und sich, laut Unterschrift, über ihre erste Banane freut. War das recht?

Quellen: *Jahrbuch der Werbung 1968*, Düsseldorf 1968; w&v 4/67, 13/67, 10/74; Spiegel 21/67; Michael Kriegeskorte, *100 Jahre Werbung in Deutschland*, Köln 1995

Nette Menschen trinken Henninger

Henninger-Bier

1955 hatte die in Frankfurt am Main ansässige Henninger-Brauerei einen wahren Pyrrhussieg errungen. Wie andere Brauereien auch stellten die Frankfurter ein Malzbier her; ein bißchen nur, ein kaum beachteter Markt. Der Name dieser Bierspezialität Henninger Karamel Kraftmalz war schwer aussprechbar. Kaum einer kaufte sie. Man benannte sie um in Karamalz. Der Erfolg war überwältigend. Innerhalb zweier Jahre brachte Karamalz es auf einen Umsatz von 450.000 Hektolitern. Das entsprach dem Ausstoß der Brauerei an normalem Bier. Die Manager hatten Grund zur Freude, aber die Biertrinker waren plötzlich der Meinung, daß das »richtige« Henninger-Bier nicht mehr wie früher schmeckte. Es war – irgendwie – malzig geworden.

Die Werbung mußte also weg vom Malz und wieder bieriger werden. Das konnte man aber nicht erreichen, indem man nur astrein fotografierte Gläser voller Bier hinstellte; das mußte schon psychologisch etwas tiefer gehen. Man überlegte lange und setzte sich dann aufs dicke Roß, genauer gesagt, auf Brabanter Braupferde, sprich: auf den fest in der Volksseele verankerten Brauereigaul.

Ein besonders prächtiges und schönes Exemplar wurde ausgesucht und zum Hauptdarsteller der Bierreklame gemacht. In einem Fernsehspot ging Max – so hieß das Pferd – in eine Telefonzelle und sprach seine Botschaft in den Telefonhörer: »**Nette Menschen trinken Henniger**«. Dafür gab es, was deutschen Werbern sonst nie widerfährt, eine goldene Medaille bei den Festspielen in Cannes. Der Umsatz stieg und stieg und Henninger wurde – zeitweise – zur größten Braustätte Deutschlands.

Quelle: Horst Slesina, *Die Fährte des Löwen*, München 1993

Nette Menschen trinken Kuemmerling

Kuemmerling

Der gesungene Slogan für den Magenbitter Kuemmerling entstand 1983 und basiert auf einem TV-Spot der Werbeagentur Intermarco-Farner (heute Publicis). Dieser als »Polonaise« bezeichnete Spot wurde mit einem Arrangement des Hamburgers Charles Nowa, der sich dazu bei einer Melodie aus den zwanziger Jahren »Eine Seefahrt, die ist lustig ...« bedient hatte, musikalisch untermalt. Eine bunte Reihe junger und älterer Kuemmerling-Genießer zogen singend durch das Bild und bewegten Fläschchen im Takt. Im Refrain hieß es damals: **»Kuemmerling, Kuemmerling, Kuemmerling, das ist ein Riesen ... Riesending!«** Dem TV-Spot waren allerdings nicht allzu viele Ausstrahlungen beschieden, und Funkspots waren damals noch kein Thema, so daß die Melodie einige Jahre ad acta gelegt wurde.

Als 1983 die Marktimpuls Werbeagentur aus Frankfurt den Refrain neu betextete (per Notenzeile visualisiert), erwachte sie wieder zu neuem Leben. Nach einigen Versuchen war mit **»Nette Menschen ... trinken gerne Kuemmerling«** der endgültige Rhythmus gefunden. Seither laufen Slogan und Jingle unverändert.

Nette Menschen trinken offenbar eine ganze Menge.

Quelle: Info Kuemmerling GmbH

Neue Krawatte, neuer Mann …
trag nicht die von gestern

Deutsches Krawatten-Institut

Nachdem man in den fünfziger Jahren die Ärmel aufgekrempelt hatte, konnten sie nun wieder runtergelassen werden. Korrektes Auftreten war gefragt und selbst die ›Halbstarken‹ trugen Anfang der sechziger Jahre Schlips. Aber das modische Bewußtsein der Männer war noch nicht sonderlich ausgeprägt, und so reichte dem deutschen Durchschnittsmann eine eng limitierte Auswahl von Bindern, um sich korrekt angezogen zu fühlen.

Die Krawattenlobby hatte also allen Grund für ihren Frontalangriff. Mit durchschnittlich zwei Krawatten pro Jahr, man darf vermuten, daß sie an Heiligabend und am Geburtstag feierlich überreicht wurden, lag der deutsche Mann weit hinter dem Amerikaner, der jährlich in 13 neue Binder investierte. Und dreißig Prozent der deutschen Männer besaßen überhaupt keinen Schlips. Sybille (Anneliese Friedmann) vermutete 1964 im »Stern« als Ursache dafür Freiheitsdrang, und schrieb, für viele Männer sei eine Krawatte »nichts anderes als ein Strick, den ihnen die Zivilisation um den Hals gelegt hat«.

Der Krawatten-Verband fuhr angesichts dieser alarmierenden Zahlen schweres Geschütz auf. Jürgen Scholz von der Agentur Team, der später Scholz & Friends mitbegründete, hielt dem deutschen Schlipsignoranten als Zerrspiegelbild den Krawatten-Muffel vor Augen, eine häßliche Karikatur ihrer selbst, ein Kleinbürger und Versager. Der Krawatten-Muffel war ein Mann, »der immer die gleichen drei Krawatten trägt. Dabei hat er recht ordentliche Anzüge. Er müßte nur zu jedem Anzug mehrere Krawatten haben und sie regelmäßig wechseln.«

Mit Sprüchen wie »**Neue Krawatte, neuer Mann … trag nicht die von gestern!**« oder »**Eine neue Krawatte ist ein guter Anfang**« konnten 1965 über 35 Millionen Krawatten an den Mann gebracht werden.

Der Krawatten-Muffel erzwang sich binnen weniger Wochen Eingang in die Umgangssprache und löste heftige Reaktionen bei den Betroffenen aus. Ein Angestellter schrieb an das Krawatten-Institut: »Ich muß mich aufs höchste Maß bei Ihnen beschweren. Ich galt bisher als der bestangezogenene Mann in der Firma nach meinem Chef. Nun muß ich mir von allen die boshaften Sticheleien gefallen lassen, sogar von untergeordneten Kollegen. Ich trage nun

mal nicht viele verschiedene Krawatten. Ich fühle mich durch Sie in meiner Intimsphäre aufs stärkste verletzt.« Ein anderer meldete sittliche Bedenken an: »Mich quält die Frage, wie ich mich Menschen gegenüber verhalten soll, die überhaupt keine Krawatte tragen. Also praktisch oben ohne durch die Straßen gehen und so das Schamgefühl vieler Mitbürger zu verletzen drohen.«

Die Muffel-Werbung polarisierte die Männerwelt so sehr, daß die eigenen Väter Angst vor ihrer miesen Kreatur bekamen. Heinz Siedler, Geschäftsführer des Instituts: »Die Muffel-Werbung war ein Ritt auf der Rasierklinge.« Auch der Handel stand nicht wie ein Mann hinter der Gemeinschaftswerbung. Der Inhaber eines Hauses für Oberbekleidung in Bingen muffelte: »Es müßte doch auch eine vornehme Werbung geben, die wirksam ist.« Vollends vermiest wurde den Schlips-Bossen der Muffel durch eine Marktforschungs-Studie. Die Frankfurter Marplan hatte entdeckt: »Die Muffel-Figur enthält die Gefahr (...) daß sie über die Krawatte hinauswächst und zum Spiegel menschlicher Befürchtungen über die eigene Unzulänglichkeit werden kann.«

Trotz einer Umsatzsteigerung von 20 Prozent eliminierten die Werber 1966 in einer aufsehenerregenden Aktion ihr selbstgeschaffenes Monster. Im Fernsehen sah man, wie die Muffelfigur vom Sockel gestürzt und sein Konterfei mit Tomaten beworfen wurde; er flüchtete bei Nacht und Nebel. Zeitschriftenanzeigen enthielten einen Abschnitt, auf dem die Männer mit ihrer Unterschrift geloben konnten: »**Ich will täglich die Krawatte wechseln, damit der Krawatten-Muffel nicht mehr wiederkommt.**«

Ach, die Männer. Und ihre Versprechen. Nach 33 Monaten war der Muffel 1969 wieder da. Im Mittelpunkt der neuen Aktion stand eine 100.000 Mark-Verlosung, an der nur Männer teilnehmen konnten, die drei alte Schlipse einschickten. So sollte »Platz in den Kleiderschränken geschaffen werden«, in denen 150 Millionen Krawatten hingen, von denen »70 Millionen nur noch auf Lumpenbällen tragbar sind« (Team-Kontakter Hinnerkopf). Oder zur Weiberfaßnacht.

Quellen: Martin Merkel (Hrsg.), *Die Geschichte der Anzeige*, Hamburg 1988; Deutsches Krawatten-Institut, *Wie Ihnen der Krawatten-Muffel verkaufen hilft*, Werbebroschüre; Spiegel 50/64, 33/66

Neue Wege wagen

FDP

Wahlkampfzeiten eigneten sich immer schon hervorragend für Medienschelte. Die sind dran schuld, wenn die Parteien beim Wähler nicht so ankommen, wie die Parteizentralen wünschen. So auch 1965. Die SPD-Wahlkampfmanager witterten Schiebung. Die vom ZDF ausgestrahlten Spots der CDU hatten nämlich fast doppelt so viele Zuschauer wie die der SPD. Schuld daran war der Programmplatz. Die christdemokratische Werbung eröffnete so beliebte Unterhaltungssendungen wie »Der goldene Schuß« mit Lou van Burg oder »Vergißmeinnicht« mit Peter Frankenfeld. Die SPD Propaganda wurde dagegen vor zwei kirchlichen Sendungen und einem Bericht über die neuen Kollektionen der Pariser Haute Couture gesendet.

Ansonsten fiel den Parteien zur Bundestagswahl1965 noch weniger ein als 1961 (siehe: »**Frohe Ferien, Jahresurlaub mindestens 4 Wochen**«). Die CDU wußte zu berichten, daß es (mal wieder) »um Deutschland geht«. Die SPD rief zum Frühjahrsputz auf: »**Neue Besen kehren gut**«, ging auf Nummer sicher (»**Sicher ist sicher**«) und hämmerte den Menschen ein: »**Die Zeit ist reif für eine Wachablösung**«. Dafür wollte die FDP »**Neue Wege wagen**«, und behauptete von sich selbst, sie sei »**Nötiger denn je**«.

Der Stimmenfang mit Markenartikel-Methoden und die Image-Politur für Spitzenpolitiker hatten sich inzwischen bei allen Parteien durchgesetzt. Was bei Kommentatoren auf wenig Gegenliebe stieß: »Das Image ist der Teint der Politiker« kommentierte der »Rheinische Merkur« am 3.9.65. Die »ZEIT« berichtete am 20.8.65 unter der Schlagzeile »Brandt in den Fesseln der Image-Macher«: »Das Lächeln, das 1961 Adenauer besiegen sollte, hatten ihm offenbar seine ›Image-Macher‹ verboten. (...) Der Image-Komplex der Sozialdemokraten hat sich zur Neurose ausgewachsen. (...) Hilft in dieser Situation das Herumbasteln am Brandt-Image? Die Strategen versuchten es in Dortmund. Sie meinen noch immer, daß politische Aussagen, die kontrovers sind, nicht zum Bild eines Volkskanzlerkandidaten gehören.«

Die »Frankfurter Rundschau« kommentierte den CDU-Wahlkampf am 21.7.65 mit den Worten: »Peinlich darauf bedacht, das Image des »Volkskanzlers« lupenrein zu halten (...), impften die Brain-Truster ihr bestes Pferd mit der Mahnung, sich ja nicht provozieren zu lassen. (...) Erhard müsse professionell wirken. Das sei seine Stärke. Dazu brauche er nicht die konkrete politische Aussage. Die katholischen Messen würden schließlich auch in Latein gelesen, das die Menschen nicht verstünden. Trotzdem glaubten sie.« Das zweite Vatikanische Konzil war an diesem Mann offensichtlich spurlos vorübergegangen. Die »Welt« zitierte am 27.9.65 einen »maßgebenden CDU-Politiker«: »Wir müssen aus Ludwig Erhard einen Alexander machen, um ihn durchzuschlagen.« Armer Alexander Erhard, Verwirrung in den Köpfen der CDU. Aber es gab auch Kritik aus den eigenen Reihen. Bereits 1961 hatten zwei CDU-Politiker, Busch und Küke, gewarnt: »Die Textvorschläge der Agenturen waren politisch unmöglich, die wollten uns verkaufen wie Zahnpasta.«

Die Werbefront sah das natürlich anders. Für sie war das alles »Politisches Marketing« und der Grund dafür, daß die CDU die Wahl überraschend hoch gewann. So kommentierte das »Jahrbuch der Werbung« 1966: »Die CDU hat im Wahlkampf 65 erstmals politisches Marketing systematisch betrieben und nicht zuletzt deshalb den Wahlkampf überraschend hoch gewonnen. Was heißt politisches Marketing? Die Parteien präsentieren nicht mehr im stillen Kämmerlein erdachte, meist weltanschaulich gefärbte Programme, sondern schicken erst die Meinungsforscher aus, um den Wählerwillen zu erkunden. Die Resultate der Meinungsforschung werden in Parteienaussagen und Wahlkampfwerbung umgemünzt. Dieses »Disponieren vom Markt her« stellt auch vor arteigene Probleme: Kritiker behaupten, dieses teilweise Aufgeben des eigenen Standorts der Partei und ihre Anpassung an die Publikumsmeinung könne zu nichts Gutem führen. Dagegen läßt sich allerdings einwenden, daß die wahre Demokratie erst da beginnt, wo eine Partei sich nach den Wählerwünschen richtet.«

Den Nachteil, daß Parteiprogramme »weltanschaulich gefärbt« sind und damit dem grundgesetzlichen Auftrag, zur politischen Willensbildung des Volkes beizutragen, genügen, kann nur ein Werber so präzise formulieren. Und daß Demokratie und Populismus zwei verschiedene Paar Schuhe sind, ist dem Durchblicker auch verborgen geblieben. Mal ganz abgesehen davon, daß eine Kaufentscheidung und eine Wahlentscheidung doch sehr unterschiedliche Konsequenzen haben. Nun, der Werber muß das nicht wissen. Hauptsache, der Wähler weiß es.

Die Wahlkampfmanager lernten im Laufe der Jahre hinzu. So merkte Peter Radunski (1973 bis 1981 Leiter der Hauptabteilung Öffentlichkeitsarbeit und späterer CDU-Bundesgeschäftsführer) im Werbejahrbuch 1988 an: »Die Parteien müssen wieder lernen, darauf zu achten, daß in politisch schwierigen Zeiten die konkreten Inhalte der Politik sehr viel mehr an Gewicht gewinnen und Gegenstand intensiver Marketingüberlegungen sein müssen, bevor die Methoden der Kommunikation angewandt werden.«

Die Wahlbeteiligung lag 1965 bei 86,8 Prozent. Die CDU/CSU errang 47,6 Prozent, die SPD 39,3 Prozent, die FDP 9,5 Prozent, die anderen Parteien 1,6 Prozent. Die NPD, die zu dieser Bundestagswahl erstmals antrat, erreichte 2,0 Prozent.

Quellen: Rheinischer Merkur 3. 9. 65; Die Zeit 20. 8. 65; Frankfurter Rundschau 21. 7. 65; Die Welt 27. 9. 65; Spiegel 51/65; *Jahrbuch der Werbung 1988,* Düsseldorf 1989

Neun von zehn Filmstars nehmen Lux

Lux-Seife

Seit 1929 ließ Lever-Sunlicht in den USA international bekannte Filmstars für die Seife Lux auftreten, unter anderem Marlene Dietrich, Rita Hayworth und Audrey Hepburn. Als **»die reine, weiße Schönheitsseife«** 1951 in Deutschland aus rechtlichen Gründen unter dem Namen Luxor eingeführt wurde, übernahm man dieses bewährte Konzept. Erst 1957 durfte sie dann auch hierzulande den angestammten Namen Lux (»**Bedeutet so viel für eine Frau und kostet so wenig!**«) annehmen und die Frauen mit »kostbarer Feuchtigkeitscreme« und »seidenweichem Schaum« verwöhnen.

Die Kombination »Seife – Filmstar« bescherte der Lux für drei Jahrzehnte die Marktführerschaft. Anfangs standen amerikanische Leinwandheldinnen wie Marilyn Monroe oder Elizabeth Taylor Modell, ab 1953 durften dann die deutschen Filmstars an die Werbefront. Ein Auftritt in der Lux-Werbung galt als Beweis dafür, daß man es wirklich geschafft hatte. Die (unvollständige) Liste liest sich denn auch wie ein Almanach der deutschen Filmprominenz: Senta Berger, Heidi Brühl, Herta Feiler, Conny Feiler, Hildegard Knef, Lilli Palmer, Liselotte Pulver, Elke Sommer, Sonja Ziemann und Marianne Koch, die sich über zwanzig Jahre lang mit Lux einseifte.

Damit jederzeit für Star-Nachschub gesorgt war, pflegte die Agentin Lucie Wortig aus München den Kontakt zu jungen, aufstrebenden Schauspielerinnen und animierte sie, einen Vertrag zu unterschreiben, in dem sie sich zu der Seife bekannten. Als Gegenleistung erhielten die Nachwuchsstars jeden Monat einen Gratis-Karton Lux.

Dieter Völker, Haupt-Werbeleiter beim Konkurrenten Henkel (Fa), antwortete in den 60er Jahren auf die Frage: »Glaubt der Verbraucher das überhaupt, wenn Seifen-Werbung ihm solches verspricht?« Völker: »Das braucht er gar nicht, er übersetzt solche Dinge viel mehr, als oft angenommen wird. Bestes Beispiel für eine solche Übersetzung: das Wort ›weiß‹ bei Waschmitteln. ›Weiß‹ ist für den Verbraucher nicht nur eine Farbe, es ist vielmehr ein Schlüsselwort für Begriffe wie Sauberkeit, Frische, Schonung, Gepflegtsein. Natürlich glaubt eine Frau bei der Lux-Werbung z.B. nicht, daß sie dadurch schön wie ein Filmstar wird. Aber: Die Abbildung des Filmstars rührt ihre Vorstellungswelt von Schönsein, Verwöhntsein, Schaum und Duft an.«

Auch die wunderbare, verletzliche und kapriziöse Romy Schneider lieh der Lux in den siebziger Jahren ihr Gesicht: »**Das ungeschminkte Gesicht eines Stars sagt die ungeschminkte Wahrheit über Lux mit Feuchtigkeitscreme**« lautete der Werbespruch unter ihrem Porträtfoto.

Quellen: w&v 8/67; Stern 30/52; Horizont 39/86; Joachim Kellner (Hrsg.), *50 Jahre Werbung in Deutschland*, Düsseldorf 1995; *Jahrbuch der Werbung 1969*, Düsseldorf 1969

... nicht einen Pfennig dazubezahlt

Fielmann

1971 hatte der Hamburger Augenoptik-Filialist Fielmann mit geliehenem Geld sein erstes Geschäft in Cuxhaven eröffnet. Auf Rezept bekam der Kunde damals nur Kassengestelle, die bewußt potthäßlich gestaltet waren und erst viel später in gewissen Kreisen eine Art Kultstatus erhielten. Wer einer derart entstellenden Sehhilfe entgehen wollte, mußte kräftig was drauflegen. Die Optiker verkauften ihre modischeren Brillen mit fabelhaften Gewinnspannen von circa 60 Prozent. Fielmann war der erste Optiker, der den Kassenpatienten modische Brillen ohne Zuzahlung anbot.

Die Auswahl an unterschiedlichen Modellen war damals noch klein, die Nachfrage um so größer. Fielmann wuchs, eröffnete Filialen, wurde erst als Querulant geschmäht, dann als Partner der Krankenkassen akzeptiert. Und konnte zehn Jahre später mit der AOK Essen einen bahnbrechenden Vertrag abschließen, der das herkömmliche Angebot von einem knappen Dutzend Kassengestellen ohne Zuzahlung auf die opulente Auswahl von neunzig modischen Metall- und Kunststoffgestellen in 649 Varianten erweiterte. Ob Kasse oder Privat war fortan niemandem mehr an der Nase anzusehen.

Der von der Hamburger Agentur Knopf, Nägeli, Schnakenberg erfundene Slogan »... **nicht einen Pfennig dazubezahlt**« lag also nahe und entsprach der Wahrheit. Die Optiker fürchteten um ihre Gewinnmargen und versuchten erfolglos, Fielmann gerichtlich zu stoppen. Die Presse dagegen feierte ihn als »Robin Hood der Fehlsichtigen«, »König der Kassenbrille« oder »Rächer der Bebrillten«. Die Branche griff zum Lieferboykott. Fielmann tat andere Bezugsquellen auf. Also probierten es einige Konkurrenten mit übler Nachrede. Sie warfen ihm vor, er verkaufe aus Fernost importierte Billigbrillen, die schon im Prospekt rosteten. Der Bundesverband der Ortskrankenkassen testete daraufhin 1984 die Kassengestelle der Hersteller. Zwei Stunden lagen die Gestelle in einer Wanne mit künstlichem Menschenschweiß. Sieben der insgesamt zehn Modelle zeigten derart gravierende Mängel, daß bei ihnen »vom Kauf abgeraten werden muß«. Rundum zufrieden (»Sehr gut«) waren die Tester nur mit dem Modell 1027 Super von Fielmann.

Nicht allein dank Fielmann wandelte sich die Sehhilfe immer mehr zum modischen Accessoire. Anfang der 90er Jahre wechselte Fielmann die Werbeagentur. Conrad, Gley, Thieme – ebenfalls Hamburg – ersannen den neuen Wahlspruch »**Brille: Fielmann**« und propagierten das Tragen von Brillen als Ausdruck von Persönlichkeit, das war der modische Aspekt, und Cleverneß, weil nichts zugezahlt werden mußte.

Eine Brille, so Fielmann, ist nicht einfach eine Brille: »Wir verkaufen nicht nur Gläser und Gestelle. Wir verkaufen auch Ideen und Imaginationen, Status und Schönheit, Sexualität und Selbstverwirklichung.« Und so wurde aus der Sehhilfe letztlich gar noch eine Gehhilfe für den aufrechten Gang.

Quellen: Spiegel 16/83, 5/84; w&v 44/93

Nicht immer, aber immer öfter

Clausthaler Alkoholfrei

Die »Süddeutsche Zeitung« schrieb am 20. 8. 97: »Wenn irgendwer in Deutschland einen Satz mit den Worten »Nicht immer …« beginnt, fällt ihm der andere mit einem ergänzenden »… aber immer öfter« ins Wort.« Das deutsche Volksvermögen hat sich diesen Spruch umstandslos angeeignet und der »Büchmann, Zitatenschatz des deutschen Volkes«, erstmals 1859 erschienen, hat es registriert. Damit gehört der Clausthaler Klassiker einwandfrei zum Spruchadel.

Erste Versuche, dem stagnierenden Biermarkt neue Impulse zu geben und mit einem alkoholfreien Bier auf der Fitneßwelle zu schwimmen, unternahm die Binding-Brauerei (»**Dir und mir Binding Bier**«) bereits 1973. Bei gestandenen Biertrinkern war damit jedoch kein Blumentopf zu gewinnen. »Bleifrei« war noch die netteste Beschreibung für das »Gesöff«. Es war ihnen zu süß oder zu labberig, schmeckte schal oder abgestanden. Sechs Jahre lang bastelte man am richtigen Geschmack, bis das Ergebnis zufriedenstellend schien. Im Januar 1979 fiel der Startschuß für Clausthaler. Den Verbrauchern wurde versichert, daß er: »**Alles was ein Bier braucht**« bekommt. In diesem Jahr betrug der Gesamtausstoß an alkoholfreiem Bier gerade mal 300.000 Hektoliter, 1995 hatte man diese Menge versiebenfacht. Das meiste davon, 1,3 Millionen Hektoliter, ging auf das Konto von Clausthaler.

Den Slogan **»Nicht immer, aber immer öfter«**, textete Horst Kitschenberg, Chef der Werbeagentur Eureka, (altgriechisch: »Ich hab's«) Ende der achtziger Jahre. Der inzwischen verstorbene Düsseldorfer wußte später selbst nicht mehr, wann ihm die Erleuchtung kam, ob in der Straßenbahn oder im Büro. Und die Sache ging ihm, immer wenn er darauf angesprochen wurde, ziemlich auf den Wecker. 1990 wurde der Clausthaler-Spruch erstmals im TV gesendet.

Was war beabsichtigt? Warum, weshalb, welche Botschaft soll der Spruch transportieren? Horst Kitschenberg seinerzeit dazu: »Zuerst einmal ging es darum, dem Konsumenten klarzumachen, daß er Clausthaler gefälligst häufiger zu trinken habe. Die Geburt eines Slogans, der dazu animiert, das ist ein Zündeln mit Worten. Daraus wird ein Prozeß im Kopf, der letztlich nicht mehr zu kontrollieren ist. Zur Analyse: (...) empfinde ich den ersten Teil ›nicht immer‹ als Fesselung – aber ›immer öfter‹, der zweite Teil, das ist dann, als ob der Himmel aufreißt, die Sonne hervorbricht, die Verheißung eines Happy Ends (...).«

Die Allgemeingültigkeit der Aussage verleitete zu den unterschiedlichsten Deutungsversuchen. Der Diplompsychologe, Image- und Medienforscher Ernst Tachler sah darin das Versprechen einer Wendung zum Guten: »Gemeint ist, ich kann nicht immer siegen, aber wenn ich mir Mühe gebe, gelingt es immer öfter.« Die Pressestelle der Brauerei dachte nur an das Eine und schwadronierte drauflos: »›Immer öfter‹ wird durchaus auch als ein Versprechen auf nicht enden wollende Lustgefühle verstanden, was die sexuelle Dimension dieses Slogans zeigt. Es geht um Leistung. Sexuelle Leistung. Wer kann öfter? Und ›Immer öfter‹ ist die sanfte Annäherung an eine schier grenzenlose Potenz. ›Nicht immer‹ schränkt dieses Versprechen ein, doch nur scheinbar, relativiert doch ›Nicht immer‹ die sexuellen Protzereien und gibt ihnen damit einen höheren Grad von Wahrscheinlichkeit. Sexuelles Imponiergehabe, erhärtet durch einen guten Schuß augenzwinkernde Wirklichkeit.« Nicht nur Frauen, sondern auch die Brauer von alkoholfreiem Bier wissen natürlich, was mit »immer öfter« wirklich gemeint ist: ziemlich selten.

Quellen: Lebensmittel-Zeitung-Spezial 2/96, 6/96; Impulse 6/94; Stern 1/93; Süddeutsche Zeitung 20. 8. 97; Info Pressestelle Binding-Brauerei

Nicht nur Waschen, Zähneputzen, sondern auch den bac benutzen!

bac-Deoroller

Deoroller, die neue »Pflege unter dem Arm«, waren 1953 die »große kosmetische Neuheit aus den USA«. In dieser Zeit, da man alles, was in Trümmern lag, wieder aufbaute und harmonisch zusammenfügte, wurde auch in der Werbung gerne gereimt. Schwarzkopf knittelte für den bac-deoroller (**»mein bac – dein bac«**): »Jeden Morgen sind für Inge selbstverständlich die drei Dinge. Nicht nur Waschen, Zähne putzen, sondern auch den bac benutzen!« Reklamefilme visualisierten diese Botschaft und boten Raum für längere Deodorant-Gesänge:

»Auf dem Wege ins Büro / fühlt sie sich dann frisch und froh / Ist der Stapel noch so groß / bleibt sie gut gelaunt / Von Kollegen stets bestaunt / Mittags surrt das Telefon / Rendezvous – um sieben schon? / Wenn auch kurz die Zeit bemessen / Inge wird es nie vergessen / Nicht nur Waschen, Zähneputzen / sondern auch den bac benutzen! / Nur ein Strich – körperfrisch. / Die moderne, kluge Frau / ob sie steht am Küchenherd / oder in Urlaub fährt / Tennis spielt / im Pulli geht oder sich im Walzer dreht / fühlt sich immer angeregt, körperfrisch und gut gepflegt / da sie schnell und jederzeit / hat den bac-Stift griffbereit.«

Quelle: Stern 1/53; Werbespot bac

Nichts bewegt Sie wie ein Citroën

Citroën

Um die Sicherheit seines neuen Modells zu demonstrieren, ließ der französische Automobilhersteller das Supermodel Claudia Schiffer einen Crash-Test durchführen. Zwei Autos knallen ineinander, Claudia Schiffer und ihr Make-up bleiben dank Airbag unversehrt. Als Zweifel an der Echtheit des Tests laut wurden, versicherte Citroën öffentlich und werbewirksam: »Dieser Test wurde wirklich von Claudia Schiffer durchgeführt und von einem Notar bestätigt.« Nicht erwähnt wurde, daß das Auto beim Frontal-Crash nur

20 km/h fuhr, Claudia Schiffer keinen Führerschein hatte und mit neun Millionen Mark versichert war. Aber derartig lächerliche Details fallen in der Werbebranche für gewöhnlich sowieso unter den Tisch. Die »Süddeutsche Zeitung« schränkte hämisch die Überzeugungskraft der Anzeige ein und meinte, daß »auf diese Weise gezeigt werden sollte, daß die Schiffer tatsächlich an das Produkt glaubt«.

Quelle: w&v 42/97

Nichts geht über Bärenmarke, Bärenmarke zum Kaffee

Bärenmarke

1957 hatte der Markenbär für Bärenmarke seinen ersten Fernsehauftritt. Alle Standards der Dosenmilchwerbung waren bereits versammelt: Bär, Alpen, Wiesen, Kühe und Dose. Die Kühe waren damals noch aus Pappe, ein frisches Stimmchen verkündete: **»Nichts geht über Bärenmarke, Bärenmarke zum Kaffee«**. Hanns Brose hatte dieses einprägsame Tableau gefertigt.

Dessen Bestandteile waren nicht schwer aufzutreiben: Das Milchprodukt stammt aus der Schweiz und wurde nach dem Wappentier der Stadt Bern Bärenmarke getauft. Das Etikett der frühen Dosen blieb dieser einfachen Assoziation treu. Eine wilde Bärin säugt darauf ihr Junges, ganz züchtig mittels einer Babyflasche. Kondensmilch galt in jenen Tagen als Stärkungs- und nicht als Lebensmittel, das folgerichtig nur in Apotheken zu erwerben war. Doch sehr schnell hatten die Verbraucher entdeckt, daß sie auch den Kaffee zu veredeln vermochte.

Die wehrhafte Bärenmutter war schon lange in die Berge zurückgeschickt worden. Hanns Brose behielt den Sohnematz und machte daraus einen sympathischen und rundlichen jungen Bärenburschen, der eine Milchdose auf dem Rücken trägt. Er schickte ihn in die weite Welt hinaus, um überall die gute Milch der heimatlichen Berge auszuschenken. Anfangs trat der Bär im Fernsehen noch als geselliger Dorfbewohner, der für jeden Spaß zu haben ist, auf.

Als in den sechziger Jahren die Menschen sich mehr nach Ruhe und frischer Natur sehnten, retirierte der Werbe-Petz in seine Almhütte, wo er sich, umgeben von gesunder Natur, ausschließlich um seine Kühe kümmerte. Die frische und gesunde Luft tat der Figur offenbar gut, sie wurde zunehmend beweglicher. 1965 trug »Dr. Bär« beim Gesundheitscheck des Milchviehs eine Brille und rollte zum ersten Mal mit den Augen. Mußte er mal weiter entfernte Weiden kontrollieren, tat er das ökologisch korrekt per Bahn, Boot oder Leiterwagen. Er war, trotz seines zurückgezogenen Lebens, auch keineswegs menschenscheu. Ein Spot zeigte ihn nämlich, wie er sich in das Urlaubscamp von Alpentouristen einschleicht und ihnen die Milch zum Kaffee einschenkt.

Quellen: *Jahrbuch der Werbung 1966,* Düsseldorf 1967; Joachim Kellner (Hrsg.), *Werbefiguren, Geschöpfe der Werbewelt,* Düsseldorf 1992; Hanns Brose, *Die Entdeckung des Verbrauchers,* Düsseldorf 1958

Nichts ist unmöglich

Toyota

Ein Hund geht spazieren, denkt sich dies und das: »Es war ein Tag wie jeder andere. Ich wollte mir nur etwas die Füße vertreten, und dachte, aach, jeden Tag die gleichen Leute unterwegs.« Dann sieht er aber einen Neuen, den Toyota Carina. »Schöne klare Linien«, denkt der Hund. Und entschließt sich nach Prüfung weiterer technischer Details: »Den nehm ich.« Und hebt, nach Hundeart, das Bein.

Sprechende Tiere machten 1992 den Toyota-Slogan **»Nichts ist unmöglich«** zu einem der beliebtesten Werbesprüche. Die Filme steigerten binnen 14 Tagen den Bekanntheitsgrad der Marke um sagenhafte 176 Prozent (nein, nein, nicht von 2 Prozent, es waren schon viel mehr!). Der Kult um die Spots ging so weit, daß telefonische Anfragen zu den Sendeterminen bei der Agentur eingingen. Der Spruch hat sich so tief in unser Bewußtsein eingegraben, daß es Bill Clinton, als er auf Deutschland-Besuch in Berlin war und den Satz »Nichts ist unmöglich« fallenließ, aus dem Publikum entgegenschallte: »Tooyooota«.

Bevor 1992 die ersten Affen auf der Mattscheibe den Fischer-Chören Konkurrenz machten, warb der Slogan bereits seit 7 Jahren für Toyota. Die erste Version »Alles ist möglich ...« wurde schnell verworfen und von der Agentur Baums, Mang, Zimmermann auf die prägnantere Formel **»Nichts ist unmöglich«**

gebracht. Das drückte, weltweit verständlich, echt »japanischen Unternehmergeist« aus.

Die nächsten Jahre zeigte Monaco-Franze Helmut Fischer dem Volk, daß nichts unmöglich ist. Postiert vor drei mit Tüchern verdeckten Autos und assistiert von Lissy hielt er die Laudatio auf die Sieger der ADAC-Pannenstatistik: »So – heut sehen Sie's: die Stars der Mittelklasse, erster Platz mit den wenigsten Pannen: Der Toyota Carina I, Klassensieger der ADAC-Pannenstatistik.« (Die Assistentin zieht auf das Stichwort das Tuch weg.) Fischer: »Zweiter – der Dings … (ungeduldig zur Assistentin gezischelt:) Ja, Lissy, Tuch runter.« (Die Assistentin schüttelt den Kopf.) Lissy: »Na, da is' doch der Dings drunter.« (Fischer beginnt zu verstehen und improvisiert das Ende seiner Rede.) »Ah so ja – der Dings – halt, falsch: der is' ja von der Konkurrenz. Na – dann is' mir fast lieber, Sie schaun sich nur den Sieger an. Da, schaun S' hin.« 1992 wurde Fischer dann durch die singenden Affen und Hunde mit Vorlieben für den Carina abgelöst.

Auch die Tierspots waren natürlich nicht aus dem Boden gestampft worden. 1990 hatte man den Corolla auf dem Markt eingeführt. Auf der Titelseite eines Beihefters war ein Löwenbaby zu sehen, und im Text hieß es »Der Corolla hat vieles, was sonst nur große Tiere haben«. Daraus entstand die Idee, mit Analogien aus dem Tierreich die Vorteile des Autos anzupreisen. So zeigte man einen balzenden Fregattvogel, der seinen roten Kehlsack mit Luft zu einem großen Ballon aufbläst, und schrieb dazu: »Erfreulich, wer heute alles so mit einem Airbag unterwegs ist. Der neue Corolla.«

»Reisen bildet« heißt es, und so erhielt auch 1991 die Toyota-Werbung ihren entscheidenden Kick durch eine Urlaubsreise. Thomas Wulfes, Creativ Director der Agentur, war mit seinen Kindern auf die französischen Antillen gefahren. Man badete nicht nur, sondern schaute auch – französisches – Fernsehen. »La vie privée des animaux« (Das Privatleben der Tiere) hieß eine Serie, die er dort mit seinem Nachwuchs oft sah. Das waren dokumentarische Tierfilme, die, witzig geschnitten und mit Sprache unterlegt, in bester Slapstick-Manier den Eindruck einer verrückten Tierkonferenz vermittelten.

Nach dem Urlaub besorgte sich Wulfes sofort ein Kaufvideo der Serie und schnitt daraus einen Probefilm für Toyota zusammen. Dort war man von der Idee hellauf begeistert. Wulfes setzte sich mit Patrick Bouchitey, dem Macher der TV-Serie, in Verbindung. Bouchitey suchte aus seinem Archiv geeignete Aufnahmen heraus, Deutschlands größte Werbefilm-Produktionsfirma, die »Markenfilm« in Wedel bei Hamburg, produzierte die ersten Toyota-Spots. Man unterlegte die Tierszenen mit Synchrontext und mixte Aufnahmen des neuen Corolla-Modells dazu.

Ein Kakadu lobte kreischend die Ausstattung: »Auch mit Airbag, Airbag!« und reizte so einen Frosch, der kräftig die Backen aufblies, zur Entgegnung: »Hab ich auch.« Zwei Nashörner prüften den Seitenaufprallschutz und Affen sangen im Chor: **»Nichts ist unmöglich … Tooyooota«**. Mit der Herstellung der aufwendigen Spots waren rund 40 Fachleute zwei Monate beschäftigt. Die Kosten pro Spot lagen zwischen 200.000 und 400.000 DM.

Die Toyota-Werbung hatte damit eine Lawine von ähnlichen Tier-Spots losgetreten. Neben anderen ließen Reifenhersteller und die Bildzeitung Tiere für sich sprechen. 1995 ersetzte man deshalb schließlich die Affen durch den RTL-Samstag-Nacht-Star Wigald Boning.

Quellen: w&v 23/92; Horizont 6/95; *Max Werbejahrbuch 1994*, Hamburg 1994; *Jahrbuch der Werbung 1990*, Düsseldorf 1990; *Jahrbuch der Werbung 1993*, Düsseldorf 1993

Nie war er so wertvoll wie heute

Klosterfrau Melissengeist

90 von 100 Deutschen kennen den Slogan, einige verwenden ihn gerne und nicht immer ist das stark alkoholhaltige »Heilgetränk«, das aus diesem Grunde, dem Vernehmen nach nicht zu unrecht, den Ruf eines ›Witwentrösters‹ genießt, damit gemeint. Der Slogan entstand wahrscheinlich in den 30er Jahren bei der Kölner Agentur Westag. Genaues war beim Hersteller nicht zu erfahren.

Die heilkräftige Wirkung der Melisse hatte schon Paracelsus im 16. Jahrhundert erkannt. Er schrieb: »Melisse ist von allen Dingen, die die Erde hervorbringt, das beste Kräutlein fürs Herz.«. Der angehenden Klosterapothekerin bei den Unbeschuhten Carmeliterinnen in Brüssel, Maria Clementine Martin, war gegen Ende des 18. Jahrhunderts ein Geheimrezept anvertraut worden. Sie probierte es aus und erlernte so die Kunst, »das ächte Carmeliter- und Melissenwasser zu verfertigen«. 1826, offenbar aus dem Orden ausgeschieden, gründete sie in Köln ein Unternehmen und begann mit der Fertigung des von ihr weiterentwickelten Melissengeistes.

Quellen: w&v 18/90; Jörg Krichbaum, *Made in Germany*, München 1997; *Jahrbuch der Werbung 1970*, Düsseldorf 1970

Nimm Frauengold und Du blühst auf!

Frauengold

Frauengold war in den 50er Jahren ein beliebtes Beruhigungsmittel speziell für die gewissen Tage der Frau, das »die Funktionsfähigkeit der weiblichen Organe hebt und das Allgemeinbefinden schwacher, blutarmer Frauen und Mädchen belebt. Das erregte, nervöse Nervensystem wird nahezu schlagartig verbessert, der Kreislauf und die Blutzirkulation werden reguliert.« Das Resultat: **»Durch eine Kur mit Frauengold wirst du glücklich gemacht und wirst glücklich machen.«** Und: **»Nimm Frauengold und Du blühst auf!«**

Wie wohltuend das »ideale Frauenmittel« auf das Gemüt der Damen wirkte, sollten die Werbefilme vorführen. Eine völlig aufgelöste Angestellte: »So dem hab ich's aber gegeben.« Die Kollegin: »Wem?« – »Dem Chef. So eine Frechheit! So eine Unverschämtheit! Ich kündige! Ich laß mir doch nicht alles gefallen!« Eine Stimme aus dem Off: »Hallo, Frauengold nehmen. Ja, Frauengold nehmen und man kann über den Dingen stehen und objektiver urteilen.« Die Wirkung trat sofort ein: »Es war mein Fehler, Herr Direktor. Ich hatte nicht aufgepaßt und möchte mich dafür entschuldigen.« Denn: **»Frauengold gibt auch Ihnen den rechten Schwung.«**

Na ja, ein bißchen widersprüchlich ist das schon. Sie war doch gerade richtig in Fahrt gekommen. Und womöglich zu Recht. Sexuelle Übergriffe des Chefs muß sie sich nicht gefallen lassen. Und sich in den Suff flüchten. Oder?

Quellen: Readers Digest 1/60; Stern 3/54; Werbespot Frauengold

Nimmt Flecken den Schrecken

Sil

Seit 1918 gab es die Sil Rasenbleiche, die keineswegs das Grün aus der Wiese treiben, sondern der zum Bleichen darauf ausgebreiteten Wäsche mehr Weiß geben sollte. Nachdem einige Zeit später die Rasenflächen zubetoniert waren und Waschmaschinen in den Haushalten Einzug gehalten hatten, war Sil zum Fleckloser degradiert worden, der vorwiegend bei heftiger, lokal begrenzter Verschmutzung zum Einsatz kam. Entsprechend mickrig war der Absatz. 1987 wurde die Marke »relauncht«, d.h. Werbung und Produkt auf den neuesten Stand gebracht. Sil, eine der Pioniermarken der Henkel-Werke Düsseldorf, erlebte ein Comeback.

Den Slogan dachten sich die Werber der Agentur Stöhr, Scheer aus und setzten ihn in den TV-Spots »Dinner for One«, »Ödipussi«, »Underdog« und »Butler« ein. In den Spots wird als Alternative zur Verwendung von Sil Fleckensalz nur das Herausschneiden der verschmutzten Stellen mit der Schere angeboten. Der Marktanteil stieg.

Quelle: Info Pressestelle Henkel

Nordstern – Dein Glücksstern

Nordstern-Versicherung

Der Slogan der Nordstern-Versicherung aus Köln entfuhr, mitten im sonnigen Bayern kurz vor der Ausfahrt Nürnberg einer Texterin der Agentur V.I.E.R. so abrupt, daß ihr Mann, der das Auto steuerte, beinahe einen Unfall verursacht hätte. Sie hatte damit das Duell mit dem Senior-Texter der Agentur für sich entschieden.

1987 war die Agentur zur Wettbewerbspräsentation um den Nordstern-Werbeetat eingeladen worden. Der Slogan des Seniors: »**Der Stern unter den Ver-**

sicherungen«, trug ihm freundliche Bemerkungen wie »furchtbar, altmodisch, spießig« seitens der jüngeren Kollegin ein. Beleidigt forderte er sie daraufhin auf, es doch besser zu machen.

Da man eine Funkkampagne machen wollte und die Melodie, der seit ewigen Zeiten bekannte Gospel: »O happy day«, schon hatte, war die Textsuche nicht einfach. Der Slogan sollte natürlich frech, dynamisch und modern klingen und dabei gleichzeitig die gefühlvolle Weise der Musik einfangen. Die Texterin fuhr also erst einmal ein paar Tage mit ihrem Ehemann in Urlaub. Das Problem spukte ihr im Kopf herum, ließ sich aber nicht lösen. Die Reise verlief also ziemlich schweigsam, bis ihr bei der Rückfahrt kurz vor Nürnberg die Erleuchtung kam: »Sofort anhalten, ich hab ihn.«

Quelle: Info Nordstern Versicherung

no smint. no kiss

smint

Den zärtlichen Austausch von Körperflüssigkeiten behindern, insbesondere beim Küssen, oft Geruchsschranken. Faulende Zähne, ein kranker Magen, ein schwacher, in Auflösung begriffener Charakter oder andere, tief drinnen liegende Erkrankungen können die Ursache dafür sein. Aber auch, dann oberflächlicher, Rauchen und Schnapstrinken, der Verzehr knoblauchhaltiger Speisen sowie unbemerkt gebliebene Essenreste. Nur eine große Liebe vermag sich darüber hinwegzusetzen. Die ist selten. Daher ist es einfacher, den modrigen Hauch mit einem frischen Duft zu überdecken.

Wem der Rachenputzer Fisherman's Friend zu stark ist, der kann smint, ein Produkt der spanischen Firma Chupa-Chups, europäischer Marktführer bei Lutschern, als mildere Alternative verwenden. Genau das propagieren die Spots und Anzeigen von smint: Männer und Frauen unterschiedlichen Alters versuchen, Vertreter des jeweils anderen Geschlechts zu küssen. Ohne Erfolg, denn: »**no smint. no kiss**«.

Das hätten die wohl gern.

Quelle: w&v 37/96

Null Komma null neun Quadratmeter Paris

Eminence-Unterhosen

900 Quadratzentimeter also, das soll der Fläche einer Herrenunterhose Größe 46 entsprechen. Ausgemessen wurde das Wäschestück 1976 von der Agentur GGK aus Düsseldorf für den Kunden Eminence, einen Hersteller exklusiver Herrenunterwäsche aus Paris. Die Agentur hatte den Auftrag, Leute, die gern teure Unterwäsche tragen, dazu zu bringen, nicht die Slips von HOM oder Jockey zu kaufen, sondern die von Eminence. Die Kreativen fanden, daß der Firmensitz Paris ein hervorragender Bedeutungsträger sei, ein Synonym für qualitativ hochwertige und modische Kleidung jeder Art, natürlich auch Unterhosen. Also schneiderte sie den modebewußten Männern ein Stück Paris auf die Haut. Auch in allen weiteren Slogans spielte Paris diese Rolle: **»Ganz Paris träumt von der Hose«; »Paris für um die 16 Mark«; »Unter den Hosen von Paris«; »Rechts und links der Seine«; »Das kocht man in Paris«.**

Quelle: Michael Schirner, *Werbung ist Kunst,* München 1991

Nur Drei Wetter Taft hält wie Drei Wetter Taft

Drei Wetter Taft

Wer kennt sie nicht, die Dame, die beim Flug von Kontinent zu Kontinent, von einer Klimazone zur andern stets wie frisch gefönt aus dem Flieger steigt, komme da Sonne, Wind oder Wetter. Wir alle kennen sie und wir alle wissen auch, daß sie ihre souveränen Auftritte einzig und allein einem Haarspray verdankt.

Bereits 1937 hatte Schwarzkopf ein »besonders neuzeitliches« Produkt zur Frisurengestaltung entwickelt: den Schwarzkopf Glanzlack, einen alkoholisch gelösten Schellack, der mit Hilfe eines Gummiballzerstäubers auf die Frisur gesprüht wurde. Dosierung und Verteilung waren noch nicht so richtig ausgereift, und so verklebte bei zu intensiver Anwendung das Haar.

Anfang der fünfziger Jahre wurden dann in den USA die ersten Aerosole entwickelt und in Dosen gepackt; Schwarzkopf griff diese Idee auf und entwickelte das erste Haarspray Europas. Um den Damen die Wirkung anschaulich zu beschreiben, lief das Produkt erst einmal unter der Bezeichnung »flüssiges Haarnetz«. Zugegebenermaßen kein Markenname, den man erst nach längerer Suche fand. Taft, ein glänzender Futterstoff, der für Halt sorgte, stand mit seinem Namen Pate. Die Wortmarke wurde 1954 geschützt. Sie war gut gewählt, enthielt sie doch gleich noch das Sprühgeräusch: »pffft«. Was man den Kundinnen auch prompt ganz deutlich in die Haare rieb: **»Viel länger frisch frisiert mit Tafffft«**. Weil die Konkurrenz inzwischen von »Taft« und »taften« sprach, verwendete Schwarzkopf 1962 zum ersten Mal das Wort Haarspray.

Die berühmte Concorde-Story entstand 1988 nach einer Idee der Agentur Team/BBDO. Daß zunächst drei verschiedene Frauen den unterschiedlichen Wetterbedingungen trotzten, war jedoch ziemlich unökonomisch. Und gab ein schlechtes Beispiel in einem Land, in dem ringsum Belegschaften verschlankt und Personalüberhänge abgebaut wurden. Also verknüpfte man die drei zu einer und behielt die Wetterdramaturgie bei.

Und so reiste, ganz moderne Geschäftsfrau, das Model Tammy Hopkins acht Jahre lang im Zweiteiler von Hamburg via London nach New York. Während der Papst in Glaubensangelegenheiten unterwegs war und jedesmal nach der Landung seinem Gott dankte, indem er den Flughafenbeton küßte, schüttelte sie nur unbeeindruckt ihre Mähne. Dann war auch ihre Zeit abgelaufen, und seit November 1996 irrt Shawn Huff aus Californien an ihrer Stelle gefönt durch die Weltgeschichte, weiblich widrigen Winden trotzend.

Quellen: Horizont 42/95; Info Pressestelle Schwarzkopf

Nur fliegen ist schöner

Opel GT

1967 ließ Opel einen kleinen Sportwagen, der auf der Mechanik des Kadett-Modells basierte, vom Band laufen. Ein flacher Flitzer mit versenkbaren Scheinwerfern, für den Opel-Chefingenieur Hans Mersheimer in hellsichtiger Vorwegnahme kommender gesellschaftlicher Ereignisse das Motto ausgab:

»Wir wollen links fahren.« Die deutsche Zwerg-Corvette erreichte mit ihren 90 PS im Modell 1900 GT immerhin eine Höchstgeschwindigkeit von 190 km/h. Das Fahrwerk und die vornehmlich jugendliche Kundschaft wurden damit aber nicht immer fertig und produzierten so manchen Abflug. Diese Opel-Fans hatten dann wohl das Werbemotto: **»Nur fliegen ist schöner«** ein bißchen zu ernst genommen. In den Jahren danach wurde dieser Slogan gerne im Zusammenhang mit zwischenmenschlichen Begegnungen sexueller Prägung verwendet. Aber schon 1973 gestand Erica Jong ihre »Angst vorm Fliegen«. Das Buch wurde ein Bestseller, der Opel GT im gleichen Jahr vom Band genommen. Immerhin waren bis dahin 100.000 der kleinen Tiefflieger verkauft worden und hatten damit den Status eines Kultautos begründet.

Quelle: Max 1/94

Nur Küsse schmecken besser

Eckes Edelkirsch

Eckes Edelkirsch ist ein Kirschwasser der Firma Eckes. Die Agentur Young & Rubicam stand 1969 vor der schwierigen Aufgabe, mit Worten den Geschmack des Getränks zu beschreiben. Texter Horst Thomé fand schließlich die Lösung: **»Nur Küsse schmecken besser«**. Das war sehr geschickt, denn mit jedem anderen Vergleich hätte er sonst möglicherweise existierende und potentielle Kunden der Agentur verprellt. Küsse gingen in Ordnung, die wurden individuell produziert und waren meist schwer verkäuflich. Die Verbindung zum Kirschwasser war schnell gefunden: Kirsche, Kirschmund, Lippen, die küssen.

Probleme gab es nur beim Fotoshooting. Die Fotografen und die Mädchen mit den schönsten Kußlippen standen bereit. Nur die Kirschen waren nicht aufzutreiben, denn es war Januar. Es gab sie nicht in Australien, nicht in Kalifornien und nicht einmal in Afrika. Doch was die Natur verweigert, schafft die Kunst. Unzählige Kirschenmacher fertigten falsche Kirschen aus Marzipan, Plastik, Gips etc. Sogar aus Glas wurden welche geblasen. Doch entweder waren sie zu groß, zu blaß oder einfach zu schön, um wahr zu sein. Daß es dann noch klappte mit den Fotos, war einem Marzipankirschenkonditor zu verdanken, der in seinem Lager echte, wenn auch getrocknete Kirschenstiele ausgegraben hatte. Außerdem trieb man eine ganz seltene Sorte Cocktailkirschen auf, wo sich in beinahe jedem dritten Glas eine Kirsche mit Stiel finden ließ.

Quelle: w&v 17/70

Nur Miele Miele sagte Tante, die alle Waschmaschinen kannte

Miele

Diese so überaus beschlagene Kennerin der weißen Ware Waschmaschine warb in den 30er Jahren für die Waschmaschinen von Miele. Ihre Autorität in Sachen Wäschepflege kann sie sich eigentlich nur als Produkttesterin erworben haben. Die Stiftung Warentest wurde allerdings erst sehr viel später begründet. Ein anderer Slogan aus dieser Zeit zielte geschickt darauf ab, den Ernährer der Familien zu einer Investition zu bewegen: **»Wenn Vater waschen müßte, kaufte er noch heute eine Miele!«**

Die Miele-Tante prägte das Image der Firma über Jahrzehnte, worüber man später nicht mehr unbedingt glücklich war. In den fünfziger Jahren ließ man die Tante fallen und sagte einfach: **»Mein Miele macht's«**; ja, da wurde noch geschafft. 1962 dann, als Fragen des Lebensstils mehr und mehr die Aufmerksamkeit beanspruchten, propagierte man: **»Lebe modern mit Miele«**.

Quelle: Info Pressestelle Miele

O

Ob's windet, regnet oder schneit, Wybert schützt vor Heiserkeit

Wybert

Ein durchaus zeitloser Slogan, der auch aus den fünfziger Jahren stammen könnte. Er wurde aber schon 1937 für Wybert-Hustenmittel getextet und ist deswegen besonders interessant, weil eine früh emanzipierte spätere First-Lady der Bundesrepublik ihn kreierte. Die Frau des ersten Bundespräsidenten Theodor Heuss, Elly Heuss-Knapp, bestritt in den dreißiger Jahren »mit ihrer erfolgreichen Tätigkeit in der Wirtschaftswerbung den Unterhalt der Familie Heuss« (Dr. Ernst Ludwig Heuss).

Erste Fingerübungen auf diesem Gebiet hatte sie bereits 1918 als Vorsitzende der Propagandagruppe für das Frauenstimmrecht machen können: »Frauen, werbt und wählt / Jede Stimme zählt / Jede Stimme wiegt / Frauenwille siegt.« Als 1927 die ersten Rundfunkdurchsagen für Persil über den Äther gingen, war Frau Heuss-Knapp mit dabei. Mit Auftraggebern wie Beiersdorf (Nivea-Creme) blieb sie der Branche lange Zeit treu.

Quelle: Spiegel 17/59

Odol gibt sympathischen Atem

Odol

Eine nicht näher überlieferte Krankheit zwang Karl-August Lingner, Sohn eines kleinen Drogisten aus Magdeburg, am Ende des 19. Jahrhunderts dazu, von seinem ursprünglichen Berufswunsch Musiker abzulassen. Er brach das

Studium in Paris ab und wandte sich der Hygiene zu. In einer diskussionsfreudigen Zusammenarbeit mit dem Naturwissenschaftler Professor Seifert entwickelte Lingner die Rezeptur für das erste antiseptische Mundwasser. Er gab ihm den Namen Odol, einer Verschmelzung des griechischen Wortes für Zahn »Odous«, mit der lateinischen Bezeichnung für Öl »Oleum«. 1893 kam Odol erstmals in den Handel.

Mund- und Zahnpflege waren zu dieser Zeit in der Bevölkerung noch nahezu unbekannt. Lingner war Realist genug, um zu erkennen, daß die Bevölkerung Odol ohne Werbung nicht annehmen würde. In seinem Verständnis von Werbung allerdings war er mehr als nur Realist: Ein Visionär, ein Revolutionär. Eine Werbekampagne lief an, die alles bisher Dagewesene weit in den Schatten stellte. Für die gigantische Summe von einer Million Reichsmark ließ er einem bestimmten Tag in allen wichtigen Zeitungen der Welt Anzeigen schalten, auf denen zunächst nur der Name »Odol« erschien. Nachdem so die Neugier geweckt war, folgte in der nächsten Stufe der Zusatz: **»Odol, absolut bestes Mundwasser der Welt«**. Heute nennt man diesen oft kopierten Kunstgriff »Teaser-Kampagne«.

1905 widmete Giacomo Puccini dem Mundwasser eine Ode, 1916 nahm der Duden den Begriff »Odol« als Wort in sein Nachschlagewerk auf. Mit der Anzeigen-Gestaltung beauftragte Lingner keine gewöhnlichen Werbegrafiker, sondern bekannte Künstler, wie den »Malerfürsten« Franz von Stuck. 1924 malte beispielsweise der Amerikaner Stuart Davis, einer der Vordenker der Pop-Art, die Odol-Flasche. Rund sechshundert verschiedene Motive wurden in den ersten 20 Jahren geschaltet, und jede Anzeige erschien nur ein einziges Mal. Auch diese Strategie war neu; Jahrzehnte später verkauften Werbeagenturen eine solche Vorgehensweise als »Unikat-Kampagne« (z.B.: **»Ich trinke Jägermeister, weil ...«**). Lingner hatte diese Form gewählt, um sein »geneigtes Publikum« nicht zu langweilen.

Wann genau der Slogan **»Odol gibt sympathischen Atem«** entstanden ist, läßt sich nicht mehr nachvollziehen. Wahrscheinlich segnete Lingner ihn um 1900 persönlich ab. Er ist ein schönes Beispiel für positives Denken. Anstelle der negativen Äußerung »gegen schlechten Atem«, stellte man das Ergebnis der Odol-Anwendung heraus. Heute kennen 80 Prozent der Bundesbürger die charakteristische weiße Seitenhals-Flasche und noch 100 Jahre nach seiner Geburt zeigte der Senior, daß ihm der Zahn der Zeit nichts anhaben konnte. Beim 29. Internationalen Film + TV-Festival in New York 1986 wurde der Odol-Mundspray-Spot mit einer Goldmedaille ausgezeichnet. Selbst die inzwischen abgewickelte Deutsche Demokratische Republik erwies Firmengründer Karl-August Lingner 1987 ihre Referenz. Sie gab zum 75jährigen Bestehen des Deutschen Hygiene-Museums in Dresden, 1912 von Lingner begründet, eine Gedenkbriefmarke mit seinem Konterfei heraus.

Quellen: *100 Jahre Lingner-Werke*, Firmenpublikation; w&v 17/93

Offen für ...

HB

»**Offen für** ...« war der Slogan, der die Zigarette HB der Britisch American Tobacco in den Verkaufscharts wieder hoch gehen ließ wie einstmals Bruno, das HB-Männchen (»**Wer wird denn gleich in die Luft gehen? Greife lieber zur HB**«).

Ende der 80er Jahre hatte die HB die Rolle des Marktführers an die Marlboro abtreten müssen. Die Agentur Grey, die schon zu Zeiten des HB-Männchens den Etat gehalten hatte, wurde beauftragt, das HB-Image zu entstauben, die Marke zu verjüngen und verstärkt Raucher unter 30 zu gewinnen, ohne dabei die angestammte HB-Klientel, hart arbeitende Leute aus den unteren Einkommensschichten, zu verprellen.

Den »Genußaspekt« schreiben sich alle Tabakfirmen auf die Rauchfahne. Die HB-Welt mußte daher spezifisch und unverwechselbar sein. Unter ständig wechselnden Headlines, die das wiederkehrende Motto **»Offen für Leute mit Laune«** variieren, spielten die Szenen, in denen man den Moment genießt, den spontanen Einfall, die freundliche Grenzüberschreitung.

Im Zuge der Gleichberechtigung steckte also die Zigarette im Mund eines Mannes, der sein Gesicht unter einer Gurkenmaske verbarg. Die HB-Frau trug im Kinospot »Restaurant« auf der nackten Haut ein aufgemaltes Kleid und verschreckte damit weniger die Schwiegermutter in spe als den Verlobten. Eine andere junge Dame ließ sich mit kundiger Mechanikerhilfe bei Hubert-Tuning ein Blechkorsett à la Alfa-Romeo-Front schneidern, inklusive Scheinwerfer und Blinklicht.

Die angestrebte Verjüngung der Marke gelang; nach 40 Jahren ist die HB immer noch eine der führenden Zigarettenmarken in Deutschland. Doch es tauchten Probleme auf. Hersteller B.A.T. umschrieb die Lage wie folgt: »Die Bedeutung im Markt, die HB unzweifelhaft hat, wird im täglichen Leben nicht deutlich genug. HB ist beliebt – aber zu wenige HB-Raucher bekennen sich zu ihrer Stamm-Marke. Sie zeigen nicht Flagge.«

Das war herb. Grey verlor 1995 nach vierzig Jahren den Etat an Baader, Lang, Behnken. In einem ersten Schritt bekam die Packung ein neues Gesicht, modern und attraktiv sollte sie »Qualität, Genuß und Kompetenz« signalisieren. Der »Clou« der neuen Packung: Die Oberfläche ist leicht geriffelt und vermittelt dem Raucher ein kleines Fingerspitzengefühl. Die folgende Kampagne stellte wieder den rauchenden Menschen in den Mittelpunkt. Nun galt aber nicht mehr ihren schrulligen oder exzentrischen Vorlieben das Interesse, sondern allein der Zigarette, die sie gewählt haben. Sie sagen kurz und gut: **»HB? Ich auch.«** Die Handschrift der Agentur ist unverkennbar.

Quellen: Britisch American Tobacco, *Die Erfolgsgeschichte einer großen Marke,* Firmenpublikation; w&v 32/91, 19/95; *Jahrbuch der Werbung 1991,* Düsseldorf 1991; Grey-Gruppe, *Wie man Marken Charakter gibt,* Stuttgart 1996

Ohne Krawatte ist der Mann die Hälfte wert!

Gemeinschaftswerbung Krawatte

Die Krawatten-Industrie hatte 1955 ein stolzes Ziel. Mindestens 34 Millionen Krawatten sollten um die Hemdkragen der 17 Millionen männlichen Bundesbürger geschlungen werden. 1954 waren es erst 25 Millionen Stück gewesen. Der Werbeberater Hartwig Gottwald appellierte dafür kräftig an das Geltungsbedürfnis des Mannes und redete ihnen ins Gewissen: »**Ohne Krawatte ist der Mann die Hälfte wert!**« Das war nicht viel, ließ sich aber einfach beheben: »**Krawatte gut – alles gut**«. Und machte ihnen klar, daß sie nicht unbeschlipst davonkommen könnten: »**Erkennungsmarke am Hals**«.

Auch die Ehefrauen bekamen ihr Fett weg, und das gleich dreifach: »... **eine schenkt man sowieso ... wenn man ihn gern hat, schenkt man ihm zwei ... und wenn man ihn ganz toll lieb hat, schenkt man ihm drei!**« Dazu gab es wertvolle Tips der Art, daß zu einem dunklen Anzug am besten eine helle Krawatte passe und zu einem hellen Anzug eine dunkle Krawatte. Das Absatzziel wurde knapp verfehlt. Und in der Modehölle wartete schon der Krawattenmuffel auf seinen Auftritt.

Quellen: Spiegel 30/55; Readers Digest 3/55

Oh, wie wohl ist mir mit Wasa

Wasa

Zur Einführung des Schwedenbrotes in Deutschland trat Hamburgs Fußballstar Uwe (»Der Dicke«) Seeler 1967 in schwedische Dienste. Er half dem Knäckebrot-Konzern Wasabröd AB in Filipstad, den deutschen Markt ganz zu erobern. Was nicht weiter schwer war. Drei Viertel des Knäckemarktes hielten die Schweden ohnehin schon besetzt. Aber die Absatzmengen konnten noch besser werden. Dazu hatten die schwedischen Bäcker das Verhältnis der Bundesbürger zum Knäckebrot studiert und herausgefunden, daß der harte Fladen viele immer noch an Kriegszeiten und Ersatz erinnerte. Abträglich war auch, daß Knäckebrot als Reformhausware galt und für Krankenkost gehalten wurde. Und ebenso der europaweit unvergleichliche Variantenreichtum des

Brotes hierzulande. Und ganz gewiß auch der Umstand, daß die Fitneßwelle noch gar nicht erfunden war. Aber ein bißchen spielte Wasa dazu den Vorreiter mit seinem »gesunden Brot für Gesunde«. 228 Gramm Knäckebrot pro Kopf und Jahr verzehrten die Bundesbürger zu dieser Zeit – jeder Schwede dagegen sechs Kilogramm.

Quelle: Spiegel 41/67

Optimismus gegen Sozialismus

CDU

Noch so ein CDU-Slogan für eine Bundestagswahl, diesmal die von 1980. Wie üblich waren die übrigen Wahlkampfparolen gekennzeichnet von Austauschbarkeit bis zum Identitätsverlust. Die Aufforderung der CDU »**Für Frieden und Freiheit**« einzutreten, leider nicht für Eierkuchen, und sie zu wählen, hatte sie sich bei der SPD ausgeborgt, die 1953: »**Für die Einheit Deutschlands in Frieden und Freiheit**« gewesen war. Der Untergang der abendländischen Kultur im Falle eines »sozialistischen« Wahlsieges stand auch wieder einmal kurz bevor. Immerhin brachte der Slogan vom »**Optimismus gegen den Sozialismus**« etwas Wortwitz in den Wahlkampf. Apfelmus wäre noch besser gewesen.

Auch die FDP mußte tief in die Mottenkiste greifen: »**Diesmal geht's ums Ganze**«, war zwar für die FDP jederzeit wahr, aber bereits 1957 vernommen worden: »**Es geht ums Ganze**« hatten sich sowohl die CDU als auch der längst aufgeriebene »BHE« auf die Wahlkampffahnen geschrieben.

Franz Josef Strauß schickte seine Werbeagentur auf Betteltour. Weil die Plakatflächen schon seit langem ausgebucht waren, der Kanzlerkandidat aber dennoch aufs bayerische Volk herabblicken wollte, mußte die Münchner Kleinagentur Horst Brauchle per Bittbrief bei Großunternehmen vorstellig werden, man möge dort doch auf etwa 1000 Plakatflächen verzichten. Die Amigos in Bayern, zumindest die Münchener Brauereien, stellten die Ohren auf Durchzug und rückten keine Plakatflächen heraus. Weitab von München, erst in Düsseldorf wurde Bayerns Bettel-Werber fündig. Henkel zeigte sich großzügig.

Vielleicht wollten die Unternehmen, die sich dem Ansinnen verweigert hatten, Strauß auch nur vor sich selbst schützen. Denn drei vom »Stern« mit einer fiktiven Wahlkampagne beauftragte Agenturen waren zuvor zu dem Ergebnis gekommen, daß Franz Josef Strauß den Wählern nicht im Bild gezeigt werden dürfte. Das sei zu abschreckend.

Die SPD wollte mit ihrer Wahlkampfwerbung »Problemfelder abstecken« und »Identifizierung schaffen«, so stand es jedenfalls im Konzept. Das sah dann so aus, daß sich zunächst der Kanzler, dann die Minister und schließlich sozialdemokratische Musterfamilien auf dem Bildschirm tummelten. Um der gähnenden Langeweile dieser Präsentation entgegenzuwirken, griff man zu Video-Clip-Equipment und ließ mehrere Kameras parallel laufen. Die Gesichter der Minister waren also nicht nur von vorn, sondern im Umschnitt mal von links, mal von rechts zu sehen. Der Fachmann nennt so etwas Achssprung. Er gilt in allen Fernsehanstalten als absoluter Kunstfehler und ist bei Strafe der Entlassung strikt untersagt. Ein furioser Bildschnitt tat sein übriges und raubte dem Zuschauer den Atem und die Orientierung.

Die Wahlbeteiligung lag 1980 bei 88,6 Prozent. Davon entfielen 44,5 Prozent auf die CDU/CSU, 42,9 Prozent auf die SPD, 10,6 Prozent auf die FDP und auf die anderen Parteien 2,0 Prozent. SPD und FDP bildeten die Regierung, die nur zwei Jahre hielt. Dann kündigte die FDP die Koalition auf und wechselte die Seiten, Kohl wurde Kanzler.

Quellen: w&v 17/80, 41/80; Spiegel-Spezial Super-Wahljahr 94, Peter Zolling, *Dummheiten zur Erinnerung*, Hamburg 1995

Otto ... find ich gut!

Otto-Versand

Der Slogan entstand 1985 als Teil einer sogenannten »Bekenner-Kampagne«. Werbemodels geben sich als Versandhauskunden aus und bekennen sich öffentlich dazu. Diese Art Kampagnen müssen als Spätfolgen jener unfruchtbaren Beziehungs- und Wohngemeinschaftsdiskussionen angesehen werden, in denen haltlose Vorwürfe, die meist ein angeblich inkonsequentes Verhalten des Angegriffenen betrafen, nur noch mit einem naßforschen: »Da steh' ich zu« gekontert werden konnten. Diese Replik hob alle Widersprüche in dreifach hegelschem Sinne auf und gewährte dem, der sie benutzte, wieder Integrität und Identität. Außerdem war es dann sinnlos, noch weiter zu argumentieren.

Der Otto-Versand ist so alt wie die Bundesrepublik Deutschland. Angeregt durch das Beispiel von Schuh-Baur und von Witt/Weiden hatte Werner Otto 1949 sein Versandhaus gegründet. Seinen ersten Katalog verteilte er in einer Auflage von 300 Exemplaren. Angeboten wurden 28 Paar Schuhe auf 14 Seiten, die Preise hatte er von Hand neben die Fotos geschrieben. Eine Marine-Klapphose war Ottos erster Verkaufsschlager, sie fand vor allem in Süddeutschland reißenden Absatz. 1952 entdeckte er dann als erster die Sammelbestellung. Er knüpfte ein Netz von Sammelstellen in ganz Deutschland und schaffte es, den Versandhandel vom »Kleine-Leute-Image« wegzubringen, indem er als erster Versender seine Kunden per Nachnahme bezahlen ließ. Heute hat der Otto-Katalog eine Auflage von über 200 Millionen Exemplaren, und die Firma stieg zur größten Versandhandelsgruppe der Welt auf.

Die Werbung der siebziger Jahre war durch **»Die sympathischen Ottos«** geprägt. Eine Muster-Versandhausfamilie, die bei großen und kleinen Einkaufsproblemen immer Rat und Tat wußte: »Es zahlt sich aus ein Otto zu sein. (...) Sie stehen im Mittelpunkt, die Sammelbesteller vom Otto-Versand. Im Beruf und zu Hause. (...) Denn sie haben den neuen OTTO-Katalog. Deutschlands große Preisliste.« Daneben brachte es der Radio-Jingle »Otto Versand Hammbuurg« zu Ohrwurm-Ehren, und Anzeigen offerierten den »Otto-Tip des Monats«.

»Otto ... find ich gut!« wurde von Fred Baader erfunden. 1985 gründete er gemeinsam mit Uwe Lang und Wolfgang Behnken seine eigene Agentur am Neuen Wall in Hamburg. Ihr erster Kunde war der Otto-Versand. Die einzige Vorgabe für die neue Kampagne war, daß das Wort »Otto« vorkommen sollte. Er entwickelte einige Alternativen, unter anderem »Einkaufen macht Spaß« und »Otto ... find ich gut!«. Daß schließlich die »Bekenner-Kampagne« umgesetzt wurde, war vor allem dem Mut des Otto-Werbeleiters Dr. Fricke zu verdanken. Der drückte den Slogan gegen Widerstände in den eigenen Reihen durch. Gut Ding will Weile haben. Als zwei Jahre später eines Morgens ein Mitarbeiter aufgeregt die Agenturräume stürmte und erzählte, was ihm da widerfahren war, wußte Baader, daß er es geschafft hatte. Auf dem Weg zur Arbeit hatte der Mitarbeiter zwei Kinder beobachtet, die um eine Laterne tanzten, laut rufend: »Otto find ich gut, Otto find ich gut, Otto find ich gut.«

Von da an ging alles rasend schnell. Der Slogan lief anfangs hauptsächlich beim ersten privaten deutschen Radiosender, bei Radio Schleswig-Holstein, und schlug sofort ein. Die Presse griff ihn begeistert auf, wo immer es über einen Otto zu berichten galt, unter anderem für Otto Graf Lambsdorff oder Otto Rehhagel. Der Komiker Otto Waalkes trug in dem Film »Otto – der Film« ein T-Shirt mit dem Schriftzug »Otto find ich gut«.

Der Bekanntheitsgrad des Versandhauses stieg um 20 Punkte von 47 auf 67 Prozent. Vor allem aber erreichte das Unternehmen enorme Sympathiewerte. Der Otto-Versand wurde von Publikum und Presse verwöhnt wie ein »kleiner Pop-Star« (Baader).

Quellen: Info Fred Baader, Werbeagentur Baader, Lang, Behnken; *Max Werbejahrbuch 1994*, Hamburg 1994; Readers Digest 2/71

P

Pack den Tiger in den Tank

Esso

Den Tigerslogan ersann 1959 Emery T. Smith, ein junger Texter der New Yorker Agentur McCann-Erickson. Um die einfachen Worte »Put a tiger in your tank« zusammenzubringen, benötigte Smith lediglich »ein paar Minuten Bedenkzeit«. Minuten, die ihm später den Vizepräsidenten-Posten der Agentur einbringen sollten. Smith hatte für seine Parole auf eine Werbefigur zurückgreifen können, die bereits seit Jahrzehnten in Esso-Diensten stand: den Tiger. Wie er zu Esso kam, ist ein bis heute ungelöstes Mysterium. Erstmals tauchte er um die Jahrhundertwende an norwegischen Benzinpumpen auf, Mitte der dreißiger Jahre warb in England ein gezeichneter Tiger. In den fünfziger Jahren nutzte man in England, Belgien, den Niederlanden und Norwegen die Symbolkraft der Raubkatze, um die Erinnerung an das minderwertige Benzin der Nachkriegsjahre zurückzudrängen. Aber 1959 hatte die Raubkatze in Europa ausgedient. Alle europäischen Esso-Gesellschaften entfernten sie aus ihrer Werbung.

Parodoxerweise legte Smith in genau diesem Jahr mit seinem Slogan den Grundstein für den erfolgreichsten Werbefeldzug in der Unternehmensgeschichte. Die Amerikaner gerieten in einen wahren Tiger-Taumel. Tigerschwänze, Tigerwitze und Tigercomics brannten die Katze tief in das Bewußtsein der Nation ein. Sogar Tiger-Hot-Dogs und -Cocktails gab es. Der Sprit strömte wie wild in die Tanks der amerikanischen Schluckspechte, und »Time Magazine« ernannte das Jahr 1964 zum »Jahr des Tigers«.

1965 war dann auch Europa wieder reif für den Tiger. Er sprang über den Atlantik und tappste zunächst als gezeichneter Tiger durch den Anzeigendschungel. Die wörtliche Übersetzung »Tu den Tiger in den Tank« erschien Esso-Werbeleiter Bloßfeld, wiewohl alliterationsträchtig, ein bißchen zu betulich. **»Pack den Tiger in den Tank«** klang mehr nach Power. Die Autofahrer (und ihre Kinder) erlagen sofort dem Tiger. Wer etwas auf sich hielt, ließ einen plüschenen Tigerschwanz aus dem Einfüllstützen seines Wagens wehen oder trug eine Tiger-Krawatte; Hunderttausende Stoff-Tiger grüßten durch die Heckscheiben, während der Comic-Tiger auf der Kino-Leinwand in Real-/Trick-Kombination in den Tank schlüpfte.

Esso verzeichnete einen nie dagewesenen Umsatzanstieg; der Werbeslogan wurde zum geflügelten Wort. Wahlkampfhelfer Günter Grass wollte 1969 den SPD-Kanzlerkandidaten Brandt mit den Worten: **»Pack den Willy in den Tank«** den mobilen Wählern (Wechselwählern?) andienen. Postwendend dichtete die Konkurrenz: **»... schraub ihn zu – wähl CDU«**. Im britischen Unterhaus fällte ein Verkehrsexperte das vernichtende Urteil: »Was nützt der Tiger im Tank, wenn der Esel am Steuer sitzt.« Die Deutsche Bundesbahn wollte auch was abhaben und brüstete sich: **»Den Tiger, den Sie im Tank haben, befördern wir in Tankzügen.«** Und die Reifenfirma Uniroyal klopfte ihm auf die Pfoten und fragte: **»Wie lange soll Ihr Tiger noch auf seine Tatzen warten?«**

1968 beschädigten offenbar maoistische Papiertiger das Image des Treibstoffhelden so sehr, daß er aus der Esso-Werbung verschwand. Spätestens nach der ersten Ölkrise 1973 schien er schon völlig vermodert zu sein. Man brauchte ihn auch nicht mehr, denn 1974 wurde ein weiterer Esso-Klassiker geboren: **»Es gibt viel zu tun. Packen wir's an.«** (siehe dort). Aber eine Verbraucherbefragung nach dem Ende der zweiten Ölkrise 1985 erbrachte eine große Überraschung. Die überwiegende Zahl der Autofahrer konnte sich nach 17 tigerlosen Jahren immer noch an den Tiger erinnern. Noch überraschender war die Erkenntnis, daß die Autofahrer die umgehend neu aufgelegte Tiger-Kampagne (die bis heute läuft), gar nicht als neu empfanden, sondern so, als hätte es den Tiger immer gegeben. Hatte eine Generalamnesie die Jahre seit 1968 einfach aus dem Gedächtnis gewischt? Andere werden diese Frage klären müssen. Die ehemalige Zeichentrickfigur jedenfalls wich in der neuen Kampagne einem realistischen, computeranimierten Tiger, der inzwischen länger läuft als sein Vorgänger aus den Sechzigern.

Quellen: Joachim Kellner (Hrsg.), *Werbefiguren, Geschöpfe der Werbewelt,* Düsseldorf 1992; *Jahrbuch der Werbung 1965,* Düsseldorf 1965; *100 Jahre Esso,* Hamburg 1990; w&v 9/68, 12/97

Persil bleibt Persil

Persil

Bereits 1876 war Fritz Henkel mit dem Universalwaschmittel eine schmutzbrechende Erfindung gelungen. Es enthielt eine neuartige Kombination von Wasch- und Bleichmitteln, die den bis dahin notwendigen zeitraubenden Bleichvorgang auf den Wiesen überflüssig machte. Die Weiterentwicklung dieses Waschmittels, Henkel's Bleichsoda, wurde seit 1878 in 500-Gramm-Paketen zum Preis von zehn Pfennigen angeboten. Am 2. Mai 1892 beschied Fritz Henkel in einem Brief dem Reisevertreter Richard Hilger: »Die feine Qualität unserer Bleich-Soda scheint sich Bahn zu brechen. Wir wissen nicht, wie wir Ware heranschaffen sollen, so viele Aufträge laufen ein.«

Eine Anzeige in der »Düsseldorfer Zeitung« kündigte am 6. Juni 1907 eine weitere Waschmittel-Revolution (nie gab es so viele Revolutionen wie auf diesem Sektor) an: Persil. Die Produktankündigung **»Persil selbsttätiges Waschmittel«** brachte die entscheidende Neuerung auf den Punkt. Waschrumpel, Scheuerbrett und Bürste durften in die Ecke gestellt werden. Ihre Aufgabe übernahm nun der durch den Bleichstoff Perborat fein aufperlende Sauerstoff. Persil war das erste Waschmittel moderner Art, das diese Bezeichnung zu Recht trug.

Henkel investierte 1908 knapp 1 Million Mark in die Werbung, um Persil bekannt zu machen. So flanierten 1908 weiß gekleidete Männer mit weißen Persil-Sonnenschirmen durch belebte Geschäftsstraßen. Das war so ausgefallen, daß sogar die Zeitungen darüber berichten: »Wir nehmen von dieser Reklame Notiz, einmal weil sie originell ist, und zum anderen, weil unsere Hausfrauen sich gewiß für das Waschmittel interessieren werden.« Ein Henkel-Reisender aus Essen berichtete: »Über die Schirmreklame habe ich auch heute nur Günstiges zu berichten. Unter anderem wurde der Träger gestern (im Oktober 1908) von der Geheimrätin Krupp an den Wagenschlag gewünscht, und erkundigte sich genannte Dame des eingehenden nach Persil. Der Mann hat entsprechend geantwortet, und bemerke ich noch, daß derselbe von mir mit allem Nötigen informiert ist.«

Wie nicht anders zu erwarten war, rief der Erfolg von Persil bereits früh erste Trittbrettfahrer auf den Plan. Ein Produkt namens »Persol« in einer fast identischen grünen Packung wilderte kurze Zeit in den Waschküchen. Weitere Plagiate nannten sich »Mach's allein«, »Bleichin«, »Schneeflocken«, oder »Fix und Fertig«. Eine Konkurrenzfirma engagierte sogar einen Herren namens »Persiehl« als Gesellschafter und Strohmann, um mit seinem Namen die Kunden zu täuschen. Um den Verbrauchern nachdrücklich in die Hirne zu brennen, daß das Waschmittel seinen Namen niemals ändern werde, wurde 1913 erstmalig der Slogan **»Persil bleibt Persil«** geprägt und in abgewandelter Form wiederholt: **»Persil bleibt immer Persil«** oder **»Persil bleibt doch Persil«**. Nur das Kaiserliche Patentamt in Berlin hatte noch einige Zeit seine bürokratischen Probleme mit dem Markennamen. Die Beamten fanden, nicht ganz zu unrecht, daß Persil zu sehr dem französischen Wort für Petersilie ähnelte. Ein welsches Wort für ein deutsches Waschmittel? Na, da hatten sie so ihre Bedenken, und so wurde Persil kraft Verkehrsdurchsetzung erst 1917 als Wortmarke eingetragen. Just zu diesem Zeitpunkt gab es das Waschmittel in der gewohnten Zusammensetzung gar nicht. 1915 war nämlich auf staatliche Anordnung die Produktion von seifenhaltigen Waschmitteln eingestellt worden. Ein »Kriegs-Persil« wurde hergestellt, abgelöst von einem »Inflations-Persil« in »Friedensqualität«. Harte Zeiten. Für das 250-Gramm-Paket mußte bis zu 1.250 Milliarden Mark gezahlt werden.

1922 schuf der bekannte Berliner Künstler Kurt Heiligenstaedt die berühmteste Persil-Werbefigur, die »Weiße Dame«. Der Karikaturist der Zeitschrift »Simplicissimus« ging dazu mit seiner Freundin Erna Muchow in ein Modehaus am Alexanderplatz und kaufte ein weißes Kleid von der Stange. Mit einem Florentinerhut auf dem Kopf und einem Persil-Paket in der Hand, stand die 18-jährige Siemens-Arbeiterin dem Maler Modell.

»Persil-Werberinnen« wurden seit 1924 eingesetzt. Sie klärten die Hausfrauen über Waschmittel und -methoden auf. 1927 reisten bereits 700 der, spöttisch »Wanderlehrerinnen« genannten, Damen durchs Land. Ein Jahr später wurde die erste »Persil-Schule« – volkstümlich »Schule der Weißheit« genannt – in Berlin eröffnet. Dort konnte die Hausfrau alles über den Haushalt lernen. Der »Persil-Professor« stand ihr in den Persil-Anzeigen beratend zur Seite.

Dunkelbraune Wolken brauten sich auch über der Weißwäscherei zusammen, als Hitler 1936 auf dem Nürnberger Parteitag einen neuen Vierjahresplan verkündete, der das Ziel verfolgte, Deutschland hinsichtlich Nahrungsmitteln und industriellen Rohstoffen autark zu machen. Henkel reagierte sofort und baute zur Sicherung der benötigten Fettbestände eine eigene Walfangflotte

Persil
Persil

auf. Drei Expeditionen sicherten sich zwischen 1936 und 1939 im südlichen Eismeer 37.000 Tonnen Walöl. Aus gutem Grund sind Uniformen so selten weiß. Zu Beginn des Zweiten Weltkrieges mußte die Persil-Produktion eingestellt werden. Statt dessen gab es ein staatlich verordnetes Einheitswaschmittel, das »Waschpulver für Weiß-, Groß- und Buntwäsche«.

Am 1. September 1950, ein halbes Jahr nach den letzten russischen Kriegsheimkehrern, kam auch Persil zurück in die Regale, und die »Blätter vom Hause«, Mitteilungen der Firma Henkel für den Reisestab, konnten voller Pathos verkünden: »Nun ist das stolze Persil-Schiff wieder flott, und seit dem 1. September steuern wir hinaus in den Ozean des deutschen Marktes, in das große Feld des Verbrauchs und des Wettbewerbs.« Quer über die Rheinbrücke in Düsseldorf wehte ein Spruchband: »September 1950 – Aus Düsseldorf kommt wieder Persil!« Der Vater des Wirtschaftswunders, Ludwig Erhard, kommentierte diesen Jubeltag mit den Worten: »Wir haben es erlebt, als das Persil und die übrigen Henkel-Fabrikate wieder in den Verkehr gelangten, daß im Volke das Vertrauen erwuchs, daß nun wieder Friede eingekehrt sei. Ich glaube, etwas Besseres, mehr, kann man von einem Werke nicht verlangen.« In allen führenden Zeitungen erschienen Anzeigen mit dem bereits 38 Jahre alten Slogan **»Persil bleibt Persil«**. Der Erfolg war überwältigend. Kurz nachdem Persil wieder angeboten wurde, war es schon wieder ausverkauft.

Quellen: *Alle mögen's weiß, Schätze aus der Henkel-Plakatwerbung,* Schriften des Werksarchivs; *90 Jahre Persil, Die Geschichte einer Marke,* Firmenpublikation

Polo – das Loch mit dem Pfefferminz drumrum

Polo

Als man sich bei Polo die Köpfe über einen packenden Pfefferminz-Slogan zerbrach, fiel gleich beim ersten Vorschlag »Polo – das einzigartige Pfefferminz« einem Versammlungsteilnehmer vor Gähnen das Pfefferminz aus dem Mund. Man war gewarnt und überlegte, wo eigentlich das USP dieses Produkts läge? Diesmal verschluckte eine Teilnehmerin ihr Pfefferminz vor Schreck. Die Abkürzung USP steht für: Unique Selling Proposition. Dahinter steckt die Behauptung, daß jedes Produkt etwas ganz Einzigartiges vorweisen können muß. Also: Was hat mein Pfefferminz, was kein anderes Pfefferminz hat? Richtig, ein Loch in der Mitte, das clevere Produktmanager dort hineinmachen ließen, weil auch die Pfefferminze ohne Loch nach kürzester Lutschzeit dieses Loch hatten. Warum also nicht gleich. »Polo – das Pfefferminz mit dem Loch« war nicht schlecht, erweckte aber eher den Eindruck, als ob da was fehlte. Dem dialektisch geschulten Werbetexter aber fiel es dann nicht mehr schwer, dem Rand, der jedes Loch begrenzt, die gebührende Aufmerksamkeit zu schenken. Und so entstand es also: **»Polo – das Loch mit dem Pfefferminz drumrum«**.

Pril entspannt das Wasser

Pril

Eines schönen Morgens im Jahre 1951 ging ein Werbespot über den Äther, der die deutschen Hausfrauen aufhorchen ließ: Lautes Entengeschnatter tönte aus den Lautsprechern und dann sang eine zarte Frauenstimme: **»Pril entspannt das Wasser, Pril macht Wasser nasser, Pril, Pril, Pril ...«**

Um die Reinigungskraft des Geschirrspülmittels zu demonstrieren, hatte Werbemann Hubert Strauf das Wasser entspannt und darin eine lebendige Ente absaufen lassen. Der Aufschrei besorgter Tierliebhaber sorgte für ein unbeabsichtigtes, aber nicht unerwünschtes Presseecho. Schnell demonstrierte man in Anzeigen, daß die Ente keine dauerhaften Schwimmschäden davontragen konnte: Sie wurde von Mitarbeitern des Schweizer Instituts, das diesen Test durchgeführt hatte, trocken geföhnt. In Wirklichkeit würde es natürlich Wochen dauern, bis sich der natürliche Fettschutz im Gefieder wieder aufgebaut hatte. In tieferem Wasser wäre die Ente trotz verzweifelter Schwimmversuche untergegangen. Ihr Gefieder hätte sich, seines Fettschutzes beraubt, so vollgesogen, daß sie unweigerlich ertrunken wäre. Das Experiment hatte Strauf in den USA gesehen, den Versuch aber dann im Wasserwerk selbst durchgeführt.

Was bewog den Werbefachmann dazu, Enten zu versenken? Die Ente besitzt an ihrem Bürzel eine Drüse, die ein Fett enthält. Die Ente drückt mit ihrem

Schnabel das Fett heraus und imprägniert damit ihr Gefieder gegen das Eindringen von Wasser. Die Henkel-Chemiker hatten ein chemisches Mittel gefunden, das diesen äußerst wirkungsvollen Fettpanzer durchdringen konnte. Natürlich werden im Haushalt normalerweise keine Enten gewaschen. Ein Spülmittel aber, das mit dem Entenfett fertig wurde, schaffte auch die in der Küche anfallenden Fettrückstände. Und wie jeder Fettlöser verminderte auch dieser die Oberflächenspannung des Wassers. Daher der Slogan. Daher die Demonstration.

Wiedergutmachung an den Wasservögeln leistete Pril 1973, als 800 Schwäne auf der Themse in eine Öllache gerieten. Mit Pril und warmem Wasser konnten der Ölfilm entfernt und die Tiere gerettet werden.

Quellen: Joachim Kellner, *Werbefiguren, Geschöpfe der Werbewelt,* Düsseldorf 1992; *Alle mögen's weiß, Schätze aus der Henkel-Plakatwerbung,* Firmenpublikation

Prima, prima – Käse aus Dänemark

Dänische Käsewerbung

Dänemarks Landwirte priesen seit 1964 ihren Käse mit den Worten **»Prima, prima – Käse aus Dänemark«** (Agentur: William Wilkens) an. Sie folgten damit den Holländern, die seit 1961 mit der Nachricht: **»Frau Antje bringt Käse aus Holland«** Deutschlands Milchbauern in die Bredouille gebracht hatten. Die sich aber dann aufrappelten und ihren Käse anpriesen: **»Aus deutschen Landen frisch auf den Tisch«**.

Quelle: Info FCB Wilkens Werbeagentur

... putzt so sauber, daß man sich drin spiegeln kann

Meister Proper

Meister Proper entstand 1958 in den USA. Dort hieß er Mr. Clean. Ein starker, kraftstrotzender Mann mit Glatze, Ohrring und einem Bizeps wie Arnold Schwarzenegger, der zu dieser Zeit allerdings noch ein rechter Hänfling war. Erfunden wurde er von der Werbeagentur Tatham-Laird & Kudner in Chicago für den Kunden Procter & Gamble (Dash, Ariel, Pampers). Mit seinen an Mister Universum oder Popeye, den spinatfressenden Comic-Helden erinnernden Maßen soll er natürlich außergewöhnliche Reinigungskraft verkörpern. Heute tritt er nur noch als guter Geist aus der Flasche auf, der jede Situation wieder ins reine bringt. Der aktuelle Slogan **»Doppelt aktiv ist die Kraft, die es glänzend sauber schafft«**.

Quelle: Joachim Kellner (Hrsg.), *Werbefiguren, Geschöpfe der Werbewelt*, Düsseldorf 1992

Q

Quadratisch, praktisch, gut

Ritter Sport

1912 gab Clara Ritter dem Konditor Alfred Ritter das Jawort. Als Mitgift brachte sie einen florierenden Süßwarenladen in die Ehe ein, und noch im selben Jahr gründeten die Eheleute das gemeinsame Unternehmen »Alfred Ritter Schokoladenfabriken«. 1932 ärgerte sich Clara Ritter dann darüber, daß die üblichen Schokoladetafeln bei Ausflügen in ihrer Jackentasche immer brachen. Mit einer etwas dickeren, bruchfesten Tafel sorgte ihr Ehemann für Abhilfe. Das war die Geburtsstunde für »Ritter's Sportschokolade«, die heutige »Ritter Sport«.

Das erste Werbewort stammt aus den fünfziger Jahren: **»Mit Ritter Sport kann ich das auch«**. Der Slogan war auf Schleppfahnen gedruckt, die kleine Flugzeuge hinter sich herzogen. Ein zweiter Slogan aus derselben Zeit: **»Ob Nougat, Vollmilch, Mokka, Bitter ... wenn Schokolade dann von Ritter ... und welch ein köstlicher Genuß – ist die Ritter Trauben-Nuß«**, tatsächlich eine heißbegehrte Schokoladensorte.

Gegen Ende der sechziger Jahre achtete der Bundesbürger zunehmend (!) auf seine Linie und kaufte weniger Schokolade. Bei Ritter änderte man daraufhin die Marketing-Strategie. Schokolade sollte nicht mehr das Betthupferl oder die lindernde Tröstung gegen die Unfreundlichkeiten des Lebens sein, sondern ein Genuß- und Kraftspender für »junge, sportliche Verbraucher«. Gleichzeitig wurde Abschied von der bis dahin allgemein üblichen länglichen Form genommen und die Schokolade in neuartigen quadratischen Tafeln verkauft. In der Marketing-Konzeption von 1969 heißt es dazu: »Ritter Sport ist eher ein Nahrungsmittel. Diese Schokolade wird nicht aus Kummer im stillen Kämmerlein gegessen, und schon gar nicht gelutscht. In die Ritter Sport wird hineingebissen, und zwar herzhaft. Das ist eine aktive Form des Genießens.«

Die Dewe Werbeagentur brachte die neue Form der Schokolade in dem Slogan »**Quadratisch, praktisch, gut**« auf den Punkt. Um die markentypischen Maße zu schützen, wurde millimetergenau festgelegt, wie weit sich ein Konkurrenzprodukt dem Ritter-Quadrat nähern durfte. Jede Schokolade, die zu nahe an die Kantenlängen von 90 mal 90 Millimetern kam, wurde gerichtlich in die Schranken gewiesen. 1984 war bereits jede fünfte in Deutschland verzehrte Schokolade von Ritter Sport, und heute werden täglich über zwei Millionen der süßen Quadrate produziert – ein Ausstoß, mit dem sich die Strecke Stuttgart – Mailand pflastern ließe.

Quellen: Horizont 13/94; Spiegel 8/85; Jörg Krichbaum, *Made in Germany*, Köln 1994

Qualität ist das beste Rezept

Dr. Oetker

Der vollständige Slogan lautet »**Man nehme Dr. Oetker ... Qualität ist das beste Rezept**«. Kreiert hat ihn die Agentur BBDO in Düsseldorf. Eingesetzt wird er für die gesamte Produktpalette des Unternehmens. Nach Auskunft von BBDO-Geschäftsführer Prof. Vilim Vasata, wird damit nichts anderes betrieben als Besitzstandswahrung, das ist schon das ganze Konzept. Zwischen den Polen »Dr. Oetker« und »Qualität« plaziert sich das Produkt.

Eine Tradition, die auf den alten Apotheker Dr. August Oetker und sein Vanillin-Backpulver zurückgeht. Der hatte zunächst in seiner Bielefelder Apotheke Pillen, Rattengift und Insektenpulver verkauft. Backpulver und Konservierungsmittel waren zunächst nur unwichtige Teile seines Sortiments. 1891 kam er auf die Idee, das von ihm hergestellte Backpulver in kleine Tüten abzupacken – bis dahin wurde Backpulver allgemein grammweise und lose verkauft – und dafür zu sorgen, daß die Qualität des Pulvers stets gleich blieb. Jedes Tütchen erhielt Backpulver für ein Pfund Mehl. Zusätzlich begann er, für sein Produkt auf eine Art zu werben, die damals in Deutschland noch unbekannt war. Bereits zu Ende des vorigen Jahrhunderts inserierte er in Hunderten von Zeitungen. Der Schlager seiner Werbung waren jedoch die Backrezepte, die er vom ersten Tage an den Hausfrauen mitlieferte. Oetker brachte ein Schulkochbuch heraus, das sich in vielen Familien von Generation zu Generation vererbte und inzwischen eine Auflage von elf Millionen Stück erreicht hat.

Zu Anfang der 20er Jahre schickte Dr. Oetker zum ersten Mal die sogenannten Oetker-Wagen auf die Dörfer, wiederum eine zu jener Zeit völlig neuartige Werbung. Die Wagen brachten Vorführtrupps aus Bielefeld, die sich in Gasthäusern und Scheunen einmieteten und abends vor den Frauen des Dorfes Vorträge über das Backen hielten. Es wurden Kuchenproben verteilt, und wer in seinem Stück eine Mandel fand, bekam ein Oetker-Kochbuch geschenkt. Achtzig bis hundert Werberinnen waren so ständig im Reichsgebiet unterwegs. Werbetrupps zu Fuß besuchten Großbetriebe im Ruhrgebiet oder führten den Bergmannsfrauen Oetkers Erzeugnisse vor. Hausfrauenverbände wallfahrten täglich zu Werksbesichtigungen nach Bielefeld, und Oetkers Versuchsküche beantwortete mit nimmermüdem Eifer die Hilferufe unglücklicher Hausfrauen: »Ihr sehr geehrtes Schreiben, betreffend den mißglückten Gugelhupf ...«

Quellen: Info Team BBDO, Spiegel 16/20

R

Rama macht das Frühstück gut

Rama

Die Margarine verdankt ihre Existenz einem Preisausschreiben. Um seine Seestreitkräfte und die »unteren Schichten der Bevölkerung« mit einem billigen Fett zu versorgen, hatte Napoleon III 1866 einen Wettbewerb ausgeschrieben, den der Pariser Professor Hippolyte Meges-Mouriès gewann. Aus Magermilch und erhitztem Rindertalg rührte der Gelehrte die erste Margarine zusammen. Das Zeug muß so gräßlich geschmeckt haben, daß noch 1882 im »Nützlichen Hilfsbuch« selbst armen Arbeiterfrauen dringend von dem Buttersurrogat abgeraten wurde: »Sollte gar nicht gekauft werden, weil sie unangenehm vom Geschmack und der Gesundheit schädlich ist.« Ihren Namen bezog die Margarine von dem griechischen Wort für Perle (margaron).

1888 erwarb der holländische Buttergroßhändler Anton Jurgens das Patent und produziert eine Margarine mit dem Namen Rama. Seit 1897 schrieb dann ein Gesetz der Margarine die Würfelform vor. Das berühmte Rama-Mädchen entstand 1924. In idyllischer Umgebung stellte dieses gute Kind vom Lande die gute Rama nicht nur her, sondern vertrieb sie auch an die Hausfrauen, indem sie muntere Weisen sang:

> **»Das Rama-Mädchen, deutsche Frauen,**
> **Kennt Eure Not – Ihr könnt ihm trauen! –**
> **Es weiß, wie schwer zu nähren sind**
> **Mit guter Kost heut' Mann und Kind.**
> **Darum naht es Euch mit frohem Schritt**
> **Und bringt ein wertvoll Büchlein mit.**
> **Drin lest Ihr, wie mit »Rama« man**

Hochfein und billig kochen kann.
Denn alle stimmen überein:
Nichts gleicht der
Rama Margarine butterfein!«

1929 schlossen sich die beiden Konkurrenten Jurgens (Rama mit dem Rama-Mädchen) und Van den Bergh (Schwan im Blauband mit dem Blauband-Mädchen) zur Margarine-Union zusammen. Die gemeinsam produzierte Margarine hieß fortan Rama im Blauband. Diese fette Vereinigung begleitete eine massive Werbeaktion; 800.000 Plakate wurden geklebt, in 1.800 Tageszeitungen Anzeigen geschaltet. Das zahlte sich aus: In den ersten Wochen wurden in rund 250.000 Geschäften etwa 2.300 Tonnen Rama im Blauband verkauft. Fast schon ein werblicher Geniestreich war die Kinderzeitschrift »Der kleine Coco«, die alle 14 Tage herauskam und jeder Rama-Kiste beigelegt wurde. Sie war mit einer Auflage von 8 Millionen Stück die größte Zeitung der Welt. Die lautstarke Werbung trug den neuen Markenerzeugnissen eine enorme Volkstümlichkeit ein, so war in den zwanziger Jahren der Spottvers im Schwange:

»Wenn Du eine Schwiegermutter hast,
steck sie in ein Rama-Butterfaß,
roll sie einmal hin und einmal her,
und Du hast keine Schwiegermutter mehr.«

Als bei Kriegsbeginn 1939 die Produktion gestoppt werden mußte, war die Rama die erfolgreichste Margarine Deutschlands.

1954 kehrten die Rama (»**Die Rama ist wieder da**«) und das Rama-Mädchen dann wieder zurück. Sie war allerdings keine echte Holländerin mehr und hatte auch ihr blaues Band verloren. Allein das Outfit war gleich geblieben. Die Hamburger Agentur Lintas (die heute wohl erfolgreichste Agentur Deutschlands war aus der hausinternen Werbeabteilung bei Lever hervorgegangen, die Abkürzung steht für: Levers International Advertising Service) hatte die Vierländer Tracht aus dem Fundus der Hamburger Staatsoper besorgt.

Zum Erfolg trug besonders der in Gold verpackte Margarinewürfel bei, wie Tests der Lintas herausgefunden hatten. »Einer Schar von Hausfrauen, die man meuchlings von den Straßen einer völlig neutralen Stadt geholt hatte«, waren margarinebestrichene Brötchen gereicht worden. Während sie sich daran gütlich taten, wurden ihnen sowohl in Gold als auch in Silber verpackte Margarinewürfel vorgehalten, die Phantasienamen trugen. Obgleich es sich natürlich immer um die gleiche Sorte handelte, fanden 36 von 37 Versuchspersonen, daß die mit der goldverpackten Margarine bestrichenen Brötchen einfach besser schmeckten. Wie so oft gebührte Gold dem Sieger.

Ein beliebtes Spiel dieser Zeit bestand darin, große Zahlen anschaulich zu machen nach der Art: aneinandergelegt ergäbe das und das dreimal die Strecke zum Mond. Derartige Informationen erhielten auch die Rama-Esser und Nichtesser: Der wöchentliche Ausstoß an Rama-Verpackungen hätte 1960 ausgereicht, die Insel Helgoland samt Düne unter einer goldschimmernden Fettdecke verschwinden zu lassen, und würde man die Maragarinewürfel einer Woche aneinanderlegen, dann könnte man auf dem Fett bequem von München bis in das Kongogebiet schlittern.

1967 durfte das seit beinahe 50 Jahren bewährte Margarine-Mädchen dann nur noch von den Verpackungen, nicht aber mehr von Anzeigen und Fernsehschirmen lächeln. Die Rama wurde nämlich, veränderten Eßgewohnheiten entsprechend, »umpositioniert«: Aus der Rama für den ganzen Tag wurde, für die ›wichtigste Mahlzeit des Tages‹, wie der Volksglaube sagt, die Frühstücks-Rama: **»Rama macht das Frühstück gut«**. Gleichzeitig löste ein Kunststoffbecher den guten alten Rama-Würfel ab. Die Marketing-Strategen waren der Überzeugung, die Margarine wirke dadurch »jünger und dynamischer«, getreu dem albernen Altphilologen-Motto: mens rama in corpore sanella.

In den 80er Jahren erlebte das Rama-Mädchen ein kurzzeitiges Comeback als stumme Dienerin, die in den Fernsehspots die Margarine wortlos an den Frühstückstisch bringen durfte. 1991 vertrieben die Marktforscher sie ganz aus der Reklame. Nur auf dem Becher darf sie weiter ihr Margarine-Gnadenbrot verzehren, denn durch ihre 75jährige Geschichte war sie als Markensymbol nicht mehr von der Rama zu trennen.

Quellen: Union Deutsche Lebensmittelwerke GmbH, *111 Jahre Fett nach Maß*, Firmenpublikation; Willy Bongard, *Fetische des Konsums*, Hamburg 1964; w&v 36/78, 12/86; Spiegel 40/60, 17/79

Red Bull verleiht Flüüügel

Red Bull-Energydrink

»Oh, bist du der Froschkönig?« lispelt die Prinzessin im Werbespot mit hoher Stimme und unverkennbar österreichischem Dialekt. Statt eines Kusses verlangt der Frosch jedoch einen Energy-Drink der Marke Red Bull. Pech für die Dame: Zum schönen Prinzen geworden, flattert der Ex-Frosch flugs von dannen, um nach anderen Prinzessinnen Ausschau zu halten. Der wirklichkeitsnahe Schlußsatz wurde in der Damenwelt schnell zum geflügelten Wort: »So sind's, die Prinzen.«

In einem anderem Spot wird der Energy-Drink zum Fluchthelfer. Ein angeketteter Häftling trottet zunächst im Gefängnishof auf und ab. Nach einem kräftigen Schluck Red Bull fliegt er, mitsamt seiner Fußkugel, dem verdutzten Wachpersonal auf und davon. Denn: »**Red Bull verleiht Flüüügel**«.

TV- und Kino-Spots mit gezeichneten Strichmännchen verhalfen dem Getränk mit der Farbe und dem Geschmack von Gummibärchen zu Kultstatus. Die Red Bull-Agentur Kastner & Partner zeigte clevere Machos, gewiefte Kriminelle oder alternde Väter, deren Zeugungsunfähigkeit Red Bull ein folgenschweres Ende setzte.

Die Karriere von Red Bull begann vor gut zehn Jahren in Österreich. Dietrich Mateschitz, der als Marketingmanager von Blendax rund um die Welt düste, hatte den Energy-Drink aus Asien mitgebracht. Mateschitz schmiß seinen Job hin und vermarktete fortan nur noch Red Bull, das erstmals 1987 in Österreich auf den Markt kam. Hartnäckige Gerüchte über die Schädlichkeit bestimmter Inhaltsstoffe gaben dem Getränk gleich zu Anfang den Touch des »Verbotenen« und ließen den Drink zum kultigen Aufputschmittel werden. Wegen der angeblich »gesundheitsgefährdenden Wirkung« startete ein österreichischer Beamter sogar eine parlamentarische Anfrage im österreichischen Gesundheitsministerium. In Deutschland bezeichnete ein Beitrag der ARD-Sendung »Monitor« den Energy-Drink als »Einstiegsdroge für Jugendliche«; er wurde dann aber mit der Begründung »Wir wollen Red Bull nicht schaden, aber auf keinen Fall nützen« nicht gesendet. Vor allem Kids, aber auch Erwachsene rissen sich um den silberblauen Viertelliter. Nach 100 Tagen waren 35 Millionen Red Bulls weggeräumt, und nur ein akuter Dosenengpaß verhinderte, daß es noch mehr wurden. Nach Deutschland schwappte Red Bull erst 1994, weil einige Inhaltsstoffe dem deutschen Lebensmittelgesetz nicht entsprachen, was prompt zu reger Schmuggeltätigkeit führte.

Ersonnen hat den Slogan »**Red Bull verleiht Flüüügel**« Johannes Kastner, Inhaber der gleichnamigen Agentur in Frankfurt. Zwei Jahre probierte der Werbemann unzählige Texte und Konzepte aus. Mateschitz war mit keiner dieser Ideen zufrieden. Kastner wollte das Handtuch werfen und bat Mateschitz, sich nach einer anderen Agentur umzusehen. Der aber bewegte ihn dazu, die Angelegenheit noch eine Nacht zu überdenken. Der Legende nach wurde in dieser Nacht der Slogan geboren. Wer Red Bull trinkt, ist länger besser drauf, soll das heißen, denn »**Red Bull belebt Geist und Körper**«. Der Energy-Drink enthält Aminosäuren, die dem Körper helfen, Schadstoffe abzubauen, außerdem Koffein (genau 80 Gramm, was einer Tasse Filterkaffee entspricht) und Vitamine.

Bei Probeverteilungen wurde deshalb darauf geachtet, das Power-Getränk nur Personen anzubieten, die »müde und geistig oder körperlich angespannt« wirken.

Quellen: Info Kastner & Partner Werbeagentur; BOOM! 11/95; media & Marketing 2/98; Horizont 17/95; *Max Werbebuch 96/97*, Hamburg 1996

Rei in der Tube

Rei in der Tube

Der chemische Kaufmann Willy Maurer hatte im August 1949 ein Universal-Abwasch-, Wasch- und Reinigungsmittel zusammengebraut, das er auf den Namen Rei (abgeleitet von »Reinigen«), getauft hatte (»So fest ist er – und besitzt eine Reinigungskraft, auf die man Häuser bauen kann«). Die Anwendungsgebiete waren schier unerschöpflich und reichten vom Waschen der Nylonstrümpfe, der Feinwäsche etc., bis zum Reinigen von Kleidungsstücken, Polstern und Bettfedern, vom Vollbad über die Haarwäsche bis zum Zähneputzen, vom Autoshampoo bis zum Entfetten verschmierter Kugellager. Rei wurde im Gegensatz zu den gebräuchlichen Verpackungseinheiten in Tuben verkauft, und Achim Aschke brauchte nicht viel Hirnschmalz, um Anfang der fünfziger Jahre den naheliegenden Slogan zu ersinnen. Rei in der Tube gibt es noch heute zu kaufen, als Waschmittel für die Reise. Etwas mehr Anstrengung erforderten da wahrscheinlich zwei weitere Rei-Werbesprüche: **»Morgens Rei – mittags frei«** und **»Wir zwei und Rei«**.

Daß Rei sogar im fernen Afghanistan geschätzt wurde, zeigt eine historisch verbürgte Begebenheit zu Ende der fünfziger Jahre. Als Habib Sukad (17), ein ostafghanischer Viehhirte, am 27. Juli 1959 einer verirrten Bergziege nachjagte, entdeckte er an einem Bachrand einen merkwürdigen, gelb-roten Gegenstand. Etwas ähnliches hatte Sukads Vater einmal aus der Hauptstadt Kabul mitgebracht, und Sukad erinnerte sich, daß die weiße Masse darin ihm besser als die heimische Ziegenmilch geschmeckt hatte. So drückte Sukad etwas auf seine Handfläche, roch vorsichtig daran und strich, als der Geruch nicht unangenehm erschien, mit der Zunge darüber. Warum Rei in der Tube nicht genauso gut schmeckte wie Tubensahne, dieses Rätsel konnte er erst am folgenden Tage lösen. Unweit von seinem Fundort stieß er auf ein Biwak, wo sein Landsmann Koscha gerade dabei war, einige Plastikteller mit Rei in der Tube zu spülen. Koscha stand als Träger in Diensten einer deutschen Bergsteigergruppe, die ihn im Gebrauch des Reinigungsmittels unterwiesen hatte.

Einen anderen großen Auftritt hatte der Alles-Reiniger 1955. Der dänische Tanker »Gerd Maersk« war vor der deutschen Nordseeküste auf Grund gelaufen, und das ausströmende Öl hatte Tausenden von Seevögeln das Gefieder verklebt. Auf Initiative eines bekannten Bremer Zoologen reinigten daraufhin ganze Schulklassen mit Hilfe von Rei das ölverschmierte Gefieder der Seevögel. Unter der Überschrift »Durch Rei gerettet – vor der Ölpest« lobte sich Rei: »Das Wunder ist vollbracht. Diese See-Ente ist wieder munter und quicklebendig.« Die Anzeigengestalter hatten sich wohl noch gut des Wirbels, den die Pril-Ente (**»Pril entspannt das Wasser«**) verursacht hatte, erinnert und deshalb hinzugefügt: »Rei befreite sie vom Öl, erhielt ihr aber ihr natürliches Hautfett. Sie sinkt nicht ab – sie bleibt voll schwimmfähig.«

In den 90ern wurde die Rezeptur des Waschmittels (inzwischen von Procter & Gamble aufgekauft) verfeinert. So gibt es inzwischen ein Rei speziell für die Farbwäsche: **»Da strahlen die Farben.«**

Quellen: Michael Kriegeskorte, *Werbung in Deutschland 1945–1965;* Spiegel 15/52, 8/60

Rettet die abendländische Kultur – wählt CDU

CDU

Jau, darum ging's, um nicht mehr und nicht weniger, bei der ersten Wahl zum neuen Bundestag der neuen Bundesrepublik Deutschland. Wollte jedenfalls die CDU mit Adenauer an der Spitze glauben machen. Ein bißchen spät kam dieser Aufruf schon, denn gute Teile dieser Kultur waren in den Jahren zuvor in Flammen aufgegangen oder von echten deutschen abendländischen Recken zusammengebombt worden. Und es lagen auch keine Anzeichen dafür vor, daß die Orientalen (Morgenländer) irgendwelche Attacken planten. Die waren aber auch gar nicht gemeint, sondern mal wieder die Bolschewiken. Und ihre heimlichen Verwandten, die Sozis. Nachdem man den heißen Krieg verloren hatte, sollte der ›Kalte Krieg‹ jetzt gewonnen werden. Ansonsten stand der Wahlkampf fast ausschließlich im Zeichen der schwierigen wirtschaftlichen Lage, und alle Parteien malten den Teufel an die Wand. Die SPD benannte den Feind »**Prof. Erhard – CDU ruiniert die Wirtschaft**« und schanzte sich gleichzeitig den Wahlsieg zu: »**Alle Millionäre wählen CDU-FDP. Alle übrigen Millionen Deutsche die SPD**«. Die FDP mahnte: »**Deutschland darf nicht sozialistisch werden**«. National reichte ja völlig. Konrad Adenauer und die CDU schrieben sich auf die Fahne: »**1947 – Hunger! Not! Elend! 1949 – Vorwärts! Aufwärts! Der Erfolg der CDU!**« Jawollja, das stimmte, es konnte ja gar nicht anders werden als besser. Und so wurde Adenauer Kanzler und Erhard Wirtschaftsminister.

Die Wahlbeteiligung lag bei 87,5 Prozent; die CDU/CSU errang 31,0 Prozent der Stimmen, die SPD 29,2 Prozent, die FDP/DVP 11,9 Prozent, die KPD kam auf 5,7 Prozent, die anderen Parteien auf 22,2 Prozent.

Rexona läßt Sie nicht im Stich

Rexona

Rexona (»... **beseitigt Körpergeruch, bevor er entsteht**«) ist eine alte, weltweit verbreitete Marke, die in Deutschland 1953 mit einer desodorierenden Seife auf den Markt kam. 1968 war Rexona nach 8x4 die zweite Deodorant-Marke hierzulande. Der Slogan »**Rexona läßt Sie nicht im Stich**« schlägt geschickt die Brücke zum Angstschweiß, der einen befällt, der sich plötzlich allein gelassen fühlt. Allein mit seinen Schwitzflecken, allein mit seinem Geruch, allein mit der Abscheu der Mitreisenden, so ein Spot, die sich im engen Bus wegdrehen, während man sich schweißnaß an der Stange festhält. Auch Steffi Graf vermeidet Schweiß mit Rexona.

Quelle: Info Werbeagentur Lintas

RIESEN-Waschkraft ... sogar ohne Kochen

Weißer Riese

Eine Frage nahm in der Waschmittel-Werbung der sechziger Jahre geradezu hamletsche Dimensionen an: »Mit oder ohne Kochen?« Der Weiße Riese von Henkel erleichterte 1966 den Hausfrauen diese Entscheidung mit dem Versprechen: **»RIESEN-Waschkraft ... sogar ohne Kochen!«** Die Agentur Team hatte den Weißen Riesen nicht nur zu diesem Gelöbnis, sondern auch zu seinem Markennamen verholfen. Was ist kräftiger als Kraft? Riesenkraft. Wie stellt man das am besten dar? Durch einen Riesen. Das gefiel, das kam an, doch zuerst einmal brachte diese Waschmittel-Innovation die Reisenden zum Schwitzen. Mannshohe Pappfiguren des Weißen Riesen schleppten sie zu den Händlern. Die Papp-Riesen verfügten über ein eingebautes Tonbandgerät, mit dem die Vertreter auf Anweisung der Henkel-Verkaufsleitung das Verkaufsgespräch aufzeichneten.

Nachdem im Sommer 1965 durchgesickert war, der US-Konzern Colgate-Palmolive wolle sein Grobwaschmittel Weißer Ritter Richtung Westdeutschland in Marsch setzen, kam Henkel dem Konkurrenten zuvor und ließ im Februar 1966 den Weißen Riesen auf die Hausfrauen los. Insgesamt 442mal zeigte er sich im selben Jahr bei ARD und ZDF auf über 11 Millionen deutschen Bildschirmen und verkündete seine Botschaft. Ende des Jahres hatte er einen Marktanteil von 10 Prozent. Und dem Weißen Ritter damit voll aufs Haupt geschlagen. Der steckte sein stumpfes Schwert schnell wieder in die Scheide und trabte von dannen. Und auch sein Colgate-Mitstreiter, Ritter Ajax, (besonderes Merkmal: die grünen und blauen Superkörnchen), hielt sich, trotz einer imposanten Werberüstung von 5 Millionen DM, nicht lange im Sattel.

Da man bei Henkel befürchtete, die Figur eines Riesen könnte negative Assoziationen hervorrufen, wurde stets seine Freundlichkeit und sein »hilfsbereites Wesen« in den Vordergrund gestellt. Immer griff er zu, immer machte er das Waschen leichter, nie war er launisch, ständig hatte er ein Lächeln für die Hausfrau parat. Und das, obwohl er einen harten Job machte. Er wurde von Henkel nämlich immer dann aufs Schlachtfeld geschickt, wenn es galt, aktuelle Preisaktionen der Konkurrenz zu parieren. Ein Kampf- und Aktionskarton, der seinem Boß, dem Marktführer Persil, den Rücken freihielt. Sobald sich ein Preiskampf abzeichnete, fing der Weiße Riese die Verluste ab; hatte sich der Markt wieder beruhigt, konnte Persil die gewohnte Rolle als hochpreisiges Qualitätsprodukt wieder einnehmen. In der Werbung wurde aus diesen Gründen, ganz gegen sonstige Gepflogenheiten (»Von Henkel«), die Familienzugehörigkeit des Weißen Riesen nicht herausgestellt. In den siebziger Jahren durfte der Weiße Riese dann aber dafür gehörig auftrumpfen und **»Das größte Wäschestück der Welt«** (siehe dort) waschen.

Quellen: *Jahrbuch der Werbung 1970,* Düsseldorf 1970; *Der Weiße Riese, Entwicklungsgeschichte eines Markenartikels,* Diplomarbeit von Pascal Neujean

Rita ist lieb

Sinalco Kola

Busen 94, Taille 88, Hüfte 105 und käuflich – für nur 6,60 DM kam Rita per Nachnahme ins Haus. Mit dem Slogan »**Rita ist lieb**« warben ihre künstlerischen Agenten für ihre Dienste, sie erhielt Tausende von Zuschriften und wurde zigtausendmal geordert. Moralapostel bissen sich an Rita allerdings die Zähne aus. Rita war jugendfrei, aufblasbar, eine Gummipuppe und hatte einen mehr oder weniger seriösen Job in der Werbung für ein bekanntes Erfrischungsgetränk.

Seit 1965 wandte sich Sinalco Kola in der Werbung bewußt an junge Leute. Einschaltungen in den Zeitschriften »Bravo«, »Twen«, »ok«, »wir« und »Musikparade« signalisierten mit Slogans wie »Mit Letkiss, Shake und Hully Gully. Sinalco Kola go go go, schmeckt international«, daß Sinalco jugendlich, frisch und dynamisch ist. 1968 hieß es: »**So jung war noch keine Jugend wie diese – Sinalco Kola**«. Im Mai 1969, Flower-Power stand voll im Saft, startete Sinalco Kola ein »Partnerspiel«. Per Anzeige wurden junge Menschen aufgefordert, ein »Partnerbriefchen«, entweder in knabenblau oder mädchenrosa, an Sinalco Kola zu schicken, die diese Briefchen wiederum an Mädchen oder Jungen nach dem Zufallsprinzip weiterleitete. Die Aktion kam an. Unzählige Briefchen gingen ein, sogar eine Ehe wurde gestiftet, die einige Zeit halten sollte. Im Jahr 1981 schrieben Bernd und Sigrid Tigges einen Dankesbrief an Sinalco Kola: »Im April 1969 lernte ich meine Frau durch Ihre Partnerschaftsaktion kennen. Wir heirateten am 26. 3. 1971. Zum Anlaß unseres 10jährigen Hochzeitstages möchten wir uns bei Ihnen recht herzlich bedanken, da ohne Ihr Dazutun unsere Ehe – jetzt mit einem 7 Jahre alten Sohn – nicht zustande gekommen wäre.« Viele andere Beziehungen jedoch gingen naturgemäß wieder ein.

Aus dem Partnerspiel entwickelte Sinalco Kola 1969 (wohl wegen der vielen hoffnungslosen Fälle, oder wie?) die Idee, eine lebensgroße, aufblasbare Party-Puppe als Werbeträger einzusetzen. Miß Sinalco Kola wurde auf den Namen Rita getauft, hatte Traummaße, knallrote hüftlange Haare, einen großen unschuldigen Augenaufschlag, einen roten Kußmund, und war auch ansonsten mit knappem Badeanzug und Blume im Haar ganz auf Flower-Power eingestellt. Selbst die »FAZ« erlag Ritas Charme und bescheinigte ihr am 26. Mai 1970 sogar Ubiquität, eine Eigenschaft, die eigentlich Gott vorbehalten ist: »Sie war überall zu entdecken: bei großen Sportveranstaltungen, in

Modezeitschriften und in Schaufenstern, in Schwimmbädern und an der See, in Diskotheken und Jugendlokalen. Die »liebe Rita« fand bei den Jugendlichen einen starken Anklang und wurde in großer Zahl verkauft.« Und sogar auf Demonstrationen füllte Rita als kämpferische Staatsbürgerin die manchmal nicht so dicht geschlossenen Reihen.

Sinalco Kola forderte die Mädchen auf: »Mädchen, gebt euren Freunden Rita, wenn ihr sie alleine laßt!« Und damit auch die jungen Damen zu ihrem Recht und zur aufblasbaren männlichen Gummipuppe kamen, stellten die Werber Rita einen jugendlichen Helden an die Seite. Der figurbetonende Badedreß, die schmalen Hüften, eine beeindruckende Schulter- und Armmuskulatur und ein buschiger Schnauzer wiesen ihn als das aus, was er war: Ein aufgeblasener Typ. Nicht zu Unrecht verweigerten ihm die Werber deshalb einen eigenen Namen, er hieß schlicht der Sinalco Kola Typ. Bis 1972 waren Rita und ihr Pendant die Stars der Sinalco-Werbung. Dann mußten Sie dem amerikanischen Pop-Art Künstler Roy Lichtenstein weichen, der für Sinalco eine Werbeserie im topaktuellen Comic-Stil kreierte. Der Slogan: »**Her mit der saftigen Frische von Sinalco!**«

Quelle: Info Pressestelle Sinalco AG

... rrrrröstfrisch

Eduscho

Der Hamburger Kaffeeröster Eduscho (nach dem Firmengründer Eduard Schopf) teilte auf die Anfrage nach Informationsmaterial in einem freundlichen Brief zwar mit, daß man auf eine »Teilnahme an dem Lexikon verzichte«. Zum Glück, aber vielleicht auch nur, weil Selbstdarstellung zu den Werbern wie's Klappern zum Handwerk gehört, hatte die Werbeagentur Grey schon einige Jahre zuvor aus dem Nähkästchen geplaudert. Und so der Nachwelt die Entstehungsgeschichte des Eduscho-Slogans »... **rrrrröstfrisch**« überliefert. Die intimen Fakten aus Agentur-Sicht:

Eduscho ist einer der großen deutschen Kaffeeröster. Eduscho-Kaffee wird nur über die eigenen Filialen und Depots verkauft. Deshalb hängt aller Erfolg davon ab, den Umweg lohnend zu machen, indem man betont, daß Eduscho Kaffee-Erzeuger ist und die Bohnen selbst röstet, quasi beinahe vor Ort. Das langgezogene ›r‹ verdankt sich dem Geräusch der in allen Eduscho-Filialen arbeitenden Kaffeemühlen, die den Kaffee frrrrrisch mahlen. Zusammen ergibt das: »... rrrrröstfrische« Qualität.

Quelle: Grey-Gruppe, *Wie man Marken Charakter gibt*, Stuttgart 1996

Ruf doch mal an

Deutsche Bundespost

Der Slogan wurde 1975 von der Agentur Lintas für die Bundespost kreiert. In diesem Jahr hatte Lintas die Werbung für den Telefonriesen übernommen. Zu der Zeit verfügten erst 37 Prozent der Haushalte über einen Telefonanschluß. Daß 1983 dann drei Viertel aller Haushalte an der Strippe hingen, war ein Erfolg der Agentur, wie ein zuständiger Mann im Postministerium bestätigte. Der ebenfalls von Lintas geprägte »Mondscheintarif«, fand sogar Aufnahme in den Duden.

Das gleiche Kunststück gelang den Lintas-Werbern fünf Jahre später für den Zustelldienst. Wer schreibt, der bleibt – zumindest ein Postkunde, so die Überlegung. Seit 1979 beäugten die Postler betrübt den rückläufigen Trend bei Briefen und Postkarten. Im Frühjahr 1980 startete die nach dem gleichen Muster wie die Telefonwerbung gestrickte **»Schreib mal wieder«**-Kampagne. Bereits im ersten Halbjahr 1980 war die Trendwende geschafft: plus 1,4 Prozent. Und 1982 mußten die Briefträger 700 Millionen mehr Briefe verteilen als im Jahr davor.

Trotz der unbestrittenen Erfolge entzog 1983 Postminister Christian Schwarz-Schilling der Agentur den 50 Millionen Mark schweren Etat. Mit einem knappen, fünfzeiligen Einschreiben revidierte Schwarz-Schilling ohne jede Vorwarnung die Entscheidung seines sozialdemokratischen Vorgängers Hans Matthöfer. Der CDU-Mann begründete die Kündigung mit seinem überaus loyalen Wunsch, »auch auf diesem Gebiet der Regierungserklärung Bundeskanzler Kohls über die Förderung der mittelständischen Wirtschaft zu folgen«. Als größte deutsche Agentur, die zudem einem New Yorker Werbemulti gehöre, entspreche Lintas nicht dem Mittelstands-Credo der neuen Regierung.

Quellen: Spiegel 35/78, 25/83; w&v 41/83

S

Sagen Sie nicht einfach Cola – verlangen Sie Pepsi

Pepsi-Cola

Pepsi-Cola hatte lange das gewaltige Problem, daß jeder, der eine Cola verlangte, eine Coca-Cola bekam. 1965 versuchte Pepsi daher, die Cola-Trinker in aller Deutlichkeit zu mehr Markenbewußtsein zu erziehen und zwar, um es in aller Deutlichkeit zu sagen, nicht zum Bewußtsein irgendeiner Marke, sondern ausschließlich der eigenen: »**Sagen Sie nicht einfach Cola – verlangen Sie Pepsi**«.

Auf die Mixtur zu dem Gebräu gleichen Namens war, wie das bei jedem besseren Markenartikel der Fall ist, der Tinkturen- und Heilmittel-Hersteller Bradham mehr oder weniger zufällig gestoßen. Der ließ sich sein Rezept, anfangs Brad's Drink genannt, 1903 unter dem Namen Pepsi-Cola schützen. Mit den Besatzern kam Pepsi 1945 zwar schon nach Deutschland, offiziell wurde sie hier 1959 eingeführt mit dem Slogan: »**Für Leute von heute**«.

Auch das Marketing war 1959 schon ganz von heute. Pepsi kämpfte an allen Fronten und ließ nichts außer acht. Ein nach Art eines Kinderbuches bebilderter Leitfaden für die Verkaufsfahrer unterwies sie in bester, amerikanischer Verkäufer-Philosophie: »Sei immer gepflegt und sauber, sei immer freundlich und zuvorkommend, sei stolz auf Pepsi, zeige Interesse an den Steckenpferden des Kunden (und) stimme immer zu, bevor du widersprichst.«

Ganz von heute war Pepsi auch in puncto Schleichwerbung. Im Bühnenbild zu Norbert Schultzes »Käpt'n Bay-Bay« im Hamburger Operettenhaus war ganz zeitgemäß eine Pepsi-Reklame eingearbeitet. Schrei-Werbung war hingegen das, was sich allabendlich im Hamburger Theater am Besenbinderhof ereignete. Da brach der Hauptdarsteller von »Der Fall Wislow« auf dem dramatischen Höhepunkt des Stückes nämlich in den Ruf aus: »Ich kann nicht mehr, bring mal eine Pepsi-Cola.« Diese kleinen Textkorrekturen wurden dem Theater mit 150 bis 1000 Mark monatlich aus Pepsis Werbefonds honoriert. Kinogänger konnten in dem Streifen »Hula-Hoop, Conny« die Hauptdarstellerin Conny Froboess bestaunen, wie sie während einer Tanzpause in einem Halbstarkenkeller Pepsi aus der Flasche schlürfte. Die Werbeeinlage kostete Pepsi runde 3000 Mark.

Die »Hamburger Morgenpost« verbreitete die Nachricht, Pepsi werde allen neuen Erdenbürgern der Stadt, die am 4. Mai, dem Datum der Pepsi-Einführung, geboren werden, ein Geburtstagsgeschenk machen. Pepsi dementierte sofort. Und Pepsi zahlte. 4000 Mark in bar und 6000 Mark in Form einer Ausbildungsversicherung erhielt ein Barmbeker Zollangesteller, der seine am 4. Mai geborene Tochter Carola auf den zweiten Vornamen »Pepsi-Carola« taufen ließ. Wieviel der Standesbeamte für die Eintragung dieses liebreizenden Mädchennamens bekam, ist nicht überliefert.

Herr Erwin Buchbauer schrieb daraufhin an den »Spiegel«: »Ich bin verheiratet. Bitte teilen Sie mir mit, wann Pepsi-Cola eine Abfüllfabrik in München einrichtet, damit wir rechtzeitig disponieren können.« Sein Wunsch wurde ihm ein Jahr später erfüllt. Eine Abfüllstation entstand in Taufkirchen vor den Toren Münchens. Mit kirchlichem Segen. Der »(Hohl-)Spiegel« 18/61: »Max Weidenauer, Ortspfarrer von Taufkirchen, verhalf dem amerikanischen Importgut Pepsi-Cola zu geistlicher Empfehlung. Bei der Eröffnung des ersten oberbayerischen Werks versicherte der Pfarrer, daß es nicht schwer sei, diesem alkoholfreien Getränk den Segen Gottes zu wünschen, da es (...) ein Gottesgeschenk an die dürstende Menschheit sei. (...) Wenn ihre schönen, farbenprächtigen Wagen kommen, dann ist es, als käme der Herr Jesus Christus ins Haus.« Wieviel die Kollekte brachte, ist auch nicht überliefert.

Quellen: w&v 8/72; Spiegel 23/59, 18/61; Readers Digest 6/65

Samstags gehört Vati mir

DGB

Ein Slogan des Deutschen Gewerkschaftsbundes aus den sechziger Jahren, als die Arbeitswoche für gewöhnlich noch sechs Tage hatte. Er versteckte sich mit seiner Forderung nach Einführung der 5-Tage-Woche hinter dem Rücken der Kinder, die natürlich vorher nicht gefragt wurden.

Sanso wäscht Wolle schäfchenweich

Sanso

Links Inges Pulli: kratzig. Rechts die Jacke der Wirtin: weich. Inge: »Dabei ist er frisch gewaschen.« Die Wirtin: »Wohl mit dem falschen Waschmittel?« Selbst hart und borstig in der Wolle, flüchtet ein gezeichnetes Schäfchen von Inges verfilztem Pullover auf die flauschige Jacke der Wirtin und wird wieder kuschelig weich. Schäfchenweich. Ein Off-Sprecher: »Mit dem neuen Sanso gewaschen. Schäfchenweich!«

Seit 1960 wirbt das kleine weiße Schäfchen so leicht verständlich für »schäfchenweiche« Wäsche. Das Sanso-Schaf machte Sanso (**»Wo Wolle ist, da ist auch Sanso«**) mit seiner Botschaft **»Sanso wäscht Wolle schäfchenweich«** schnell zum »bekanntesten Wollwaschmittel der Republik«. 1967 bekam das Schaf seine ersten Auftritte in Filmen. Die Abenteuer waren vielfältig, und immer war es die Geschichte von »richtig und falsch gewaschen«. Mitte der siebziger Jahre folgte dann der Karriereschub und das Sanso-Schäfchen konnte eine Sprechrolle ergattern und durfte sein Produkt selbst vorstellen. Aber an dieser Interpretation muß es wohl einiges zu meckern gegeben haben, denn zu Beginn der 80er durfte das Sanso-Schäfchen sich plötzlich nur noch auf der Packung räkeln.

Erst 1988 gelang das Comeback, und was für eines, denn das Schaf sprang zugleich vom Zeichentisch in die Realität. Da in den achtziger Jahren die Busineßfrau die Hausfrau als Leitbild abgelöst hatte, durfte das leibhaftige

Schaf zum Erstaunen der männlichen Teilnehmer auf dem Konferenztisch blöken. Seinen letzten großen Auftritt hatte der genuine Wollexperte 1991. Als intelligenzmäßig benachteiligter Vertreter einer profitorientierten Interpretation ökologischer Themen tummelte es sich im grünen Gras und »beschützte« die Wäsche vor dem Verderben.

Quellen: Joachim Kellner (Hrsg.), *Werbefiguren, Geschöpfe der Werbewelt.* Düsseldorf 1992; w&v 51/77

... schmeckt jedem Hund. Jeden Tag.

Frolic

Was jedem Hund schmeckt, ist Frolic aus der Verdener Futterküche von Effem (Chappi, Pal, Trill, Whiskas, Kitekat, Uncle Bens Reis ...). Der Slogan entstand 1972 bei der Agentur GWA. Die Bundesbürger gaben damals zwar immer noch 20 Prozent mehr für die Ernährung ihrer Babies aus als für die Fütterung ihrer tierischen Hausgenossen. Doch eine halbe Milliarde Mark sind auch kein Pappenstiel. Vorbildlich, aus Sicht eines Tierfutterproduzenten, verhielten sich da die Amerikaner. Den US-Bürgern waren ihre Haustiere bereits doppelt soviel wert wie ihr leiblicher Nachwuchs. Ein stolzes Ziel, das zu erreichen die Frolic-Werbung große Anstrengungen unternahm.

Quelle: w&v 33/72

schreIBMaschinen

IBM

Mit dem genial-einfachen Slogan »**schreIBMaschinen**«, wies IBM in den siebziger Jahren darauf hin, daß ›Big Blue‹, wie die Firma ihrer Größe und der blauen Buchstaben wegen auch genannt wurde, neben Computern auch noch Schreibmaschinen herstellte. Ja, daß Schreibmaschinen eigentlich nur von IBM sein können, weil es ihnen sozusagen im Namen liegt. Ganz besonders die gute IBM Kugelkopf.

Michael Schirner von der Agentur GGK, die den IBM-Etat hielt, war kein großer Maschinenschreiber. Und so rutschte ihm bei dem Wort »Schreibmaschine« ein großes I rein und er sah, daß da noch ein B und ein M waren.

Nachdem dann allgemein bekannt war, daß es bei IBM auch Schreibmaschinen zu kaufen gibt, machte man noch publik, daß die guten Stücke eine Korrekturtaste haben. Auf großflächigen Plakaten konnte von der Sekretärin bis zum Chef jeder lesen: »Liobe Sokretärin, die IBM Schreibmaschine 96C hat eine Korrekturtaste u.v.a.« Oder: »Sehr geohrte Horren, die IBM Schreibmaschine 96C hat eine Korrekturtaste u.v.a.« Und keiner fragte, warum die in der Agentur dann offensichtlich ein anderes Fabrikat benutzten.

Quelle: Michael Schirner, *Werbung ist Kunst*, München 1991

Schweppes verpflichtet

Schweppes

In der ersten Schweppes-Anzeige von 1971 erhielt Mortimer Winslow-Baynes die hohe Auszeichnung »The Order of the Saddle« für seine Erfindung eines »seitenwindunempfindlichen Poloballes«. Spätere Motive zeigten Highlandschafe in Glencheck und einen Lord, der seine Anzüge vom Butler eintragen ließ. Terence Benedict-Boothby erhielt »The Order of the Green« für seine Denkschrift über die »Wachstumsgeräusche des englischen Rasens«. Um dieses Treiben zu verstehen, bedurfte es einer Erklärung. Die stand auch immer dabei: »Er ist Schweppes-Trinker.«

Mit diesem merkwürdigen, sogenannten britischen Humor, der auch manchen Briten nur deshalb lachen läßt, weil Weinen unschicklich wäre, machten skurrile Bitterlemon-Trinker das bis dahin in Deutschland völlig unbekannte, »merkwürdige Getränk mit dem eigenwilligen Geschmack« populär.

Auf der Insel hatte Schweppes seit langem Volksgetränk-Charakter, und auch in den USA hatte David Ogilvy (Ogilvy & Mather) das Tonic-Water zum In-Getränk hochgepusht. ›Old-Fashioned‹, so kannten die Amerikaner ihren guten alten Klischee-Engländer, und Ogilvy bediente sie bestens nach dem Motto: »All the world loves a lord«. Der Präsident von Schweppes wurde für die Werbung in »Commander Whitehead« umbenannt. Dieser Commander erzählte seit 1956 merkwürdige Geschichten über das Herkunftsland England und die Schrullen der Briten. Nach zehn Jahren war für den Amerikaner Schweppes ein Synonym für Tonic Water.

In Deutschland setzte man auf den Nachahmungstrieb. Schweppes war schließlich nicht völlig unbekannt, einige betuchte Nichtsnutze aus der Oberschicht hatten es auf ihren häufigen Auslandsreisen kennen und schätzen gelernt. Irgendwann würde ihr Wissen Allgemeingut werden; dann würde auch der letzte Penner nicht mehr so unvorsichtig sein und einen tiefen Zug aus der unbekannten Flasche nehmen. Man nennt dieses Heruntersickern von Informationen, saurem Regen oder Geld auch ›Trickle-Down-Effekt‹. Reagan hat darauf seine Wirtschaftspolitik aufgebaut. Mach die Reichen reicher, irgendwann wird unten etwas davon ankommen. Die Schweppes-Werbung hatte also nichts anderes zu tun, als diesen Effekt zu beschleunigen, indem man dem gemeinen Volk Gelegenheit gab, höchsten Kreisen beim Limonadetrinken zuzusehen.

Als Zeichen echt britischen Humors segnete jedoch ausgerechnet kurz vor dem deutschen Kampagnenstart Commander Whitehead das Zeitliche. Man hätte ihn dringend gebraucht. Die Schweppes-Agentur Young & Rubicam hielt trotzdem an der Grundidee mit den skurrilen Adelsgeschichten fest. Sie plünderte ihren Filmfundus und wurde bei Sir Alec Guiness (welch ein Name!) fündig. Sein unvergeßlicher Film »Adel verpflichtet« lieferte die Vorlage zu: **»Schweppes verpflichtet«**. Die Texter mühten sich echt ab und priesen: »Schweppes, das glitzernde, bizzelnde, sprühende Erfrischungselixier der trinkschlauen Engländer«, das »den Durst auf ungewohnte Weise nimmt«. Sie berichteten von »bittersüßblauen Bläschen, die perlenperlen«, und »noch lange auf der Zunge pieksen«.

Die Geschichten von den blaublütigen Exzentrikern mit den vornehm lispelnden Namen, die sich mit tödlichem Ernst dem Müßiggang hingaben und dafür unbedingt ausgezeichnet werden mußten, waren äußerst werbewirksam. Schon nach einem Jahr setzte sich Schweppes in seinem Marktsegment an die Spitze im Markt. Daß der sogenannte englische Humor nicht immer auf Verständnis stößt, belegt dieses Zitat aus dem Umfeld des Art Directors Club: »Wem das Zeug schmeckt, der versteht auch die Kampagne.«

Quellen: w&v 35/70, 16/85, 18/95

Selbst in verschrumpften Seelengründen zeugt Holsten-Pilsener Wohlbefinden

Holsten-Pilsener

Bitter, bitter, bitter, wie bitter muß es da in Deutschlands Norden den armen Menschen ergangen sein, daß dieser Slogan überhaupt entstehen konnte. »Verschrumpfte Seelengründe«, man spürt beim Klang dieser Worte ein geradezu körperliches Unbehagen. Möchte schnell vergessen und: ein Bier trinken. Das war es wohl, was die Brauerei 1956 zu diesem Slogan bewogen hat. Und ihr Bier zum beliebtesten der Hansestadt hat werden lassen. Die Hamburger haben es sogar in den Status eines Nationalgetränks erhoben, wie auch das geflügelte Wort »Holsten knallt am dollsten« belegt.

sexy...mini...super...flower...pop-op... Cola...alles ist in Afri Cola

Afri Cola

Dieses delirierende Gestammel stammt aus dem Jahr 1968. Es war gewissermaßen die Kehrseite der Medaille, die auch ordentlich artikulierte Schlachtgesänge wie: »Ho-Ho-Ho-Tchi-Minh« oder »Muff von tausend Jahren – unter den Talaren« hervorbrachte.

Die Afri Cola GmbH aus Köln hatte sich eindeutig gegen ein fernes, Glückseligkeit verheißendes, Askese forderndes Ziel und für Spaß – Umsatz – Profit jetzt – entschieden. Um ihre koffeinhaltige Brause zu vermarkten, ließ sie damals in ihren Werbespots ein wahres psychedelisches Pop-Happening auf die Bundesbürger niederprasseln. Vor den Augen der Welt verfielen ekstatische Nonnen in einen bis dahin unbekannten **»Afri-Cola-Rausch«**. Die Message war eindeutig. Drogenrausch, tune in, drop out. Flower-Power pur. Der Werbespot wirkte wie ein LSD-Trip, verschreckte das Establishment und ließ die katholische Kirche – wie immer – Sturm laufen. Die Verantwortung für dieses Desaster übernahm ganz unbekümmert, geradezu stolz der Fotograf Charles Wilp. Er soll sich die Anregung für diese Aufregung in der Kälteprüfkammer der NASA geholt haben, wo er ein buntes Pin-up hinter Eiszapfen gesehen hatte.

»sexy...mini...super...flower... pop-op...Cola...alles ist in Afri Cola« wurde zu einem der bekanntesten Werbesprüche der sechziger Jahre, Afri-Cola zum Kult-Getränk. Die Kampagne markiert gleichzeitig eine Trendwende der Werbegeschichte, denn erstmals wurde auch in den Subkulturen der Gesellschaft nach neuen Konsumenten gesucht.

Charles Wilp war in den sechziger Jahren das Enfant terrible der deutschen Werbeszene. Seine bewegte Karriere als Starfotograf und Bürgerschreck begann 1960 mit Fotos vom Puschkin-Bären. Später lichtete Wilp dann die Pirelli-Beine und den ewig laufenden VW-Käfer ab. Der exzentrische Künstler trat stets nur in weißen Saffian-Stiefeln und kanariengelbem Overall auf (Wilp: »Meine elitäre Astro-Montur«.) In der Empfangshalle seines Düsseldorfer Büros hing an der Wand ein englischer Sportwagen, den er mit Hilfe einiger Sprengladungen passend aufgearbeitet hatte. In sein Studio ließ er sich ein elektrisches Kraftfeld einbauen, »durch das der Verwesungsprozeß im Körper auf ein Minimum reduziert wird«.

Der Sohn (Taufname: Paul) eines Kolonialwarenhändlers in Witten an der Ruhr (»Mein Vater exportierte westfälischen Speck. Meine Mutter begleitete Richard Tauber am Klavier.«) hatte seinen Schuldienst noch vor dem Abitur quittiert; aus den folgenden Lehr- und Wanderjahren hob er immer die Aufenthalte in einem französischen Jesuiten-Kolleg, einer Aachener Jesuitenschule und bei einem Londoner Hochzeits-Fotografen hervor. 1953 engagierte ihn die Zeitschrift »Elegante Welt« für Society-Porträts. Damit hatte er seine Berufung gefunden.

Quellen: Joachim Kellner (Hrsg.), *50 Jahre Werbung in Deutschland*, Ingelheim 1995; Spiegel 49/69; w&v 39/96

Sicherheit aus Schwedenstahl

Volvo

Die Volvo-Werke wurden 1927 auf der Insel Hisingen bei Göteborg von Assar Gabrielsson gegründet, einem ehemaligen Kugellagerlieferanten. Aller Anfang ist schwer, und auch Zwerge haben mal klein angefangen. Für seinen ersten Prototyp mit Namen Jakob erntete Gabrielsson vor allen Dingen schallendes Gelächter: Das putzige Auto fuhr beim Einlegen der Vorwärtsgänge rückwärts. Diese unbedeutende Fehlfunktion war bald ausgemerzt, und Gabrielsson baute fortan unter dem Namen Volvo (lateinisch:«Ich rolle«) ordentliche und höchst zuverlässige Autos, bei denen am Material nicht gespart wurde.

Nach Deutschland kamen die ersten »Panzer auf Rädern« 1958; Soldaten der US-Streitkräfte wollten auf ihre geliebten Volvos auch im Besatzungsdienst nicht verzichten. In den Vereinigten Staaten wurden damals mehr »Schwedenpanzer« als Mercedes verkauft. Die Bezeichnung »Panzer« stammt übrigens aus den englischsprachigen Ländern, wo man lästerte: »It looks like a tank. It drives like a tank. It is a tank.«

Der Slogan **»Sicherheit aus Schwedenstahl«** entstand 1967, als der Volvo endlich auch den deutschen Autofahrern angeboten wurde. Der schwedische Automobilbauer wollte damit seinen Anspruch untermauern, daß »sicherste Auto Europas« zu bauen. Die Karossen waren ziemlich kantig und schwerfällig, aber es ging eine Menge rein, und sie waren, allein schon aufgrund ihrer Masse, kleineren Wagen bei Karambolagen haushoch überlegen. In Deutschland galt der Volvo seitdem als der »schnellste Traktor der Welt« oder als »Kleinbürgerpanzer«. Volvo unterstrich dieses Image in den Sechzigern mit seinen Werbeslogans: **»Volvo bietet ... , wenngleich nicht immer schön verpackt.«** Oder unter dem Bild einer schwangeren Frau stand: **»Einer der schönsten Gründe, endlich ein sicheres Auto zu fahren.«** Und weil auch Volvos rosteten, manche meinten sogar, ziemlich heftig, verwies man stolz auf das dicke Blech und schrieb: »Alle Autos rosten. (Fragt sich nur wie schnell.)«

Mehr als eine kleine Nische ließ sich damit hierzulande nicht besetzen. Und so war man in späteren Jahren bei Volvo über das Image des Schwedenpanzers nicht mehr glücklich und versuchte daher alles, um davon wegzukommen (siehe: **»Alles bloß nicht langweilig«**, neunziger Jahre).

Quellen: w&v 21/71, 39/80, 49/95; Grey-Gruppe, *Wie man Marken Charakter gibt*, Stuttgart 1996; Info Pressestelle Volvo

Sie baden gerade Ihre Hände drin

Palmolive

»In Geschirrspülmittel?« – »Nein! In Palmolive.« Tilly's Kosmetikstudio gehörte zur Fernsehwerbung der 70er und 80er Jahre wie Klementine und Ariel. Tilly stammte aus den USA, hieß dort Magde, und hatte Palmolive bereits in den 60er Jahren zur Nummer Eins unter den amerikanischen Geschirrspülmitteln gemacht. Seit 1966 durfte sie dann auch die deutsche Hausfrau als »Freundin und kompetente Beraterin« in Sachen Handpflege beim Spülen beraten:

Frau: »Tilly!«
Tilly: »Hm?«
Frau: »Robert hat um meine Hand angehalten!«
Tilly: »Oh, um dieses spröde Ding?«
Frau: »Ach, Tilly! Spülhände!«
Tilly: »Das muß nicht sein! probieren Sie's mal mit Palmolive.
Sie baden gerade Ihre Hände drin.«
Frau: »In Geschirrspülmittel?«
Tilly: »Nein! In Palmolive mit natürlichem Protein.
Das pflegt die Hände schon beim Spülen. Das wurde in
einem Test unter Aufsicht von Hautärzten bewiesen.«
Der Verlobte Robert kommt ins Bild.
Frau: »Hallo, Tilly! Das ist Robert, mein Zukünftiger!«
Robert: »Guten Tag!«
Robert gibt Tilly die Hand.
Tilly: »Ho – höchste Zeit, daß er auch bald mit Palmolive spült!«
Alle: »Hahahahaha!«

Nach 26 Jahren wurde Tilly in den Ruhestand versetzt und Palmolive bekam 1992 einen neuen, modernen Auftritt. Schauplatz war nicht länger der Kosmetik-Salon, sondern das berufliche Umfeld von jungen, erfolgreichen Frauen. Was selbst das Fachblatt »werben & verkaufen« zu dem bissigen Kommentar verleitete: »Kreative von heute glauben immer noch, daß Modedesignerinnen selbst abwaschen.« Und die Gelegenheit nutzen, sich dabei die Hände zu waschen und zu pflegen. Ho.

Quellen: Joachim Kellner (Hrsg.), *Werbefiguren, Geschöpfe der Werbewelt,* Düsseldorf 1992; w&v 55/71, 14/92

Sind's die Augen, geh zu Ruhnke

Augenoptik Ruhnke

Der Berliner Augenoptiker Ruhnke warb in den fünfziger Jahren mit dem Vers: »**Sind's die Augen geh zu Ruhnke**«. Die Berliner Schnauze machte daraus: »Sind's die Augen, geh zu Mampe, gieß dir einen auf die Lampe, wirst du alles doppelt sehn, brauchst du nicht zu Ruhnke gehn.« Denn merke: Wer nichts sieht, der muß zum Optiker, aber wer doppelt sieht, der muß einen ausgeben.

Sind sie zu stark, bist Du zu schwach! Wie schmecken denn die? Nie fragen, kaufen!

Fisherman's Friend

Die Karriere der englischen Rachenputzer Fisherman's Friend hin zum modischen Mundhöhlen-Refresher begann 1865. Der Apotheker James Lofthouse war nach Fleetwood an der englischen Nordostküste gezogen, um in der Hochseefischereistadt eine Apotheke zu eröffnen. Seine Kundschaft waren natürlich in erster Linie Fischer. Deren Hauptproblem waren Hals- und Bronchialbeschwerden. Um abzuhelfen, braute der ehemalige Wirt eines Pubs eine Mixtur aus Lakritze, Eukalyptus und Menthol zusammen und füllte sie in Flaschen ab. In der rauhen irischen See gingen die aber oft zu Bruch. Also verdickte Lofthouse den Extrakt mit Zucker und verrührte die Masse zu einem festen Teig. Daraus stanzte er von Hand Pastillen. Vom Erlös seiner Lutschbonbons konnte er jahrzehntelang recht gut leben.

Gut hundert Jahre später kam die geschäftstüchtige Frau des Gründerenkels, Doreen Lofthouse, auf die Idee, die Pastillen über Fleetwood hinaus zu vermarkten. Der Siegeszug der Pastillen unter dem Zeichen des Fischkutters begann. Heute produzieren 300 Mitarbeiter in Fleetwood im Mehrschichtbetrieb rund sechs Milliarden Fisherman's Friend im Jahr. Die besten Kunden in Europa sind die Deutschen und die Italiener.

Zur Kultpille wurden Fisherman's Anfang der 90er Jahre. 1987 hatte die Frankfurter Agentur Koch, Köhler & Partner den Fisherman's-Etat ergattert. Deren erster Slogan »**Wohltuend bei Husten und Heiserkeit**«, stellte noch keine nennenswerte kreative Leistung dar. Aber irgendein unbekannter Umstand ließ die Pastillen zu dieser Zeit in einer Reihe von In-Listen auftauchen. Koch, Köhler & Partner rochen Lunte und beschlossen, aus der unauffälligen Menthol-Pastille einen trendigen Markenartikel zu machen. Als Zielgruppe wurden »moderne Menschen zwischen 16 und 39, die auf der erfolgreichen Seite des Lebens stehen« anvisiert.

Das Problem bei Fisherman's ist – im O-Ton Marketing – die »Spontanreaktion bei Erstverwendern«. Oder anders: Sobald einer das erste Mal eine der Pastillen probiert, spuckt er sie mit deutlichen Anzeichen einer Rachenverbrennung wieder aus; sie sind nämlich scharf, man könnte auch sagen: stark. Die Werbung mußte nun auf dieses Erlebnis vorbereiten und es umdeuten in ein »außergewöhnliches Frischeerlebnis«. Der Slogan, der von 1988 bis 1991 eingesetzt wurde, »**Die Kraft, die in Hals und Kopf Frische schafft**« löste diese Aufgabe noch nicht.

1991 erhielten Koch, Köhler & Partner dann den Freibrief, alles machen zu dürfen, Hauptsache, es war frech und anders als die anderen und setzte das »überwältigende Gefühl der Frische« in Wort und Bild um. Die Kreativen hatten verstanden und ließen die halbe Nordsee über einem Erstverwender zusammenschlagen, der vorsichtig anzufragen gewagt hatte, wie die denn schmecken. Die Idee dazu stammte von Emil, dem Altmeister des Schweizer Kabaretts, der als Autor und Regisseur auch den Melitta-Mann Egon Wellenbrink in Szene gesetzt hatte.

Und so sah das Ganze dann im Werbefernsehen aus: Eine Chefsekretärin und ein junger Mann stehen im Lift, in der Hand eine Tüte Fisherman's Friend. In die Frage der adrett gekleideten Frau hinein »**Wie schmecken denn die?**« hört man das Geräusch einer anbrausenden Welle, die Dame bekommt einen Schwall Wasser ins Gesicht gespült und eine Stimme aus dem Nirgendwo (Off) stellt fest: »**Nie fragen, kaufen!**«

Der Umsatz hat sich mehr als verdreifacht, und seit neuestem wird die umwerfende Wirkung mit dem Slogan demonstriert: »**Sind Sie zu stark, bist Du zu schwach!**«

Quelle: w&v 18/94

Sind wir nicht alle ein bißchen Bluna?

Bluna

Die Traditions-Limonade Bluna hatte in den 90ern schon lange ihren Zenit überschritten. Nach Erfolgen in den 60er und 70er Jahren (»**my Baby, Baby balla, balla**«) war Bluna in der Versenkung verschwunden. 1995 kaufte dann die Mineralbrunnen AG Überkinger die Marke auf und beschloß, Bluna als Kultmarke zu profilieren. Die Hamburger Agentur JungvonMatt bekam die Vorgabe, daß innerhalb der anvisierten Zielgruppe von »14–19jährigen Intensivverwendern« mindestens 80 Prozent innerhalb der nächsten zwei Jahre die Marke kennen sollten.

Außerdem sollte sich mindestens die Hälfte der anvisierten Zielgruppe an die Werbung erinnern. Um diese Vorgaben zu erfüllen, kreierte JungvonMatt einen bewußt unkonventionellen und leicht verrückten Slogan: »**Sind wir nicht alle ein bißchen Bluna?**« »Was soll denn der Blödsinn?« – war genau die Reaktion, die man erreichen wollte. Man griff Elemente der Techno- und MTV-Kultur auf und plazierte die Werbeeinschaltungen gezielt im Umfeld von Sendungen wie Raumschiff Enterprise oder Beverly Hills 90210. Mit Erfolg, denn die Zielvorgaben konnten sogar noch übertroffen werden: Mit 92 Prozent Markenbekanntheit nach zwei Jahren nähert sich Bluna dem Niveau von Fanta.

Quelle: Info Werbeagentur JungvonMatt

So kommt ihr schneller an das Ziel, benutzt ihr das Goggomobil

Goggomobil

Das im Volksmund »Flüchtlingsporsche« genannte Goggomobil wurde 1956 bei der Landmaschinenfabrik Hans Glas in Bayern entwickelt. Die Firma hatte sich zuvor vor allem mit der Produktion von Mähmaschinen und anderen landwirtschaftlichen Geräten einen Namen gemacht. Die Leute wollten endlich weg vom wetterfühligen Motorrad und ein Dach über dem Kopf haben. Die Kleinstwagen dieser Zeit (Fuldamobil, Messerschmitt Kabinenroller, Isetta) waren beinahe schon richtige Autos und auch für einen schmalen Geldbeutel erschwinglich. Glas also bot zu einem fairen Preis das Goggomobil an. Bis zum Jahr 1966 konnte er 300.000 Goggomobile verkaufen.

Der schärfste Konkurrent des Goggomobils war die Isetta von BMW. Als Glas sein Autochen aufs Band setzte, hatte er bei BMW angefragt, ob jene bereit wären, für das geplante Auto den Motor zu liefern. In München war man entsetzt: »Unseren Qualitätsmotor einer niederbayerischen Landmaschinenfabrik überlassen – niemals!« Als der alte Glas das hörte, knurrte er: »BMW? Niemals. Mach'n ma selber – besser.« Er baute also sein Goggomobil komplett in Eigenproduktion. In der Gunst der Käufer schlug sein Auto die Isetta um Längen. Ein erbitterter Zweikampf entbrannte. Bei BMW wurde die Sportversion des Goggomobils stets nur spöttisch als »Goggo-Romeo« bezeichnet. Man beharkte sich auch mit grob gereimten Gedichten, und jeden Sonnabend erschienen neue Goggo-Verse in der Zeitung, wie:

Weltraumfahrt ist noch nicht möglich.
Wer drauf wartet, wart' vergeblich.
Familie nicht mehr warten will.
Lösung klar: Goggomobil.

Quellen: Horst Mönnich, *BMW Eine deutsche Geschichte,* Wien/Darmstadt 1989; Michael Kriegeskorte, *Automobilwerbung in Deutschland 1948–1968,* Köln 1994

So muß ein Korn schmecken

Echt Nordhäuser Doppelkorn

Der Echt Nordhäuser Doppelkorn der Eckes AG ist der einzige Korn, der aus Roggenkörnern gebrannt wird. Um diese Einzigartigkeit, den sogenannten »Produkt-Benefit« anschaulich ins Bild zu setzen, brauchte die Agentur Young & Rubicam 1991 für sein Testimonialderivat einen allseitig respektierten Korn-Experten. Man landete nicht beim Korntrinker, sondern bei einem Kornpicker.

Das eierlegende Federvieh hat für gewöhnlich nicht viele Auftritte in der Werbung. Das mag zum einem dem Klischee vom »dummen Huhn« geschuldet sein, zum anderen auf mangelndes Geschick bei der Eigenvermarktung. Außer für Wienerwald-Restaurants, für die Hühner eine eher schmerzliche Angelegenheit, hatten sie es bisher nur zu Werbeauftritten für Pfandbriefe (**»Das Huhn, das goldene Eier legt«**) gebracht. Ein Erfolg, der dadurch geschmälert wurde, daß es hier mehr um die Eier als um die Hennen ging. Doch das Huhn »Henriette« konnte nun endlich die einzigartige Kompetenz seiner Art für die Werbung in die Waagschale werfen. Die Testanordnung in dem Spot »Körnerstrecke« war einfach, schloß Fehler aber nicht völlig aus. Zwei Reihen Körner waren ausgelegt worden. Die Strecke aus Weizenkörnern ließ »Henriette« links liegen und pickte sich Roggenkorn für Roggenkorn zur Doppelkornflasche durch. Damit war der Beweis für die einzigartige Qualität dieses Kornbrandes erbracht. Oder etwa nicht? Jedenfalls bekam »Henriette« für diese reife Leistung Bronze beim Werbefilmfestival in Cannes.

Quelle: Horizont 23/96

So wertvoll wie ein kleines Steak

Gervais-Fruchtzwerge

... sind die Fruchtzwerge von Gervais-Danone. Da hierzulande unsere Kleinen für gewöhnlich keine Steaks als Standardmahlzeit zu sich nehmen, ist klar, daß es sich bei diesem Slogan um einen Import handeln muß. Tatsächlich stammt er ursprünglich aus Brasilien und wurde 1981 von der Agentur Grey für den deutschen Markt übernommen. Entscheidend für die Akzeptanz der Botschaft in Deutschland war, daß Steaks hier besonders als kräftige Sportlermahlzeit gelten. Diesen Zusammenhang machte sich die mit Vitaminen und gesunden Inhaltsstoffen angereicherte Quarkspeise zunutze. Die in den Fernseh-Spots sehr witzig so ganz nebenbei aufgezählt wurden: Da läuft ein Junge mit dem Milchprodukt in der Hand durch die Wohnung und zählt laut nur die Inhaltsstoffe auf, um seine Geschwister abzuschrecken: »Hat jemand Appetit auf wertvolle Aufbaustoffe? – Spurenelemente?? – Vitamine???« Dann – aber ganz leise – »Fruchtzwerge?« Als niemand reagiert, löffelt sich der Pfiffikus alleine durch den Viererpack. 1991 mußte der Slogan in **»So wichtig wie ein kleines Steak«** geändert werden. Ein Konkurrent hatte wegen irreführender Werbung geklagt.

Als die Fruchtzwerge 1981 erstmals in Deutschland angeboten wurden, standen Hersteller und Agentur vor dem Problem, daß die aus Frankreich stammende Milchspeise einen für hiesige Verhältnisse unmöglichen Namen trug. Sie heißen dort Petit-Gervais. Für deutsche Ohren klang dieser Name jedoch zu sehr nach Käse und zuwenig nach Quark, um erfolgreich zu sein. Die Verpackungsform von 4 gebündelten Häppchen brachte die Grey-Werber auf eine ideale Zielgruppe: die Kinder. Kinder sind gute Verbraucher, leider ohne eigenes Geld. Also galt es, auch die Mütter zu überzeugen. Dafür mußte man nur die wertvollen Inhaltsstoffe aufzählen und sich als Ernährungsberater präsentieren. Das klappte auch wunderbar. Im Marketingdeutsch klang dieser Feldzug so: »1981 etablierte Gervais-Danone mit Hilfe der Düsseldorfer Agentur Grey das neue Marktsegment »Kinder-MiFriProdukte«.

Quellen: Grey-Gruppe, *Wie man Marken Charakter gibt,* Stuttgart 1996; w&v 33/86, 36/93; Info Young & Rubicam Werbeagentur

So wichtig wie das tägliche Brot

hohes C

Den Orangensaft-Slogan ersann 1975 R.W. Eggert, damals noch Werbeleiter in Diensten der Eckes AG, inzwischen selbst Agenturinhaber. Die Eckes AG ist ansonsten weniger auf Fruchtsäfte als auf Hochprozentiges spezialisiert: Mariacron, Chantré, Hulstkamp, Eckes Edelkirsch, Zinn 40. Schon Mitte der fünfziger Jahre hatte Firmeninhaber Ludwig Eckes in Florida Bekanntschaft mit dem dort heimischen Orangensaft gemacht. Die Amerikaner verstanden es bestens, aus der von den Deutschen heißgeliebten Zitrusfrucht ein Konzentrat herzustellen, das überall auf der Welt wieder aufbereitet werden konnte. 1958 brachte Eckes mit hohes C den ersten industriell abgefüllten, reinen Orangensaft in die Verkaufsregale.

Eckes und Eggert setzten hohes C von Anfang an auf die hochpreisige Gesundheitsschiene. Man wollte damit erreichen, daß hohes C von dieser Ecke aus, nicht »von jedem beliebigen Billiganbieter hätte attackiert werden können«. Der erste Slogan lautete 1958: **»Wenn Sie hohes C trinken, so ist das, als würden Sie von den reifsten Früchten Ihrer Plantage in Florida den Saft schlürfen.«** Später folgte: **»Das Vitamingeschenk der Natur«**. 1968 hieß es: **»So gesund wie die Orange selbst«**. 1970 dann: **»Es gibt kaum etwas Besseres für Ihre Gesundheit«**, und 1973: **»Was der Körper täglich verliert, sollte er täglich gewinnen«**. Der Slogan: **»So wichtig wie das tägliche Brot«** zielte natürlich in erster Linie – wieder einmal, siehe oben – auf die Mütter.

Quelle: w&v 18/77

Spare in der Zeit, so hast du in der Not

Sparkassen

Der Spruch, der heute im Range eines Sprichwortes steht, begann seine Karriere zunächst sehr bescheiden bei der Sparkasse Ibbenbühren. Anno 1850 veröffentlichte sie im »Münsterschen Anzeiger« ihren Aufruf: **»Spare in der Zeit, so hast du in der Not«**. Das war so neu auch damals nicht und gehörte schon immer zum Fundus gutgemeinter Ratschläge älterer Leute an ihre verschwendungssüchtigen Nachkommen. Vielleicht deshalb war ihm ein so langes Leben in Diensten der Sparkassen beschieden. Aber dann kam die Inflation und vernichtete die Spareinlagen der kleinen Leute beinahe komplett. Doch erst 1924, wenige Tage bevor die übergangsweise eingeführte Rentenmark von der Reichsmark (für eine Billion Papiermark gab es 1 Reichsmark) abgelöst wurde, trennten sich die Sparkassen von ihrem so gründlich diskreditierten Slogan und warben fortan unter dem Motto: **»Arbeitsamkeit und Sparsamkeit«**; sowie: **»Erst sparen, dann kaufen«**.

Quelle: Norbert-Christian Emmerich, *Die deutsche Sparkassenwerbung 1750–1981*

Süßigkeiten für frohe Stunden

Stollwerck

Der Bäckermeister Franz Stollwerck gründete1839 das nach ihm benannte Unternehmen. Zunächst stellte er Konditorwaren her und verkaufte sie am Firmensitz in der Kölner Blindgasse. Bereits 1897 vermietete Stollwerck Apparate, aus denen die Kundschaft gegen Einwurf einiger Pfennige Schokoladentäfelchen ziehen konnte. Binnen vier Jahren gab es allein in Deutschland mehr als 10.000 Warenautomaten dieser Art; für die bei den Automatentäfelchen mitgelieferten Bildchen wurden Kunstwettbewerbe veranstaltet. Preisgekrönte Entwürfe wurden als »Meistergruppen« veröffentlicht.

Die Konkurrenz ruhte nicht und besann sich auf den heiligen Sonntag und die Sonntagsruhe. Stollwerck wurde unlauterer Wettbewerb vorgeworfen. Es hieß außerdem, er verleite die Kinder zur Naschsucht und reize sie zu kriminellem Verhalten, da sie, um ihre Sucht zu stillen, verführt würden, Hosenknöpfe statt echter Münzen einzuwerfen.

1903 entwickelte die Firma einen Phonographen, der Platten aus Hartgummi und Schokolade mit 300 verschiedenen Melodien abspielen konnte. Über den Geschmack dieser Schallplatten ist nichts bekannt.

Quelle: Bruno Kuske, *100 Jahre Stollwerck-Geschichte,* Köln 1939

Suppen nach Gutshausart

Unox

Der Unox-Slogan stammt aus den 70er Jahren, ein Gutshaus als Zeichen für deftige, qualitativ hochwertige Produkte zierte auch die Etiketten der Dosensuppen. Recht zwiespältige Berühmtheit erlangte ein Unox-Werbespot, der während des Gruselfilms »Der Exorzist« auf SAT 1 ausgestrahlt wurde. Der Vorfall sollte den Blick der TV-Werber für das Umfeld, in dem ihre Spots ausgestrahlt werden, nachhaltig schärfen. Folgendes war passiert: Die Werbung für die Dosensuppen wurde gesendet, unmittelbar nachdem im Spielfilm Linda Blair ihre Erbsensuppe quer durch den Raum erbrochen hatte. Der zuständige Media-Mann vermutete auch gleich Schiebung: »(...) kam es zu der Panne, die möglicherweise durch den gezielten Schnitt eines Scherzkekses beim Sender noch verstärkt wurde. Das kann eigentlich kein Zufall gewesen sein.«

Quelle: *Jahrbuch der Werbung 1981,* Düsseldorf 1981

T

Täglich Underberg und du fühlst dich wohl

Underberg

Firmengründer Hugo Underberg hatte in den vierziger Jahren des letzten Jahrhunderts in den Niederlanden ein bei den Einheimischen äußerst beliebtes Getränk kennengelernt, den Boonekamp. Das war ein mit einem bitteren Kräuterextrakt gemixter Genever. Auf der Grundlage dieses Getränkes entwickelte er aus heilsamen Kräutern, die er aus 43 Ländern bezog, sein Rezept. Am 17. Juni 1846 gründete er die Firma H. Underberg-Albrecht. Seinen Kräuterbitter bot er unter dem Namen Boonekamp of Maagbitter an. Als 1894 das »Gesetz zum Schutz der Warenbezeichnungen« in Kraft trat, mußte Underberg feststellen, daß der Name »Boonekamp« nicht zu schützen war, also ließ er seinen Magenbitter statt dessen unter seinem Namen Underberg eintragen.

Der Durchbruch kam nach dem Zweiten Weltkrieg mit der Erfindung der »kleinen Flasche« im gelb-braunen Strohpapier, die Underberg zu einer beispiellosen Entwicklung verhalf. Wie schon Dr. Oetker mit seinem Backpulver sorgte auch hier die Portionierung in der unverwechselbaren Verpakkung für den Durchbruch. Panscherei, kleinliches Eingießen oder Markentäuschung (siehe Jim Beam) waren ausgeschlossen. Der Gast erhielt, wenn er Underberg bestellte, stets die originalverpackte und verschlossene Portionsflasche. Die Kundschaft entwickelte spezielle Leerungsmethoden und man galt als Profi, wenn man den Underberg freihändig, das Fläschchen zwischen Zähne geklemmt, gluckerte.

Der Underberg hatte in jenen Jahren einen fast hundertprozentigen Bekanntheitsgrad. Die bekanntesten Slogans waren »**Täglich Underberg und man fühlt sich wohl!**«, »**Underberg zum Bier und der Magen freut sich!**« (50er Jahre) und »**Komm mit auf den Underberg**« (70er Jahre).

Quellen: Jörg Krichbaum, *Made in Germany*, München 1997; *Jahrbuch der Werbung 1972*, Düsseldorf 1972, Willy Bongard, *Fetische des Konsums*, Düsseldorf 1964

Tee belebt!

Gesellschaft für Teewerbung

Die »Gesellschaft für Teewerbung« in Hamburgs Steinstraße 9 warb seit 1954 mit dem Spruch »**Tee belebt!**« für ihre Erzeugnisse. Besonders erfreut war man dort über eine Fernseh-Sendung vom 1. Mai 1955, in der Moderator Dr. Erich Tilgenkamp fünf Regeln der Teezubereitung vorlas, die fast aufs Wort den »fünf goldenen Regeln« glichen, die die Tee-Gesellschaft in einem großen Werbefeldzug seit Monaten dem Publikum einzuhämmern versuchte. So hilfsbereit war man damals noch beim Fernsehen. Nach eigenen Berechnungen hätten die Teewerber 300.000 Mark hinblättern müssen, um in ähnlicher Weise eine so große Zahl von Kunden anzusprechen.

Der erste »offizielle« Fernseh-Spot flimmerte am 3. November 1956 um 19.30 Uhr im Bayerischen Rundfunk für Persil über die Bildschirme. Eine Ära in der Geschichte der Werbung hatte damit auch in Deutschland begonnen, und ein Siegeszug sondergleichen stand diesem neuen Medium der Reklame bevor.

Zuvor aber hatte das noch ganz anders ausgesehen. Werbung war verpönt und wer seine Botschaften auf der Mattscheibe dennoch unterbringen wollte, der mußte dies durch die Hintertür versuchen: Schleichwerbung hieß schon damals das Zauberwort, das den kleinen Vorsprung vor einer anderen Marke bringen sollte. Und es gab Redakteure, die sich ein mehr oder weniger großes Zubrot durch diese Art der Zuschauerbeinflussung verdienten.

Beliebt war Schleichwerbung für Lebensmittel, denn sie ließ sich besonders unauffällig-auffällig unterbringen. Im Bayerischen Rundfunk etwa gab es eine Sendung »Zu Gast bei Margot Hielscher«, in der die Gastgeberin mit ihrem Fernsehkoch das eine oder andere Rezept durchsprach. Der Hinweis, daß die Salat-Creme XY besonders gut zum Anrichten geeignet sei, wurde dabei gerne fallengelassen. Biolek würden wahrscheinlich die letzten Haare ausfallen, wenn das heutzutage ein Redakteur von ihm verlangen würde.

Die Wirksamkeit von Schleichwerbung macht ein anderer Fall aus diesen Jahren deutlich. Als Clemens Wilmenrod, der Koch des NWDR-Fernsehens (Vorläufer des NDR), während der Düsseldorfer Funk- und Fernsehausstellung vor laufender Kamera einen Kabeljau schmackhaft zubereitete, jubelten die Düsseldorfer Nordsee-Filialen in Düsseldorf: Am selben Tag war der Kabeljau überall ausverkauft.

Ein besonders dreister Fall sorgte Mitte der fünfziger Jahre für einige Aufregung. Wie der Chefredakteur der »HörZu«, Eduard Rhein, in einem Artikel berichtete, flatterte eines Tages dem Werbeleiter der Maizena Werke die Geschäftskarte einer Deutschen Fernseh-Werbung GmbH auf den Tisch – allerdings gab es zu diesem Zeitpunkt noch gar keine offizielle Fernsehwerbung. Der Beauftragte dieser Firma wurde dennoch empfangen. Er machte eines jener Angebote, die man eigentlich nicht ausschlagen kann: Bei einem wichtigen Radrennen sollte ein Werbeplakat der Firma Maizena groß und fett im Bild erscheinen. Dafür wollte der Mann freilich auch, daß ein paar Tausender den Besitzer wechselten. Durch Zufall erfuhr Dr. Werner Pleister, Intendant des NWDR, von diesem Angebot. Er beschloß, hart durchzugreifen, und bat den Werbeleiter der Maizena-Werke um Unterstützung. Das entscheidende Telefongespräch mit dem Beauftragten der Werbefirma sollte vor laufenden Kameras stattfinden, um so den Übeltäter zu überführen. Allerdings hatte die Direktion der Maizena-Werke dagegen Bedenken, und so fiel das Gespräch ins Wasser.

Etliche Presseleute hatten jedoch von diesem Vorfall erfahren. Mit Argusaugen überwachten sie die Sportreportage, in der über das Radrennen berichtet wurde, und tatsächlich: Die Namen von mehr als zehn bekannten Firmen erschienen regelmäßig und bedeckten teilweise sogar den ganzen Bildschirm mit ihren Plakaten. Dr. Hillers Pfefferminz warb auf diese Weise ebenso für seine Produkte wie Ford, Persil, Ritter-Bier, Villinger Stumpen, Continental, Durex, Lux, Martini und Coca-Cola.

Besonders gut zahlte anscheinend die Firma Henkel für ihre Schleichwerbung. Als die Landung eines Flugzeuges gezeigt wurde, sah man auf dem Bildschirm nur den Propeller der Maschine. Der Rest wurde von einem überdimensionalen Persil-Plakat verdeckt, das der Bild-Regisseur der Sendung offensichtlich für wichtiger als alles andere hielt. Die Aufregung über diesen Fall war groß. In der »HörZu« schrieb der erboste Chefredakteur: »Die Ätherpest auf den Bildschirmen der Fernsehempfänger feiert Orgien.«

Der Geschäftsführer der Deutschen Fernseh-Werbung GmbH, Karl Lesch, wurde zu dem Fall befragt. Er stritt allerdings alles ab und erklärte, er habe nur ein Angebot für eine Beratung über die Farbwirkung von Plakaten im Fernsehen vorgelegt. Zu einem Gespräch über Schleichwerbung sei es jedoch nie gekommen. Die Maizena-Werke meinten dazu lapidar: »Wir wissen von nichts.« Und schon legte sich auch dieser Sturm.

Die einzige Wirkung war ein Rundschreiben des Intendanten an alle Mitarbeiter des NWDR-Fernsehens, das noch erhalten ist: »Es steht«, so schreibt er darin, »zu befürchten, daß mit der wachsenden Verbreitung des Fernsehens auch die Versuche nicht ausbleiben werden, das Fernsehen zu privaten Reklamezwecken zu mißbrauchen (...).«

Wie stand der Fernsehzuschauer zu den neuen Möglichkeiten der Werbung? Ein besonders schöner Leserbrief zu dem Thema ist von dem schon damals besonders kritischen Medienbeobachter Friedrich Jentsch aus Göttingen überliefert. Mit verbissener Ironie kämpft er gegen die Reklame-Dekadenz und für die Reinerhaltung der deutschen Kultur: »Überlassen wir diese Errungenschaft den Amerikanern: Zu ›Tristan und Isolde‹ Werbeslogans für Würstchen und Büstenhalter.« Schade, ein Visionär.

Quellen: Spiegel 20, 23/55

Tel. 00612200741

Deutsche Bundespost

Die Bundespost machte in den siebziger Jahren durch einige spektakuläre Werbeaktionen von sich reden, die allesamt in Michael Schirners Agentur GGK ausgebrütet wurden. Um den Direktwählservice der Post (die Zerschlagung der Post in »Gelbe« Post, Postbank und Telekom lag noch in weiter Ferne) zu demonstrieren, war in einer Anzeige ein kleines Südsee-Inselchen abgebildet und darunter eine Telefonnummer: »**Tel. 00612200741**«. Ein toller Erfolg: Eine Woche lang waren alle Hauptleitungen in Richtung Australien blockiert. Denn die Nummer war die der Zeitauskunft von Sidney. So viele Menschen wollten hinter das Geheimnis dieser Nummer kommen, daß Rundfunkmoderatoren schon frühmorgens zur Abschreckung ihren Hörern die Ortszeit von Sidney vorspielten. Bei Gebühren pro Minute von 12,93 Mark machte die Nation die höchste Telefonrechnung der Geschichte; der Gewinn der Post im Fernsprechdienst war so beträchtlich, daß sie die Telefongebühren senkte.

Als nächstes schickte die Werbeagentur (angeblich ohne Wissen der Post) einen fehlerhaft adressierten Brief an einen ihrer Mitarbeiter. Als Empfänger stand nur »**D. Nogel**« auf dem Umschlag, doch der Brief kam tatsächlich an und die erfolgreiche Zustellaktion konnte den Postkunden umgehend mitgeteilt werden. Hinter D. Nogel verbarg sich ein gewisser Diethard Nagel aus der Jägerhofstraße 10 in Düsseldorf. Der arme Mann hat sein Engagement später gründlich bereut. Unzählige an »**D. Nogel**« adressierte Briefe verstopften in der Folgezeit seinen Briefkasten.

Als nächstes sollte GGK dazu beitragen, dem ungeliebten neu eingeführten 8-Minuten-Zeittakt im Telefon-Nahbereich zu größerer Akzeptanz zu verhelfen. Unter dem Schlagwort: Versteckte Gebührenerhöhung war die Presse voll von kritischen Berichten. GGK drehte den Spieß einfach um und machte es sich zunutze, daß kaum ein Mensch eine Vorstellung davon hat, wie lange 8 Minuten sein können. Und so konnte man unter der Überschrift »**Was man in 8 Minuten am Telefon alles sagen kann**« auf riesigen Plakaten Texte lesen, die bei normalem Tempo etwa diese Zeitspanne in Anspruch nahmen. Über den Anfang der Genesis (»Am Anfang schuf Gott Himmel und Erde. Und die Erde war wüst und leer...«), Witze, Texte von Grillparzer und Goethe, Märchen, Rezepte, Kinderreime, Volkslieder und und und. So viel hatten viele Leute noch nie gelesen, und die Diskussion um den 8-Minuten-Takt hörte auf. Das »8-Minuten-Witz-Plakat« wurde sogar zu einer Zierde zahlreicher deutscher Partykeller.

Heli Bolesch-Ihlefeld, Öffentlichkeitsarbeiterin im Bonner Postministerium, hatte dagegen kein so glückliches Händchen bei ihrem Versuch, mit einem kleinen Umweg über die Tierliebe der Postkunden auch deren Sympathie für die Postler zu wecken. Sie ließ also ein Hundeposter drucken und in den Schalterhallen der Postämter aufhängen. Die Spekulation: Wer Hundeposter aufhängt, ist ein lieber Mensch, ging nicht auf. Der Hund auf dem Poster war offensichtlich schlecht gewählt, sonst wäre es nicht zu folgender Interpretation gekommen: »Fett im Aussehen, daher gefräßig in der Gebühreneinnahme.« Auch die Postgewerkschaft beschwerte sich: »Was hat die Post mit diesem behäbigen Vieh gemein?« Briefträger und Schalterbeamte konnten sich mit dem Tier nicht identifizieren und wünschten, wacker die Realität leugnend: »Wenn also die Post schon auf den Hund kommen soll, dann wenigstens auf einen Windhund.« Das Ministerium wand sich und behauptete, das Plakat gehe »von dem leidgeprüften Verhältnis zwischen Briefträger und Hund« aus. Damit war allerdings ein ebenso betrüblicher wie vielfach überschätzter Fakt angesprochen worden, wie dieses Interview, ausgestrahlt im Bayerischen Rundfunk zeigt:

Sprecher: »2313mal schnappten Hassos, oder wie immer sie geheißen haben mögen, im vergangenen Jahr 1977 zu. 2313mal blieb ein Fetzen bundeseigener taubenblauer Wollstoff zwischen ihren Zähnen hängen oder gar ein Stück eines pensionsberechtigten Postlerbeines. Briefträger leben gefährlich. Auch das vielfach propagierte Hundespray, eine Art Mini-Tränengasgranate gegen Wau-Waus nützt da wenig.«

Briefzusteller Schmitt: »Ich habe jetzt, solange ich das mache, und das sind 18 Jahre, eigentlich noch keine Schwierigkeiten mit Hunden gehabt.«

Sprecher: »Haben Sie irgendwelche Vorsorge getroffen gegen Hunde, haben Sie das berühmte Hundespray dabei?«

Schmitt: »Nein, ich habe nie Hundespray besessen. Niemals. Weil ich es auch noch nie gebraucht habe.«

Sprecher: »Mit der Spraydose in der Hand um die Hausecke – eigentlich müßten die Zusteller einem Westernhelden irgendwie gleichen.«

Schmitt: »Es ist so, wenn wir Hundebesitzer haben, die, sagen wir einmal, Hunde, die recht bissig sind, besitzen, können wir die Besitzer anweisen, die Hunde während der Zustellzeit anzubinden oder wegzusperren. Außerdem gibt es ja noch die Möglichkeit, daß man irgendwo einen Kasten anbringt, der für den Zusteller ungefährlich zu bedienen ist und wo er mit dem Hund nicht in Berührung kommt.«

Quellen: Ralph Durchleuchter, *Michael Schirner – Werber, Verführer, Künstler. Eine Biographie*, Düsseldorf 1990; Spiegel 35/78

Trill mit Jod-S-11 Körnchen ...

Trill

Zu den Glanznummern der Fernsehwerbung gehörte sicherlich der Tierforscher und -filmer Heinz Sielmann, wenn er sich um die Gesundheit der Sittiche sorgte. Durch »unausgewogenes Futter« drohe den Vögeln die Gefahr der Schilddrüsenkrankheit (»Acht von zehn Sittichen leiden an der lebensgefährlichen Vergrößerung der Schilddrüse«). Das setzte den Zuschauern und Sittichhaltern mächtig zu. Glücklicherweise gab es ein Mittel gegen diese heimtückische Krankheit: Trill mit den unvergleichlichen Jod-S-11-Körnchen (**»Trill heißt hüpfgesunde Sittiche«**).

Trill ist ein Produkt der Effem GmbH (Chappi, Pal, Loyal, Whiskas, Kitekat, Katkins und andere), die den deutschen Tierfuttermarkt nahezu konkurrenzlos beherrscht. Alleineigentümer von Effem ist die Mars Inc. in Virginia.

In den sechziger Jahren hatte Effem zur Beseitigung der sittichlosen Flecken auf der Landkarte in einer einzigartigen Werbeaktion Deutschlands Jugend mit Wellensittichen beschenkt. In der zutreffenden Annahme, daß diese Tiere nicht allesamt gleich umgebracht werden würden und also längere Zeit teures Futter pickten, das Effem den derart Beschenkten zu verkaufen gedachte. Das Vorbild für diese Aktion hatte Ölfürst John Davison Rockefeller vor Jahrzehnten gegeben, als er gratis Öllampen nach China schickte. Und natürlich all jene gedankenlosen Onkels, die ihren Nichten und Neffen, die noch keinen Plattenspieler haben, Schallplatten schenken.

Quellen: *Jahrbuch der Werbung 1988*; Düsseldorf 1988; Spiegel 34/65, 18/78

Trink Coca-Cola

Coca-Cola

»Wenn Sie kein Coca-Cola-Schild mehr sehen, haben Sie die Grenzen der menschlichen Zivilisation erreicht.« (Zitiert nach einer Coca-Cola-Werbebroschüre aus den sechziger Jahren.)

1886 stellte der Apotheker John Styth Pemberton in Atlanta nach zahlreichen Mischungsversuchen einen aromatischen Sirup her, den er mit Sodawasser auffüllte. Sein Buchhalter, Frank Robinson, schlug vor, den Sirup nach seinen Bestandteilen Coca Cola syrup and extract zu nennen. Pemberton wählte die einprägsamere Kurzform Coca-Cola. Die Anfangserfolge waren bescheiden, was sicher auch daran lag, daß es Coca-Cola nur auf Rezept gab. Als Heiltrunk gegen Kopfschmerzen, Kreislaufbeschwerden und Antriebsschwäche. Als es am 29. Mai 1886 erstmals in Atlanta im »The Daily Journal« mit den Worten »Delicious! Refreshing! Exhilarating! Invigorating!« angeboten wurde, gab es so gut wie keine Nachfrage. In der ersten Woche verkaufte Pemberton durchschnittlich gerade mal 13 Flaschen pro Tag.

Pemberton verstarb 1888 und der ehemalige Sonntagsschullehrer Asa Grigg Chandler erwarb seine Anteile. Chandler gründete 1892 The Coca-Cola Company und ließ Coca-Cola 1893 als U.S.-Patent registrieren. Er steigerte den Absatz von 25 Gallonen im Jahre 1886 auf 6.767.822 Gallonen im Jahre 1912. Verkauft wurde Coca-Cola in den sogenannten »Soda Fountains«, Erfrischungsecken in Geschäften, wo der Sirup mit Wasser aufgefüllt wurde. Die Rezeptur dafür wurde strengstens geheimgehalten. Die berühmte Coca-Cola-Flasche entstand 1915. In Anspielung auf ihre weiblichen Formen war sie in den USA in den 20er und 30er Jahren unter dem Namen der Hollywood-Actrice »Mae West« bekannt. Diese muntere, üppige Frau war dafür bekannt, daß sie auch in ihren Filmen keinen Hehl aus ihrem Heißhunger auf Männer machte.

In Deutschland nahm 1929 eine damals noch kleine Fabrik in Essen die Abfüllung von Coca-Cola nach amerikanischem Franchise-Muster auf. Der Vertragspartner erhielt das Recht, das angelieferte Konzentrat mit kohlensäurehaltigem Wasser aufzufüllen und es zu vertreiben. Die Werbeslogans der Vorkriegsjahre waren alle nach dem gleichen Muster gestrickt: **»Die Erfrischung«** (1933), **»Köstlich und erfrischend«** (1933), **»Trink Coca-Cola«** (1936), **»Erfrischend«** (1937), **»Eisgekühlt schmeckt es am besten«** (1938), **»Zu jeder Zeit Coca-Cola«** (1938), **»Es erfrischt«** (1938), **»Trink Coca-Cola immer eiskalt«** (1939).

Quellen: Mark Pendergrast, *Für Gott, Vaterland und Coca-Cola – Die unautorisierte Geschichte der Coca-Cola-Company,* München 1993; Christa Murken-Altrogge, *Werbung, Mythos, Kunst am Beispiel von Coca-Cola*

Trinket ihn mäßig, aber regelmäßig

Schinkenhäger

Eines der traditionsreichsten harten Getränken aus deutschen Landen wird in Tonflaschen angeboten, die einen fetten Schinkenbrocken als Wahrzeichen auf dem Etikett tragen. Der Slogan »**Trinket ihn mäßig, aber regelmäßig**« stammt von 1940 und formuliert in fürsorglichem Gewand präzise die langfristig angelegten Interessen eines Schnapserzeugers: Der Kunde soll lange leben und der Marke treu bleiben. Kein kurzlebiger Hochfrequenztrinker würde es je auf das Lebensquantum des dauerhaft mäßigen Genießers bringen. Aber die Zeitumstände waren nicht so, es herrschte Krieg und die Kundschaft starb wie die Fliegen. Und zwar nicht am Schnaps.

Dann war der Krieg aus und die Deutschen rappelten sich wieder auf. Die Slogans aus den fünfziger Jahren lesen sich wie ein Kommentar dazu: »**Schinkenhäger macht Dich reger**«, sowie »**Alle Tage Schinkenhäger, macht dich froher, macht dich reger**« und »**Dein Herz wird froh – Dein Kopf wird klar – weil es ein Schinkenhäger war**«. 1959 hieß es dann »**Gut wird stets die Laune sein, schenkt man Schinkenhäger ein**«. 1960 war das Markenbewußtsein schon recht klar: »**Klar und rein, das ist wichtig, Schinkenhäger der ist richtig**« und 1963 gab es kein Deuteln mehr: »**Den mit dem Schinken müssen Sie trinken!**«. Da transformierte die winterspeckorientierte Freßwelle gerade in die genußorientierte Edelfreßwelle, man begann, die Fettränder abzuschneiden und feineren Schmeckleckereien den Vorzug zu geben. Dem konnte sich der Wappenschinken des Schinkenhäger nicht verweigern und so unterzogen ihn die Hausgrafiker einer drastischen Entfettungskur. Schlank und rank prangt er seitdem von der Tonflasche.

Quellen: w&v 51/52 83; Spiegel 44/63; Der Markenartikel 5/58

U

Und jetzt zur Wahl seid alle schlauer – wählt SPD und Ollenhauer

SPD

Bis Mitte der fünfziger Jahre fabrizierte die SPD ihre Slogans noch in Heimarbeit. Die Ergebnisse sprachen für sich. »**Wir brauchen Ihre Stimme**« erklärten sie wahrheitsgemäß dem Wähler. Die Konkurrenz vom »Gesamtdeutschen Block BHE« dichtete: »**Preise senken – Freude schenken.**« 1957 reimten die Genossen: »**Und jetzt zur Wahl seid alle schlauer – wählt SPD und Ollenhauer**« aber da waren möglicherweise auch bei ihnen Profis am Werk gewesen.

Die Union ließ sich schon seit 1950 von Werbeprofis beraten (»**Tatsachen zählen – CDU wählen**«), die ihre Erfahrungen in amerikanischen Wahlfeldzügen gesammelt hatten. Erstmals und noch zaghaft wurden 1953 die Wahlkämpfe »personalisiert« geführt. Nicht die Partei, sondern der Spitzenkandidat stand im Vordergrund. Die CDU zeigte Adenauer in einem sorgfältig zurechtgemachten Kanzlerporträt vor und machte sich Hoffnung mit dem Slogan »**Deutschland wählt Adenauer**«. Auch die SPD rückte eine Person in den Vordergrund: Erich Ollenhauer, der 1952, nach dem Tod Kurt Schumachers, den Parteivorsitz übernommen hatte. »**Sicherheit mit Ollenhauer**« hieß die Devise. Damit war das Schlüsselwort »Sicherheit« erstmalig benannt, das sich fortan als unverzichtbar erweisen sollte. Der Sicherheitsslogan indes war nur ein Konter auf die bösartige Unterstellung der FDP: »**Wo Ollenhauer pflügt, sät Moskau**« gewesen.

In diese Kerbe hatte natürlich auch die CDU gehauen, allerdings ohne den Gegner so deutlich beim Namen zu nennen: »**Alle Wege des Marxismus führen nach Moskau! Darum CDU**«. Das Plakatmotiv ist deswegen bis heute so bemerkenswert, weil es die getreue Kopie einer antisemitischen Darstellung im Nazi-Hetzblatt »Stürmer« war. Der Slogan war übrigens so haltbar, daß noch

1972 die NPD, der ja nun wirklich nie etwas Neues eingefallen war, darauf zurückgriff.

Hier eine durchaus repräsentative Auswahl aus den Parolen der Bundestagswahl 1953. SPD: »**Friede und Sicherheit durch Verständigung – nicht Kriegsgefahr durch Wettrüsten!**«; »**Soziale Sicherheit für alle – keine Almosen für Alte und Kranke!**«; »**Überführung der Grundstoffindustrie in Gemeineigentum – nicht Herrschaft der Manager und Großaktionäre**« und: »**Für die Einheit Deutschlands in Frieden und Freiheit**«; »**Kämpfe mit der Spitzenklasse**«.

Die CDU setzte auf Konstanz: »**Man wechselt die Pferde nicht mitten im Strom**«; »**Deutschland wählt Adenauer**« und: »**Einheit – Freiheit – Frieden**«. Die FDP wurde helle: »**Mir geht ein Licht auf, ich wähle FDP**«, national: »**Wählt die FDP, dann wählt ihr Deutschland**«, und blies zur Attacke: »**Weiter vorwärts mit Blücher für Deutschland**«; oder war einfach nur lieb: »**Für Deutschland in Liebe und Treue**«.

Die Wahlbeteiligung lag 1953 bei 86 Prozent. Die CDU/CSU errang 45,2 Prozent, die SPD 28,8 Prozent, die FDP/DVP 9,5 Prozent und die anderen Parteien 16,5 Prozent.

Quellen: Spiegel 38/53, 6/84; Rainer Gries, *Gestylte Geschichten*, Münster 1989

United Colors of Benetton

Benetton

Bis 1983 war auf den Plakaten der Modefirma Benetton die Welt noch in Ordnung. In beschaulicher Eintracht warben Kinder aller Hautfarben mit dem Slogan »**United Colors of Benetton**« für die Völkerverständigung und Pullover in modischen Farben. Sehr lieb, sehr nett. Vielleicht zu viel Nettigkeit, denn irgend jemanden muß dann der Teufel geritten haben.

Benetton startete eine Kampagne, die beinhart in provokanten Bildern das Elend der Welt beschworen. Plakate, auf denen keine Pullover mehr zu sehen waren, mit denen der vorprogrammierte Skandal zur Methode erhoben wurde. Die Motive zeigten den ans Kreuz genagelten Jesus, einen Soldatenfriedhof, das blutbefleckte T-Shirt und die Hose, die angeblich von einem bosnischen Soldaten getragen wurden, als ihn 1993 die tödlichen Kugeln trafen. Oder den nackten Oberkörper eines Mannes mit der Tätowierung »H.I.V. POSITIVE« auf dem Arm.

Verantwortlich für diese Schockwerbung waren der Firmeninhaber Luciano Benetton und der Fotograf Oliviero Toscani. Nach ihrer Aussage verfolgte die Kampagne das Ziel, den Betrachter mit sozialen Problemen zu konfrontieren: »Wir sind der Meinung, daß es sinnvoller ist unser Budget dafür einzusetzen, die Menschen mit ihren eigenen Vorurteilen zu konfrontieren, als über unser Produkt zu informieren« (Toscani). Indem man gleichzeitig Aids-Initiativen, Aufklärungskampagnen oder Kondomverteilungen finanziell unterstützte, hoffte man, der Kritik an dieser spekulativen Werbung den Wind aus den Segeln zu nehmen.

Der Chefredakteur des Branchenblattes »werben & verkaufen«, Thomas Voigt, formulierte seine Zweifel am Samaritertum des Wirtschaftsunternehmens Benetton in der Zeitschrift »Max«: »Wären Benettons 70 Millionen Werbemark (1992) nicht sinnvoller in direkteren Projekten gegen Hunger oder AIDS angelegt? Und darf eine Firma moralische Grenzen so mir nichts dir nichts überschreiten? Ich halte es für puren Zynismus und Menschenverachtung, mit dem Elend dieser Welt letztendlich mehr Pullover verkaufen zu wollen.« Benetton-Sprecherin Marina Galanti bestritt gar, daß es sich bei dieser Aktion um Markenwerbung handelte: »Niemand wird sich einen Pullover kaufen, wenn er ein blutiges Hemd sieht.« Ganz so war es ja nun nicht. Denn selbstverständlich prangte auf allen Anzeigen weiterhin das Firmenlogo. Und das Medienecho war vielleicht auch nicht zu verachten.

Der 30jährige, an AIDS erkrankte Franzose Olivier Besnard-Rousseau schaltete 1993 auf eigene Kosten eine Anzeige in der französischen Tageszeitung »Libération«. Darauf war sein von AIDS gezeichnetes Gesicht und die Headline »Während des Todeskampfes geht der Verkauf weiter« zu sehen. Er begründete sein Engagement so: »AIDS ist unendlich schmerzhaft, und keiner hat das Recht, den Schmerz anderer zu verkaufen.«

Quellen: Max 1/93, 1/94; *Max Werbejahrbuch 1994,* Hamburg 1994

Unternehmen Zukunft

Deutsche Bundesbahn

Als am 2. Juni 1991 der erste neue ICE auf die Schiene geschoben wurde, wollte die Bahn endlich weg von dem alten Bimmelbahn-Image. Auch in diesem Jahr war der Anteil der Bahn am Personenverkehr weiter hinter Automobil und Luftfahrt zurückgefallen, der Marktanteil im Fernverkehr betrug nur noch 7 Prozent. Der neue ICE und die schnellen City-Verbindungen waren die eigentlichen Werbeträger und sollten dazu beitragen, die Bundesbahn als »**Unternehmen Zukunft**« zu profilieren. In diese Überzeugungsarbeit investierte das Unternehmen 56 Millionen Mark.

Ein »Slogan mit visionärer Kraft« sollte das neue Bahnselbstverständnis unterstreichen. Creative Director Ries von der Bahn-Agentur Ogilvy & Mather räumte allerdings ein, daß »Anspruch und Wirklichkeit noch auseinanderklaffen« und wollte das »**Unternehmen Zukunft**« nicht als Status quo, sondern als Perspektive verstanden wissen. Trotz dieser Vorsicht gelang die Image-Korrektur. Das Reiseaufkommen stieg fortan von Jahr zu Jahr, die Bahn konnte einen »deutlichen Akzeptanzgewinn« vermelden. Einzig die Pannenserie beim ICE-Start hätte dem Unternehmen fast noch einen Strich durch die Rechnung gemacht.

Quellen: *Max Werbejahrbuch 1994;* Peter Rademacher, *Highlights der Werbung;* w&v 15/91

V

Vergißmeinnicht: Die Postleitzahl

Bundesministerium für das Post- und Fernmeldewesen

Bis 1963 wurden Postsendungen allein über die Angabe des Ortsnamens dem hoffentlich richtigen Zustellbezirk zugeleitet. Das war recht aufwendig, schon wegen der gar nicht so selten doppelt und dreifach vorkommenden Ortsnamen. Vierstellige Postleitzahlen würden das Verfahren erheblich vereinfachen und die Zustellung beschleunigen.

Den Verantwortlichen im Bundesministerium für das Post- und Fernmeldewesen war klar, daß diese Umstellung für einigen Unmut bei ihren Kunden sorgen würde. Also warb man, recht geschickt, für die zunächst harsch kritisierte Neuerung. Und machte einfach Sympathiewerbung für die Postleitzahlen, indem man das hübsches Blümchen mit dem ebenso bekannten wie bedeutungsvollen Namen für sich einspannte: »**Vergißmeinnicht: Die Postleitzahl**«.

Wie auch dreißig Jahre später, als die Erweiterung der Postleitzahl um eine Ziffer notwendig geworden war, setzte sich das neue Verteilsystem schnell durch. 1962 schon trugen fast 90 Prozent aller Postsendungen die richtige Postleitzahl. Ein großer Anteil an diesem Erfolg war sicher der Fernsehshow »Vergißmeinnicht« mit Showmaster Peter Frankenfeld zuzuschreiben.

Quelle: *Jahrbuch der Werbung 1964,* Düsseldorf 1964

Vertrauen ist der Anfang von allem

Deutsche Bank

Was bietet eine Bank ihren Kunden? Was steht auf der Skala der sogenannten »bankrelevanten Werte« ganz weit oben? Sie vermuten: Geld, Kohle, Knete, Mäuse, fette Renditen, und gleich danach Hochhäuser, graue Anzüge, Arroganz? Falsch. Ganz falsch. Aber es sei Ihnen verziehen, Sie sind ja nur Kunde und nicht die Bank. 1995 nahm sich die Agentur BBDO dieser Frage an und fand heraus, daß Vertrauen das wichtigste ist, was eine Bank ihren Kunden und Anlegern bieten kann. Noch vor Ehrlichkeit, Verläßlichkeit und Fachwissen. (Ach so, werden sie sagen, es geht nur um Wünsche. Das muß einem doch gesagt werden.)

Die Deutsche Bank fackelte danach nicht lange und besetzte – ganz fachmännisch ausgedrückt – das Imagefeld »Vertrauen« mit dem von BBDO der Bibel entlehnten Slogan **»Vertrauen ist der Anfang von allem«**.

Im Marketingkonzept klingt das so: »Finanzdienstleistungsprodukte werden zunehmend als austauschbar wahrgenommen. Sie sind alleine nicht mehr tauglich zur Profilierung eines Anbieters. Vielmehr entscheidet heute das Image des Absenders über Präferenz und Bindung an ein Produkt. (...) Qualität aus Kundensicht ist subjektiv und basiert auf menschlichen Wahrnehmungen und Empfindungen. (...) Geldgeschäfte stellen für die meisten Menschen eine nur schwer zu durchschauende Welt dar. (...) Das Vertrauen der Kunden zu gewinnen und zu pflegen ist somit die zentrale Aufgabe des täglichen Geschäftes. Die Deutsche Bank besitzt ideale Voraussetzungen, das hochrelevante Thema Vertrauen zu besetzen und an sich zu binden. Denn Vertrauen werden die Menschen vor allem dem, der etwas von seinem Geschäft versteht. Und das wird keiner Bank so zugestanden wie der Deutschen Bank.«

Als die führende Rolle der Deutschen Bank beim Versuch der Hoesch AG, in einer »feindlichen« Übernahme sich Thyssen unter den Nagel zu reißen, bekannt wurde, verballhornten streikende Metall-Arbeiter den Slogan und sangen »Vertrauen ist das Ende von allem«.

Vorbildlich hingegen bewies der Slogan seine Glaubwürdigkeit im Zusammenhang mit dem Aufstieg und Fall des Frankfurter »Baulöwen« Schneider, dem die Bank außerordentlich viele »bankrelevante Werte« entgegenbrachte. Dennoch wählten 1997 die Leser der »TV Hören und Sehen« den Spruch zum besten Werbeslogan. Sie fanden ihn besonders überzeugend.

Quellen: w&v 44/93; Info Pressestelle Deutsche Bank

Vielleicht hätte er jemand fragen sollen, der sich damit auskennt

Gelbe Seiten

Die Branchen-Fernsprechbücher zum amtlichen Fernsprechbuch, die Gelben Seiten, wurden erstmals 1954 ausgegeben. 1969 faßte die Düsseldorfer Agentur Schneider den Nutzen dieser Telefonbücher prägnant zusammen: **»Hier gesucht, heißt schon gefunden«**. Das gilt allerdings nur, wenn man sich beim Suchen auf die heimatliche Region beschränkt. Dehnte man seine Suche auf die ganze Republik aus, dann müßte man nämlich ein neunundzwanzigbändiges, zehntausend Seiten starkes Nachschlagewerk mit mehr als drei Millionen Adressen nebst dazugehörigen Telefonnummern durchforsten.

Da der Erfolg der Gelben Seiten, die sich allein durch Anzeigen finanzieren, davon abhängt, wie oft die Bürger hineinschauen, müssen ihnen die Vorzüge dieses Werks nachdrücklich unter die Nase gerieben werden. Diese Aufgabe übernahm 1990 die Agentur Lintas. Sie befreite die Gelben Seiten vom Ruf einer trockenen und verstaubten Amtspublikation, und machte sie zum »unentbehrlichen Service-Medium in jeder Beschaffungs- und Informationssituation«. Die Kernaussage lautete »Profis statt Laien«. Der Slogan **»Vielleicht hätte er jemand fragen sollen, der sich damit auskennt«** suggeriert, daß sich Fehlkäufe und desaströs endende Versuche, in Heimarbeit Reparaturen durchzuführen, durch einen Blick in die Gelben Seiten vermeiden lassen. Die Spots und Anzeigen erzählten entsprechende Geschichten und endeten immer mit dem Schlußsatz: **»Gelbe Seiten machen das Leben leichter«**.

Heute schlagen 20 Prozent mehr Ratsuchende die Gelben Seiten auf als 1990.

Quellen: w&v 12/69; Horizont 44/95

Visa – die Freiheit nehm ich mir

Visa-Card

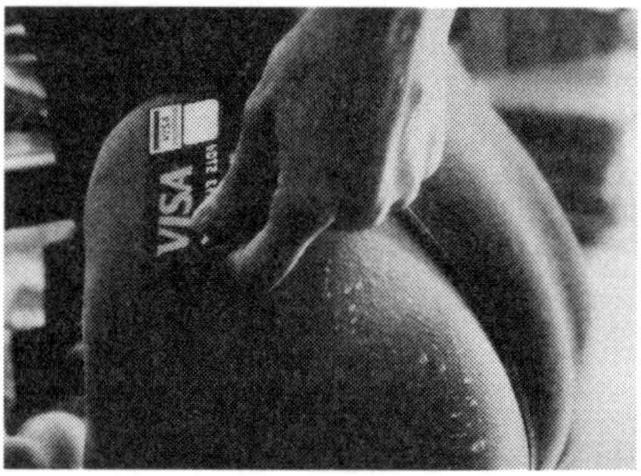

Weltweit ist Visa die Kreditkarte mit der größten Verbreitung und den meisten Akzeptanzstellen. In Deutschland, nicht nur hierin eine Hochburg der Muffel, war sie 1992 noch weit von der Spitzenposition entfernt. Die Agentur Grey, die diesem unmöglichen Zustand abhelfen sollte, versuchte erst gar nicht, die Kreditkarte in eine der vielen Elitenischen hineinzubugsieren, obwohl diese Option durchaus nahelag. Man riskierte etwas und plazierte die Visacard als Volkskreditkarte.

Um allen die unbegrenzten Einsatzmöglichkeiten und die Robustheit der Visacard vor Augen zu führen, zeigte man gewöhnliche Menschen, in ungewöhnlichen Situationen. Auch die Stellen, an denen die Kreditkarte aufbewahrt wurden, waren ungewöhnlich: Im Bikini, links unten an der Backe, im Zylinderhut des Zauberers. Grey konzipierte kleine, verblüffende, menschliche Geschichten, die dem Slogan: »**Visa – die Freiheit nehm ich mir**« entsprachen. Während die Konkurrenz auf das Sozialprestige der Kreditkarte setzen, definierten sie die Visacard über das, was man damit machen kann. Den akustischen Knalleffekt markierte das unverkennbare Schnappgeräusch, mit dem die Plastikkarte zum Bezahlen vorgelegt wurde. Die Szene, in der eine junge Dame ihre Kreditkarte aus dem Badeanzug zieht, gilt inzwischen als das »bekannteste Schlüsselbild der deutschen Kreditkarten- und Bankenwerbung«.

Zwei Jahre später war die Visa-Card bereits die Nr. 2 im Markt. Noch knapp hinter der American Express, aber schon vor der Eurocard.

Quellen: Horizont 44/93; Grey-Gruppe, *Wie man Marken Charakter gibt*, Stuttgart 1996

Von höchster Reinheit

Ernte 23

Die Geschichte der Reemtsma-Zigarette Ernte 23 reicht, worauf schon der Markenname hinweist, bis ins Jahr 1923 zurück. In diesem Jahr bauten die aus Smyrna geflüchteten Griechen in der Gegen um Saloniki einen Tabak an, der so gut war, daß er im Hause Reemtsma als Mischungsgrundlage für die Doppelmarke Ova-Ernte 23 diente.

Damals war der Zigarettenmarkt regional noch wesentlich stärker differenziert als heute. Die Ernte 23 war auf den süddeutschen Markt zugeschnitten, wo sie sich auch schnell durchsetzte. Die Farbkombination grün-orange auf der Packung war, wie der Markentechniker Hans Domizlaff vermutete, ein gutes Komplement zu den blau-weißen bayerischen Landesfarben. Domizlaff führte darauf den Erfolg der Ernte 23 im süddeutschen Raum zurück. Die Zigarette erreichte ihre besten Verkaufszahlen in den Jahren 1930/31, geriet dann aber in den Schatten der hauseigenen Konkurrenz R6 und wurde schließlich 1940 völlig eingestellt.

Mit der Wiedergeburt wartete Reemtsma bis 1956. Dem damaligen, mit der Einführung der HB im Jahre 1955 forcierten Trend zum Filter folgend, wurde sie nun auch mit dem Mundstück angeboten. Die Werbung war hanseatisch zurückhaltend und verzichtete völlig auf großes Geschrei. Dem Handel wurde die schlichte Mitteilung gemacht, daß die Ernte 23, »die in guter alter Zeit einmal eine Marktlücke ausgefüllt hat«, wieder zur Verfügung stehe: »... bitten wir Sie höflichst, etwaige Wünsche der ersten Lieferung auf der beiliegenden Freikarte aufzugeben«. Der Slogan **»Von höchster Reinheit«** entsprach dieser Vornehmheit. Innerhalb von 15 Monaten setzte sich die Ernte 23 im gesamten Bundesgebiet durch und war in den sechziger und siebziger Jahren eine der erfolgreichsten deutschen Zigaretten.

Quelle: Willy Bongard, *Fetische des Konsums,* Düsseldorf 1964

Vorsprung durch Technik

AUDI

Die Auto Union AG war 1932 durch den Zusammenschluß der Firmen Audi, DKW, Horch und Wanderer gegründet worden. Das Markenzeichen der Firma, die vier Ringe, erinnert noch heute an diese Fusion. Die Markenbezeichnung Audi (Imperativ von lat. »audire«, horch) verdankt das Unternehmen der altsprachlichen Bildung eines Schülers. Als Firmengründer August Horch 1909 aus den Horch-Werken in Zwickau ausgeschieden war, suchte er einen Namen für sein neues Unternehmen; seinen eigenen durfte er ja nicht verwenden. In der Wohnung des Mitarbeiters Franz Fikentscher brütete man ohne Ergebnis über dem Namen. In einer Zimmerecke saß der Sohn des Hausherrn über seinen Schulaufgaben. Und rief plötzlich begeistert herüber: »Audiatur et altera pars! Wäre es nicht richtig, anstatt HORCH, AUDI zu sagen?«

Der Audi-Slogan **»Vorsprung durch Technik«** entstand 1971 in der eigenen Werbeabteilung. Zu jener Zeit hatte Audi das Image eines biederen Billig-Autos (**»Jeder Kilometer ein sicheres Vergnügen«**) für »den klassischen Hutträger« (der heutige VW-Chef Piëch, früher AUDI) und wurde besonders gern von Beamten gekauft. Die VW-Konzernzentrale hatte gerade die Auto Union in Ingolstadt mit NSU in Neckarsulm vereinigt. Damit war eine Werbekampagne fällig, die der Öffentlichkeit zeigen sollte, warum diese Fusion notwendig und gut war. Die Kampagne bestand zunächst aus drei ganzseitigen Anzeigen **»Alles unter einem Dach«**. Alles, was je an Audi- und NSU-Technik auf den Straßen und Rennstrecken Europas zu sehen gewesen war, wurde in den Anzeigen vorgestellt. Doch der damalige Werbeleiter Hans Bauer wußte, daß man unbedingt einen zukunftsträchtigen Slogan brauchte. Die Formel **»Vorsprung durch Technik«** lag, nach Bauer, zum Greifen nahe und floß ihm, »fast wie von selbst« aus dem Kugelschreiber.

Um das Audi-Motto Wirklichkeit werden zu lassen, baute man 1980 den ersten Personenwagen mit permanentem Allradantrieb für die normale Straße. Dabei griff AUDI auf ein Konzept seines Ingenieurs Jörg Bensinger zurück, der den Allradantrieb der Bundeswehr-Geländewagen Munga und Iltis straßentauglich modifiziert hatte.

Quellen: Annette von Pelser (Hrsg.), *Faszination Auto,* Berlin 1994; Info Joachim Cordshagen, Pressesprecher Audi AG; *Das Rad der Zeit, Die Geschichte der Audi AG,* Firmenpublikation; Michael Kriegeskorte, *Automobilwerbung in Deutschland 1948–1968,* Köln 1994; Neue Illustrierte 49/62

W

Wäscht so weiß – weißer geht's nicht!

Dash

1964 war es endlich soweit. Die Waschmittelwerbung hatte mit der Einführung der Procter & Gamble-Marke Dash die nicht mehr steigerungsfähige Klimax ihrer an Superlativen nicht gerade armen Geschichte der Schlachtrufe erreicht. So hofften einige Naivlinge damals, aber sie wurden schnell eines Besseren belehrt.

Doch zurück zum Waschmittel. Bereits Ende der fünfziger Jahre hatte zwischen den weltweit operierenden Weißwäschern ein Kampf bis aufs Messer begonnen. Der Unilever-Ableger Lever-Sunlicht hatte die Angriffe eröffnet und mit Sunlicht auf Deutschlands Nummer 1 Persil gezielt. Henkel konnte die Attacke gerade noch abwehren, doch wenig später formierte sich die Konkurrenz neu und schlug wieder zu. Lever mit Omo, Procter & Gamble mit Dash. Henkel hatte sein Waschpulver noch längst nicht verschossen, konterte an allen Fronten und warf Fakt und Der Weiße Riese in die Schlacht. Hoch türmten sich die Schaumberge. Auch Colgate-Palmolive versuchte, mit dem Weißen Ritter und Ritter Ajax (**»Mit den farbigen Kraftkörnchen«**) auf dem strahlend sauberen Feld der Ehre mitzumischen, mußte jedoch erkennen, daß die alten Rittersleut gegen die mit modernster Chemie gedopten Kraftpakete nichts mehr ausrichten konnten. Henkel, offenbar ein wenig verwirrt von den unsauberen Frontverläufen und dem hin- und herwogenden Schlachtgewimmel, verstieg sich dazu, einen weißen Waschbären ins Regal zu drücken. Aber da fühlte sich der possierliche Kamerad offensichtlich nicht so recht wohl und zog sich wieder in die Wälder zurück. So tobte der Kampf um jeden Prozentpunkt Marktanteil seinem Höhepunkt entgegen.

Die Dash-Offensive brach im Sommer 1964 los. Procter & Gamble schob sein neues Waschmittel mit einem Slogan in die Kampflinie, der die Konkurrenz zur Weißglut brachte: **»Dash wäscht so weiß – weißer geht's nicht«**. Diese Infamie hatten treue Gefolgsleute des Seifensieders aus Cincinatti sich ausgedacht, die Leute von Young & Rubicam. Allerdings bediente man sich in Deutschland des deutschen Ablegers der Werbeagentur, die in den USA die Konkurrenten Colgate-Palmolive und Lever seit Jahren erfolgreich niederhielt. Mit einem bis dahin in der Branche unbekannten Werbeaufwand von 15 Millionen Mark ging ein wahres Trommelfeuer auf die armen deutschen Waschfrauen hernieder. Und für den unwahrscheinlichen Fall, daß irgend jemand diese Botschaft nicht verstehen würde, stellte Procter & Gamble ein für alle Mal klar: **»Das Dash-Weiß ist nicht zu überbieten!«** In ganz offensichtlich von interessierten Kreisen inszenierten sogenannten Dash-Tests befragte ein Dash-Reporter (»Wir fragten die Frauen in den Straßen Münchens«), dargestellt vom NDR-Sportreporter Fleck, suggestiv völlig verschreckte, wahrscheinlich auch geblendete Frauen: »Wer hat Recht? In unserem Testwaschsalon haben die befragten Hausfrauen ihre Wäsche zunächst einfach in Dash gewaschen. Jeweils die Hälfte der Wäsche wurde dann zusätzlich gekocht.« Das Ergebnis: »Was auch immer Sie waschen, mit oder ohne Kochen, Dash wäscht so weiß, weißer geht's nicht!«

Innerhalb weniger Monate gelang es Dash, tief in die Verteidigungsstellungen von Persil und Omo einzubrechen. Im Gegensatz zu der bisher üblichen Methode machte Dash die Deutschen erstmals mit dem berüchtigten amerikanischen »hard selling« bekannt. Mit Probepackungen, die kostenlos an Hunderttausende Haushalte verteilt wurden, erzwang sich Dash den Zutritt in die Häuser und Wohnungen. Auch im Werbefernsehen war Dash in einem bisher nicht gekanntem Ausmaß präsent: 1964 allein beim ZDF 11.670 Sekunden. Der »Spiegel« (4/66) merkte an: »Seit zwei Jahren bestreichen Procter & Gamble mehrmals wöchentlich in beiden Programmen die Fernseher mit ihrem Dash-Test, den einige Hausfrauen und ein Waschmime (…) in ermüdendem Einerlei vorführen. Das Ende der Story ist immer gleich: **»Dash wäscht so weiß, weißer geht's nicht«**.

Kein Werbespot trug den Fernsehanstalten mehr böse Briefe ein und kein Werbespot wurde mehr veralbert. Ein Hamburger Kino warb für einen Schwedenfilm: »Nackter geht's nicht«. Und keine Kampagne hat den landläufigen Ressentiments gegen die Werbung mehr Nahrung gegeben als die Dash-

Spots. Keine Werbung dieser Jahre war aber auch erfolgreicher als dieses Waschpulverbombardement, mit dessen Hilfe Procter & Gamble binnen Jahresfrist 15 Prozent des Terrains in seine Gewalt brachte. Persils Anteile fielen von 30 auf 20 Prozent, Omos Anteile schrumpften von 25 auf 18 Prozent. Der »Dreikampf im Bottich« (»Spiegel«) verschlang 1964 nahezu 200 Millionen Mark. Damit überholten die Waschmittelfabrikanten die bis dahin traditionell führende Zigarettenindustrie, die 1964 nur gut 160 Millionen Mark für Werbung ausgegeben hatten.

Quellen: Spiegel 11/65, 37/65, 4/66, 43/71; *Jahrbuch der Werbung 1966*, Düsseldorf 1966

Was wollt Ihr denn? MA...O...AM ... MA...O...AM!

MAOAM

Diese massiv erhobene Forderung nach sofortiger Überführung der weichen, mit naturidentischen Fruchtersatzstoffen angereicherten Kaumasse in das private Kauvermögen verdankt sich, wenn man der Agentur Pauli-Bach und Partner in Köln Glauben schenken darf, der lautstarken Präsenz von demonstrierenden Studenten in der Kölner Innenstadt. Wenn dem so ist, und es gibt eigentlich keinen vernünftigen Zweifel daran, dann muß das eine ziemlich große Demonstration mit großen Zielen gewesen sein. Anders wäre die Beteiligung mehrerer Demonstrationsblöcke mit unterschiedlicher ideologischer Ausrichtung nicht zu erklären.

Der erste Teil des Slogans stellt nämlich die Frage, auf die insbesondere Spontaneisten (»Spontis«) und Anarchisten (»Anarchos«) bei ihren Umzügen gleich die Antwort zu geben pflegten: »Wir wollen alles!« Diese Maßlosigkeit paßte jedoch nicht ins Verkaufskonzept der Firma Haribo, sie war einfach zu unspezifisch. Außerdem war die schlechte Zahlungsmoral dieser Gruppen bekannt. Deshalb bediente sich Pauli-Bach bei der Formulierung der Antwort bei den Maoisten, die ja so gerne den Großen Vorsitzenden anriefen. Wiewohl der Führer der chinesischen Massen mit dem allein aus lautmalerischen Gründen gewählten Namen des Kaubonbons nichts zu tun hatte. Deshalb eignete sich der Slogan später auch so gut, um die Maoisten zu verhohnepipeln.

Die Forderung nach Kaubonbons wurde erst zu Beginn der siebziger Jahre im Fernsehen so richtig bekannt durch den Auftritt des beliebten Fußball-Schiedsrichters Walter Eschweiler.

Quelle: Info Pressestelle Haribo

Was würdest du tun? Ich würde den Papst heiraten, um ihm zu zeigen, wovon er spricht.

Esprit de Corp.

Ein wenig in die Fußstapfen von Benetton, der seit Jahren Schockwerbung mit kontroversen Themen praktizierte, trat 1991 Esprit de Corp., San Francisco. Im Unterschied zur Effekthascherei von Benetton kamen bei Esprit die jungen Kunden jedoch selbst mit persönlichen Meinungen, Wünschen, Vorschlägen zu Wort. Die Kampagne war das ungeplante Resultat der überwältigenden Kundenreaktion auf die Aussendung des Frühjahrskataloges.

In dem Katalog, der an rund 200.000 Amerikaner ging, hatte das Unternehmen die Frage gestellt: »Wenn Sie die Welt ändern könnten, was würden Sie tun?« Tausende von Antwortbriefen trafen ein und überraschten die Initiatoren völlig. Ein achtjähriger Junge schrieb, er würde Kaugummi auf den Bürgersteigen verbieten »damit man nicht aufpassen muß, nicht reinzutreten«. Eine junge Dame würde einen Orangensaft erfinden, »der auch gut schmeckt, nachdem man sich die Zähne geputzt hat«. Derart originelle Vorschläge schrien geradezu danach, in eine Werbekampagne umgesetzt zu werden. Die komischsten, skurrilsten und nachdenklichsten Beiträge waren also auf Plakaten und Anzeigen nachzulesen.

Im Jahr darauf versandte Esprit in Deutschland über 200.000 Karten an die Kundschaft. Rund 10.000 Esprit-Kunden antworteten. Die interessantesten Vorschläge wurden per Anzeige publiziert. Zu einer wirklich selbstlosen – oder vielleicht doch nur leicht perversen? – Offerte war die 18jährigen Vera Lübke aus Dortmund bereit. Auf die Frage »**Was würdest du tun?**«, hatte sie geantwortet: »**Ich würde den Papst heiraten, um ihm zu zeigen, wovon er spricht.**«

Quelle: w&v 37/91, 18/92

Weil Männerhaar es braucht

Fit-Frisiercreme

1963 brachen in der Frisiercreme-Werbung neue Zeiten an. Zuvor wurden die Haarfestiger stets durch Versprechen wie Erfolg, Anerkennung und Bewunderung durch gut frisiertes Haar verkauft. Nach jahrelangem Gebrauch der Produkte waren aber auch dem hinterletzten Pomadenkopf Zweifel an der Wirksamkeit dieser Versprechungen gekommen.

Schwarzkopf wechselte die Strategie und versuchte, für seine Fit-Frisiercreme »ehrliche und glaubhafte Versprechen« zu entwickeln, die ganz nah am Haar blieben: **»Wenn Ihr Haar sich nicht so legen läßt, wie Sie es wünschen, dann nehmen Sie Fit.«** Diese selbstverständliche Aussage bot aber keinerlei Kaufanreize und lag als Slogan also mehr als nur haarscharf daneben. Zudem gab es mittlerweile ein Prestigeproblem. Frisiercremenutzer mußten deutlich vom »Pomadenheini«, dem aufgebrezelten, provinziellen Lackaffen abgegrenzt werden. In den Anzeigen wurden daher ausschließlich gestandene Männer abgebildet, denen man »Erfolg im Beruf zubilligte«. Man achtete gleichzeitig streng darauf, daß ja keine »schönen Männer« auftauchten, mit denen der Durchschnittsbürger sich nicht identifizieren konnte.

Quelle: *Jahrbuch der Werbung 1964,* Düsseldorf 1964

Wenn's so sauber wie gekocht sein soll

Korall

»Werden moderne Gewebe ohne Kochen sauber?« Wir können sicher sein, daß wer die Frage stellt, die Antwort kennt. In diesem Fall die Firma Lever-Sunlicht beziehungsweise die Agentur J.W.Thompson. Der ewig gleichen Waschmittelstory wurde 1965 unter der Überschrift »Korall« ein Feinwaschmittelkapitel hinzugefügt: »Moderne Gewebe darf man nicht kochen – und braucht man auch nicht. Denn es gibt ja Korall.« Die Kernaussage bestand von Anfang an aus dem Hinweis, daß die Hausfrau die Wäsche nun nicht mehr kochen müsse: »**Wenn's so sauber wie gekocht sein soll**«. 1972 hieß es kurzzeitig: »**Alle modernen Gewebe brauchen das charmante Korall**«. Kurzzeitig wohl deshalb, weil der Charme des Waschmittels sich wohl niemandem so recht erschloß.

Im Rückblick muß man dem Waschmittelhersteller immerhin das Kompliment machen, daß sie mit dem breitenwirksam propagierten Verzicht auf den Kochwaschgang eine ganze Menge zur Schonung der Energie- und Wasserressourcen beitrugen.

Quelle: w&v 31/73; Readers Digest 2/68

Wenn's um die Wurst geht – Herta

Herta

Wenn's dem Volksmund um die Wurst geht, geht es ihm meistens ums Ganze. Das war eindeutig zuviel, fand Hubert Strauf. Er ergänzte in klassischer Manier den Slogan um eine Markenbezeichung und stopfte so dem Volk mit dem Wurstaufschnitt der Herta Fleisch- und Wurstfabriken aus Herten das Maul. Strauf hatte schon für Konrad Adenauers Wahlkampf (»**Keine Experimente**«) Bescheidenheit angemahnt. Er begann 1945 seine Karriere auf dem Feld der Werbung mit einem Bleistift und 10 Blättern Schreibpapier. 1962 beschäftigte er bereits über 200 Mitarbeiter und sein Umsatz lag bei 50 Millionen DM. Bei Herta half Strauf mit, aus dem 100-Mann-Betrieb ein Unternehmen mit 500 Mitarbeitern zu machen.

Wenn's um Geld geht – Sparkasse

Sparkassen

»**Spare in der Zeit, so hast du in der Not**« war der erste Sparkassen-Slogan von 1850 (siehe dort), gefolgt von »**Arbeitsamkeit und Sparsamkeit**« sowie »**Erst sparen, dann kaufen**« in den 20er Jahren. Nicht nur die Erfahrung, daß die Inflation die Spareinlagen beinahe komplett vernichtet hatte, auch die Rolle der Sparkassen als Geldsammler des Deutschen Reiches im Krieg haben dem Image der Geldinstitute ziemlich geschadet. Im Dritten Reich konnten sich die Sparkassen als öffentlich-rechtliche Institute dem Druck des Nazi-Regimes zwar nicht entziehen. Aber die Geschwindigkeit und der Eifer, mit dem sie sich mit den Machthabern arrangierten, waren schon bemerkenswert. So wurde der Weltspartag ab 1933 als »Nationaler Spartag« unter die Parole gestellt: »Spargeld schafft Arbeit und Brot – Geldhamstern ist Sabotage am nationalen Aufbau«. Von den Nazis wurden die Sparkassen als »Kraftquelle der Nation« gefeiert, die Spareinlagen wurden für Hitlers Arbeitsbeschaffungsprogramm, das in weiten Teilen ein Rüstungsaufbauprogramm war, verwendet. Freiwilliges Sparen wurde zum Zwangssparen, die Werbeaussagen wiesen ihm einen höheren Zweck zu: **»Sparen hilft Wünsche erfüllen«**, **»Sparen gibt Arbeit und Brot«**, **»Spargeld schafft Arbeit!«** In dieser Zeit entstanden zwei Slogans, die bis 1963 aktuell bleiben sollten: **»Spare bei der Sparkasse«** und die unverblümte Aufforderung **»Bringe dein Geld zur Sparkasse«**.

Erst 1963 wurden die alten Parolen abgelöst. Der neue Slogan **»Wenn's um Geld geht – Sparkasse«** verdeutlichte den Anspruch der Sparkassen, ein »vollwertiges« Geldinstitut sein zu wollen und nicht mehr nur die sprichwörtliche Spar-Kasse für den Notgroschen. Löhne wurden zu dieser Zeit noch häufig in Tüten ausbezahlt, das Girokonto hatte sich noch nicht durchgesetzt und Kredit galt allgemein als Beweis dafür, daß man mit seinem Geld nicht haushalten konnte. Indem man die »Wenn…, dann …« -Formulierung umging, wirkte der Slogan prägnanter und einprägsamer.

Daß die Imagekorrektur längst überfällig gewesen war, zeigt eine Begebenheit aus dem Jahr 1955. Die Einwohnerschaft von Serres (Kreis Vaihingen a.d. Enz) zeigte damals so wenig Interesse an den Versammlungen der Spar- und Darlehenskasse, daß deren Vorstand beschloß, jedem zur Generalversammlung erscheinenden Mitglied zwei Mark gutzuschreiben. Der Versammlungssaal war daraufhin proppenvoll.

Quelle: Norbert-Christian Emmerich, *Die deutsche Sparkassenwerbung 1750–1981*, Stuttgart 1983

Wer arbeitet – braucht Eier!

Gemeinschaftswerbung Ei

Tja, Kohle tut's auch, möchte man meinen, aber damit konnten die hühnerverarbeitenden deutschen Eier-Produzenten weder in den fünfziger Jahren, aus denen dieser Slogan stammt, noch später dienen. Unbestrittener Star der Eier-Werbung war die Henne Berta, die von ihrem Job wirklich etwas verstand. 1962 hieß es dann »**Ich bin nur ein halber Mensch ohne mein tägliches Frühstücksei!**« Der Anblick halber Menschen frühmorgens in den Straßenbahnen und Bussen, wo sie zur besseren Kapazitätsausnutzung entscheidend beitrugen, soll so manchen ganzheitlich denkenden Menschen um den Verstand gebracht haben.

Quelle: Stern 12/57

Werft die Kohlenklau's aus dem Haus hinaus!

NS-Propaganda

Der finstere Kohlenklau war eine der typischen Abschreckungsfiguren der NS-Zeit. Ein Mann mit langem, struppigem Schnurrbart, Schiebermütze und Sack, der es auf den Diebstahl bzw. die Verschwendung wertvoller Energie abgesehen hatte. Die man ja dringend brauchte, um dem Volk ohne Raum Raum zu verschaffen. Die drohende Forderung, sparsam mit den Energieträgern umzugehen, galt daher nur für die Bevölkerung. Gleichzeitig wurde ja im Krieg mit dem Material geaast, daß es nur so eine Freude war. Deshalb ist dieser Aufruf zum Energiesparen mit keinem aktuellen zu vergleichen.

Wer ist der Dicke, neben dem Massai?

Tchibo

Die Frage nach dem unbekannten Dicken gehörte zu einer der erfolgreichsten Werbekampagnen des Kaffeerösters Tchibo aus den sechziger Jahren. Tchibo suchte damals nach einer passenden Identifikationsfigur, die glaubhaft, aber auch interessant allen klarmachen sollte, daß Tchibo die besten Kaffees der Welt direkt im Ursprungsland einkauft.

Da Abkupfern immer einfacher ist als erfinden, ließ man sich bei Tchibo von der Werbefigur des Senor Valdéz, eines Mannes mit Esel, der für kolumbianischen Kaffee warb, inspirieren und engagierte auch gleich die New Yorker Werbeagentur Doyle, Dane, Bernbach, auf deren kreativen Mistbeeten die Valdéz-Figur gewachsen war.

Es begann eine lange Suche nach einem geeigneten Kandidaten für die Figur des Kaffee-Experten: Nur ein quasi neokolonialistischer Typ mit Durchsetzungsvermögen, gemildert durch zurückhaltendes, honoriges, eben hanseatisches Auftreten vermochte adäquat das heikle Verhältnis zwischen den kaffeeproduzierenden Menschen und den europäischen Abnehmern ihrer Ware zu personifizieren. Und er durfte in Deutschland nicht bekannt sein; denn das hätte die Glaubwürdigkeit beeinträchtigt. In London wurde die Agentur fündig, und der Tchibo-Kaffee-Experte konnte seine Reisen nach Guatemala und Ostafrika antreten.

Er war immer zur Stelle, wenn der Kaffee geerntet wurde. »Bwana Tchibo«, wie die stolzen Massai ihn respektvoll ansprachen, war ein freundlicher Herr im besten Alter, der stets und ungeachtet aller Witterungsumstände im vollen Downing-Street-Ornat mit nachtblauem Einreiher, Homburg, schwarzer Aktentasche seine Plantagen inspizierte. Ein Bärtchen, wie es bereits britische Kolonialoffiziere a.D. trugen, verlieh ihm den letzten Pfiff. Ganz Ostafrika, so lehrte uns die Tchibo-Reklame, nannte ihn den »Großen Kaffeejäger«, rühmte an ihm den »Wagemut der Massai«, die »List eines Elefanten« und die »stoische Ruhe des Kilimandscharo«. Der große Häuptling Matayo, so verlautete, machte ihn sogar zum »Ehrenhäuptling auf Lebenszeit« und dies, obwohl der Kaffee-Experte angesichts der einen oder anderen Kenia-Kaffee-Kirsche bisweilen ernste Zweifel äußerte: »Ist diese Kaffee-Kirsche reif genug für Tchibo?«

Die Öffentlichkeit reagierte allerdings weniger beeindruckt als vielmehr sorgenvoll, fragte brieflich bei Tchibo an, warum der »arme Dicke« auf seinen Expeditionen in den afrikanischen Busch noch keinen Hitzschlag erlitten habe, und plädierte für tropentaugliche Bekleidung. Aber da wäre ja der hanseatische Witz auf der Strecke geblieben.

Jenseits von Afrika hörte der »Große Kaffeejäger« auf den Namen Wensley Ivan William Frederick Pithey, war in Kapstadt geboren, lebte in London, ging hart auf die Fünfzig zu und war ansonsten ein vielbeschäftigter Darsteller in englischen TV-Krimis. In einem »Spiegel«-Interview schilderte Pithey 1964 seine Tchibo-Karriere. Doyle, Dane, Bernbach habe ihn gefragt, ob er ein Commercial für Deutschland drehen wolle. »Ich hatte gerade in einer BBC-Serie einen Pistolen-Experten gespielt. Warum nicht mal einen Kaffee-Experten, wenn's kein englischer Zuschauer sieht, dachte ich. Doch aus dem einen commercial wurde ein Dreijahresvertrag, ein big business – tausend Pfund jährlich.« Zwar wurde aus technischen und finanziellen Gründen Afrika an die Londoner Docks und Kolumbien nach Spanien verlegt, aber zumindest die Expedition nach Ostafrika hatte wirklich stattgefunden. »Es war mörderisch heiß. Ich mußte mir den Homburg mit saugfähigem Papier ausstopfen, und mein blauer Anzug wurde alle Augenblicke abgebürstet. Sie glauben nicht, wieviel Staub es dort gibt.« Dennoch war es, bekannte Pithey euphorisch, »für einen Schauspieler, der dick und faul aussieht, ein wundervoller Job«. (...) »Als ich anfing, wußte ich nichts über Kaffee. Inzwischen verstehe ich mehr davon als mancher, der in der Branche arbeitet. Ich habe meinen Hamburger Freunden schon angeboten, mein Wissen vor Gericht zu beweisen.«

Im weiteren Verlauf des Gespräches mußte der Experte aber einräumen, daß sein Lieblingsgetränk Moselwein sei. Bei der Frage, welcher Kaffee ihm der liebste sei, paßte er zwar auf und antwortete pflichtbewußt mit »Tchibo-Gold-Mokka«; schränkte aber sogleich ein: »wenn ich auf dem Kontinent bin«. Und setzte noch eins drauf mit dem Eingeständnis, daß ihm das Konkurrenzprodukt Maxwell zu Hause am besten munde. Aber eigentlich habe ihm »der Arzt das Kaffeetrinken verboten. Wegen meiner Leber.« Ein wirklich sympathischer Mann, dieser Mr. Pithey, der Job und private life hier noch sehr schön zu trennen weiß. Die PR-Manager werden sich die Haare gerauft haben. Einige Zeit später konnte auch Pithey die Arbeit und das Vergnügen nicht mehr voneinander trennen. Er lernte bei Tchibo eine Chefsekretärin kennen und lieben. Und heiratete sie. Ganz korrekt.

Quellen: Spiegel 35/64; Info Pressestelle Tchibo

Wer wird denn gleich in die Luft gehen ...

Greife lieber zur HB, dann geht alles wie von selbst

HB

Die Zigarette HB aus dem Hause Brinkmann, Bremen gibt es seit 1955, das berühmte HB-Männchen seit 1957. Seine Bekanntheit war zeitweise so groß, daß es in einem Atemzug mit Mickey Mouse und Superman genannt wurde. Das cholerische Männchen trug den Namen Bruno und war ein rechter Tolpatsch mit zwei linken Händen. Ob er versuchte, einen Nagel in die Wand zu schlagen, einen Schrank aufzubauen oder Pakete bei der Post aufgeben, immer ging irgend etwas schief und Bruno an die Decke. War er oben, tauchte ein kleines Wesen im roten HB-Mantel auf und brachte die Dinge wieder ins Lot: **»Aber, aber mein Freund. Wer wird denn gleich in die Luft gehen ... Greife lieber zur HB, dann geht alles wie von selbst!«**

Seine ersten Auftritte hatte Bruno 1957 in den frühen Werbeblöcken der ARD. Es gab auch noch kein anderes Programm. Sie folgten direkt auf die Kinderstunde, und Bruno wurde schnell zum Liebling der Nation. In den frühen HB-Spots hieß es: »**Wer wird denn gleich an die Decke gehen** …«, später: »**Wer wird denn gleich in die Luft gehen** …«. Zum Beispiel, wenn der Aufbau der Republik oder das Wirtschaftswunder nicht schnell genug vorankam. Dem Wunsch des Zigarettenherstellers zufolge sollte die HB ein »fröhliches Genußprodukt« sein, ein »Problemlöser in Streßsituationen«.

Dem HB-Männchen ist eine weitere historische Leistung zuzuschreiben. Bruno machte die Filter-Zigarette marktfähig. Die bis dahin an dem Vorurteil krankten, nicht zu schmecken. Als die HB 1955, wie in der Branche üblich, auf einem Testmarkt eingeführt wurde, gab die Konkurrenz ihr keine Chance. Reemtsmas Philip Fürchtegott urteilte geringschätzig: »Lohnt die Investition nicht.« Ein Jahr später war die HB die Nummer Eins unter Deutschlands Glimmstengeln. Der erste HB-Slogan lautete: »**Frohen Herzens genießen … eine Filter-Cigarette die schmeckt**«. Im gleichen Jahr wurden 402 Millionen HB-Zigaretten verkauft, was einem Marktanteil von einem Prozent entsprach. 1959 betrug er bereits 16,7 Prozent, der historische Höchststand wurde 1962 mit 23,7 Prozent erreicht.

1962 hatte das HB-Männchen noch längst nicht ausgedient, wohl aber die Slogans. Immer mehr Menschen gingen gern in die Luft, flogen nach Mallorca oder gar in überseeische Gefilde. Die HB wollte da durchaus mit dabei sein. Die neue Werbestrategie sollte nun dem Raucher vermitteln, daß er sich für die richtige Marke entschieden hatte, wenn er HB rauchte. Man zeigte die Raucher in Freizeit-Situationen und immer in großen Gruppen, die Sicherheit und Zufriedenheit ausstrahlten. Keine dieser Szenen durfte irgendwie neu oder gewagt sein. Ein Mitarbeiter von BAT charakterisierte sie so: »Gerade so neu wie im Neckermann-Katalog.« Anfangs blieb man bei dem bekannten Slogan **»Frohen Herzens genießen«**, modifizierte ihn dann zu Beginn der siebziger Jahre in: **»Gut gelaunt genießen. Die HB ist mild und schmeckt.«** Die Kampagne lief bis 1987, ab 1985 unter dem Motto **»Erleben und Genießen. HB. Geschmack der überzeugt.«** Bis dahin war die HB dank der Werbung jahrzehntelang die Nr. 1 am Markt gewesen. Aber der Marlboro gelang es in den achtziger Jahren, sie vom Sockel zu stoßen. Die Marke hatte doch im Laufe der Jahre Staub angesetzt, die Zielgruppen hatten sich gewandelt. Erst der Slogan und die Kampagne **»Offen für ...«** (siehe: achtziger Jahre) konnte 1989 an die Erfolge zu Brunos Zeiten anschließen.

Der »Spiegel« hatte 1966 für Brunos Erfolg die folgende Erklärung gefunden: »Die meisten Zivilisationsmenschen leiden unter verdrängten Aggressionen, die sie in einer mit sozialen Verkehrstafeln verbarrikadierten Umwelt nicht ausleben können. Auf diesen Verhaltenstypus zielt das aufgeregte HB-Männchen.« Bis weit in die siebziger Jahre hinein behielt das Männchen seinen Job bei HB. Gefeuert wurde er, weil man bei Reemtsma Angst vor der eigenen Werbefigur bekam. Brunos Bekanntheitsgrad lag nämlich höher als der der Zigarette, er hatte sich verselbständigt.

Mitte der siebziger Jahre hatten die Filmchen um das HB-Männchen einen Weltrekord aufgestellt. Mit 180 bewegten Kurzgeschichten war daraus die längste Serie, die je über die Bildschirme lief, geworden. Ganz offenbar nicht zur Freude aller Beteiligten. Denn bereits zum 100. HB-Männchen-Trickfilm hatte die Münchner Produktionsfirma Kruse-Film ihrem Auftraggeber BAT ein ziemlich bösartiges Geschenk gemacht. Der Bruno-Film, der nur für den internen Gebrauch bestimmt war, zeigte, wie das leicht erregbare Strichmännchen verzweifelt probiert, sich zu erschießen, zu ertränken, die Pulsadern zu öffnen. Alles mißlingt – und es geht, wie stets, nach vergeblichen Mühen in die Luft. **»Greife lieber zur HB«**, tönt es da, und das Männchen sinkt, tief den HB-Rauch inhalierend, in den Sarg.

Quellen: Britisch American Tobacco, *Die Erfolgsgeschichte einer großen Marke,* Firmenpublikation; Joachim Kellner (Hrsg.), *Werbefiguren, Geschöpfe der Werbewelt,* Düsseldorf 1992; w&v 26/75; Spiegel 4/66, 7/80

Wie gut, daß es Nivea gibt!

Nivea

Dr. Oscar Troplowitz hatte 1890 die Firma Beiersdorf in Hamburg vom Gründer Paul C. Beiersdorf erworben und produzierte erste technische Klebebänder, die Vorläufer von tesa. 1911 entwickelte er mit seinen Chemikern die erste stabile Fett- und Feuchtigkeitscreme. Wie in der pharmazeutischen Industrie üblich, gab er dem Produkt einen aus dem Lateinischen abgeleiteten Namen. Da die Creme schneeweiß war, veränderte man das lateinische Wort für Schnee: nix, nivis und kreierte daraus: Nivea. Anfangs wurde die Creme in einer gelben Dose verkauft, die blaue Dose mit dem weißen Nivea-Schriftzug hatte 1925 Premiere. Der Slogan stammt aus den vierziger Jahren.

Vor und während des Zweiten Weltkrieges gestaltete Elly Heuss-Knapp, eine der bekanntesten Reklame-Fachfrauen dieser Zeit die Nivea-Werbung. Ihr war es zu verdanken, daß die Nivea-Werbung immer frei blieb von nationalsozialistischem Gedankengut. An der Seite von Theodor Heuss war sie später die erste First Lady der Bundesrepublik.

Quelle: Nivea, *Die Entwicklung einer Weltmarke,* Firmenpublikation

Wir bieten mehr als Geld und Zinsen

Raiffeisen- und Volksbanken

Nach 122 Jahren hatte sich an den nach dem Solidar- und Selbsthilfeprinzip arbeitenden Genossenschaftsbanken der ländliche, zäh anhaftende Geruch festgesetzt, nur die Bauern-Bank des kleinen Mannes zu sein. Was sie eigentlich auch sein wollten, als sie in der Mitte des vorigen Jahrhunderts in schwerer Zeit aus den Vereinsgründungen des Friedrich Wilhelm Raiffeisen hervorgangen waren.

Aber nun wollte man Anschluß an die moderne Zeit bekommen und im großen Geschäft mitmischen. Dazu mußte man den »Arme-Leute-Geruch« loswerden. Der erste Schritt in eine freundlichere Zukunft wurde an einem klaren Wintertag des Dezembers 1971 getan, als sich die bis dahin nur lokal erfolgreichen Raiffeisen- und Volksbanken zu einer Allianz zusammenschlossen und sich das modern anmutende Namenskürzel: R+V gaben. 1976 versuchten sie dann endgültig, eine richtige Bank zu werden und wiesen die Kundschaft mit dem Slogan »**Wir bieten mehr als Geld und Zinsen**«, darauf hin, daß die R+V Banken kompetent in allen Geldgeschäften sind.

Quelle: w&v 44/76

Wir machen den Weg frei

Raiffeisen- und Volksbanken

Dieser Slogan entstand 1988 und wurde einige Jahre lang neben dem alten Slogan »**Wir bieten mehr als Geld und Zinsen**« (siehe oben) verwendet. Die Volksbanken waren noch immer nicht das Image eines Sparvereins mit Mitgliedsbuch losgeworden und suchten nun Hilfe bei Prof. Kroeber-Riel. Dieser verdiente Lehrkörper der Universität des Saarlandes hatte mit Hilfe einer eigens entwickelten Meßbrille wahrnehmungspsychologische Studien betrieben. Er hatte an Probanden akribisch untersucht, was ihnen beim Betrachten einer Anzeige unwillkürlich ins Auge springt und welche Motive sie interessant finden. Die Untersuchungsergebnisse veranlaßten den Professor, der Bank den Ratschlag zu erteilen, »Erlebniskompetenz« zu vermitteln. Weil die Bank damit überfordert gewesen wäre, beauftragte sie die Agentur Eiler & Riemel in München damit, das für sie zu tun.

Die Werbemannen setzten den freien Horizont am Ende eines freien Weges und die wunderbare Beseitigung von Hindernissen in überaus glaubwürdige Trickbilder um. Dem Vernehmen nach sollen die Kunden in hellen Scharen bei den R+V Banken.... (hier tauchten leider heftige Störgeräusche auf, die ein weiteres Vernehmen unmöglich machten und das Ende der Nachricht der Spekulation überlassen).

Quellen: w&v 48/91; Info Volksbanken und Raiffeisenbanken

Wir schaffen das moderne Deutschland

SPD

Die SPD schuf im Bundestagswahlkampf 1969 das »moderne Deutschland«, während die FDP das »neue Deutschland« schaffte. Die CDU hatte wieder einmal eine klasse Alternative zur Wahl gestellt und propagierte: »**Fortschritt ja / Anarchie nein**«. Die SPD wechselte daraufhin die Farbe, wurde orange (woraufhin die CDU gleich das Rot okkupierte) und begann, farbige Anzeigen zu machen. Prominente bekannten auf Doppelseiten, daß sie SPD wählen würden. Das Ende der Großen Koalition war nahe. Die Notstandsgesetze hatte sie gerade noch verabschieden können. Auf den Straßen tobten sich Revoluzzer aus. Nun mußte sich irgendeine Regierungspartei von der Macht verabschieden. Es traf die CDU. Zum ersten Mal nach dem Krieg stellte sie nicht den Kanzler.

Alle großen Parteien vertrauten 1969 ihren Wahlkampf professionellen Werbestrategen an. Für die CDU gingen gleich drei Agenturen auf Stimmenfang: R.W. Eggert, Dr. Hegemann und die Bonner Werbe. Die FDP ließ sich von Team betreuen, und die SPD erkor einen krassen Außenseiter zum Wahlkampfhelfer, die extra für die Wahl 1969 aufgebaute Agentur ARE (Allgemeine Reklame). Dieser Werbezwerg bot allerdings Vorteile: Die Muttergesellschaft der ARE war mit der schwedischen Sozialdemokratie assoziiert. Die erste kreative Leistung der ARE-Werber bestand darin, aus dem traditionellen (wie manche meinten, längst zu Unrecht getragenen) Rot der SPD ein sattes Orange zu machen. Um den Funktionären in der SPD- ›Baracke‹ zu beweisen, daß Orange sich gut verkauft, veranstaltete das Godesberger Infas-Institut einen Test mit 50 Bundesbürgern. Aus einem Dutzend Farben mußten die Testpersonen die Farbe heraussuchen, die am besten zu den Qualitäten »jung, aktiv, fortschrittlich« paßte. Die meisten waren für Orange.

Kernstück der Kampagne waren die Testimonial-Anzeigen, in denen Prominente sich mit den Genossen solidarisierten. ARE schickte unter anderem die TV-Koryphäe Hans-Joachim Kulenkampff in die Wahlschlacht. Bereits im Sommer 1968 hatte sich das Presseamt der Bundesregierung vergeblich bemüht, den integren Showmaster als Zugpferd für eine Anzeigenserie der Großen Koalition »**Die Richtung stimmt**« zu gewinnen. Kulenkampff schlug die angebotenen 70.000 Mark Honorar aus und lehnte ab. Nun war er bereit, in halbseitigen Anzeigen kostenlos für die SPD und Willy Brandt zu werben.

Die CDU setzte auf die mild lächelnde Vaterfigur Kiesingers und den Slogan **»Sicher in die 70er Jahre«** und apellierte wie gewohnt an das Sicherheitsbedürfnis der Nation. Wie schon zuvor mit Adenauer und Erhard hatte die CDU mit Kiesinger wiederum eine ideale Kanzlerfigur parat. Denn in zahlreichen Umfragen hatte sich der württembergische Charmeur allen Konkurrenten weit überlegen gezeigt. In einem Assoziationstest wurde Kiesinger beispielsweise als Museumsdirektor eingestuft, überdies wurde ihm eine Harfe zugeordnet. Kanzlerkandidat Brandt hingegen traute man bestenfalls den Handlungsreisenden zu und assoziierte ihn mit Margarine. H.G. Dieckberdel, ein Texter der Agentur Dr. Hegeman war es, der auf den Slogan: **»Auf den Kanzler kommt es an«** kam. Seine Grafiker-Kollegen feilten dann das Kanzlerbild schön zurecht. Auf diese Leistung waren die CDU-Strategen besonders stolz. Pressesprecher Dr. Rathke schwärmte: »Eine fabelhafte Idee, Kiesinger in voller Lebensgröße zu zeigen. Der Kanzler wirkt nicht als Kopf, sondern nur als Figur.«

Der Kanzler-Slogan erreichte in allen Umfragen Bestnoten. Dagegen verfing die CDU-Parole: **»Sicher in die 70er Jahre«** kaum noch. Sie wurde von den meisten Befragten als leeres Versprechen angesehen. Wie ein Bumerang wirkten sich die Anwürfe der CDU gegen Wirtschaftsminister Karl Schiller (»Hier irrt Schiller«) aus, der schon der Großen Koalition als Minister gedient hatte und recht populär war. Die Parolen wurden als unangenehm und zu agressiv empfunden. Die mißratene Kampagne ging freilich nicht auf das Konto der CDU-Agenturen. Hier war das CDU-Hauptquartier selbst am Werk gewesen.

Auch Maulwürfe spielten in dieser Wahlwerbeschlacht eine Rolle. Die SPD genoß offenbar bei einigen Werbern ein so hohes Ansehen, daß einige Sympathisanten in den Düsseldorfer CDU-Agenturen dafür sorgten, daß Texte und Entwürfe früher bei den ARE-Chefs landeten als im Bonner CDU-Hauptquartier.

Die Wahlbeteiligung lag bei 86,7 Prozent. Die CDU/CSU errang 46,1 Prozent, was ihr aber nichts nützte; die SPD mit ihren 42,7 Prozent und die FDP mit 5,8 Prozent bildeten eine Koalition, die anderen Parteien waren mit 5,4 Prozent, wovon die NPD allein 4,3 Prozent verbuchte, nicht ins Parlament gekommen.

Quellen: Hartmut Grün, *Warum Anzeigen nicht Politik machen,* in: *Die Geschichte der Anzeige,* Hamburg 1988; w&v 21, 23, 28/69; Spiegel 43/69

Wir schaffen die alten Zöpfe ab

FDP

Der FDP-Slogan stammt ebenfalls aus dem Bundestagswahlkampf von 1969. Die FDP modernisierte sich damals, wohl aus der, später durchaus realistischen, Angstvision heraus, mit nur noch drei Prozentpunkten endgültig zur Splitterpartei zu werden, zur Drei-Pünktchen-Partei (F.D.P.); sie wollte sich damit vom Dreibuchstaben-Einerlei der Parteien abheben. Die Idee dazu stammte von dem Team-Art-Direktor Gerhard Schneider und hat die FDP mehr ins Gespräch gebracht als viele ihrer politischen Leistungen.

In Werbekreisen wird die F.D.P.-Werbung von 1969 bis heute gern als die »erste professionell organisierte und gestaltete politische Werbekampagne aus einem Guß und mit einer Identität« gefeiert. Statt der erwarteten neun Prozent Wählerstimmen errang der Vorreiter des Politmarketing allerdings nur kümmerliche 5,8 Prozent. Bereits im Sommer hatte der Esslinger Werbeberater Franz Ulrich Gass gewarnt: »Die schwungvolle Werbung der FDP erfreut die Fachwelt, aktiviert jedoch nicht den Kunden.« Der FDP-Slogan **»Wir schaffen die alten Zöpfe ab«** (ursprünglich formuliert als »Wir schneiden alte Zöpfe ab«) gilt unter Werbern ebenso als Musterbeispiel für kreatives Wahlmarketing. Die Resultate waren weniger berauschend: Schon Ende Januar 1969, wenige Wochen nach dem Start, war der F.D.P.-Werbespruch ein beliebtes Thema der Karikaturisten und die volkstümlichen Späße verleideten den Liberalen die Lust an der Kampagne. Im Mai stoppten sie die Zopf-Inserate.

Auf einer Sitzung im FDP- (Pardon!) F.D.P.-Präsidium entbrannte ein mehrstündiger Streit darüber, ob die Anzeige **»Hirnlosigkeit heute – Arbeitslosigkeit morgen«** erscheinen sollte. Man stieß sich an der Hirnlosigkeit und fürchtete, sie könnte auf die Partei zurückschlagen. Da man beim Brainstorming aber nichts Besseres fand, blieb es bei der Hirnlosigkeit. Was dem »Spiegel« (23/69) die Schlagzeile zur Generalabrechnung mit der Wahlwerbung lieferte. Titel: »Hirnlosigkeit heute«. Kommentar: »Sie preisen Boklünder Würstchen, Badedas, König-Pilsener, Pott-Rum und Fit-Frisiercreme. Im Wahlkampfjahr 1969 haben sie drei neue Markenartikel auf dem Programm: CDU, SPD und FDP.«

Wie überhaupt die Zeitungen mit dieser Form des Wahlkampfes sich offensichtlich nicht recht anfreunden konnten. Ernst Günter Vetter von der »FAZ« (11.9.1969) meinte beispielsweise: »Statt die Bürger aufzuklären, werden sie mit der Primitivität, mit der man Waschpulver anpreist, über Währungspolitik ›unterrichtet‹. Da reihen sich Platitüden an Platitüden, da arbeitet man mit Verdrehungen, Unwahrhaftigkeiten, stellt Tatsachen auf den Kopf und unterschlägt, daß man vor einem halben Jahr noch entgegengesetzter Meinung war.«

Und Sebastian Haffner meckerte in einer »Stern«-Kolumne (28/1969): »Der Mut, eine Wählerentscheidung herauszufordern und sich ihr zu stellen, ist allen Parteien abhanden gekommen. Sie haben alle auf ihre Fahnen das SPD-Motto von 1965 geschrieben: »Sicher ist sicher« – und lassen dem Wähler nur noch die Wahl zwischen Omo und Persil.«

Quellen: Hartmut Grün, *Warum Anzeigen nicht Politik machen,* in: *Die Geschichte der Anzeige,* Hamburg 1988; Sebastian Haffner, *Persil bleibt Persil,* Kolumne im Stern 28/69; w&v 21, 23, 28/69; Spiegel 43/69; Frankfurter Allgemeine Zeitung 11. 9. 69

Wir stecken keine Mark in die Werbung, sondern jede Mark in die Schokolade

Alpia

Diese außerordentlich wirksame Desinformations-Kampagne der Agentur Springer & Jacoby war 1990, als mit ihr für den Kunden Stollwerck und dessen Alpia-Schokolade (**»Alpig, sahnig, kauf ich«**) geworben wurde, genauso wahr wie das antike Paradoxon, demzufolge ein Kreter sagt, daß alle Kreter lügen. Irgend etwas konnte daran nicht stimmen.

Sie beruhte allerdings auf einem wahren Kern, wie Stollwerck-Chef Hans Imhoff drei Jahre später in einem Interview, das er »werben & verkaufen« gab, eingestand. Er bezeichnete es darin als persönliche Fehlentscheidung, zuvor so lange Zeit auf Werbung verzichtet zu haben. Um das verlorene Terrain wettzumachen, steckte er allein in den ersten zwei Jahren mehr als 60 Millionen Mark in die Alpia-Werbung. Die Verbraucher hatten verstanden, steckten jede freie Mark in die Schokolade und nahmen 1992 Stollwerck gut 2.000 Tonnen Schokolade mehr ab als noch zwei Jahre zuvor.

Quellen: w&v 36/91, 18/93

Wir wissen nicht, was der freundliche Taxifahrer empfiehlt. Wir empfehlen bei Kopfschmerzen Togal.

Togal

»Wenn Schmerzen werden zur Qual – rasche Hilfe bringt Togal« – mit solchen Reimen quälte das Togal-Werk in München lange Jahre das Volk der Dichter und Denker und verabreichte ihm, wenn die Kopfschmerzen dann auch prompt auftraten, seine Tabletten. 1965 aber schien der Zeitpunkt gekommen, den Schmerzhemmer auf eine andere Weise unter die Leute zu bringen. Das Konzept für die neue große Werbekampagne lag fertig in den Schubladen und harrte der Umsetzung. Wieder einmal ein klassisches Testimonial: Prominente sollten anderen prominenten Zeitgenossen die Kopfschmerztablette empfehlen. Man hatte auch schon konkrete Vorstellungen, wie das aussehen sollte: Die Schauspielerin Grete Weiser empfiehlt einem gestreßten Kollegen in der Drehpause Togal. Motto: »Grete Weiser empfiehlt Togal«. Aber da machte der Gesetzgeber der schönen Werbung einen dicken Strich durch die Rechnung. Das neue »Heilmittelwerbegesetz« untersagte allen Pharma-Herstellern, mit Aussagen von Prominenten für ihre Produkte zu werben.

Dieser Schlag bereitete den Togal-Leuten einiges Kopfzerbrechen, aber glücklicherweise ... Dennoch: Guter Rat war teuer und auch der eilends herbeigerufene Justitiar wußte keinen solchen. Das Gesetz war eindeutig. Der Vorschlag kam auf den Tisch, Grete Weiser dennoch als Sympathieträgerin auftreten zu lassen, aber kurz bevor sie dem Kollegen ein Schmerzmittel empfiehlt, die Szene auszublenden und eine Stimme aus dem Off feststellen zu lassen: »Wir wissen nicht, was Grete Weiser empfiehlt. Wir empfehlen bei Kopfschmerzen Togal.« Und so das Gesetz zu umgehen.

Eine Gratwanderung, von der dann auch der Justitiar vorsichtshalber abriet. Also ging man noch einen Schritt weiter und überlegte: Wenn wir schon keine »richtigen« Prominenten einsetzen können, nehmen wir doch einfach Vertreter von populären und allgegenwärtigen Dienstleistungsberufen, »Prominente des Alltags« sozusagen, also Bahnbeamte, Tankwarte oder Taxifahrer. Der Aufbau der Spots wurde beibehalten. Immer kurz vor der Empfehlung des freundlichen Menschen wurde ausgeblendet und eine Stimme verkündete **»Wir wissen nicht, was der freundliche Tankwart/Taxifahrer/Polizist empfiehlt. Wir empfehlen bei Kopfschmerzen Togal.«**

Damit bekam der Slogan allerdings noch eine ganz andere Bedeutung. Er riet nun nicht mehr allein zu Togal, sondern warnte auch davor, bei der Auswahl von Medikamenten auf den Rat pharmakologisch völlig unbedarfter Personen zu vertrauen.

Spot und Slogan liefen 15 Jahre, und noch heute gehört Togal zu den bekanntesten Schmerzmitteln der Republik. Ob Togal mit Grete Weiser (noch) mehr Erfolg gehabt hätte, sei dahingestellt. Viel Geld für die Prominenten-Gagen haben die Münchner auf jeden Fall gespart.

Wie schnell die Entwicklung voranschreitet, zeigt eine Meldung der »Frankfurter Rundschau« vom 9.10.1998. Darin wird berichtet, daß der Mineralölkonzern BP in seinen Tankstellenshops ein »Pharmathek« genanntes »Wellness-Regal« einrichtet. Bald wird also das P im Namen des Öl-Multis nicht nur für »Petroleum«, sondern auch für »Pharma« stehen. Und auf den Packungen wird zu lesen sein: Wegen Risiken und Nebenwirkungen fragen Sie bitte ihren Arzt oder den Tankwart.

Quelle: Info Sigurd Weltner, Weltner Werbeagentur, München

Z

Zeige dich, Schurke

Égoïste

Zur internationalen Einführung seines neuen »würzig, holzigen« Duftwassers Égoïste ging das Pariser Parfümhaus Chanel 1990 in den brasilianischen Urwald. 40 Kilometer von Rio entfernt ließ der französische Imagedesigner Jean-Paul Goude die imposante Fassade des Hotels Carlton in Cannes naturgetreu nachbauen. Für die einwöchigen Dreharbeiten wurden 47 Top-Modelle eingeflogen, die in dem Werbefilm (Dauer: 30 Sekunden, Herstellungskosten: etwa fünf Millionen Mark) gleichzeitig die Balkontüren aufstießen und den protagonistischen Egoisten schmachtend anflehten: **»Zeige dich, Schurke.«** Goude war in den Dschungel ausgewichen, weil das Originallicht in Cannes seinen Vorstellungen von echtem Hochsommerlicht nicht entsprach und er es nur hier zu finden glaubte. Während die brasilianische Januarsonne die Sperrholzfassade der Hotelkulisse nach Goudes Vorstellungen erleuchtete, drohten die Abendroben (geschneidert von Karl Lagerfeld) der 47 Türöffnerinnen unter der starken Sonneneinstrahlung zu verblassen. Perfektionist Goude ließ einige von ihnen aus buntem Papier noch einmal nähen. In Cannes gab es Gold für den Film.

Quelle: Spiegel 18/90

Zum Saubermachen – Henkelsachen!

Henkel

Um die Hausfrauen auf die bevorstehende Rückkehr von Persil im September 1950 einzustimmen, warb Henkel nach dem Krieg mit dem als Erinnerungswerbung konzipierten Slogan: »**Zum Saubermachen – Henkelsachen!**«. Vorläufig wurden die Marken Henko, Lasil und Sil angeboten. Das Normalpaket kostete zwischen 18 und 38 Pfennig, das Doppelpaket zwischen 35 und 75 Pfennig.

Kriegsbedingt hatte Henkel (»**Wächter der Reinlichkeit – Hüter der Gesundheit**«) am 5. September 1939 die Produktion seiner Hauptmarke Persil einstellen müssen. Statt dessen kamen staatlich verordnete Einheitswaschmittel auf dem Markt. Damit der Markenname nicht in Vergessenheit geriet, ließ Henkel während des Krieges so lange wie möglich den Film »Das Ei des Columbus« (ein Film vom Wäsche-Einweichen) in den Kinos laufen. Und während die Feindaufklärung dem Führer immer schlechtere Nachrichten überbringen mußte, arbeitete die Werbeabteilung bei Henkel unter dem zeitgemäßen Namen »Abteilung für Verbraucheraufklärung« weiter an der Verbreitung der Weißheit. Auch die Persil-Kartons, jene zweiteiligen Stülpschachteln aus Vollpappe, in welcher die einrückenden Soldaten ihre Siebensachen zur Kaserne trugen, halfen mit, die Erinnerung an den Namen des Waschmittels wach zu halten.

In den Nachkriegsjahren leisteten dann die »Persil-Scheine« ihren unfreiwilligen Beitrag zur Präsenz des Waschmittelnamens. Als »Persil-Scheine« bezeichnete der Volksmund die Bescheinigungen der Entnazifizierungsbehörden, wenn ein PG (Parteigenosse) als »Mitläufer« oder »unbelastet« eingestuft worden war. Auch besonders günstige, aus Gefälligkeit oder Berechnung erteilte Leumundszeugnisse, die zu dieser Einstufung führten und so manche tiefbraune Weste wieder weiß wuschen, erhielten diese Bezeichnung. Später verstand man darunter einfach einen Freibrief.

Quelle: *90 Jahre Persil, Die Geschichte einer Marke*, Firmenpublikation

Zum Scheuern und Putzen nur ATA benutzen

ATA

Henkels erster Haushaltsreiniger ATA kam 1920 auf den Markt. Damals wurden bereits 1.800 Tonnen des neuen Scheuermittels hergestellt, portioniert in 300 Gramm-Päckchen für 75 Pfennig. Unverwechselbar waren die Werbeslogans, fast immer war es ein gereimter, origineller Spruch. 1928 lautete der Slogan »**Beim Herdputz sollst du dich nicht quälen. Du sollst zum Putzen ATA nehmen**«. 1931 dann: »**Zum Scheuern und Putzen nur ATA benutzen**«. 1934 setzen die Werbestrategen noch eins drauf: »**ATA hat den Ehrentitel – Henkel's Putz- und Scheuermittel**«. Nachdem im Zweiten Weltkrieg deutsche Herrenmenschen das Antlitz der Erde verwüstet und schwere Schuld auf sich geladen hatten, war es vorbei mit den Ehrentiteln. Man machte sich zunächst mal klein und hoffte auf die kommende Generation. Auch ATA suchte 1949 Zuflucht bei den Kindern, die dann auch fleißig auf dem Spielplatz das ATA-Lied trällerten, nach der Melodie »Kuckuck, Kuckuck, ruft's aus dem Wald«: »**A-ta, A-ta macht alles rein, A-ta, A-ta macht alles fein. Je-der soll pro-ben, je-der wird lo-ben. A-ta, A-ta allein.**« Spätere Dichtungen waren eher prosaisch: »... **von Haus aus gründlich**« hieß es da schon wieder recht deutsch und »... **macht die Küche lebensmittelsauber**«. Die Marke wird allerdings von Henkel seit einigen Jahren nicht mehr beworben.

Quellen: *Alle mögen's weiß, Schätze aus der Henkel-Plakatwerbung,* Firmenpublikation; Info: Pressestelle Henkel KGaA

Zweimal täglich Zähneputz, morgens Frische, abends Schutz

Gemeinschaftswerbung Zahnpasta

Wenig Glück war einer Gemeinschaftsaktion westdeutscher Zahnpasta-Hersteller beschieden, die 1955 trotz kräftigen Werbeaufwands nur eine mäßige Umsatzsteigerung erzielen konnte. Der beauftragte Werbemann Hanns Brose stellte mit Hilfe seiner rund 200 Mitarbeiter fest, daß 40 Prozent der westdeutschen Bevölkerung überhaupt keine Zahnpflege betrieben und daß ein erheblicher Teil nur einmal am Tage die Zähne putzte. Broses Vorschlag an die Pflege-Muffel: »**Zweimal täglich Zähneputz, morgens Frische, abends Schutz**«. Auch Tante Zahnweh, eine Figur nach einem Märchen von Christian Andersen, konnte keine Verhaltensänderung bewirken.

Quellen: Spiegel 14/59; Hanns Brose, *Die Entdeckung des Verbrauchers*, Düsseldorf 1958

Zwei Worte: Ein Bier

Gemeinschaftswerbung Brauereien

Ein genialer Slogan, betrachtet man ihn unter dem Aspekt der Erhöhung des Bierkonsums. Er charakterisiert trefflich den Typus des maulfaulen Biertrinkers, der mit geringstmöglichem Aufwand ein optimales Ergebnis zu erzielen vermag. Diesen Stoßseufzer aller durstigen Männer hat 1953 die Agentur William Wilkens ersonnen. Er löste die bodenständige Botschaft aus den dreißiger Jahren: »**Bier ist mehr wert, es hat Nährwert**« ab. 1958 hieß es dann: »**Durst wird durch Bier erst schön!**« und 1967 in der Abwandlung eines Sprichworts: »**Ein Bier kommt selten allein**«.

Als Gemeinschaftswerbung hat der Slogan ganz sicher seinen Zweck erfüllt. Sein großer Mangel lag jedoch darin, daß das Bier keinen Namen hatte. Und so fand auch Wolfgang Vorwerk, Mitinhaber der König-Pilsener Werbeagentur Team, nur harte Worte für die gemeinschaftliche Bier-Formel: »Sinn der Werbung für eine Brauerei sei es doch, daß man nach ihrem Bier verlange und nicht nach irgendeinem.«

Dr. Jürgen Schwarz von der Agentur DeiArcy – MacManus & Masius hingegen gefiel die Botschaft. Noch dreißig Jahre später schwärmte der spätere Geschäftsführer von McCann-Erickson in »werben & verkaufen«: »Ein Plakat werde ich nie vergessen. Endlos heiße Wüste – und als Fata Morgana ein kühles Blondes, ein Tropfen Bier rinnt herab. Die Speicheldrüse beginnt zu arbeiten. Zwei Worte – ein Bier. Noch heute das geflügelte Wort in allen Kneipen.«

Überhaupt ganz unzufrieden mit der deutschen Bierwerbung war der bekannte amerikanische Motivforscher Ernest Dichter. In einem Vortrag vor deutschen Experten 1963 in München rügte er die in der Bundesrepublik vorherrschenden werblichen Anstrengungen als zu ängstlich und empfahl, künftig »Bier-Parties« bei Pfarrversammlungen und Kirchenfesten zu veranstalten.

Quellen: Revue 42/61; w&v 19/66; Spiegel 59/14; Hohlspiegel 38/63; Info FCB Wilkens Werbeagentur

Inhaltsverzeichnis

283 **Optimismus gegen Sozialismus**
CDU

284 **Otto ... find ich gut!**
Otto-Versand

287 **Pack den Tiger in den Tank**
Esso

289 **Persil bleibt Persil**
Persil

292 **Polo – das Loch mit dem Pfefferminz drumrum**
Polo

293 **Pril entspannt das Wasser**
Pril

295 **Prima, prima – Käse aus Dänemark**
Dänische Käsewerbung

295 **... putzt so sauber, daß man sich drin spiegeln kann**
Meister Proper

296 **Quadratisch, praktisch, gut**
Ritter Sport

297 **Qualität ist das beste Rezept**
Dr. Oetker

299 **Rama macht das Frühstück gut**
Rama

302 **Red Bull verleiht Flüüügel**
Red Bull-Energydrink

304 **Rei in der Tube**
Rei in der Tube

305 **Rettet die abendländische Kultur – wählt CDU**
CDU

306 **Rexona läßt Sie nicht im Stich**
Rexona

307 **RIESEN-Waschkraft ... sogar ohne Kochen**
Weißer Riese

309 **Rita ist lieb**
Sinalco Kola

311 **... rrrrröstfrisch**
Eduscho

312 **Ruf doch mal an**
Deutsche Bundespost

313 **Sagen Sie nicht einfach Cola – verlangen Sie Pepsi**
Pepsi-Cola

315 **Samstags gehört Vati mir**
DGB

315 **Sanso wäscht Wolle schäfchenweich**
Sanso

316 **... schmeckt jedem Hund. Jeden Tag.**
Frolic

316 **schreIBMaschinen**
IBM

317 **Schweppes verpflichtet**
Schweppes

319 **Selbst in verschrumpften Seelengründen zeugt Holsten-Pilsener Wohlbefinden**
Holsten-Pilsener

319 **sexy...mini...super...flower... pop-op...Cola ... alles ist in Afri Cola**
Afri Cola

321 **Sicherheit aus Schwedenstahl**
Volvo

322 **Sie baden gerade Ihre Hände drin**
Palmolive

323 **Sind's die Augen, geh zu Ruhnke**
Augenoptik Ruhnke

323 **Sind sie zu stark, bist du zu schwach!**

Wie schmecken denn die? Nie fragen, kaufen!
Fisherman's Friend

325 **Sind wir nicht alle ein bißchen Bluna?**
Bluna

326 **So kommt ihr schneller an das Ziel, benutzt ihr das Goggomobil**
Goggomobil

327 **So muß ein Korn schmecken**
Echt Nordhäuser Doppelkorn

328 **So wertvoll wie ein kleines Steak**
Gervais-Fruchtzwerge

329 **So wichtig wie das tägliche Brot**
hohes C

329 **Spare in der Zeit, so hast du in der Not**
Sparkassen

330 **Süßigkeiten für frohe Stunden**
Stollwerck

331 **Suppen nach Gutshausart**
Unox

332 **Täglich Underberg und du fühlst dich wohl**
Underberg

333 **Tee belebt!**
Gesellschaft für Teewerbung

335 **Tel. 00612200741**
Deutsche Bundespost

338 **Trill mit Jod-S-11 Körnchen ...**
Trill

338 **Trink Coca-Cola**
Coca-Cola

340 **Trinket ihn mäßig, aber regelmäßig**
Schinkenhäger

341 **Und jetzt zur Wahl seid alle schlauer – wählt SPD und Ollenhauer**
SPD

342 **United Colors of Benetton**
Benetton

344 **Unternehmen Zukunft**
Deutsche Bundesbahn

345 **Vergißmeinnicht: Die Postleitzahl**
Bundesministerium für das Post- und Fernmeldewesen

346 **Vertrauen ist der Anfang von allem**
Deutsche Bank

347 **Vielleicht hätte er jemand fragen sollen, der sich damit auskennt**
Gelbe Seiten

348 **Visa – die Freiheit nehm ich mir**
Visa-Card

349 **Von höchster Reinheit**
Ernte 23

350 **Vorsprung durch Technik**
AUDI

351 **Wäscht so weiß – weißer geht's nicht!**
Dash

353 **Was wollt Ihr denn? MA...O...AM ... MA...O...AM!**
MAOAM

354 **Was würdest du tun? Ich würde den Papst heiraten, um ihm zu zeigen, wovon er spricht.**
Esprit de Corp.

355 **Weil Männerhaar es braucht**
Fit-Frisiercreme

355 **Wenn's so sauber wie gekocht sein soll**
Korall

356 **Wenn's um die Wurst geht – Herta**
Herta

356 **Wenn's um Geld geht – Sparkasse**
Sparkassen

358 **Wer arbeitet – braucht Eier!**
Gemeinschaftswerbung Ei

Register

A

B

C

D

DAS

DER

DIE

E

F

G

J

K

L

M

N

S

Y

Z

Lesen bildet Meinung.
Mit uns garantiert.
Frankfurter Rundschau
Unabhängige Tageszeitung
Die Zeitung zwei Wochen zum Nulltarif.
☎ 08 00/8 666 8 66